基于语料库的英文小说隐喻翻译模式的研究及相关应用软件的开发（项目编号：07CYY004）

隐喻翻译研究与翻译软件编写

张翁荟　沈晓红◎著

中国国际广播出版社

图书在版编目（CIP）数据

隐喻翻译研究与翻译软件编写／张翯荟，沈晓红著
.—北京：中国国际广播出版社，2017.4
ISBN 978-7-5078-4015-5

Ⅰ.①隐… Ⅱ.①张… ②沈… Ⅲ.①英语—隐喻—
翻译—研究 ②互联网络—软件工具—研究 Ⅳ.①H315.9
②TP393.09

中国版本图书馆 CIP 数据核字（2017）第 063298 号

隐喻翻译研究与翻译软件编写

作　者	张翯荟　沈晓红
责任编辑	林钰鑫
装帧设计	人文在线
责任校对	有　森

出版发行	中国国际广播出版社〔010-83139469 010-83139489（传真）〕
社　址	北京市西城区天宁寺前街 2 号北院 A 座一层
	邮编：100055
网　址	www. chirp. com. cn
经　销	新华书店
印　刷	北京市金星印务有限公司

开　本	787×1092　1/16
字　数	445 千字
印　张	25.75
版　次	2017 年 7 月　北京第 1 版
印　次	2017 年 7 月　第 1 次印刷
定　价	78.00 元

目　录

第二编 针对英汉翻译软件开发的基础研究

第三编　应用软件开发实例

——平行语料库句子自动对齐软件的编写

第一编
英文小说汉译中隐喻翻译的模式研究

第一章　隐喻的定义及隐喻翻译模式的研究方法

　　隐喻无处不在，无论是在人们的日常生活中，还是在各种文本里，包括文学的和非文学的文本。隐喻不仅仅是一种润饰词藻的修辞手段，而且是一种认知思维方式，具有内在的逻辑结构，规范着人类对世界的感知、理解、体验、想象与把握。

1.1　隐喻的定义及分类

　　古今中外，许多学者曾经对隐喻进行过界定。例如，亚理士多德在《修辞学》第21章中说："隐喻是用一个陌生的名词替换，或者以属代种，或者以种代属，或者以种代种，或者通过类推，即比较。"① 不难看出，亚理士多德的定义的狭隘性，即隐喻是一种修辞格或文字游戏。

　　昆体连认为隐喻是各类转喻中使用最广的修辞格，并从有灵物体和无灵物体相互转换的角度区分出来四种隐喻性的"转换"（transference）。他认为，隐喻的使用目的就是提炼和装饰不足的日常语言，"隐喻是点缀在风格上的高级饰物"②。

　　理查兹从互动论的角度定义了隐喻："我们在使用隐喻时将两个不同的表象带入一个互动的关联之中，这种互动的关联由一个词或者一个短语体现，其意义则是两个表象互动的结果。"理查兹将"原生的""所说或所思的""深层概念"或"主题（principle subject）"命名为"主旨（tenor）"，而把"借用的""所比拟的""想象性质"或"相似物"命名为"载体（vehicle）"，而世界就是一个"被投射

---

① 亚理斯多德：《修辞学》，罗念生译，北京：三联书店，1991年，第177页。
② 霍克斯：《论隐喻》，高丙中译，昆仑出版社，1992年，第18—19页。

的世界"（a projected world）。①

1979 年，雷迪提出了传导隐喻论（The Conduit Metaphor）对隐喻的本质进行探索。他认为，某些"死隐喻"有助于人们利用它们进行体验式地传递思想与感情。②这种理论指出，隐喻就是言者将"思想"（物体）放到"词语"（容器）内通过"管道"传送到听者那里，听者再从这个"词语"（容器）中提取出"思想"（物体）。言者的任务是将思想放入逻辑容器或者传输装置内。此处的容器主要是指词语、词组或短语、句子甚至包括段落等。听者的任务是从容器中提取意义。而意义是从单词中提取出来的，听者把它放到自己的大脑中。雷迪的突出贡献是，语言不是隐喻的原生地，而思想是隐喻的原生地。

莱考夫对隐喻的定义是（Lakoff，1988）："隐喻将喻源域的认知图投射到目标域（本体），从而使目标通过喻源被置于空间的物质的经验之中。"这个定义是从认知的高度来看待隐喻，而不是仅仅把它看作是一种修辞格。他还认为，隐喻的本质是以另一件事和经验来理解一件事或经验③。

在莱考夫与他人合著的隐喻著作中，隐喻又被分为两个层次（概念层、语言层）和三种基本概念（概念隐喻、常规隐喻和诗性隐喻）（Lakoff & Johonson，1980；Lakoff & Turner，1989）。虽然，他们也将隐喻分成三类概念隐喻（conceptual metaphor）、常规隐喻（conventional metaphor），以及诗性隐喻（poetic metaphor），但是除了对概念隐喻有个明确的界定，其他两类都被回避掉了。概念隐喻分为三类：结构隐喻（structure metaphor）、方位隐喻（orientation metaphor）和本体隐喻（ontological metaphor）。他们指出，隐喻是概念性的、系统性的，概念隐喻广泛地存在于概念层和语言层，这三类隐喻都是在概念隐喻的基础之上建立的。莱考夫认为，常规隐喻是建立在

① Richards，I. A. *The Philosophy of Rhetoric*. London：Oxford University Press. 1936：93，96，100，103，108-109，117-119，125-126，134-135.

② Reddy，Michel J. "The conduit metaphor：a case of frame conflict in our language about language" in *Metaphor and Thought* edited by Ortony，Cambridge：Cambridge University Press，1993：137-163.

③ Lakoff，George and Mark Johnson. *Metaphors We Live By*. Chicago and London：The University of Chicago Press，1980：5.

方位隐喻和本体隐喻等概念隐喻基础之上的[①]，诗性隐喻是复杂的常规隐喻的合成，是诗人有意识地扩展常规隐喻或者采取异乎寻常的方式对一个或者多个基本概念隐喻进行操控的结果。关于使用诗性隐喻的原因，莱考夫总结了四条：一、诗性隐喻用法是有意识地扩展常规隐喻的内涵；二、诗人为了用异乎寻常的方式对基本的常规隐喻进行操控而调动我们相关的基本的常规隐喻知识；三、在一个子句里，很难在同一个目标域里找到两个以上的基本概念隐喻；四、诗性隐喻十分复杂，很难解释和处理，尽管它们采用最司空见惯的基本概念隐喻。[②] 我们能够自然而然地轻易理解诗性隐喻的原因就在于，我们懂得下意识地自动理解有关生命的种种基本概念隐喻。

由于莱考夫及其合作者没有对诗性隐喻没有作出定义，其他的几位研究隐喻的学者如 Ear R. Mac Cormac、Sheldon Sacks、Andrew Goatly，以及日本的 Bipin Indurkhya 和我国的学者胡壮麟都没有给出一个明确的定义。为了深入研究诗性隐喻的翻译，笔者只好自己从美学的角度做出界定。诗性隐喻是作者充分发挥想象力、创造力和认知力为追求美学效果而构制的一种隐喻，是作者解释客观世界、表达自己的内在感受和审美体验的一种思维运作方式。它具有两个基本特性：新颖性和审美性。新颖性和审美性同时具备而且越强就越能成为诗性隐喻。为了更清晰地说明诗性隐喻和概念隐喻，以及常规隐喻之间的关系，笔者特此绘制下面一幅图表来解释三者之间的关系。

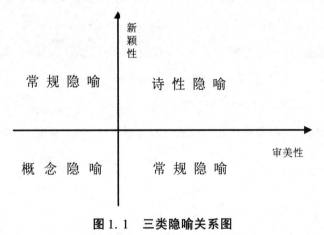

图 1.1　三类隐喻关系图

①　Lakoff, George and Mark Johnson. *Metaphors We Live By*. Chicago and London：The University of Chicago Press, 1980：152.

②　Lakoff, George and Mark Turner. *More than Cool Reason——A Field Guide to Poetic Metaphor*. Chicago and London：The University of Chicago Press, 1989：53-55.

该分类可以很好地解释文学作品中的三类隐喻现象的目的与意图，但是其对于英汉翻译软件的可操作性不够强。本研究沿用莱考夫对隐喻的界定及分类。但是，为了编写英汉翻译软件，我们设定了区分三类隐喻的具体标准：

一、概念隐喻是从始源域到目的域的常规化的映射，它已经固化为概念的一部分而作为背景知识存储于人的认知语境中，成为人们进行意义建构的基础和出发点。概念隐喻属于单畴网络的整合类型，始源语到目的域的映射是一种常规化的活动。

二、常规隐喻是一种从始源域到目的域的日趋固化的、类似于概念图式化的映射。概念隐喻的合成空间的映射为单畴网络，并且两个输入空间之间无冲突。它可以由多个概念隐喻叠加而成。

三、诗性隐喻是一种从始源域到目的域的新颖且偏离常规的映射，与文化关联度不高。诗性隐喻的合成空间的映射为双畴网络，并且两个输入空间之间存在冲突（如抽象和具象的冲突、有灵和无灵的冲突，等等）。

1.2　隐喻翻译模式的研究目的

笔者拟采用认知语言学的理论，主要是概念整合理论和原型理论，以语料库为研究手段，研究隐喻的翻译模式和变化规律。我们第一编研究目的是证实在小说中隐喻的翻译过程中存在一个意义建构过程和情感激活过程，并探讨意义建构的条件、倾向和情感激活的因素，以及建立隐喻翻译的评估标准。具体地说，就是用隐喻翻译来打通文学、语言学和美学；用概念整合理论来阐释隐喻翻译过程中意义的动态建构模式；用原型理论和维特根斯坦的家族相似性揭示语义原型情感维度模式；并阐明意义建构和情感激活的必然联系。最后，建立隐喻翻译模式并设定相关参数，并结合汉语隐喻的运用频率和审美倾向提出隐喻翻译评估的标准。

1.3　隐喻翻译模式的研究意义

隐喻作为一种思维方式而普遍存在。人类的诗性智慧也是在隐喻中形成的，也是通过隐喻表现出来的。^① 而神话与语言得以存在的共同前提正是"隐喻思维"（卡西尔，1988）。"这就意味着，人类的全部知识和全部文化从根本上说并不是建立在逻辑概念和逻辑思维的基础之上，而是建立在隐喻思维这种'先于逻辑的概念和表达方式'之上"。^②

作为一种认识世界的思维方式，隐喻就不可避免地对"客观世界"起过滤和诠释的作用。隐喻的认知机制受文化底蕴的制约，对同一"客观世界"，各种文化的隐喻认知机制会做不同的过滤。文学作品中的隐喻反映的世界是经过作者的特有文化过滤后的世界。研究文学作品中的隐喻可以体察不同的主客观世界及人们的思维方式，发现作者的真实意图。由于隐喻在文学作品中大量存在，进而导致了隐喻在文学中的重要地位。因此，隐喻的翻译在文学作品的翻译研究中也就占有很重要的地位。如何翻译隐喻，特别是文学作品中的隐喻就成为一个非常重要的课题。在文学作品的翻译中，隐喻翻译的优劣对文学作品总体效果的影响巨大。另外，研究文学翻译也不能忽视隐喻作为一种认知方式对译文影响的研究。

纵观国内外隐喻翻译研究，不难发现人们的研究不外乎是翻译喻意和翻译形象的问题，而且大都局限于隐喻翻译技巧的研究。虽然这些翻译方法对翻译隐喻都有很重要的指导作用，但是分类比较笼统，实际操作起来也难以把握。而且更为关键的是，这些研究都无法进入隐喻翻译的内部，很难说明隐喻翻译的过程究竟都发生了什么，为什么出现眼前这样的译文；也很少有人研究隐喻翻译的本质和评价隐喻翻译对翻译总体效果的影响。也就是说，到目前为止，尚未发现有人提出隐喻翻译的模式，或者对隐喻翻译进行非常系统的研究。这种研究现状与隐喻本身在文学翻译中的重要地位是不相称的，已经到了需要认真加以研究的时候。

简而言之，隐喻翻译研究的意义在于两个方面——理论方面和实践方面。在理论上，本研究廓清了隐喻的本质、隐喻在文学翻译中的地位，并有助于深刻认识文学的本质及文学翻译的本质。在实践上，由于本研究基本查明了隐喻翻译的规律并解释了隐喻变译产生的过程及原因，因而对于隐喻的翻译实践具有一定的指导意义，同时对于汉语隐喻的研究也有一定的参考价值，另外该项研究成果也有可能应用于其他领域。

---

① 季广茂：《隐喻视野中的诗性传统》，北京：高等教育出版社，1998 年，第 9 页。

② 甘阳：从"理性的批判"到"文化的批判"，参见卡西尔著《语言与神话》，于晓等译，北京：三联书店，1988 年，第 13 页。

1.4 隐喻翻译模式的研究方法

本研究拟采取自下而上的研究模式，做到定性分析和定量分析相结合。具体采用以下三种研究方法：

一、语料库法

本研究采用的语料库是生语料语料库，目的是为了通过对比 45 部英语小说的原文及汉译里的隐喻，来发现隐喻翻译过程中意义建构的规律，进而建立隐喻翻译的模式及其翻译的评估标准，以达到深挖翻译技巧下面潜藏的暗流之目的。

具体步骤如下：第一、建立生语料语料库；第二、分类汇总统计数据；第三、解释数据；第四、建立微观模型；第五、建立宏观模型。其中，在建立生语料语料库时会遇到许多困难。由于没有自动识别和分析隐喻的软件，本研究只能采用人工分析的办法。所能利用的软件是语料库的索引软件，它可以准确快速定位所要考察的词语，至于此处是否为隐喻还要由人工进行判断。但是在应用语料库索引软件之前，必须先确定语料库标准并建立语料库。首先，笔者下载与已有光盘里英文原著相对应的 45 部小说的汉语译本，下载的格式一般是语料库索引软件无法直接运用的格式。下载文件的格式主要有以下五种：Webcompiler、CHM、Winrar、PDF、HTML。对于下载的网页编辑文件（Webcompiler），可以利用反编译软件（UnWC）将其转化为 HTML 格式，然后再进一步转化为纯文本文件。对于下载的编译文件（CHM），可以利用反编译软件（UnWC）先将之转换成 HTML 格式文件，然后再转换成纯文本文件；对于下载的压缩文件（Winrar），先解压缩然后转换成 HTML 格式的文件，再转换成纯文本文件。下载的 PDF 格式的文件，可以利用 Adobe Reader 软件将之转换成 Word 文件，然后再转换成纯文本文件。对于下载的 HTML 文件，可以直接将之转化为纯文本文件，或者为了保留原来的分行各式而将其转换成 Word 格式之后再将其转换成纯文本文件。另外，还有若干小说的英文或者汉语译文无法下载，笔者只好花费四星期的时间进行扫描和校对，扫描内容所保存的格式仍然是纯文本文件格式。接下来的工作是将每部小说的各个章节的文件合并成为一个汇总文件。将这些下载文件和扫描文件都转换成纯文本文件之后，再利用 Concordance 和 CCRL 两个索引软件定位英汉语料库所调查的 82 种植物、34 种动物、23 种运动项目、4 种季节和 10 种色彩相关的隐喻（总计 153 种事物）。进行统计汇总和各类图表的考察之后，才能根据各类数据，进行分析并建立隐喻的翻译模型。

另外，出于对隐喻翻译作出客观评估之目的，本研究还按照此法建立了一个现代汉语小说语料库，以便从中发现汉语作家使用隐喻的频率、规律，也就是说，试图找到汉语隐喻的使用倾向和审美追求，然后以这个尺度对英语小说的汉译作出客观评价。这个语料库里收录了 63 部汉语白话文小说，共计 1260 万字，大体上与 45 部英文小说的汉语译文（1126 万字）在库容量上相匹配。

二、问卷法

问卷法的目的是为了调查使用中文和英文的人们对有关物体的好恶是否与语义原型中的情感维度相关，相关度如何，进而为研究情感激活和意义建构的关系，以及它在隐喻翻译中的影响和作用打基础。

具体的做法如下：本研究总共制作了有关 153 种事物语义原型情感维度的调查问卷，英、汉语各 100 份。这些事物的选取没有故意采用两种文化差异巨大的内容，而是把不太确定是否有文化差异的动植物和运动项目等都放进问卷进行调查，共计 153 种。问卷的制作顺序是先制作英语问卷，后制作汉语问卷；汉语问卷是从英语问卷翻译而来。

英语问卷的发放采取随机采样方式，填写完毕当场回收。采样地点是英国英格兰的杜伦市（Durham），包括当地的广场、教堂、法院、超市休息区，以及中学等地点；被试对象是在杜伦市生活或工作的人们，涉及多种职业和各种年龄段的人员。英语问卷共制作了 100 份，实际收回问卷 65 份，根据取样的完整性、准确性、可比性和一致性等原则判定实际有效问卷为 61 份。

汉语问卷的被试对象也是涉及多种行业和各个年龄段，主要包括徐州师范大学的师生、新华书店的读者、送水员、修理工等。汉语问卷共制作了 100 份，实际收回问卷 70 份，按照上述取样的四个原则最后判定有效问卷为 63 份。两种问卷的有效问卷均超过 60 份，但是仍然随机抽取两种问卷各 60 份，将相关数据输入计算机，采用 SPSS 进行统计分析，并生成了大量的图表。

三、逻辑推理法

逻辑推理法包括归纳法和演绎法。在本研究中的具体用法如下：

首先，采用归纳法的目的是将数据分类汇总，归纳出英汉语义原型的情感维度模型和隐喻翻译的意义建构模式，并揭示出汉语译者在隐喻翻译活动中通过译文表现出来的家族相似性，以此为基础而建立隐喻翻译模式，然后设定隐喻翻译模式中的各种参数。

其次，采用演绎法的目的是为了将建立在微观研究基础之上的模型加以推演，进而建立宏观的隐喻翻译模型，并提出隐喻翻译评估的体系，为翻译批评贡献自己的研究成果。

第二章　隐喻翻译的意义建构

2.1　意义建构的理论背景——概念整合理论

建立在心理空间理论基础之上的概念整合理论，系统地考察了人类认知结构、人类语言结构在认知结构中的体现，以及在线意义建构的过程。福科尼耶（Fauconnier）认为，心理空间的映射是人类思维组织的一部分。心理空间理论是意义建构的理论，包含将句子意义的体现分割成心理空间。人们在思考和谈话时，在语法、语境和文化的压力下，建构和连接心理空间。随着话语的展开，人们创造出一个心理空间网络，并且在这个网络中存在着重要的认知操作——概念整合。概念整合包括建立相互映射的心理空间网络，并以各种方式整合成新的空间。下面对概念整合理论的发展历程与主要观点做一个概述，并阐述概念整合理论对翻译的解释力。然后，在本章的最后部分，采用图解的方式提出自己关于隐喻翻译过程中意义建构的思想。

2.1.1　概念整合理论的基本原理

2.1.1.1　心理空间理论阶段

福科尼耶的心理空间理论发展经历了两个阶段："心理空间"理论阶段和"概念整合"理论阶段。第一阶段的代表作是《心理空间》（Mental Spaces, 1985），该书标志着心理空间理论的创立。心理空间理论的目的在于系统地考察人类认知结构和人类语言结构在认知结构中的体现。心理空间理论研究在线意义的建构问题，包含将句子意义的体现分割成心理空间。福科尼耶认为，心理空间是指交际者联想时启动的想象空间，它是交际者某一概念域知识的部分激活（Fauconnier，1985，1994，1997）。心理空间是言者谈论实体和其各种关系时建构的一些可能世界和有关某一领域的信息集合。心理空间是当我们思考和谈话时为了局部理解和行为而建立起来的数个小概念包。① 心理空间是语言使用者建立语言理解的心理表征结构，通过这种心理结构的激活，人们能够建构对某些语言成分的理解。

建构心理空间的来源很多，其中之一是利用我们熟知的概念域。一个心理空间可以由来自多个独立域的知识构成。心理空间是在工作记忆中动态建构的，但是它们也可以被固化（entrenched）到长时记忆中。心理空间的种类有输入空间、类指空间和合成空间三类。心理空间由框架和理想认知模式（ICM）架构。

心理空间理论认为，语言结构的基本功能是运用和描写认知视角的不同的信息辨认度（accessibility），考察语言的用法是进行认知研究的重要工具。心理空间的各种连接或映射可让我们将词语作为触发词（trigger）去指称其他心理空间中的另一目标实体，这些连接或映射包括语用功能（pragmatic function）、转喻、隐喻和类比等。

2.1.1.2 概念整合理论阶段

心理空间理论的第二个发展阶段是"概念整合"理论阶段。这一阶段的代表作有长篇论文《概念整合与形式表达》（Conceptual Integration and Formal Expression，1995）、专著《思维和语言中的映射》（Mappings in Thought and Language，1997），以及专著《我们思考的方式》（The Way We Think，2002）等。

由于心理空间理论只揭示了意义建构的一些基本原则，原则之间的关系和工作机制没有深入讨论。于是，福科尼耶于 1995 年用 Conceptual Integration and Formal Expression 来完善自己的理论，并于 1996 年和特纳建立起概念整合理论的新模型。模型如下：

---

① Fauconnier, Gilles and Mark Turner. *The Way We Think—Conceptual Blending and the Mind's Hidden Complexities*. New York：Basic Books，2002：102.

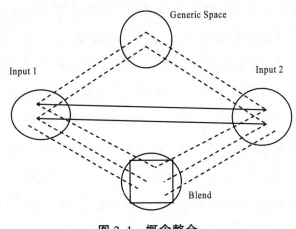

图 2.1　概念整合

　　概念整合是一个基本的认知操作过程。概念整合的模型包含至少四个心理空间，即至少两个属于不同认知域的输入空间（input spaces）、一个能抽象概括出两个输入空间内容的类指空间（generic space），以及一个合成空间（blend）。这些心理空间是按照框架和认知模式的结构构建的。当输入空间 1 和输入空间 2 的部分结构投射到合成空间后，通过"组合"、"完善"和"充实"三个彼此关联的认知过程的相互作用而产生层创结构（emergent structure）。层创结构产生的过程就是意义演化与产生的过程。合成空间不是由输入空间的简单相加而来，而是通过推断等认知活动产生一个概念化结构的过程。

　　福科尼耶和特纳指出①，在构建合成空间时所产生的各种不同合成结构表明，整合原则（principles of integration）运用了 10 条优化原则进行工作。我们按照其不同的作用将其分为两类：组构性原则和管制性原则。第一类，组构性原则，包括整合原则（integration）；而第二类，管制性原则却包括 9 条：1. 拓扑原则（typology）；2. 模式完善原则（pattern completion）；3. 关键关系增强原则（promoting vital rela-tions）；4. 联网原则（web）；5. 解压原则（unpacking）；6. 关联原则（relevance）；7. 递归原则（recursion）；8. 后映原则（backward projection）；9. 转喻投射原则（metonymy projection）。这 10 条优化原则的具体内容如下：

①　Fauconnier, Gilles. *Mapping in Thought and Language*. Cambridge：Cambridge University Press，1997：185-186. Fauconnier, Gilles and Mark Turner. *The Way We Think—Conceptual Blending and the Mind's Hidden Complexities*. New York：Basic Books，2002：299-352.

1. 整合原则：将合成空间的各种成分通过压缩整合为一个整体，成为一个可操作的单位。两个输入空间被整合时的必要条件①：

（1）跨空间映射（cross-space mapping）：两个空间的对应部分进行映射。

（2）类指空间（generic space）：类指空间反映两个输入空间共享的、普遍的、更抽象的结构和组织，概括出了两个输入空间在跨空间映射时存在的共核结构。

（3）合成空间（blend）：两个输入空间的部分结构被投射到另一个空间，而产生了合成空间。合成空间是指人们在认知运算时将至少两个输入空间的内容加以整合而衍生出新的层创结构的心理空间。

（4）层创结构（emergent structure）：合成空间的层创结构不是由两个输入空间直接提供，而是按以下三种相互联系的方式产生：①组合（composition）：从输入空间获取投射成分，组合成新的结构，并且这些结构未在其他独立输入空间里存在过。②完善（completion）：背景知识框架、认知模式和文化模式允许组合结构从输入空间投射到合成空间，这些结构被看作合成空间里拥有自身逻辑结构的一部分。在合成空间里被继承结构触发而来的组合结构会被完善成更大的层创结构。③充实（elaboration）：人们可以根据这种层创结构的自身逻辑在合成空间里对它进行认知操作。

2. 拓扑结构原则：任何输入空间及其成分投射到合成空间的最佳方式是，合成空间各成分间的关系维持原输入空间各成分之间的关系。

3. 模式完善原则：在其他情况相同的条件下，通过将现存整合模式用作附加输入空间的方式来完善合成空间里的成分。在其他情况相同的条件下，该原则要求采用一个逐渐完善并含有压缩了输入空间之间关键关系的框架。

4. 关键关系强化原则：在其他情况相同的条件下，该原则要求将网络中的关键关系最大化；尤其是，将合成空间的关键关系最大化并将它们在空间外的关键关系反映出来。

5. 联网原则：在其他情况相同的条件下，将合成空间作为一个单位操作必须维持与输入空间方便联网和无需额外监视与运算等状态。

6. 解压原则：合成空间必须能够使解读者将合成空间解压，进行输入空间重

---

① 参见 Fauconnier, Gilles. *Mapping in Thought and Language*. Cambridge：Cambridge University Press，1997：149-151.

构、跨空间映射、类指空间并在在上述空间之间建立联网关系。

7. 关联原则：在其他情况相同的条件下，合成空间的一个成分应该具备连接其他空间并被进一步合成的相关关系。关联原则使输入空间和话语感知空间的对应成分的同构性（isomorphism）得以提高。

8. 递归原则：允许来自一个整合网络的合成空间成为另一个整合网络的输入空间。

9. 后映原则：在合成空间运行与产生层创结构时，能够避免回投对输入空间整合的干扰，具有总结和评估的功能。

10. 转喻投射原则：当某个成分从输入空间向合成空间投射时，另一个成分也因为与它的转喻联系被投射到合成空间，转喻投射原则可以缩短这两个成分在合成空间里的转喻距离。

不过，福柯尼耶和特纳指出，这些原则只是优化结构的策略，在整合网络中可能会满足一条原则或者多条原则。另外，这些原则在运作的时候可能会出现相互竞争甚至冲突的情况。

除了整合以外，映射也是语义解释和语用解释及认知建构的核心问题。不同心理空间之间的映射又有四种类型：投射映射（projection mappings）、语用功能映射（pragmatic function mappings）、图式映射（schema mappings）和心理空间映射（mental-space mappings）等。① 投射映射指的是将某一认知域（始源域或者目标域）的部分结构映射到另一个认知域。语用功能映射指的是两个关联认知域和物体的两个范畴间的对应是靠语用功能互相映射而达成的。转喻与提喻便是语用功能映射的典范。图式映射是指一般图式、框架或者模型在某个语境中对某个情境建构时而进行的操作。心理空间映射是指将话语进行中建立起来的心理空间连接起来的映射，目的在于解释各种类型的逻辑模糊特征，诸如违实空间（counterfactuals）、假设空间（hypotheticals）、量化关系（quantification）、无时间指称（when）、叙述时态、指称词、直接与间接话语等等。

福科尼耶进一步指出，语言研究的重点是语言运用时的幕后认知（backstage

---

① 参见 Fauconnier, Gilles. *Mapping in Thought and Language*. Cambridge：Cambridge University Press，1997：9-13.

cognition)①。幕后认知包括视点、指称视点、隐喻与类比映射、理想认知模式、框架构建，句法解析（syntactic construal）、心理空间、对应连接（counterpart connection）、角色、原形、借喻、多义现象、概念合成、虚构运动等，尤其是要重点研究认知构建结构、认知运算、认知动力概念系统。

2.1.2 概念整合理论对隐喻翻译的解释力

2.1.2.1 概念整合理论与翻译的认知隐喻观的关系

要想说明概念整合理论对翻译的解释力，必须首先明确翻译的性质和定义。本书作者在第二章已经申明了翻译的认知隐喻观，认为翻译是一种受文化制约的、创造性的、解释性的隐喻化过程。译者致力于满足受众的种种期盼。在翻译过程中，译者的翻译活动就是一种跨域映射活动。译者将始源域里的原语文本，通过自己的努力而映射到目标域的译入语文本；而且翻译的隐喻化过程具有解释性和创新性。

翻译之所以是隐喻化的活动而不是转喻化的活动，主要是因为，转喻是一个认知域到另一个认知域的部分属性的投射，也就是说，用甲认知域中凸现的属性来代替乙认知域中的事物；而隐喻则是一个认知域在另一个认知域的整体投射。这个宏观的隐喻是这样的，英语是一个宏观上的"认知域"，而汉语是另一个宏观上的"认知域"，这两个认知域构成两个"输入空间"，它们的抽象结构就是人类的认知图式和框架存在于"类指空间"，而生成的译文既不是汉语里所固有的东西，也不是英语里原本就有的东西，这个被合成的东西（译文）就被隐喻为"合成空间"里的层创结构。而这种译文的生成过程就是一个宏观的隐化的过程。因此，从宏观上来说，翻译活动就是一个从英语整个认知域到汉语整个认知域的投射活动——隐喻化的活动。

由于概念整合理论研究的是意义的在线建构过程，试图解释人类认知在意义建构的过程中所起的作用和具体的变化；而隐喻翻译的过程也少不了意义建构的过程。换言之，没有意义建构就没有隐喻的翻译。

---

① 转引自刘正光的论文《Fauconnier 的概念合成理论：阐释与质疑》，载于束定芳主编，《语言的认知研究——认知语言学论文精选》，上海：上海外语教育出版社，2004 年第 567-583 页。

2.1.2.2 概念整合理论对于判断隐喻类型的作用

概念整合理论中关于映射和网络类型的观念可以作为区分各类隐喻的主要标准。在各类隐喻中，对诗性隐喻的判断最为困难，如果能够顺利判断诗性隐喻，那么就容易将其他两类区分出来了。鉴于此，这里首先提出构成诗性隐喻需要满足的三个条件，并附带说明概念隐喻和常规隐喻的判断方法。简单地说，诗性隐喻的三个必备条件为：一是否为非常规化的映射；二是否为双畴网络且输入空间之间存在冲突；三是否为抽象—抽象或者具体—抽象的映射。下面具体讨论这三个条件的真实内涵。

第一，关于隐喻中常规化和非常规化映射的问题。先来讨论概念隐喻的情况。概念隐喻是常规化的映射，它已经固化为概念的一部分而作为背景知识存储于人的认知语境中，成为人们进行意义建构的基础和出发点。在概念隐喻的跨域映射中，两个输入空间之间的连接和映射为话语在线理解输入信息。这两个输入空间之间的相互作用在一定程度上反映了两个不同认知域之间的联系。虽然心理空间的建构是不断进行和发展的，意义随着语境的变化而转变，但是概念隐喻的两个认知域之间的映射关系及其产物合成空间里的层创结构通常不会随语境的变化而变化。换句话说，概念隐喻是语言系统中相对稳定的一部分，是以一种原型的形式存储在大脑中的。概念隐喻中有一大部分表达的是人类共有的基本经验和图式。

接下来讨论常规隐喻的情况。常规隐喻在很大程度上与文化有关，不同文化社区人们的经验域并非完全一致，而是存在很多分歧。常规隐喻大多表现的是本族文化中常规化的映射关系。

然而，诗性隐喻的情况就大不相同了。本论文随后的研究表明，语言中的诗性隐喻是一种非常规化的映射，并且其与文化联系疏松。诗性隐喻主要体现了作者明察秋毫的洞察力、深邃的思考和精巧的语言表达力。诗性隐喻不遵循省力原则，它是作者追求文学审美的结晶。

第二，关于隐喻的意义在建构过程中所使用的网络类型。此处借用福科尼耶和特纳对单畴网络和双畴网络的定义。他们认为[1]，单畴网络（single-scope network）是指包含两个具有不同框架的输入空间之间的映射整合网络并且其中的一个输入空间的框架被映射到合成空间，以帮助组建合成空间。其中的框架虽然不同，但是无

---

[1] Fauconnier , Gilles & Mark Turner. *The Way We Think*. New York：Basic Books. 2002：120-168.

冲突。双畴网络（double-scope network）：是指包含两个具有不同框架的输入空间之间的映射整合网络，并且两个框架都有一部分映射到合成空间中去。这两个框架存在着不同程度的冲突。虽然不同输入空间的框架存在冲突，但是并不妨碍合成空间的建构。在这种情况下建构起来的合成空间是对人们想象力的挑战。"双畴网络在人类的艺术、宗教、思维、科学和语言的发展中起到了不可获却的作用"。①

概念隐喻和常规隐喻主要是单畴网络的整合类型。判断概念隐喻的必要条件是合成空间的映射是否为单畴网络映射，并且两个输入空间之间无冲突。概念隐喻是一种概念图式化的映射。判断常规隐喻的必要条件是合成空间的映射是否为单畴网络，并且两个输入空间之间无冲突，常规隐喻是一种日趋固化的、类似于概念图式化的映射。

概念隐喻和常规隐喻同为单畴网络，唯一不同的是概念隐喻已经作为图式化的东西凝固到这种语言里了，而常规隐喻则是走在定型化图式的路上。常规隐喻中的输入空间的框架已经没有什么冲突，两个输入空间之间的联系已经为这种语言的人们所熟知。概念隐喻和常规隐喻成为人们构成诗性隐喻的双畴网络的一个输入空间，这一输入空间将和来自话语中的信息形成的另一个输入空间进行映射，以确立两者之间的某种相似性，而这种相似性便成了合成空间里的层创结构的主要来源。

而诗性隐喻主要是双畴网络的整合类型。判断诗性隐喻的必要条件是合成空间之间的映射是否为双畴网络，并且两个输入空间之间的框架有冲突，冲突越大越能体现诗性隐喻的特征。

第三，关于隐喻意义建构中所涉及的两个输入空间的抽象性和具体性的问题。常规隐喻的一个重要特征就是把抽象的比作具体的、或者把具体的比作具体的、或者把复杂的比作简单的。常规隐喻总是朝着常规化、人类容易掌握的尺度之方向进行构建；常规隐喻的构建遵守省力原则（principle of least human effort）。

而判断诗性隐喻的必要条件为是否把抽象的比作抽象的、或者把具体的比作抽象的、或者把复杂的比作复杂的。而诗性隐喻是作者强烈审美追求的体现。于是，新颖性和审美性成为诗性隐喻的两个主要特征。由于诗性隐喻总是作者为了追求美学效果而朝着背离人容易把握尺度之方向进行构建，所以诗性隐喻的建构基本上不遵循省力原则。

---

① Fauconnier, Gilles & Mark Turner. *The Way We Think*. New York：Basic Books. 2002：180.

2.1.2.3 概念整合与隐喻翻译中意义建构的契合

第一，从总体上来说，概念整合涉及意义建构的全过程，而隐喻翻译也涉及意义建构的全过程。隐喻翻译要传递英语原文的各类信息，其中必然包括意义在内的各类信息。在各类信息处理的过程中，也要牵涉到不同的输入空间和各类映射网络。这是概念整合和隐喻翻译最为契合的内容。

第二，概念整合理论中所涉及的各类原则是意义建构中所采用的原则。这个牵涉各种优化原则的复杂映射网络，能够有力地解释译者在翻译过程中尤其是意义建构过程中进行的各类具体、复杂的操作。尽管这些认知操作都是幕后操作，但是却是实实在在发生的事情。

第三，概念整合理论是一整套完备的高质量的在线意义解释体系。它的完备性就在于，它几乎认真考察了人类认知在意义建构中的各类操作及其运作方式。其高质量就在于，它的各种原则能够具体标明意义建构每一步所涉及的因素和所进行的操作。只有复杂的原则系统才能确保在意义建构过程的解释中详细指明意义建构的具体路径和方向。比如说，联网原则和关联原则可以确保在概念整合的过程中有关的空间与其他空间连接，并确保相关成分能进入合成空间，进而使得对应成分的同构性得以提高。又比如说，拓扑结构原则可以确保输入空间的成分被复制到合成空间；而整合原则又会删除无关的结构并将相似的结构压缩到一起，以减轻网络的处理压力。再比如说，递归原则可以保证一个刚刚合成的空间顺利进入下一个整合网络，在这个新的整合网络里以输入空间的身份继续参与概念整合网络的其他操作，直至生成在逻辑上合理的意义来。

第四，由于隐喻涉及违时虚构、语用映射等问题，而概念整合理论正好可以解决这方面的问题。比如说，心理空间映射解释各种映射类型的逻辑模糊特征，诸如违实空间（counterfactuals）、假设空间（hypotheticals）等。概念整合理论主要研究认知构建结构、认知运算、认知动力概念系统。在这个方面它正好涵盖了隐喻的意义建构和隐喻产生的效果等方面。

第五，概念整合理论在探讨空间之间和空间内部的关键关系时做得深入具体，这为解释隐喻翻译过程中变译倾向提供了很好的理论支持。因为仅仅笼统地说，隐喻翻译过程中发生了变化，变化的倾向是朝着中国人易于把握的尺度进行，势必影响讨论的深度，所以引进十五类关键关系在隐喻翻译过程中发生的变化是十分必要的。

总之，能合理解释意义建构的网络自然可以解释隐喻翻译的意义建构。尽管隐喻翻译还牵涉到情感因素、审美因素、文体风格因素等等，但是至少在意义建构方面隐喻翻译和概念整合理论是相契合的。

2.1.3　概念整合理论对解释隐喻翻译的无能为力之处

诚然，概念整合理论对隐喻翻译有强大的解释力，但是在隐喻翻译的过程中，所发生的变化也不仅仅只有意义建构，还有情感激活的发生。在情感激活方面，概念整合理论表现得无能为力，无法说明意义建构过程中情感激活或者情感因素所牵涉的具体因素以及情感因素由英语原文转移到汉语译文里的途径和方式。另外，由于概念整合理论着眼于微观变化和后台操作，强调动态的意义建构，而对静态的框架和认知模式讨论的不够多、不够深入，这种不足在解释隐喻翻译的过程时显得尤为明显。

2.1.4　克服概念整合理论在隐喻翻译中工作不力的途径

针对概念整合理论对静态的框架和认知模式研究不够深入和广泛的缺陷，本论文在第四章第四节引入了框架、认知模式等方面的因素以完善概念整合理论在隐喻翻译过程中意义建构的解释力。

具体地说，为了更好地阐释隐喻翻译过程中意义建构的过程，本书作者在第四章详细讨论了概念整合理论着墨不多的框架、认知模式和关键关系在意义建构中的作用，尤其是详细讨论了隐喻翻译的变译在这三个方面的具体体现。

概念整合理论在解释隐喻中的情感因素时无能为力。针对这一缺陷，第五章专门辟出一节来讨论语言中所存在的语义原型的情感维度，并解释在一种语言中某人的情感总是伴随着意义建构的过程而被激活，还发现在英语原文中被激活的情感一直被传递到汉语的译文中，基本上没有大的改变。

另外，隐喻翻译牵涉到隐喻类型的判断，这种判断对于隐喻翻译所采取的策略至关重要。概念整合理论的单畴网络和双畴网络虽然可以加以应用，但是仍然不够得力，于是本书作者又添加了其他两个条件一并作为判断隐喻的标准。

2.2 图解隐喻翻译的意义建构

虽然，福科尼耶的概念整合理论对于意义的建构具有强大的解释力，但是将它照搬照抄来解释隐喻翻译的过程中显得捉襟见肘。在研究了概念整合理论与参考了福科尼耶的合成空间图（如图2.1所示）之后，笔者发现该理论有很多不适合解释隐喻翻译的情况。经过反复思考，对他的图进行了大规模的改良之后，建立以下的隐喻翻译意义建构流程图。于是，在修整其模式的基础上，一个崭新的隐喻翻译的意义建构模式图（如图2.2所示）呈现在诸位面前。

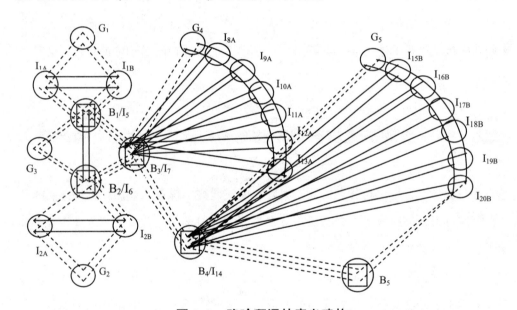

图2.2　隐喻翻译的意义建构

图中代码表示内容：

G_1：类指空间1 　　　　　　　　　I_{1A}：英语始源域输入空间1

I_{1B}：汉语始源域输入空间1 　　　　B_1/I_5：合成空间1或者输入空间5

G_2：类指空间2 　　　　　　　　　I_{2A}：英语目标域输入空间2

I_{2B}：汉语目标域输入空间2 　　　　B_2/I_6：合成空间2或者输入空间6

G_3：类指空间3 　　　　　　　　　B_3/I_7：合成空间3或者输入空间7

G_4：类指空间4 　　　　　　　　　I_{8A}：英语文化输入空间8

I_{9A}：英语语法输入空间 9 I_{10A}：英语审美输入空间 10

I_{11A}：英语情感校验输入空间 11 I_{12A}：英语显著结构校验输入空间 12

I_{13A}：英语文体校验输入空间 13 B_4/I_{14}：合成空间 4 或者输入空间 14

G_5：类指空间 5 I_{15B}：汉语文化输入空间 15

I_{16B}：汉语语法输入空间 16 I_{17B}：汉语审美输入空间 17

I_{18B}：汉语情感校验输入空间 18 I_{19B}：汉语显著结构输入空间 19

I_{20B}：汉语文体校验输入空间 20 B_5：合成空间 5

2.2.1 关于隐喻翻译的意义建构过程图的说明

隐喻翻译的意义建构过程包括三个阶段，即直译解读阶段、英语校验阶段和汉语校验阶段。左侧的菱形花边是直译解读阶段的简化描摹，从左到右的两个扇面则分别代表英语校验阶段和汉语校验阶段。图中的 G 表示类指空间（Generic Space），I 表示输入空间（Input Space），B 表示合成空间（Blend）。图中有五个圆圈中各有一个方框，这个方框表示层创结构。上一级合成空间的结果可以作为下一级概念整合的一个输入空间，所以图中就出现了 B_1/I_5、B_2/I_6、B_3/I_7、B_4/I_{14} 等标示。举个例子，B_1/I_5 表示这个心理空间既是合成空间 B_1，也是下一级整合网络的一个输入空间 I_5。其他的标示以此类推。另外，图中标示中的下标 A 表示英语空间，B 表示汉语空间。

在直译解读阶段，一个含有隐喻的英文句子，其中的始源域输入空间 I_{1A} 向汉语概念结构中的始源域输入空间 I_{1B} 进行映射，在类指空间 G_1 中被抽象出类指结构，然后再经过一系列的组构性原则和管制性原则的加工在合成空间 B_1 中形成层创结构。这个合成空间 B_1 又在递归原则的作用下作为下一级整合网络的输入空间 I_5 参与映射的。在这一级，I_5 是作为始源域输入空间向目标域输入空间 I_6 映射的。I_6 来自英语目标域输入空间 I_{2A} 和汉语目标域输入空间 I_{2B} 之间的映射结构——合成空间 B_2。简单地说，最上面的菱形表示英文句子中隐喻的始源域向汉语中的始源域的直译解读，最下面的菱形表示英文句子中隐喻的目标域向汉语中的目标域的直译解读。中间的那个菱形表示将上下两个概念合成的结果 B_1/I_5 与 B_2/I_6 进行连接和映射。这一次是真正意义上隐喻的始源域向隐喻的目标域映射的活动。在中间这个菱形中的合成空间 B_3 里产生的层创结构是译者解读获取的隐喻的意义、形象和作者的意图。至于，经过三个概念整合阶段的推理处理，译者所获取的隐喻的意义、形象和作者的意图是否与原文相符合，还需要英语空间的校验，在最后产生译文之前还要经过汉语空间的校验。

在英语空间校验阶段，由于在直译解读阶段进行的推理和概念整合不一定完全与作者的意图相吻合，需要进行引入众多英语输入空间再次进行整合网络的验证。这是由于在直译解读阶段，隐喻的始源域和目标域之间的映射和推理是采用汉语认知空间的概念结构进行的。尽管人类的概念结构大同小异，但是针对某个隐喻来说，两个语种里的始源域和目标域存在差异的可能性还是存在的。经过引入一系列输入空间，诸如英语文化输入空间、英语语法输入空间、英语审美输入空间、英语情感校验输入空间、英语显著结构校验输入空间以及英语文体校验输入空间等等，它们同 I_7 之间的映射和合成形成新的合成空间 B_4。B_4 的层创结构应该是体现了作者的意图和隐喻的意义可以作为译文加以呈现的东西。但是至于 B_4 中的层创结构用汉语表达具体采用哪种表达法，还需要经过汉语输入空间的再次校验。

在汉语空间校验阶段，经过前几个阶段的映射与合成所产生的层创结构，在表达的时候遇到了译文语言的选择的问题。在多种译文选择的面前，译者不得不引入大量的汉语空间进行二次校验，以便最终确定 B_5 里面的汉语译文。含有隐喻的英文句子的译文来自 B_5 的层创结构。B_5 合成空间的来源是上一级的合成空间 B_4 与新引入的大量汉语空间映射和合成的结果。在这个阶段，引入的汉语输入空间有汉语文化输入空间、汉语语法输入空间、汉语审美输入空间、汉语情感校验输入空间、汉语情感校验输入空间、汉语显著结构输入空间，以及汉语文体校验输入空间等。在汉语检验空间生成译文的阶段就是译者大脑中呈现出来的意义和想象出来的再造意象输出脑外（写到纸上或者电脑里）。

2.2.2 意义建构中的直译解读阶段

虽然这里人为地给隐喻翻译过程的意义建构分成三个阶段，还区分出英语输入空间和汉语输入空间。但是这些区分并不是在人脑中截然不同地分开的，只是逻辑顺序上存在一个先后顺序：直译解读阶段、英语输入空间校验阶段和汉语输入空间校验阶段，而且这三者是密切相连的，这种循环操作持续不断直道译者撰写成自己满意的译文为止。

关于隐喻翻译意义建构的直译解读阶段的论证。人总是先将始源域的概念、或者目标域的概念以及两者之间的联系作为再认线索来激活头脑中的相关记忆。但是在构建合成空间形成层创结构之前，也就是说在隐喻解读之前，译者首先要做的是英文句子的直译解读。这里将从四个方面来论述在隐喻翻译意义建构中的直译解读阶段的必然性。前三个方面属于思辨研究，后一个方面属于实证研究。实证研究的具体数字将放在下一章里详细阐述。

第一，在隐喻解读的过程是交互式表象处理，既包含自下而上的加工也包含自上而下的加工。自下而上的加工方式主要是在"大块"的形成之前。至上而下的加工方式主要是调入相关的框架和认知模式将有密切关系的单词以"大块"的形式组织起来，为概念整合做准备。译者在阅读英文句子时，开始对外部刺激进行加工，先对较小的知觉单元进行分析，然后再转向较大的知觉单元，经过一系列连续加工而达到对刺激物——英文单词解释。视觉系统先将单词中每个字母的特征如垂直线、水平线、斜线等进行加工，以确认一些字母，然后将字母组合成单词。将英文单词逐个对译成汉语的词汇，对汉语词汇激活的概念进行加工在进行处理。然后才在汉语概念系统中对两个认知域里的两个概念进行匹配、映射、合成进而形成层创结构。这种从低水平加工到较高水平的加工，就是自下而上的加工方式。但是光靠自下而上的加工是不够的，因为自下而上的加工负担太重，人加工信息的来源对外界视觉刺激的输入太慢而步履缓慢。另外，光有自上而下的加工没有自下而上的加工，就会出现虚幻，产生没有根基的解释。所以，自下而上的加工是整个翻译工程的基础，但是自上而下的加工既加快了自下而上的进度，又提升了解释的深度和可靠性。层创结构的生成和发展与推进靠的是自上而下的加工。

关于"大块"优先原则的必要性的论述。在直译解读阶段，译者的行为遵循"大块"优先原则。"块"的概念界定在小到一个单词，大到一个短语甚至一个习语等完整的小句。译者总是力图在两种语言中对等的块与块之间进行直译对等操作。在对等直译的操作中，习语或者短语中间的对等直译优先于单词之间的对等直译。在对等直译中，最低级的对等是单词之间的对等，其次是短语或者习语之间的对等，最高级的对等是俗语或谚语等整句对等。而在语法、词汇、情感和文化，以及审美方面的直译对等的层次由低到高分别是言词、情感、语法、文化和审美。在翻译的过程中，越是文学性程度高的内容，对其直译的概率就越大。比如说，诗性隐喻的翻译。这是因为文学性程度高的诗性隐喻对文化表层因素的依赖小，非语言形式的

模糊因素就越大。

  在译者的认知语境中存在三类信息——逻辑信息、百科信息和词汇信息，这三类信息因为在翻译的过程中某个概念的激活而被调用出来。然而，概念在人脑中的存储并不是孤立的，而是表现为一些概念有序的集合。在这个集合中的各种概念依靠结合链以特定的方式组合在一起，彼此关联形成"大块"。实际上，把这些概念组合在一起的原则有省力原则和关联原则。每个概念又会给实际运用提供其相关实体的分类信息、概念特征、事物的相关例证、相关典型以及关于世界的相关假设。在各种信息中，与译者认知语境高度相关的信息和假设，在译者关注兴趣的决定下，某些进入逻辑推理和意义建构环节，而另外一些被译者当作冗余信息而忽略。这是因为译者的大脑无法对涌入的全部信息进行处理，全部处理会导致信息超载甚至系统瘫痪；再加上省力原则和关联原则的调控作用，只有一部分相关信息被处理，进入翻译的意义建构和空间校验阶段。也就是说，只有在某个具体语境中相关"大块"的相关显著结构参与了整合网络的具体操作，其余的结构则被系统忽略了。

  第二，关于隐喻翻译意义建构中直译解读的推定。人类的一切活动都是下意识地追求省力原则。人类从事任何活动都试图用最小的投入而获得最大的收益。在较少的付出能得到想要的东西的时候，人类不会再继续付出过多的力气。这就是指导人类行为的准则——省力原则。[①] 那么在翻译的过程中，人脑最先进行的操作应该是对原文做直译解读。译者首先将英语句子中的单词逐个调入人脑进行识别和解读。如果将隐喻中的直接对译而来两个物体联系起来，能够形成完整的意义链条，那个译者头脑中就先记忆下这个结果。然后，他再进行英语输入空间的校验。不管是直译解读阶段还是英语输入空间的校验都要不断地引入输入空间进行推理，直到产生合理的结构为止。

  第三，由于人类活动受省力原则的驱使，汉语译者在理解英语句子时，不是首先调用出英语概念的种种结构，而是首先调用出汉语概念的种种结构参与新概念的合成与推理。这主要是因为调入汉语概念的种种结构比调入英语概念结构省力的多。而每种语言的概念结构都是以这个语言社区里人们认知事物的视角去构建的，也就

---

① 这是人类行为学家奇普夫研究了人类的各种行为之后得出的结论——省力原则。详细参见 Zipf, G. F. *Human Behaviour and the Principle of Least Human Effort*. Cambridge：Addison-Wesley, 1949.

是说概念化的过程是这个语言社区的人们以自己的尺度对万事万物的度量，是一种主观化了的"客观世界"。这些概念已经打上了这个民族的文化烙印。汉族人对世界概念化和范畴化的过程是一个按自身的尺度对世界进行主观操作的过程。汉族人会以自身的尺度将世界分成不同的实体以便在生活中加以操纵，这种以汉族人的视角对世界加以划分的结果，并非世界的本来面目。这种对世界的概念化和范畴化的结构以对世界的种种假设的形式存在于汉族人的头脑里。结果，汉族人头脑里的"客观世界"不会与英语民族头脑里的"客观世界"完全相同。这当中自然包括认知世界的重要方式之一——隐喻化。也就是说，英汉民族虽然以自身的尺度对世界进行概念化和范畴化，但是他们使用隐喻这一认知手段的具体方法就不会完全相同。莱考夫证明了存在于人类头脑中的"客观世界"是人类隐喻化的结果，所有对客观世界的表达都是建立在"结构隐喻"、"方位隐喻"和"本体隐喻"三类概念隐喻的基础之上的。隐喻被上升到了人类认识世界的一种认知方式的高度。而兰盖克则进一步证明了人类的语法也是隐喻化的结果。[①] 我国的学者也从汉语里找到了大量的证据，表明人体及其器官是人类认识世界的基础，人类就是以自身为尺度将世界隐喻化的，隐喻是人类形成和表达概念的基本途径之一。[②]

第四，通过对 45 部英语小说汉译中隐喻翻译的统计，笔者发现英语句子中的直译情况占汉语译文的压倒性多数。具体的数据，将在下一章详细呈现并加以分析。第四章的实证研究既阐述了变译的规律，也为直译对等假设提供了大量有力证据。

2.2.3 意义建构中各类输入空间校验阶段

在英语空间校验阶段，译者的大脑在关联原则和联网原则的引导下分别调入英

---

① 参见 Langacker, Ronald W. *Foundations of Cognitive Grammar* （*I/II*）. Stanford：Stanford University Press，1987/1991.

② 参见卢卫中、钟小佩等人的文章。卢卫中：《人体隐喻化的认知特点》，载于束定芳主编，《语言的认知研究——认知语言学论文精选》，上海：上海外语教育出版社，2004 年，第 470-485 页。钟小佩：《从认知的角度看汉英"世界是人"的隐喻概念》，载于束定芳主编，《语言的认知研究——认知语言学论文精选》，上海：上海外语教育出版社，2004 年，第 486-499 页。

语文化输入空间、英语语法输入空间、英语审美输入空间、英语情感校验输入空间、英语显著结构校验输入空间、英语文体校验输入空间。调入这些输入空间的目的在于验证直译解读阶段得到的层创结构是否符合原文作者的意图，以及原文中展现出来意义和意象。在前一个阶段的合成空间里产生的层创结构，会在关联原则的引导下分别与上述校验空间进行相互映射，在类指空间里概括出这些输入空间的抽象结构。当这些输入空间之间的映射投射到新的合成空间里产生一致结果时，对隐喻的解析才算是完成，其产生的层创结构就是撰写汉语译文的基础。引入英语文化输入空间的目的是采用比较法对英汉两种语言中的不同概念进行对比，如果相同，则可以暂时存储起来顺利进入译文的撰写阶段；如果不同，还需引入相关的空间，进行额外的映射与合成，并为译文的撰写做准备。引入英语语法输入空间的目的是为了校验上一层合成空间的层创结构与语法形式的一致性。因为英语是高度形和的语言，形式的差异会影响意义的变化。在消除了意义与语法不一致的微小可能之后，又会有英语审美输入空间的校验，寻找沟通汉英审美相同的因素和解决方案。由于意义的建构会顺便激活英语情感输入空间的种种结构，这些成分被输入参与映射与合成，再次校验并从合成空间里的种种结构中搜寻出相关的结构进一步确定层创结构。在合成空间里生成的层创结构可以不止一个，但是汉语译文不可能将所有的结构都包括在译文中，只有进行筛选。由于进入译者头脑中的结构很多，有显著的和不显著的结构，有的是首选调入的结构，有的是不太显著的结构。首选调入的结构也会参与合成空间的映射与合成，以确定原文作者是否构建隐喻时采用的就是首选结构。如果是，则该种解读与语境中的种种假设相符合；如果不是，又会引入新的输入空间进行确认原文作者采用的具体结构。也就是说，由于某些结构在一定的语境中处于显著位置，有的结构在另外的语境中处于显著位置。原因是这样的：

关于在英语输入空间和汉语输入空间校验阶段显著结构相对性的论述。第一、如果静止地将两个物体放在一起，较大的会处于显著位置。比如，将一头大象和一只兔子放在一起，大象就会处于显著的位置，而兔子处于不显著的位置。而如果把一只兔子和一只苍蝇放在一起，则兔子又处于显著的位置。由此看来，事物的显著度与周围环境中的物体密切相关。同理，某个结构在输入空间的一大堆结构中是否处于显著的位置，取决于它所处的语境。也就是说，在一个语境中处于显著位置的结构到另外一个语境中就变成非显著结构，相反，在一个语境中处于非显著位置的结构到了另外一个语境就会处于显著位置。第二、由于大的物体所形成表象时涉及的命题较多，被激活的细节较多。关于较大物体的表象的细节就越容易被发现。显著结构在某个语境中被激活时，与它所关联的结构就越多，或者说就会有越多的语境因素被激活。如果控制了显著结构的激活，就相当于控制了对读者思维发展方向的控制，读者的思维就会被限制在某个特定的语境中；将思维控制在某个语境里之后，便有利于译者将读者的思维控制在接近作者的意图和隐喻的意义与意象。所以译者就会努力做到让汉语译文中的显著结构揭示的意图与英语原文中的显著结构揭示的意图相一致。这就是译者头脑中的显著结构校验输入空间存在的必要性和重要作用。

关于审美输入空间参与校验的必要性的论述。由于文学创作离不开作者的审美活动，而译者在翻译的时候也同样要考虑不同文化的审美因素对译文的影响。我们知道，原文作者既是一个普通的隐喻使用者，也是一个特殊的隐喻创造者。作为普通的隐喻使用者，他在写作中使用隐喻的时候可能会用简单具体的事物做隐喻以说明复杂的道理或者抽象的事物。但是，作为一个特殊的隐喻创造者，作者在运用隐喻的时候，不仅仅将它用于说明复杂的道理简单化具体化，还有另外一个非常重要的目的——审美追求。这方面恰恰体现了作者的创造性思维和独特的形象思维。而译者在翻译的过程中必须注意作者的这种审美努力，否则译者很难传递作者的意图了。

此外，在输出汉语译文之前，译者还会对与层创结构的意义相关的文体校验。文体校验输入空间会与上一阶段生成的层创结构相互映射，与文体一致的结构进入下一阶段的合成空间。应该说，文体也能体现文学作品的审美价值。

最后，到了汉语译文的生成阶段，译者又会对心中的译文（也就是上一阶段生成的层创结构）进行一系列的输入空间的校验。在这个阶段被调入的汉语校验空间有汉语文化输入空间、汉语语法校验输入空间、汉语审美校验输入空间、汉语情感校验输入空间、汉语显著结构校验输入空间，以及汉语文体输入空间。经过了这一系列的验证和推导，在合成空间里产生的层创结构应该是汉语译文比较可靠的脚本了。当然，还剩下的任务是译者把心目中的汉语译文撰写成汉字了。

2.2.4　关于图解隐喻翻译的意义建构的小结

简而言之，在某个语境中，为了翻译某个隐喻，需要经历意义建构、情感激活和各类检验空间的核查等阶段。也就是说，把分属于不同认知域的两个概念（A、B）放在一定的语境中，用文本建立起某种人为的联系或文化因素的联系；这两个概念之间存在某种联系，主要表现为表面相似性或者抽象相似性。在概念 A 的众多结构中，显著结构的"显著度"必定高于其他结构；或者说，概念 A 的某个结构更符合当时的语境。这两个概念相似性会在一个特定的语境中被确定下来。

从始源域中将概念 A 的部分结构映射到目标域中概念 B 上；概念 B 上的不显著部分结构由于概念 A 的部分结构的映射而被激活达到显著水平，或者说使其呈现为显著结构，以建构作者的意图或者该隐喻的意义。在意义的建构过程中，概念 A 和概念 B 首先被概括出抽象的结构映射到类指空间里。然后，根据类指空间里抽象结构的统摄，概念 A 和概念 B 的输入空间里的部分有关结构相互映射并在合成空间里被合称产生层创结构。在生成层创结构的过程中，来自译者的认知语境中相关的各类英汉校验输入空间相互映射，进行推理，只提取出与语境相关的显著结构进行压缩合成，然后抛弃与语境无关或者不一致的结构。在意义建构的过程中，译者头脑中的合成空间不是输入空间的成分简单地累加而获得层创结构的，而是一个通过推断等认知活动产生一个新的概念化结构的过程。具体地说，如果在合成空间里生成的层创结构，经过不同输入空间等语境因素的校验，与作者的意图相符合的层创结构被保留下来暂时存储在大脑里；与作者的意图相悖或者不符的层创结构被自动消除。

另外，译者在翻译的意义建构过程中激活概念的同时也激活了相关的情感因素。情感因素参与了隐喻译文的生成。最后，经过多次整合网络的合成，隐喻的意义和作者的意图被识别，层创结构被转化为汉语译文。

第三章　隐喻翻译中意义建构的语料库实证研究

3.1　本章研究的目的和方法

　　本章研究的目的是借助于语料库的手段，通过对比 45 部英文小说的原文及其汉语译文里的隐语，而发现隐喻翻译在翻译过程变与不变的规律，以及变化的总体趋势，并为进一步分析变化的内在动因打下实证性基础。本章研究的结论是建立隐喻翻译模式必要的、基本的材料。

　　本章研究的方法采取语料库法和归纳推理法。语料库法操作过程经历了建设翻译语料库、分类汇总统计数据、解释数据和拟定意义建构模式等阶段性工作。语料库建立的过程和步骤参见第一章第四节，在此不再一一赘述。翻译语料库的规模为，英文小说原文 45 部（总计 6,204,524 单词，含标点）及其汉语译文（总计 11,260,606 字，含标点）。

3.2　英汉小说隐喻使用频率的相关性研究

3.2.1　英汉小说隐喻使用统计结果

　　对六百万单词的英语语料库进行统计后，我们得出以下大体结果（参见附录 I）：

在所调查的 153 个项目中（个别的项目未出现），英语小说里出现的总次数是 18406，隐喻使用次数是 2627，占 14.27%。其中，概念隐喻占 24.13%，常规隐喻占 70.46%，诗性隐喻占 5.41%。其中概念隐喻和常规隐喻多集中于人们所熟悉的动物和植物上面，而很少有关于运动项目的隐喻；诗性隐喻多半集中在除了动物以外的花草和水果上面，同样关于运动项目的诗性隐喻极少。在有关季节和色彩的隐喻中，概念隐隐喻、常规隐喻和诗性隐喻都比较集中。

对中国现当代作家的 63 部汉语小说（12,601,592 字，含标点）的语料库统计的结果如下（参见附录 J）：

在所调查的 153 个项目中（个别的项目未出现），汉语小说里出现的总次数是 6622，隐喻使用次数是 889，占 13.42%。其中，概念隐喻占 34.53%，常规隐喻占 63.20%，诗性隐喻占 3.26%。其中概念隐喻主要集中于人们所熟悉的动物上面，有关水果和蔬菜的隐喻零星地有一些。常规隐喻多集中于动物和水果上面，有关蔬菜和花卉的隐喻也有少量。诗性隐喻只有少量关于花卉和水果的隐喻。在关于色彩的隐喻中，概念隐喻、常规隐喻和诗性隐喻都比较集中。

通过比较两份英汉小说隐喻汇总统计结果（附录 I、J），笔者惊奇地发现：英语小说和汉语小说隐喻使用百分比非常接近，因为表格显示英语小说里相关条目的隐喻与总出现次数的百分比为 14.27%，而汉语的占 13.42%。这种近似程度是做此项研究前没有预料到的。随后，笔者又进一步比较了其中的概念隐喻、常规隐喻和诗性隐喻，但是发现概念隐喻和常规隐喻所占百分比差距较大，而诗性隐喻所占百分比趋同。这说明在英汉小说里诗性隐喻的使用都非常少。那么究竟英语小说的隐喻使用情况和汉语小说的使用情况有何种程度的相关性呢？笔者带着疑问又做了下面的相关性分析研究。

3.2.2 英汉小说隐喻使用的相关性分析

本节先后考察了 24 组变量之间的线性回归相关分析，所产生的相关系数表格和散点图各 24 张被收录在附录 K 中。这里仅简要描述一下该项研究的结果。被考察线性回归相关关系的 24 组变量如下：

1. 英语概念隐喻百分比和汉语概念隐喻百分比；
2. 英语常规隐喻百分比和汉语常规隐喻百分比；

3. 英语诗性隐喻百分比和汉语诗性隐喻百分比；

4. 英语水果概念隐喻百分比和汉语水果概念隐喻百分比；

5. 英语水果常规隐喻百分比和汉语水果常规隐喻百分比；

6. 英语水果诗性隐喻百分比和汉语水果诗性隐喻百分比；

7. 英语蔬菜概念隐喻百分比和汉语蔬菜概念隐喻百分比；

8. 英语蔬菜常规隐喻百分比和汉语蔬菜常规隐喻百分比；

9. 英语蔬菜诗性隐喻百分比和汉语蔬菜诗性隐喻百分比；

10. 英语花卉概念隐喻百分比和汉语花卉概念隐喻百分比；

11. 英语花卉常规隐喻百分比和汉语花卉常规隐喻百分比；

12. 英语花卉诗性隐喻百分比和汉语花卉诗性隐喻百分比；

13. 英语动物概念隐喻百分比和汉语动物概念隐喻百分比；

14. 英语动物常规隐喻百分比和汉语动物常规隐喻百分比；

15. 英语动物诗性隐喻百分比和汉语动物诗性隐喻百分比；

16. 英语运动项目概念隐喻百分比和汉语运动项目概念隐喻百分比；

17. 英语运动项目常规隐喻百分比和汉语运动项目常规隐喻百分比；

18. 英语运动项目诗性隐喻百分比和汉语运动项目诗性隐喻百分比；

19. 英语季节概念隐喻百分比和汉语季节概念隐喻百分比；

20. 英语季节常规隐喻百分比和汉语季节常规隐喻百分比；

21. 英语季节诗性隐喻百分比和汉语季节诗性隐喻百分比；

22. 英语色彩概念隐喻百分比和汉语色彩概念隐喻百分比；

23. 英语色彩常规隐喻百分比和汉语色彩常规隐喻百分比；

24. 英语色彩诗性隐喻百分比和汉语色彩诗性隐喻百分比。

研究的结果是：英语概念隐喻百分比和汉语概念隐喻百分比之间呈弱相关，相关系数是 0.284；英语常规隐喻百分比和汉语常规隐喻百分比之间呈弱相关，相关系数是 0.354；英语诗性隐喻百分比和汉语诗性隐喻百分比也呈弱相关，性关系数是 0.171。这个研究结果表明，在英汉小说中，概念隐喻、常规隐喻和诗性隐喻的使用频率总体上相似，也就是说，有关水果、蔬菜、花卉、动物、运动项目、季节和色彩的隐喻使用的频率相似。但是，具体到每一类，比如说花卉的隐喻，英汉两种语言的使用无关。其他 21 组变量之间的相关系数也能证明，英汉两种语言的小说里，这三类隐喻的具体使用没有线性相关关系。

但是，英语隐喻和汉语隐喻在每一类不存在相关关系的情况下，是否在翻译的时候都发生了变译呢？这个问题促使笔者又做了下面的变译研究，详细情况见第三章第三节。

3.3　隐喻翻译意义建构中变译的统计结果

在本书中，变译指的是除了直译原型意义（或称显著结构）以外的其他翻译方法的产物。通过研究六百多万单词的英语语料库以及一千二百万字的汉译语料库，笔者发现的变译情况如下（详细数据收录在附录 L）：

在 2627 条隐喻中，共有 477 条变译，占隐喻总量的 18.16%，仅占全部相关条目的 2.59%。其中，概念隐喻占 30.40%，常规隐喻占 60.59%，诗性隐喻占 9.01%。概念隐喻的变译多数集中在动物上面，发生在水果上的变译很少，而花卉和蔬菜的变译几乎不存在。常规隐喻的变异多数集中在动物和蔬菜上面，但是也出现了少量的水果和花卉隐喻变译。诗性隐喻的变译只有少量散布于水果、蔬菜和动物上面。然而有一个突出的现象是，有关色彩的隐喻变译这三类隐喻都很多。这可能与两种语言中各种色彩的原型意义有所不同和文化意义差别有较大密切相关。笔者将在下面的章节中讨论变译的倾向、形成原因及过程。

这里就出现了一个重大问题：为什么英汉两种语言中隐喻的具体使用的百分比基本上不相关，可是在英文小说汉译的过程中却只有 18.16% 的隐喻发生变译？是什么因素导致不发生变译的隐喻也能传达作者的意图和原文的意义呢？那么，发生变译的这部分隐喻呈现什么样的变化规律或者朝着那个方向进行变异呢？这些问题会在下面的章节逐一得到解释。

3.4　隐喻翻译意义建构中变译的规律及原因分析

本节研究的主要任务是考察变译中的规律和成因，重点从以下三个方面进行研究：框架、认知模式和关键关系在意义建构过程中的保留与变化。

3.4.1 隐喻翻译的意义建构对框架的保留与修改

框架是美国计算心理学家明斯基（Marvin Minsky）于1975年首创的。他把框架看作是表征经验域知识的主要手段，可以表征一个概念或者一个情景的结构，比如"living-room"或者"being in the livingroom"。前者代表一个概念，而后者表示一个情景。框架既对记忆中的经验进行组织，又对新对象或情景进行预测。明斯基就是这样把知识安排到称之为"框架"的模块中的。这些框架把所有相关信息聚集在一起，彼此相互连接，进而形成一个框架系统。框架系统能够将其中的一个框架与一个具体情景匹配起来。

后来，到二十世纪八十年代中期，R. Fikes 和 T. Kehler 完善了框架理论。他们认为[1]，一、框架是按照错综复杂的等级体系组织起来的；二、框架的属性由各种信息缺槽（slots）决定，缺槽中有相应的填料（fillers），包括缺槽的标量值、缺槽与框架的关系、框架程序等，并且所有填料必须被计算或者解释；三、框架具有继承性特征，即框架根据继承策略按照等级体系由上义特征向下义特征转换。

综合前人的研究成果，我们对框架给出的定义是，框架是人脑中静态的网络知识结构（除了表征空间结构、空间关系及运动知识的图式），它是一种将各种具有潜在关联性的各认知元素组成阵列网络的知识结构。框架并不是随意出现的，而是先前个体和组织经验的编码。译者用框架来筛选遇到的信息，他要不停地解释当前遇到的信息有什么用、怎样使用，以及判断它的价值。为了方便深入讨论翻译问题，笔者将各类框架按照从简单到复杂的程度又区分成概念框架、普通情景框架和文化情景框架。概念框架是指将记忆中复杂的概念知识存储在大脑里的表征结构。概念框架涉及相关对象（包括人、物、事件）、概念之间的关系等知识。[2] 概念反映事物

---

[1] 转引自 Nebel, B. Frame-based system. In Wilson, R. & Keil, F. (ed.). *The MIT Encyclopedia of the Cognitive Sciences*. Cambridge, Massachusetts: MIT Press, 1999:324-325.

[2] 该定义来自范·戴克（T. A. van Dijk）的概念框架理论。参见 van Dijk, T. A. *Text and Context—Exploration in the Semantics and Pragmatics of Discourse*. London: Longman, 1977:159-161. 以及 van Dijk, T. A. *Macrostructure—An Interdisciplinary Study of Global Structures in Discourse*, *Interaction and Cognition*. Hillsdale, New Jersey: Lawrence Erlbaum Associates Publishers, 1980:233-234.

的本质，并且对一类事物进行概括表征。根据范·戴克（van Dijk）的观点，原型是一种概念结构，只有在我们组建起原型概念才会有框架可言。普通情景框架是由一系列概念，包括各种对象、行动、过程、状态和关系等构成的概念背景的表征结构。情景与框架的关系是蕴涵和被蕴涵的关系，即框架是情景的抽象底层形式。任何语篇都必须存在于一个"现实世界"的情景之中，且又都是关于某个情景的"特定世界"。① 文化情景框架是由一系列表现文化差异的概念，包括相关对象、行动、过程、状态和关系等构成的概念背景的表征结构。文化情景框架能够表现不同地区、民族、时代、文化和群体在对于某个情景的特殊看法或观点。在某个语言社区里的人们能够根据自己头脑中建立起来的文化情景框架，对特定的情景进行预测：将有可能出现什么样的对象、对象会有什么特征以及这些特征之间的关系和组织结构等等。② 相同的经验在不同的社会文化中按不同的方式加以理解。

通过研究英文小说的汉译，笔者注意到英语原文中包含的时间概念框架、普通情景框架因为相同而大都被保留在汉语译文里；而文化情景框架则因为文化差异，基本上在翻译过程中都被汉语里的相关文化框架取代了。请看下面的例子。

（1）And he told him his three dreams. And when the Bishop had heard them he knit his brows, and said, "My son, I am an old man, and in the [winter] of my days, and I know that many evil things are done in the wide world. The fierce robbers come down from the mountains, and carry off the little children③（The Young King, **Collection of Wilde's Fairy Tales**）

——然后他对老主教讲了自己的三个梦。主教听完了三个梦后，眉头紧锁，他说："孩子，我是个老人，已进入**垂暮之年**，我知道在这个大千世界里还有很多邪恶的东西。凶狠的土匪从山上下来，掳去无数小孩，把他们卖给摩尔人。狮子躺在

---

① 情景框架的定义和阐释主要出处是布鲁塞尔大学维特（P. Werth）关于框架的思想。参见 Werth, P. *Focus*, *Coherence and Emphasis*. London：Croom Helm, 1984：41-46.

② 此处的文化情景框架定义借鉴了范·戴克（van Dijk）和尤尔（G. Yule）等人的观点。参见 van Dijk, T. A. *Macrostructure—An Interdisciplinary Study of Global Structures in Discourse*, *Interaction and Cognition*. Hillsdale, New Jersey：Lawrence Erlbaum Associates Publishers, 1980：233-234. 以及 Yule, G. *Pragmatics*. New York：Oxford University Press, 1996：87.

③ 为了既保留语料库文件的某些特征又方便阅读，本书作者将例子英汉匹配的语句下划波浪线加以标示。

草丛中等待着（少年国王，《王尔德童话选》，王林译）

译者在意义建构的过程中首先运用自下而上的模式对语句做对等直译的初步处理，然后用自上而下的模式从大脑中调取"老年男人"和"冬季"的概念框架。这两个概念涉及的种种结构在关联原则的引导下而进入并形成两个输入空间，而同时从两个输入空间抽象出来的结构进入类指空间。类指空间里的抽象结构是"起点—路径—终点"。因为在中英两国人的认知语境里都有一个概念隐喻：不管是男人还是女人都有生有死，好比人生有起点—终点像一段旅程。当然，在"老年男人"这个输入空间里，还有其他的结构比如说，身体健康每况愈下、饭量减少、行动不便、寡居生活、经验丰富等。在"冬季"这个输入空间里有天气寒冷、下雪多风、万物凋零毫无生机、一年快到尽头等。"老年男人"输入空间和"冬季"输入空间的结构都被拓扑结构原则复制到合成空间。但是并不是所有的结构都参与了压缩整合，只有那些相关的结构才在关联原则的作用下被压缩为一个可操作的单位。由于具有相似性的结构才被压缩为一体，译者再结合文内语境（cotext）中调入的其他空间结构的信息，把"老年男人"和"冬季"两个空间之间的关系确定为"即将终结、快要完了"的相似性，并把它投射到合成空间里。在合成空间里生成的层创结构是"老人的寿命象冬季一样快到尽头了"。在转写译文之前，译者还会调入汉语审美校验空间的相关信息，发现这种层创结构作为译文达不到审美标准，需要进行美化汉语译文的处理操作。于是，译者又在关联原则的作用下，调入相关的心理空间的类似结构，再次进行整合终于生成层创结构"垂暮之年"。最终这个层创结构被译者转写成汉语译文。在这个意义建构过程中，由于英国人和中国人的认知语境中关于"起点—路径—终点"框架完全一致，译者采取的就是对等直译的翻译方法，因为这样做既保留了原文的框架，又没有增加中国人的理解负担，还能够正确传达原文的意图。

（2）part of her circumstances, she did not mind so much what he did, could leave him alone. There was the halt, the wistfulness about the ensuing year, which is like [autumn] in man's life. His wife was casting him off, half regretfully, but relentlessly; casting him off and turning now for love and life to the children. Hence forward he（Chapter 3, ***Son and Lovers***）

——部分，只是她周围环境的一部分。她不再计较他的言行，完全让他自生自灭。接下来的这一年，他们之间的感情处于无可奈何，怅然若失的境地，***就像人生***

的秋季。妻子抛弃了他。虽然感到有缺憾，但是还是毫不犹豫地抛弃了他，把爱情和生活都寄托在孩子身上。他象个无价值的苦壳。像许多男人一样，他或多或少接受了这种（第三章，《儿子与情人》，刘一之、张雁洪、张金玲译）

首先，译者经过对等直译的初步处理之后，在头脑中建立起一系列的心理空间，其中包括"人生"输入空间与"秋季"输入空间。这两个两个输入空间经过投射而产生合成空间，在递归原则的驱动下它作为新的整合网络的一个输入空间。这个新的输入空间与另外一个输入空间"感情"在进行进一步的合成。那么在"人生"的输入空间里存在一个结构：人生好比一次旅行，有起点和终点；而在"秋季"这个输入空间里，也存在一个相关的结构：一年有四季春夏秋冬，秋季是落叶飘零的季节，表征荒凉、冷落。这两个输入空间的类指空间存在的抽象结构是"起点—路径—终点"。这两个输入空间的框架相同，这个框架被投射到合成空间去。而"秋季"这个输入空间将相关的价值也投射到合成空间。这样，合成空间就出现了层创结构是"寂寞无奈、荒凉冷落"。而在第二个层次的输入空间里"感情"被比作"起点-路径-终点"，而"人生的秋季"也被比作"起点—路径—终点"，它们两者的共同结构被投射到新的合成空间里去。同时，译者还会从认知语境中调入前文存在的"离婚"概念框架和"病人受照顾"的情景框架。"离婚"这个输入空间有很多结构，但是最突出的结构就是"感情破裂""分手""分财产""不在一起生活"等。另外，也会输入"病人受照料"的情景框架，在这个框架中，存在"莫瑞尔先生患脑炎被妻子无微不至照顾"等相关的种种结构。种种相关的结构被拓扑结构原则复制到合成空间里，相似或者相同的结构在整合原则的作用下被压缩到一起，"秋季荒凉"的价值被投射到这个新合成的单位。于是，合成空间里就产生了"怅然若失，就像人生的秋季"的层创结构。后来，译者再调入汉语校验空间进行反复证实和多次空间合成，便建立起译文"怅然若失的境地，就像人生的秋季"。这一终端结果表明，普通情景框架的引入有利于产生合理、正确的译文。这样的译文中既保留了原来相关的概念框架，又蕴涵了上文中出现过度情景框架。凡是在译文中保留的概念框架和普通情景框架都不会增加汉语读者的处理努力、符合汉族人的认知尺度。

（3）must have been Professor Bhaer, he's always doing things of that sort. Mrs. K. told me he was from Berlin, very learned and good, but poor as a church [**mouse**], and gives lessons to support himself and two little orphan nephews whom he is educationg here, according to the wishes of his sister, who married an American. Not a very (Chapter 33,

Little Women）

　　——小事见气质。我向柯克太太提起了这件事，她笑着说："那肯定是巴尔教授，他总是干那种事。"柯克太太告诉我，他从柏林来，很有学问，为人很好，可是**一贫如洗**。他授课养活自己和他的两个孤儿侄子。他的姐姐嫁了个美国人，遵照姐姐的遗愿，他在这里教他的侄儿们。这故事不太浪漫，但是我感兴趣。我听说柯克太太（第三十三章，《小妇人》，刘春英、陈玉立译）

　　在译者的头脑里会产生两个输入空间"巴尔教授"和"教堂里的老鼠"。在"教堂里的老鼠"这个输入空间中的"老鼠"和"教堂"是部分—整体的关系。在西方人的认知语境里存在各种相关的结构：教堂是一个人终生离不开的地方，一生的许多重大事件诸如取名、婚礼等都要在这里举行。教堂是一个叫人摆脱低级趣味、精神向上的地方，在这里人们的精神生活十分丰富，而此处的物质生活却十分清苦，物质严重匮乏。那么，呆在教堂里的老鼠也就偷不到什么东西，同样会过着贫穷的日子。于是，"巴尔教授"的角色被投射到合成空间里，"教堂里的老鼠"的价值和框架也被解压原则解压，以方便其结构参与联网和跨空间映射。在合成空间里，这些来自上述两个输入空间的结构被重新压缩成一个可以操作的单位——层创结构，即"巴尔教授十分贫穷"。然后，合成空间在递归原则的作用下成为另一个整合网络的输入空间。之所以还要进行概念整合，是因为层创结构"巴尔教授十分贫穷"不太能够满足汉语审美校验空间、汉语文体校验空间所要求的条件。于是，译者又在关联原则的作用下，引入与贫穷相关的输入空间进行多次映射和合成，最终生成译文巴尔教授"一贫如洗"。这个"一贫如洗"的框架是汉语文化所特有的，"教堂里的老鼠"的框架是英国文化里所特有的。翻译的结果是译者拿汉语里相关文化框架取代英语里的文化框架。

　　从上述三个例子不难看出，译者的种种努力就是将译文向着中国人易于掌握的尺度变译。没有变译的情况是，汉语里的大多数概念框架、普通情景框架和英语里的相同，这些相同的框架本来就容易被中国人所理解；而发生变译的情况是，英语的文化情景框架不符合汉语的接受标准和审美标准，变为汉语的框架更容易为译文读者所理解和接受。

3.4.2 隐喻翻译的意义建构对认知模式的保留与修改

接下来的小节考察认知模式在隐喻翻译的意义建构过程中的保留和修改的问题。心理空间是按照框架和认知模式方式进行架构。[①] 而且认知模式又是人与外部世界互动的基础上形成的认知方式，是对知识进行组织和表征的方式。不存在绝对客观的认识模式，因为认知模式是人类创造的。这种理想化认知模式（Idealized Cognitive Models）被莱考夫分为四类：命题模式（propositional structure）、意象—图式模式（image-schematic structure）、隐喻映射（metaphoric mapping）和转喻映射（metonymic mapping）[②]。理想化认知模式既是人们组织知识的方式，也是人们理解种种概念和语义现象的工具。简单的认知模式可以组成复杂的认知模式（即涉及多种知识的组织形式）。有些复杂的认知模式成为人们理解事件的脚本（script）。每个理想化认知模式都是一个复杂的结构性整体，一种具有格式塔质的结构。莱考夫还指出，理想化认知模式为人们提供了一种十分简单化的理解经验的常规方式。这种认知模式可能与实际经验相符，也可能不符。[③]

3.4.2.1 命题模式的保留与修改

命题模式表明概念及概念之间的知识结构，它只能描述世界具有真假值的命题概念，而对文学作品中无所谓真假的虚拟世界和违实空间无能为力。由于隐喻的命题模式里所连接主词和谓词的价值在客观上不具有真值，所以这类认知模式多半与变译联系不大。也就是说，翻译从这方面研究隐喻翻译发现不了其中变译的规律。

---

① Fauconnier, Gilles. *Mapping in Thought and Language*. Cambridge：Cambridge University Press，1997：39.

② Lakoff, George & Mark Johnson. *Women*, *Fire*, *and Dangerous Things*. Chicago：The University of Chicago Press, 1987：68-75.

③ Lakoff, George & Mark Johnson. *Women*, *Fire*, *and Dangerous Things*. Chicago：The University of Chicago Press, 1987：126.

3.4.2.2 意象-图式模式的保留与修改

图式是人类认识事物的基本模式，由个体在遗传的基础上习得的各种经验的整合，以长时记忆的方式存储在人脑中。图式所构建的是一个与外在现实世界相对应的抽象的认知架构。人们在社会上的活动时时处处会激活相应的图式与他人交流。这是因为图式能够减少知觉系统用来识别预期目标所需的信息加工量。

不过，莱考夫的意象—图式比上述图式的范围窄得多，它通常涉及空间结构（包括形状、移动、空间关系）的知识。人类的意象—图式来源于人体与外部客观世界的体验。一些看似无关的活动给人脑抽象出意象—图式提供了大量素材。人生在世离不开与其他个体的交往和与外部世界的相互作用。人们的吃饭穿衣、行走和观察世界往往要借助于身体的来体验。人的大脑通过意象联想建立起一个关于外部世界的投射世界，形成系统的概念，并在概念之间建立起逻辑联系。实际上，图式就是结构化了的意象，或者说是意象的高度抽象化。人类的基本经验主要有以下八种图式：部分—整体图式、连接图式、中心—边缘图式、上—下图式、前—后图式、起点—路径—目标图式、线性图式和力图式等。"概念图式组织我们的知识，还组建世界某方面的认知模式以及理解、推理的模式。"[1] "并且图式一旦习得，每次使用时不需重学和更新，这个系统常规化了，使用时无需努力是自动化的下意识动作。"[2]

莱考夫认为，人的语言中存在一个概念隐喻系统。概念隐喻本身就是一个图式，进而成为描述和建构另一个场景的基础。这是因为概念隐喻通常都是以图式的方式固化到了人的头脑中，在言语交际活动中往往呈现出高度常规化和自动化。概念隐喻作为一个频繁出现的心理事件在人的头脑中经过多次反复便留下了一定的痕迹。而正是由于概念隐喻被人们反复使用，才在使用的过程中变得容易重现。这样一来，一个复杂的事件就以图式的形式存储在人的大脑中了。一个成为图式的概念隐喻就被人们作为预制的方便操作的东西了。那么，人们在以后的使用过程中往往不再注

[1] Lakoff, George & Mark Turner. *More Than Cool Reason：A Field Guide to Poetic Metaphor*. Chicago：The University of Chicago Press, 1989：65.

[2] Lakoff, George & Mark Turner. *More Than Cool Reason：A Field Guide to Poetic Metaphor*. Chicago：The University of Chicago Press, 1989：65.

意其中的组成部分的各个细节了。因而，一个概念隐喻就获得了一个单位的地位（unit of status）。

由于容易被人类把握和操作省力，获得单位的地位的隐喻成为人们喜欢使用的对象。人们就用它来解释和建构常规隐喻甚至是诗性隐喻的意义，以及建构其他言语的意义。

（4）<u>You had a company of the Royal Americans here, in what manner would you set them to work in this business? The bayonet would make a road. Ay, there is [white] reason in what you say; but a man must ask himself, in this wilderness, how many lives he can spare. No, horse, continued the scout, shaking his head, like one</u> (Chapter 32, *The Last of the Mohicans*)

——已经见到和印第安人作战的原则了，最重要的是：要眼明手快，注意隐蔽。眼下，假如你手里有一中队皇家驻美英军，在这种形势下，你打算怎么办？"用刺刀杀出一条路来。""唔，**从白人看来**，你说得有理。可是，一个指挥官得先自问一下，在这样的荒野里，他能付出多少生命。不——要用骑兵，"侦察员摇了摇头，（第三十二章，《最后的莫希干人》，宋兆霖译）

在译者读到"There is white reason in what you say"的时候，他就会发现进行对等直译的操作行不通，因为"白色"和"原因"两个输入空间的显著结构不相容、有冲突。这时，译者认知语境中的其它信息就会在关联原则的作用下被调入，建立"驻美英军"的心理空间里的种种结构都会出现在脑海里，有关于军人本身的结构、有关于军纪的结构、也有关于军事装备和作战的结构，甚至还有指挥官的结构，但是这些结构都无法和"原因"这个空间的显著结构进行压缩。译者只得将注意力转移到士兵身上，进而引入"白色"的概念隐喻。白色是白人整体的一部分，而转喻的作用是用部分代表整体。而转喻是一个认知域到另一个认知域的部分属性的投射，也就是说，用甲认知域中凸现的属性来代替乙认知域中的事物。此时，类指空间里从"白色"和"白人"两个输入空间里抽象出来的就是这个"部分—整体图式"结构。"白色"输入空间和"白人"输入空间的合成空间就含有层创结构"白人"，因为白色的价值和白人的角色被压缩到一起，形成一个可操作的单位。接着，译者在联网原则和关联原则的驱动下再建立其它关于"战争""荒野""指挥官"等概念相关的心理空间。在多次压缩合成尝试之后，译者断定"white reason"应该翻译成"白人的理由"。然而，为了兼顾说话者的口语体风格和审美效果，译者继续调入文体校验空间和审美校验空间进行概念整合，最终结果就成了最后那个合成空间里的层创结构——"在白人看来，你说的有理"。

（5） as you say，" replied Clara. "I should be the marvel. I am，" he laughed. There was s silence in which they hated each other，though they laughed. "Love's a ［**dog**］ in a manger，" he said. "And which of us is the dog？" she asked. "Oh well，you，of course." So there went on a battle between them. She knew she （Chapter 13，***Son and Lovers***）

——你真的像你自己说的那么好……"克莱拉回答。"那可真是个奇迹。"他大笑。随后俩人都默默无语，尽管他们脸上挂着笑容，可心里都在恨着对方。"***爱情就像一个占住茅坑不拉屎的人***。"他说。"我们中谁占住茅坑不拉屎呢？"她问。"噢，那还用问吗，当然是你啦。"他们就这样进行着舌战。她知道（第十三章，《儿子与情人》，刘一之、张雁洪、张金玲译）

（6） to be with，Well！" said Catherine，perceiving her hesitate to complete the sentence. "With him：and I won't be always sent off！" she continued，kindling up. "You are a ［**dog**］ in the manger，Cathy，and desire no one to be loved but yourself！" "You are an impertinent little monkey！" exclaimed Mrs. Linton，in surprise. "But I'll not believe this（Chapter 10，***Wuthering Heights***）

—— "我要跟——""怎么！"凯瑟琳说，看出她犹豫着，不知要不要说全这句话。"跟他在一起，我不要总是给人打发走！"她接着说，激动起来。"***你是马槽里的一只狗***，凯蒂，而且希望谁也不要被人爱上，除了你自己！"（第十章，《呼啸山庄》，杨苡译）

在例5、例6中，都出现了 "a dog in a / the manger"。译者建立起"狗"和"马槽"两个输入空间。关于这两个输入空间的类指空间也建立起来，并包含一个"边缘—中心图式"。在这个图式中，"狗"和"马槽"的关系就是中心和边缘的关系，狗占据了马槽。马槽本来是喂牲口的地方，结果却被狗占领了。而占据中心位置的"狗"却并不吃马槽里的草料，它占据马槽导致马、牛等牲口无法吃草。因此，"在马槽里的狗"这个情景框架给人传达到是"占据有利位置而妨碍别人正常干事或者阻拦他人正当事情"。那么，译者头脑中建立的两个输入空间"狗"和"马槽"之间的联系"妨碍他人正当事务"就被压缩进了合成空间里，形成了其中的层创结构"占据有利位置不干正事反而干扰别人正当事情"。两个输入空间之间的类指空间保持着抽象结构"中心—边缘"。这个合成空间在递归原则的作用下而成为新的整合网络的一个输入空间。

例5中的"爱情"作为一个空间和它进行整合，结果其结构和价值被投射到"爱情"上面，这些信息共同在新的合成空间里生成了层创结构"爱情妨碍某人干自己想干的事情"。含有这种层创结构的合成空间又在递归原则的作用下转变为新的输入空间，并与汉语文体校验空间相互映射。汉语文体校验空间的结构来自译者母语的认知结构，而相关的英语文体校验空间的结构来自译者本人从翻译该小说以来的整体感悟，也就是说，在生成译文之前译者已经有了翻译文体的倾向性。他把汉英文体校验空间的结构与输入空间里"爱情妨碍某人干自己想干的事情"相互映射，结果译文被部分修正。再引入已经建立的说话人的语气和态度相关的空间，译者将这个空间里的"厌恶"的价值压缩到"爱情妨碍某人干自己想干的事情"，而生成了表达极其讨厌之情的层创结构"爱情就像一个占着茅坑不拉屎的人"。

如果上一级的合成空间作为一个新的输入空间和例6中的"凯蒂"输入空间，那么，它的结构和价值就被投射到"凯蒂"身上，这些信息就会被压缩到新的合成空间里，形成一个可操作的单位（即层创结构）——"凯蒂占着茅坑不拉屎"。但是这个层创结构与原文中的情感和语气不太相符，有一定的冲突。由于原文的厌恶之情并没有这么强烈，译者再考虑说话人的身份就只好将之修改为"你是马槽里的一只狗"保存在新的合成空间，这样才最终把译文确定下来。

（7）twenty yards from the body and no one gave them a thought. I don't suppose I should have done so had I not known this legend." "There are many [**sheep**] dogs on the moor?" "No doubt, but this was no sheep dog." "You say it was large?" "Enormous." "But it had not approached the body?" "No." "What sort of night (Chapter 3, **_The Hound of the Baskervilles_**)

——不知道这件传说的话，恐怕也不会发现它。""沼地里有很多看羊的狗吗？""当然有很多，但是这只并不是**_看羊狗_**。""您说它很大吗？""大极了。""它没有接近尸体吗？""没有。""那是个什么样的夜晚？""又（第三章，《巴斯克维尔的猎犬》，候莹译）

当译者读到"sheep dog"的时候，会在脑海里建立起有关"羊"和"狗"的两个心理空间。这两个输入空间的类指空间就会根据语境抽象出"关系图式"。译者会在自己的认知语境中尝试"羊"和"狗"的各种关系。两者之间的关系要么是保护与被保护的关系，要么是猎捕与被猎捕的关系。但是由于羊一般是家养动物在被狩猎的范围内。经过推理，这种关系被排除，就只剩下羊和狗之间看守和保护的关系了。此时，译者头脑中这两个心理空间之间的"看护或者保护"的关系就被压缩到合成空间里。当合成空间里的层创结构确定了"狗和羊的看护关系"之后，译者在关联原则的驱动下又从自己的汉语校验空间调入"牧羊犬""看羊狗"之类的名称进行文体核对。由于文本里隐含的说话者的口语体特征而组建的相关心理空间决定了对译文"看羊狗"的形成。最终，译者经过多次整合网络的合成把译文确定成了"看羊狗"。

（8）run away；but they were found and stopped. It was Miss Reed that found them out：I believe she was envious；and now she and her sister lead a cat and [**dog**] life together；they were always quarrelling." "Well，and what of John Reed?" "Oh，he is not doing so well as his mama could wish. He went to college（Chapter 10，***Jane Eyre***）

——亲事，而——你认为怎么样——他和乔治亚娜小姐决定私奔，于是让人发现了，受到了阻止。发现他们的正是里德小姐，我想她是出于妒嫉，如今***她们姐妹俩像猫和狗一样不合，老是吵架。***" "那么，约翰·里德怎么样了?" "啊，他辜负了他妈妈的希望，表现并不好。他上了大学，而考试不及格，我想他们是这么说的。后（第十章，《简·爱》，黄源深译）

（9）thenshe told him that by marrying she had lost her fifty ponds a year. Just fancy the state o' my gentleman's mind at that news！Never such a [**cat**] and dog life as they've been leading ever since！Serves him well be right. But on luckily the poor woman gets the worst of. Well，the silly body should have（Chapter 29，***Tess of the D'Urbervilles***）

——过是一个寡居的女人，但是她很有钱，似乎是——一年五十镑左右吧；他娶她以后，以为那笔钱就是他的了。他们是匆匆忙忙结婚的；结婚后她告诉他说，她结了婚，那笔一年五十镑的钱就没有了。想想吧，我们那位先生听了这个消息，心里头该是一种什么样的滋味啊！从此以后，他们就要***永远过一种吵架的生活了***！他完全是罪有应得。不过那个可怜的女人更要遭罪了。（第二十九章，《德伯家的苔丝》，王忠祥、聂珍钊译）

译者在翻译完整的句子的时候，大脑中的认知图式会将"a cat and dog life"作为一个大块优先进行操作，而不是将这个大块拆分与其它前后几个单词在一起组成大块。由于这些概念所涉及的认知假设容易被大脑抽象出一个结构——"关系图式"。在译者的认知语境中存在，猫和狗是两个实体，它们经常打架撕咬，于是它们之间存在一种密切联系等种种假设。译者作为客观物质世界的一员，他的头脑中自然形成了的有关"猫"和"狗"的两个心理空间丰富的假设，并且它们经常撕咬打斗的假设在译者的头脑中也早已存在。这两个心理空间的关系被抽象出一种结构"连接关系"被临时投射到类指空间，而这两个输入空间之间的"经常打架"的关系也被压缩到合成空间里去。如果这个合成空间再例8中的姐妹俩关系的合成空间向映射，再次进行概念整合，那么在新的合成空间里她们两个的关系就被"猫"和"狗"的合成空间里的"经常打架"这一价值压缩到一起，进而在新的合成空间里生成一个新的单位（即层创结构）"她们姐妹俩老吵架或者打架"。

如果"猫"和"狗"的合成空间向例9中妻俩关系的合成空间里映射，再次进行概念整合，那么夫妻关系就会和"猫"和"狗"合成空间里的"经常打架"的价值压缩成一个单位，而以层创结构的形式保留在新的合成空间里。到这个时候，译者头脑里就生成了"夫妻吵吵闹闹"的层创结构。为了生成合适的汉语译文，译者又会调入汉语校验、审美校验等空间继续进行多次网络整合，直到他产生自己满意的译文为止。

（10）guessed what deadly purport lurked in those selfcondemning words. "The godly youth!" Said they among themselves. "The saint on earth! Alas, if he discern such sinfulness in his own [**white**] soul, what horrid spectacle would he behold in thine or mine!" The minister well knew subtle, but remorseless hypocrite that he was! The light in which his vague confession would (Chapter 11, *The Scarlet Letter*)

——没有！他们全都听进了耳朵，但他们都对他益发敬重。他们绝少去猜疑，在他那番自我谴责的言辞中潜藏着多么殊死的涵义。"这位神圣的青年！"他们彼此喁喁私语。"这位人间的圣者！天哪！既然他*在自己洁白的灵魂中*都能觉察出这样的罪孽，那他在你我心中又会看到多么骇人的样子呢！"牧师深知这一切——他是一个多么难以捉摸又懊悔不迭的伪君子啊！——他（第十一章，《红字》，胡允桓译）

在人类形成的关于世界的种种假设中，白色往往与光明联系在一起，白色往往表征美好纯洁。从事翻译的译者认知语境里也存在类似的概念隐喻。于是，当译者读到"in his own white soul"这个短语的时候，关于"白色"和"灵魂"两个抽象概念的心理空间就会形成，两个输入空间之间的连接图式又被抽象到类指空间中用于指导空间之间的映射，这样合成空间就保留了"灵魂"的结构和"白色"的价值

"纯洁",那么合成空间里的层创结构就是"纯洁的灵魂"。在递归原则的作用下,这个合成空间被转化为另一个整合网络的输入空间,原来的层创结构又要和汉语里的多个输入空间进行多次映射与合成,来校验该译文是否具有可接受性和符合文体风格。最后,译者顺利生成了汉语译文"在自己洁白的灵魂中"。

(11) of never having won his fatherly affection from her birth. The next kind word from Edith, the next kind glance, would shake these thoughts again, and make them seem like [black] ingratitude; for who but she had cheered the drooping heart of Florence, so lonely and so hurt, and been its best of comforters! Thus, with her gentle nature yearning to (Chapter 43, **Dombey and Son**)

——下一次遇到伊迪丝时,她的第一句亲切的话语,第一道亲切的眼光又会动摇她的这些思想,使它们仿佛成为*邪恶的忘恩负义*;因为除了她,还有谁曾经使那么孤独那么痛苦的弗洛伦斯的消沉不振的心快活起来,成为它最好的安慰者呢?因此(第四十三章,《董贝父子》,吴辉译)

不管是英国人还是中国人的认知语境中都有关于黑色的种种假设既有关于具体黑夜的假设,也有关于"黑色"抽象的概念隐喻。即,"黑色"通常用来表征"邪恶""可怕""恐怖"等不良的心理反应。那么,译者阅读到那个句子时,大块操作原则容易将"black"和"ingratitude"连接成便于操作的大块。也就是说,译者在头脑中迅速建立的"黑色"和"忘恩负义"抽象概念的输入空间,容易抽象出"连接图式"保存在类指空间里。而两个输入空间的"连接图式"又被抽象到类指空间中用于指导空间之间的映射。这样一来,"黑色"和"忘恩负义"两个输入空间相互映射。"黑色"输入空间在拓扑结构原则的作用下,将黑色的"邪恶"价值复制到合成空间里;另外,"忘恩负义"输入空间的相关结构也被拓扑结构原则复制到合成空间里。而合成空间里无关的结构会被整合原则在压缩处理的过程中抛弃。这样,在合成空间产生的层创结构保留了"忘恩负义"的结构和"黑色"的价值"邪恶"。接下来,含有层创结构的合成空间会在递归原则的作用下以输入空间的身份参与另外的网络整合。在多次与多个汉语输入空间进行映射与合成,经过汉语校验空间和汉语审美校验空间等的校验,译者断定汉语译文"邪恶的忘恩负义"符合文体风格、作者意图和传达了原文意义等条件。

(12) once I found them out I knew that I had them at my mercy. I had grown my beard, and there was no chance of their recognizing me. I would [**dog**] them and follow

them until I saw my opportunity. I was determined that they should not escape me again. They were very near doing it for all that. Go where (Chapter 6, Part II, *A Study in Scarlet*)

——中碰上了他们。他们住在泰晤士河对岸坎伯韦尔地方的一家公寓里。只要我找到了他们，我知道，他们就算落在我的掌握之中了，我已经蓄了胡须，他们不可能认出我来。我紧紧地*跟着他们*，待机下手。我下定决心，这一次绝不能再让他们逃脱。"虽然如此，他们还是几乎又溜掉了。他们在伦敦走到哪儿，我就形影不离地跟到（第六章，第二部分，《红字研究》）

当译者读到"dog them"的时候，由于对等直译的驱使，他会在自己的脑海里把"dog"直译为"狗"；而把"them"直译为"他们"。于是，他建立两个输入空间"狗"和"他们"，合成空间里临时出现了"狗他们"的滑稽层创结构，译者的逻辑推理断定该层创结构为无效结构，就会立即引入汉语的语法校验空间，产生"dog作名词错误，应该为动词"的结构。这个结构将"dog"和"them"之间的两个实体性联系变更为"动作与实体"的联系。译者又重建调取输入空间"狗"的相关结构，"狗通常跟在主人身后""狗会跟踪并追赶猎物"等等。这样，第二次进行的"狗"和"他们"之间的概念合成就成功地确定了两个空间联系的抽象结构"前后图式"，并被保存在类指空间里用来约束合成空间的层创结构的生成。因此，译者才会在"前后图式"的指导下生成层创结构"跟踪他人"。

通过上述几个例子的简要分析，笔者发现译者在意义建构的过程中，进行了多次有效的概念合成。在概念合成的过程中，译者对概念整合中所涉及的两个概念抽象出来图式90%以上的都没有改变，改变的只是表达法，而这种表达法的改变主要是为了凸现英语原文中的意象图式。另外，这种变译在客观上没有增加中国人理解难度或者增加处理努力，反倒减轻了中国人理解的难度，以及减少了处理努力。在变译的过程中，译者成功地传达了原文的意义，并直接或间接地转达了作者的真实意图。

3.4.2.3　隐喻模式的保留与修改

隐喻模式是对抽象事物概念化、理解和推理知识的存储模式。在意义建构的过程中，译者遇到英语中隐喻模式的表达法，经过他脑海里的汉语文化校验空间的校验，凡是不符合汉语文化的表达绝大多数都被译者做了变译处理。经过变译后的汉语译文更符合中国人的理解尺度和审美尺度。请看下面几则例证。

（13） as a boy sleeping dogs with their noses resting on bunches of carrots, together with onions and grapes lying side by side in mild surprise. The house was a white [**ele-phant**], but he could not conceive of his father living in a smaller place; and all the more did it all seem ironical. In his great chair with the book rest (Chapter 2, ***Man of Property***)

——他从小就记得的无大不大的静物画——许多熟睡的狗，鼻子抵着一束束胡萝卜，和这些挂在一起的那些洋葱和葡萄，很不调和。这所房子是个**累赘**，可是他没法想象自己的父亲能够住得了更小一点的房子；正因为如此，使他更加感觉到这里的讽刺。在那张附有放书板的大椅子上坐着老乔里恩，他这一家族、阶级和信念的领袖人物（第二章，《有产业的人》，周熙良译）

在译者翻译到"white elephant"的时候，直译对等操作直接翻译成"白象"。但是，译者经过推理发现，该译文没有传达作者的意图。因为译者知道，在英国人或者他本人的脑海里会存在一个关于"white elephant"的概念隐喻。这个已经定型（entrenched）的典故大意是这样的：相传，古代暹罗国王对某一臣下不满时，就赐给他白象，以消耗他的财产。后来，它就演变成了"使人感到累赘的赠品""成为负担的或招致亏损的财产"。在翻译的意义建构过程中，"白色"和"大象"这两个输入空间之间的定型化之间的关系被合成到合成空间。那么，"房子"和那个合成空间进行相互映射时，"房子"的结构和表征"累赘"的概念隐喻被压缩为一个单位，作为一个层创结构生成于新的合成空间。在这里，译者的翻译活动并没有保留英语中原来的隐喻模式，连原文里的形象也改变了。原来的隐喻意图被译者直接公布于众，目的是让中国人理解起来轻松，不那么费劲，也就是说译为"白象"减轻了译文读者获取原文意图的处理努力。由于原文的"white elephant"在英国人理解起来处理努力的付出也并不多，因而也就没有理由增加译文读者的处理负担了。

（14） youngest of three brothers of whom poor Sir Charles was the elder. The second brother, who died young, is the father of this lad Henry. The third, Rodger, was the [black] sheep of the family. He came of the old masterful Baskerville strain and was the very image, they tell me, of the family picture of old Hugo. He made England (Chapter 3, ***The Hound of the Baskervilles***)

——弟三个之中最年轻的一个，查尔兹爵士是最年长的一个，年轻时就死了的二哥就是亨利这孩子的父亲。三弟罗杰是*家中的坏种*，他和那专横的老巴斯克维尔可真是一脉相传；据他们说，他长得和家中的老修果的画像维妙维肖。他闹得在英格（第三章，《巴斯克维尔的猎犬》，倏莹译）

（15）was staying with old Mrs. Mingott. Archer entirely approved of family solidarity, and one of the qualities he most admired in the Mingott's was theri resolute championship of the few black ［sheep］ that their blameless stock had produced. There was nothing mean or ungenerous in the young man's heart, and he was glad that his future wife should not be （Chapter 2, ***The Age of Innocence***）

——看过可怜的埃伦了。她住在老明戈特太太那儿。阿切尔完全拥护家族的团结。他最崇拜的明戈特家族的品德之一，就是他们*对家族中出的几个不肖子弟的*坚决支持。他并不自私，也不是小鸡肚肠；他未来的妻子没有受到假正经的局限，能（私下）善待她不幸的表姐，他还为此感到高兴。（第二章，《纯真年代》，赵兴国、赵玲译）

（16）a job when it was offered to him and who would got to jail yet. Hermann Yon Schmidt, Marian's husband, had likewise been interviewed. He had called Martin the black ［**sheep**］ of the family and repudiated him. He tried to sponge off of me, but I put a stop to that good and quick, Von Schmidt had said to the （Chapter 39, ***Martin Eden***）

——据他说马丁的特点就是无所事事，游手好闲，给他工作也不做，早晚是会去蹲班房的。他也采访到了茉莉安的丈夫冯·史密特。史密特把马丁称作他们*家族的害群之马*，表示和他绝了交。"他想揩我的油，可我立即让他完全断了那念头，"冯·史密特告诉记者，"他知道从我这地捞不到什么，就不来鬼混了。不干活的人是不会（第三十九章，《马丁　伊甸》，孙法理译）

例14、15、16中都有一个短语"black sheep"，如果译者简单地进行对等直译，而不再引入英汉各类校验空间进行多次整合网络的验证，结果就是"黑色绵羊"或者"黑羊"。恰恰相反，译者在对等直译之后又在递归原则的驱动下将这个合成空间作为一个输入空间，而与汉语的"黑羊"输入空间进行概念整合。结果发现，在汉语里人们的认知语境中建立起来的"黑羊"心理空间并不包含"祸害"之类的结构。而在英语里人们的认知语境中关于"黑羊"的心理空间包含"祸害"的结构。原因在于，虽然在英国人的认知中，人们所熟悉的绵羊几乎全是白色的，但是黑色绵羊却并不是物以稀为贵。人们的认知受一个古代迷信所左右，根据古代迷信传说，黑色绵羊是魔鬼的化身。因而，在英国人的认知语境中，"black sheep"的表征就成了"害群之马"、"家族的败类"和"恶棍"之类。这里所说的"表征"是指可反复指代某一事物的任何符号或符号集。① 换言之，在某一事物不在场时，它代表该事物，尤其是该事物是外部世界的一个特征或者我们想象的对象。外部表征的形式有地图、菜单、油画、蓝图、书面语言等等。简单地说，外部表征既可以是文字符号，也可以是图形符号（包括图表和图片）。而内部表征的体现形式则是命题表征、类比表征和程序表征。② 译者有效地利用表征来取代直译结果，实际上是在意义建构的过程中他又多次经历了各类汉语空间的校验，使原来经过层层概念合成的层创结构屈从于汉语的表达习惯或者认知水平。这些变译处理都是向着中国人易于掌握的尺度进行的。

而各个例子中妥切的译文还受文体、审美及语法等校验空间的多个整合网络的作用。例14中的口语色彩和说话人的态度语气等形成相关空间决定了译文"家中坏种"的生成。例15中，叙述者的文体色彩和文化程度等形成的相关空间决定了译文"不肖之子"的产生。例16中，译者所建立的关于冯·史密特的身份和语气等结构的输入空间的校验以及文体、审美等校验空间的参与，为译文"家族的害群之马"的生成奠定了基础。

通过对隐喻模式在英译汉的意义建构过程中变译的考察，笔者认识到，几乎所有的隐喻模式都发生了变化，英文中原有的隐喻模式几乎全部被抛弃，取而代之的汉语表达法在认知把握上更符合中国人的认知水平和理解能力。这种变译的结果，无论是译者的有意识操作还是无意识操作，都表明了译者英译汉的明显倾向性——向中国人易于掌握的尺度进行变译。

3.4.2.4 转喻模式的保留与修改

那么，对于英语中使用转喻模式的表达，译者的做法又是什么呢？我们知道，转喻模式是以部分代整体或以具体代抽象的知识存储模式。这种转喻模式的表达法基本上是文化特有的，保留原文的转喻模式多半极大地增加译文读者的处理努力，

---

① Eysenck, Michael & Mark T. Keane. *Cognitive Psychology: A Student's Handbook*, 4th *Edition*. London: the Talor & Francis Group, 2000: 244-247.

② 参见车文博：《西方心理学史》，杭州：浙江教育出版社，1998年，第594-598页。

甚至导致无法正确理解。遇到这种情况，译者的做法就是变译为符合汉语表达法的译文。再看一个例子。

（17）Duncan；the party must be small that can lie on such a bit of land. ""If you judge of Indian cunning by the rules you find in books，or by [**white**] sagacity，they will lead you astray，if not to your death，" returned Hawkeye，examing the signs of the place with that acuteness which distinguish him. If I may be permitted（Chapter 20，*The Last of the Mohicans*）

——那篝火已经快要灭啦！"那就让我们把船划到那边去吧，我们的疑团也就可以解除了，"海沃德不耐烦地说，"反正这么一个小岛上，也埋伏不了几个人。""要是你拿书本上的规章条令或者*白人的聪明*才智，来判断印第安人的狡猾手段，那你即使不丢掉老命，也会大大上当的。"鹰眼一面用他那特有的锐利目光，审视着那儿的种种迹象，一面回答说。"要是让我来对（第二十章，《最后的莫希干人》，宋兆霖译）

当译者翻译到"by white sagacity"时，大脑中的逻辑推理机制就会让他发现进行对等直译的操作行不通，因为"白色"和"智慧"不相容有冲突。这时，译者头脑中的其它信息就会在关联原则的作用下被调入，建立"岛上兵士"的心理空间，其中的种种相关结构都会出现在脑海里，有关于士兵的、军纪的和武器的各种结构，甚至还有相关将领的结构，但是这些结构都无法和"智慧"这个空间的结构或成分进行压缩。译者只得将注意力转移到士兵身上，进而引入"白色"的肤色特征。白色是白人整体的一部分，而转喻的作用是用部分代表整体。此时，"白色"空间就转化成了"白人"空间。译者再引入其它关于"战争""小岛""篝火""将领"等概念所涉及的心理空间，在多次压缩和成尝试之后，断定"white sagacity"被翻译成"白人的智慧"或者"白人的睿智"才是对的。不过，为了照顾口语化的文体风格和审美效果，译者继续调入文体校验空间和审美校验空间进行概念整合，最终的结果就成了最后那个合成空间里的层创结构——"白人的聪明"。原文的转喻模式被抛弃后，真实的意义才被建构起来。这样的翻译结果不是向着中国人易于掌握的尺度转化，又是向哪个方向呢？

下面，我们简单回顾译者对上述四类认知模式的处理方法。

译者处理隐喻翻译的方法，无法从命题模式的角度加以考察，由于隐喻的命题模式里所连接主词和谓词的价值在客观上不具有真值。也就是说，隐喻翻译从命题真假的转化方面发现不了其中变译的规律。

译者在翻译涉及人类最基本意象图式的隐喻的时候，绝大多数没有改变英语原文的意象图式。因为这些意象图式在中国人的认知语境中绝大多数同样存在，所以译者没有改变的必要性；而且汉语译文里改变的只是表达方式，英语原文的意象图式反而被汉语译文的表达法强化了。

译者在翻译的意义建构过程中基本上完全抛弃了原文的隐喻模式和转喻模式。这些具有鲜明文化特色的认知模式在汉语中绝大多数不存在，译者或有意或无意地将译文朝着中国人易于掌握的尺度进行变译。

纵然翻译的过程极其复杂，但是译者对心理空间进行操作和进行概念合成，其处理结果被保存到了汉语译文里。而汉语译文正是可以观察和研究的具体对象。通过对各类具体例证的研究，笔者发现了译者进行变译的总体趋势。以上这些只是译者在宏观上对整体认知模式的处理态度和方法。那么，除了译者在宏观方面的处理，包括框架和认知模式的处理，在微观方面又会采取何种处理方法呢？这个问题是下一节研究的重点——意义建构对关键关系的保留和修改。

3.4.3 隐喻翻译的意义建构对关键关系的保留与修改

在现实世界的事物之间或者内部存在以下十五类关键关系：变化、同一性、时间、空间、因果、部分与整体、表征、角色、类比、非类比、特征、相似性、范畴、意向性和独特性等。①

（18）rapid and delightful manner. Almost before she knew where she was, Jo found herself married and settled at Plumfield. Then a family of six or seven boys sprung up like [**mushrooms**], and flourished surprisingly, poor boys as well as rich, for Mr. Laurence was continually finding some touching case of destitution, and begging the Bhaers to take pity on the child（Chapter 47, ***Little Women***）

——一年过得令人非常吃惊，事情似乎发生得非同寻常地迅速顺利。乔几乎还没有反应过来是怎么回事，就已经结了婚，在梅园安顿了下来，接着，六七个小男孩*如雨后春笋般地冒出来*，学校办得火红，令人惊奇。学生们有穷孩子，也有富孩

---

① Fauconnier, Gilles & Mark Turner. *The Way We Think*. New York：Basic Books. 2002：75-115.

子，因为，劳伦斯先生不断地发现引人怜悯的贫穷人家，恳求巴尔夫妇可怜孩子，而他会高兴（第四十七章，《小妇人》，刘春英、陈玉立译）

例18强调"变化"这一关键关系。一般说来，变化是一种普遍存在的关键关系，它连接一个成分与另一个成分或者连接一组成分与另一组成分。一方面，在概念整合的进程中，拓扑原则尽量将原来输入空间的相关结构往合成空间里复制；另一方面，由于类指空间的控制作用和整合原则要求尽可能简化合成空间的结构和成分，相似的结构被压缩到一起，并且角色的价值也被压缩到角色上面，朝着一个单位的方向前进。

在阅读中，译者首先建立一系列的心理空间，其中包括"蘑菇"输入空间和"男孩"输入空间。所建立起来的"蘑菇"输入空间和"男孩"这个输入空间在关联原则的驱动下进行合成。"男孩"这个输入空间含有包括"生长发育快""想法幼稚""天天到学校上学"等在内的各种结构。但是这个输入空间和"蘑菇"输入空间受拥有"变化迅速"这一抽象结构的类指空间控制，这些结构在输入空间里相关的结构被压缩成一个单位。也就是说，"男孩"输入空间的"生长发育快"的结构优先进入合成空间并参与压缩。在合成空间里，男孩这个角色又被投射上了蘑菇生长快的价值，于是层创结构就有了"男孩生长像蘑菇一样快"。但是，这个合成空间再次和汉语的校验空间进行投射的时候，由于与汉语的表达不符而进入下一步网络整合。译者在关联原则的驱动下建立起一个有关成长迅速的输入空间"春笋"。在这个输入空间里"春笋"的结构和蘑菇的结构在生长迅速方面一致，于是"春笋"的角色连同其价值被投射到"男孩"身上。合成空间里"男孩像春笋一样长得快"的层创结构就生成了。但是，译者又调入汉语审美空间校验所生成的层创结构以检验它的语言美学价值。显然，译者的认知中"雨后春笋"的美学价值要比"男孩像春笋一样长得快"要高很多。于是，再次整合的结果是"男孩如雨后春笋般冒出来"。这种由"蘑菇"向"雨后春笋"的变译，实际上变得更符合中国人的认知尺度、更容易理解了。

（19）off to the station jubilant. Down Derby Road was a cherrytree that glistened. The old brick wall by the Statutes ground burned scarlet, spring was a very flame of [**green**]. And the steep swoop of highroad lay, in its cool morning dust, splendid with patterns of sunshine and shadow, perfectly still. The trees sloped their great green shoulders proudly; and (Chapter 6, *Son and Lovers*)

——了，好妈妈。"他欢呼起来，"我们今天下午去。"保罗兴冲冲地向车站走去。达贝路旁的一棵樱桃树在阳光下闪闪发光，群雕旁的旧砖墙被映成一片深红，**春天给大地带来满眼翠绿**（flame of green），在公路拐弯的地方，覆盖着早晨凉爽的尘土，阳光和阴影交织而成美丽的图案，四周沉浸在一片宁静中，景色壮观迷人。树木骄傲地弯下它们宽（第六章，《儿子与情人》，刘一之、张雁洪、张金玲译）

例 19 是一则强调"同一性"关键关系的典型译例。在翻译的过程中译者强化了同一性这一关键关系而忽略了原文隐喻的意象。原文"a flame of green"是一则诗性隐喻，原文作者把"绿色火焰"输入空间的动态视觉相关结构投射到"春天"上，使得在合成空间里春天具有了"绿色火焰"的价值。由于译者的认知语境中存在"春天到来之前，大地满目萧条、万物凋零的景象""春天来了，大地上万物复苏呈现出一派生机盎然的绿色"等假设。这种关于世界的假设几乎人人脑海里都存在。同一性说的是，无论发生什么样的变化，变化前后的某个事物总能找到不变的成分。在概念合成的过程中，原文所建立起来的"春天"和"绿色火焰"输入空间之间的关系，在汉语译文中并没有消失而是保留下来了，成了"春天"与"满眼翠绿"的关系。原文强调春天给人带来的动态视觉，而译文强调给人带来的静态视觉。这实际上是拿汉语中的某种审美效果代换英语中的一种审美效果。

时间关系和空间关系与记忆、变化、同时性和非同时性以及因果关系都有联系的关系。请看关于例 20、例 21 的讨论。

（20） age of foolishness, it was the epoch of belief, it was the epoch of incredulity; it was the season of Light, it was the season of Darkness; it was the [**spring**] of hope, it was the winter of despair; we had everything before us, we had nothing before us; we were all going direct to Heaven, we were all going direct（Chapter 1, *A Tale of Two Cities*）

——是最美好的时代，那是最糟糕的时代；那是智慧的年头，那是愚昧的年头；那是信仰的时期，那是怀疑的时期；那是光明的季节，那是黑暗的季节；那是*希望的春天*，那是失望的冬天；我们全都在直奔天堂，我们全都在直奔相反的方向——简而言之，那时跟现在非常相象，某些最喧嚣的权威坚持要用形容词的最高级来形容它。说（第一章，《双城记》，徐人望译）

这是一则强调"时间"关键关系的例子。译者在对等直译的基础上会建立一系列的心理空间，自然也包括"春天"和"希望"的输入空间。"春天"这个输入空间里含有"春天里大地万物复苏、生机盎然""春天对万物来说充满着希望""春天里百花盛开、风景秀丽"等结构。"希望"的空间里含有"没有死亡，蕴含生长、生机""某种事情会实现"等结构。两者的类指空间里含有抽象的时间关系。这两个输入空间合成的结果是"春天"的角色和"希望"的价值被压缩到一起并保存在合成空间里。这是生成的层创结构是"这是实现某种事情的好时候"。然后，译者又进行了多次整合网络的验证，发现对等直译完全可以被译文读者接受。因为在中英两国人的认知语境里，关于时间、季节等概念基本上是相同的，都有关于一天、一周、一年和四季的概念。在人们的心目中，春天象征着万物复苏充满着生机，人们对春天充满了期待给予了很多很多的希望。鉴于英汉语言中春天这种概念隐喻完全一致的情况，译者的对等直译既不会引起译文读者的误解，也能忠实地传达作者的意图。另外，例20中有大量的季节词汇的罗列，这些罗列表明了不同的人对这个社会不同的观点和看法；甚至这些观点都是自相矛盾的，乱糟糟地堆积在一起。然而，作者要的就是这种感觉，他要传达给人们的意图就是：这是一个纷乱不堪的时代，对某些富人和权贵来说，这是智慧、光明的时代和充满希望的时代；而对于穷困百姓来说，这是愚昧、黑暗的时代、毫无希望甚至奔向地狱的时代。在认知语境相似甚至相同的情况下，译者的对等直译既不增加译文读者的处理努力，也仍然能传递作者的意图。

（21）a statuette about two feet high, a tall, slim, elegant figure from West Africa, in dark wood, glossy and suave. It was a woman, with hair dressed high, like a [**melon**] shaped dome. He remembered her vividly: she was one of his souls intimates. Her body was long and elegant, her face was crushed tiny like a beetle's, she (Chapter 19, **Women in Love**)

——不怎么一致。突然他发现自己面对着这样简单的现状，太简单了，一方面，他知道他并不需要进一步的肉体满足——某种普通生活能够提供的更深刻、更黑暗未知的东西。他记起了他常在海里戴家见到的西非雕塑。那雕塑有两英尺高，是用黑木雕成的，闪着柔和的光，细高而优雅。这是一个女人，头发做得很高，**象一座圆丘**。这雕像给他留下了生动的印象，成了他心灵中（第十九章，《恋爱中的女人》，黑马译）

这是一则强调"空间"关键关系的例子。在这个例子中，当译者读到"with hairdressed high, like a melon shaped dome"会建立三个输入空间"hair"、"melon"和"dome"。首先，"melon"和"dome"进行概念合成，结果"dome"的角色和

"melon"的价值因为其具有相同的抽象结构——空间关系，在形状上相似的特征。这种抽象结构在类指空间里形成并一同投射到合成空间里去。合成空间的层创结构是一个可以操作的单位。因而，该合成空间就会在递归原则的作用下以输入空间的身份参与下一个整合网络的映射。它和"hair"输入空间相互映射，进而使得"hair"也具有了"melon"的价值，也就是新合成空间的层创结构出现了"她的头发像甜瓜"。概念整合到此并没有结束，因为还有多种汉语校验空间等着多次合成和验证。汉语审美校验空间会否定"她的头发像甜瓜"这样的译文，因为该译文让人产生一种滑稽可笑的感情，这一种感情与英语原文给人激发起的感情相悖。事实上，原文作者想突出女性的优雅气质，激活的是一种惹人爱怜的情感。那么，译者就会在自己的脑海中搜寻相关物体，并建立起与"甜瓜"形状相似且包含可爱因素的空间"圆丘"。在"圆丘"输入空间里存在类似有关形状的结构。"圆丘"和来自上一个网络的输入空间合成的结果是，在新的合成空间里存在的层创结构含有它们共同的空间结构以及圆丘的角色。最后，译者生成了既符合汉语审美又符合原文的文体特征和激活情感，同时也传达了作者意图的译文——"头发做得很高，像一座圆丘"。

（22）"Whatever have you been doing with yourself, Watson?" He asked in undisguised wonder, as we rattle through the crowded London streets. "You are as thin as a lath and as [**brown**] as a nut." I gave him a short sketch of my adventures, and had hardly concluded it by the time that we reached our destination. "Poor devil!" he said, commiseratingly（Chapter 1, ***A Study in Scarlet***）

——并不是和我特别要好的朋友，但现在我竟热情地向他招呼起来。他见到我，似乎也很高兴。我在狂喜之余，立刻邀他到侯本餐厅去吃午饭；于是我们就一同乘车前往。当我们的车子辚辚地穿过伦敦热闹街道的时候，他很惊破地问我："华生，你近来干些什么？ ***看你面黄肌瘦，只剩了一把骨头了。***"我把我的危险经历简单地对他叙述了一下。我的话还没有讲完，我们就到达目的地了。（第一章，《红字研究》，丁锺华、袁棣华译）

例22是突出"因果"关键关系的例证。其实，因果关系作为一种关键关系，普遍存在于人们的各类空间。在概念整合的过程中，有一条优化原则起重大作用，它就是"关键关系强化原则"。也就是说，在同等条件下，该原则要求将网络中的关键关系最大化；尤其是，将合成空间的关键关系最大化并将它们在空间外的关键关系反映出来。在译者翻译的过程中，译者遇到 "You are as thin as a lath and as brown as a nut" 的时候，这句话里呈现给人们的是一种因果关系——因为瘦，所以身材像 "条板" 面色呈 "棕色"。这是英语表达的因果关系。这种因果关系在译者解读的时候被强化，译者像用汉语里表达瘦的形象来强化这种因果关系。具体的空间建构过程是这样的：第一、译者先将 "身材" 和 "条板" 两个输入空间进行概念合成，合成的结果是条板的价值被转移到身材上面，在第一个合成空间里生成 "身体瘦弱得像条板" 的层创结构。第二，译者再将 "脸色" 和 "棕色" 两个输入空间进行概念合成，合成的结果是 "棕色" 的价值被转移到脸色上面，在第二个合成空间里生成了 "面色呈棕色"。第三，译者又将汉语里关于瘦弱身材和面色发黄等的相关输入空间与第一、二个合成空间向投射。最后生成了 "面黄肌瘦、骨瘦如柴"。

部分与整体的关系是极其普遍和重要的认知机制。前面已经有几个例子了（比如例4），此处不再赘述。下面讨论 "表征" 关键关系的变译情况，请看例23、24、25。

（23）so started home. I clumb up the shed and crept into my window just before day was breaking. My new clothes was all greased up and clay, and I was [**dog**] tired. Chapter III I got a good goingover in the morning from old Miss Watson on account of my clothes; but he widow she didn't scold, but only（Chapter 2, ***The Adventures of Huckleberry Finn***）

——个日子。接着，我们选举汤姆·莎耶为本帮的首领，乔·哈贝为副手，大家就打道回家了。我爬上了棚屋，爬进我的窗户，那正是天蒙蒙亮的时刻。 我的新衣服上尽是油渍和土。***我困得要命***。第三章 第二天早晨，为了衣服的事，我被华珍老小姐从头到脚查看了一遍，不过寡妇呢，她倒没有剋我，只是把我衣服上的油渍和（第二章，《赫克尔贝里·芬历险记》，许汝祉译）

（24）you'd have to raise it up and look under to see the hole. So we dug and dug with the caseknives till most midnight; and then we was [**dog**] tired, and our hands was blistered, and yet you couldn't see we'd done anything hardly. At last I says: "This aint no thirtyseven year job; this（Chapter 5, ***The Adventures of Huckleberry Finn***）

——个洞，因为杰姆的被单快要垂到地上了，你得把被单提起来仔细地看，才能看到地洞。因此我们便挖了又挖，用的是小刀，一直挖到了半夜。到那个时辰，***我们累得要死***，两手也起了泡，可是还见不到有什么进步。最后，我说："这可不是要三十七年完工的活。这是要三十八年完工的活，汤姆。"他没有说话。不过他叹了一（第五章,《赫克尔贝里　芬历险记》,许汝祉译)

例 23、24 是关于"表征"关键关系的译例。"表征"是指可反复指代某一事物的任何符号或符号集。也就是说,某一事物不在场时,它被用来代表该事物,尤其是该事物是外部世界的一个特征或者我们想象的对象。译者在翻译例 23、24 的时候都会遇到一个英文概念隐喻:dog tired。译者在"狗"和"劳累"两个输入空间进行整合的结果是,"狗"的角色和"劳累"的价值被整合原则压缩为一个单位——"狗一般过度劳累"。在递归原则的作用下,含有这一层创结构的合成空间在汉语检验空间参与的整合网络中成为一个新的输入空间。而译者用汉语所建立关于劳累的心理空间并不包含狗的任何结构。引文在中国人的认知语境中,人们往往用"死"来强调程度的严重性。也就是说,中国人建立起来的"劳累"心理空间主要包含"累得要死""累得要命"等结构。鉴于此,译者在翻译的时候有意识地用"累得要死""累得要命"来强化英语中"dog tired"所表征的内容。上述不同的例子语境不同,经过调入多个汉语校验空间和汉语审美校验空间以及文体校验空间的反复验证后,译文对"劳累"心理空间里结构就会有不同的选择,译文也就不是完全相同了。不过,译文中所凸现的关键关系确实完全相同的。

（25）too? Miss Blendker looked at him with surprise. "Madame Olenska didn't you know she'd been called away?" "Called away? Oh, my best parasol! I lent it to that [**goose**] of a Katie, because it matched her ribbons, and the careless thing must have dropped it her. We Blenkers are all like that … real Bohemians! Recovering the sunshade with a (Chapter 22, *The Age of Innocence*)

——吗?"布兰克小姐吃惊地看着他说:"奥兰斯卡夫人——难道你不知道,她被叫走了?""叫走了? ——""哎呀,我最漂亮的阳伞! 我把它借给了**大笨鹅**凯蒂,因为它和她的缎带挺配,一定是这个粗心的家伙把它丢在这儿了。我们布兰克家的人都像……真正的波希米亚人!"她用一只有力的手拿回伞并撑开它,将玫瑰色（第二十二章,《纯真年代》,赵兴国、赵玲译)

（26）please let me have it," said Dora, in her coaxing way, "if you can!" We made merry about Doras wanting to be liked, and Dora said I was a [goose], and she didn't like me at any rate, and the short evening flew away on gossamerwings. The time was at hand when the coach was to call for (Chapter 42, *David Copperfield*)

——得他们听。""可是，请你把那些意见给我吧，"朵拉用诱人的态度说道，"如果你能的话！"我们对朵拉想要人喜欢的心情加以嘲笑。朵拉说*我是只大笨鹅*，她根本不喜欢我。那个夜晚就这么轻飘飘地很快飞逝了。马车接我们的时间到了。我一个人站在火炉前时，朵拉悄悄溜了进来，依惯例给我临别前那可爱的一吻。（第四十二章，《大卫·科波菲尔德》，石定乐译）

例 25、26 也是涉及"表征"关键关系的例证。译者要处理英语中的概念隐喻：鹅被用来表征笨蛋。这种在英国人认知语境中的概念隐喻，被英语读者解读时很容易被识解。而由于不懂英语的中国人的认知语境中不存在此类表征或者说假设，译者变译的目的就是为了让汉语读者容易理解原文的意思，所以不同的译者都在"鹅"字的前面添加了"笨"。在翻译这三个例子的意义建构过程中，所牵涉的多个整合网络的整合过程及具体映射内容，在此不再一一赘述。

（27）sometimes to take tea with Miss Pinkerton, to whom he had been presented by his mamma, and actually proposed something like marriage in an intercepted note, which the one-eyed **[apple]** woman was charged to deliver. Mrs. Crisp was summoned from Buxton, and abruptly carried off her darling boy; but the idea, even, of such an eagle in the Chiswick dovecot（Chapter 2, ***Vanity Fair***）

——座直射到牧师的讲台上，一下子就把克里斯泼牧师结果了。这昏了头的小伙子曾经由他妈妈介绍给平克顿小姐，偶然也到她学校里去喝喝茶。他托那个独眼的**卖苹果女人**给他传递情书，被人发现，信里面的话简直等于向夏泼小姐求婚。克里斯泼太太得到消息，连忙从勃克里登赶来，立刻把她的宝贝儿子带走。平克顿小姐想到自己（第二章，《名利场》，杨必译）

在这个例子中出现了"apple woman"被翻译成"卖苹果女人"是"角色"这一关键关系被强化的效果。我们知道，角色是一种普遍存在的关键关系，角色拥有价值并与价值相对。在心理空间内或者心理空间之间，空间里的成分可以作为角色与作为价值的另一成分连接在一起。译者在阅读时，首先建立起"苹果"和"女人"两个输入空间，他试图在这两个空间之间建立联系，比如"相似性"之类的联系，结果发现文本语境和情境语境都不支持这种相似性的假设。于是，他又会试图抽象出这两个空间之间的其他联系，经过一番文本语境的调入而产生输入空间，并在不同的输入空间之间进行映射和整合，发现只有把"小贩"这一角色投射到"女人"身上才能与上文的语境相符合。在发现了这种联系之后，译者非常清楚这种关系来之不易，而且这里没有过多的审美效果。如果采取对等直译，这种联系不容易让汉语读者发现，白白增加的是处理努力，于是译者就直接把"女人"的角色——"卖苹果的小贩"，在汉语译文中直接透露给了译文读者。

（28）And didn't I care Masr Haley night five miles out of de road，dis evening，or else he'd a come up with Lizy as easy as a [**dog**] after a coon. These yer's all providences. They are a kind of provinces that you'll have to be pretty sparing of，Master Sam. I allow no such practices（Chapter 8，***Uncle Tom's Cabin***）

——丽茜恐怕已经给人家抓住十几次了。今天早晨，不是我故意把那几匹马给惊跑了，一直叫他们追到快吃中饭的时候吗？下午不是我故意带海利老爷走了差不多有五英里路的弯路吗？**不然的话，他早就象猫捉老鼠一样，一下子就追上丽茜了。这些都是天意啊！**"山姆师傅，你以后给我少来点这种天意。我不容许在我的庄园上对大（第八章，《汤姆大伯的小屋》，黄继忠译）

例 28 是"类比"关键关系被强化的例证。在处理这个隐喻的时候，译者首先建立"狗"和"黑人"两个输入空间，然后在类指空间中抽象出两个输入空间共有的结构"前后图式"。"狗"和"黑人"之间的关系就是"前后追赶"的关系，这种空间之间的关系被压缩到合成空间内部，并将它投射到"黑人"身上。于是，在这个合成空间里就生成了层创结构"黑人一下子就被狗扑捉到了"。接下来，译者再在脑海里建立两个输入空间"海利老爷"和"丽塔"，这两个输入空间之间的关系被压缩到合成空间后并被赋予上个合成空间里的层创结构，于是在新的合成空间里就生成了层创结构"海利老爷扑捉丽塔就像狗抓黑人一样"。但是，这种说法在译者看来，无疑会增加汉语读者的处理努力，为了减少读者的处理努力，译者又将"猫"和"老鼠"的合成空间里的层创结构结构投射到下一级的合成空间。这样，译者就生成了"海利老爷追丽塔就像猫捉老鼠一样"。最后，再次调入各类汉语校验空间，译者才得出自己满意的译文。在这个例子中，原文作者所使用的类比关系和译者所使用的类比关系不是同一个，但是表达的意图却是一样的，即都是为了强化"类比"的关键关系。

类比来自角色/价值的压缩。通常情况下，类比往往被压缩成独特性和变化这两种关系①。但是非类比以类比为基础。如果合成空间中某个角色有多个缺位

---

① Fauconnier，Gilles & Mark Turner. *The Way We Think*. New York：Basic Books. 2002：99.

（slots），那么非类比价值就可以作为不同的价值填补近来。整合往往把某种外在空间关系压缩成合成空间里的内在空间特征。下面这个例子就是讨论"非类比"这种关键关系被译者在翻译过程中填补缺槽的情况。

（29）wife, died in Jamaica of the yellow fever and a broken heart combined, for the horrid old colonel, with a head as bald as a cannon ball, was making [**sheep's**] eyes at a half caste girl there. Mrs. Magenis, though without education, was a good woman, but she had the tattles tongue, and would cheat her own mother（Chapter 27, *Vanity Fair*）

——死在贾米嘉的，一半因为生了黄热病，一半因为气伤了心。可恶的老头儿脑袋秃的像炮弹，还跟当地一个杂种女孩子*眉来眼去的不安分*。玛奇尼斯太太虽然没有教育，人倒不错，就是有个爱犯舌的毛病。她呀，跟她自己的娘打牌也要想法子骗钱。还有个葛克上尉的太太，人家正大光明的打一两圈牌，她偏偏看不得，把那两只龙虾（第二十七章，《名利场》，杨必译）

在例29中，"绵羊的眼睛"和"姑娘"是译者建立的两个输入空间，它们的类指空间含有"连接图式"这样的抽象结构，而在合成空间里"绵羊的眼睛"这个角色有多个缺位（slots），于是译者头脑中就会有非类比价值作为不同的价值填补进来。在"绵羊的眼睛"这个输入空间丽存在显著结构"绵羊的眼睛不停地眨巴的特征"，当然也存在其他非显著结构，比如"绵羊的眼睛很大""绵羊的眼睛容易流泪""绵羊的眼睛是色盲"等。后面这些结构即使能进入合成空间，也无法和"姑娘"空间里的结构压缩到一起而成为一个单位。而在"姑娘"这个输入空间里，会有"姑娘漂亮受人追求""漂亮姑娘被人抛媚眼"等结构。于是，当"绵羊的眼睛"和"姑娘"两个输入空间的相关关系在合成空间里被整合原则压缩为一个可操作单位——层创结构。也就是说，绵羊眨眼睛的特征和被人抛媚眼的结构整合到一起，而成为"勾引姑娘的眼神"或者"不安分的眼神"。最后，译者再调入汉语和英语的各类校验空间逐一进行核查，发现"眉来眼去的不安分"更符合文本中提供的情景语境。

（30）the porter. "Don't you see I can't leave my horse? Come, bear a hand, my fine feller, and Miss will give you some beer," said John, with a [**horse**] laugh, for he was no longer respectful to Miss Sharp, as her connexion with the family was broken off, and as she had given nothing to the servants on coming（Chapter 7, *Vanity Fair*）

——约翰说："那么把这些箱子搬下去。"看门的说："你自己搬去。""瞧，我不能离开我的马儿啊！来吧，好人哪，出点儿力气，小姐回头还赏你喝啤酒呢！"约翰一面说，**一面粗声大气的笑**。他如今对于夏泼小姐不讲规矩了，一则因为她和主人家已经没有什么关系，二则她临走没有给赏钱。那秃子听得这么说，（第七章，《名利场》，杨必译）

（31）they were eaten in the servants hall," said my lady，humbly. "They was，my lady，" said Horrocks，"and precious little else we get there neither." Sir Pitt burst into a [**horse**] laugh，and continued his conversation with Mr. Horrocks. "That there little black pig of the Kent sows breed must be uncommon fat now，its not quite busting，Sir （Chapter 8，*Vanity Fair*）

——里的佣人吃掉了。"霍洛克斯回道："没错，太太，除了这个我们也没吃到什么别的。"毕脱爵士听了，**哈哈的笑起来**，接着和霍洛克斯谈话："坎脱母猪生的那只小黑猪该是很肥了吧？"管理的一本正经回答道："毕脱爵士，它还没肥得胀破了皮。"毕脱爵士和两个小姐听了都笑得前仰后合。克劳莱先生说："克劳（第八章，《名利场》，杨必译）

例30、31是两个"特征"关键关系被强化的例子。首先，译者在头脑中建立"马"和"大笑"连个心理空间，两者的类指空间里存在着已经建立的连接图式，合成空间里产生的层创结构——马的嘶鸣声和人的笑声被压缩的一起的产物。被压缩的结果就使得人的笑声拥有了马嘶鸣的特征。这种特征被译者在意义建构的过程中加以强化，可是在他搜寻汉语相关词汇的时候又出现了困难，于是就只好将原文形象特征抹去，而只留下笑的程度。译文"粗声大气的笑"和"哈哈大笑"显然比马的嘶鸣笑声容易让汉语读者理解。这种变译实际上就是朝着中国人易于掌握的尺度进行的。

（32）right into the wind's eye，was taken dead aback，and stood there a while helpless，with her sails shievering. "Clumsy fellows，" said I，"they must still be drunk as [**owls**]." I thought how Captain Smollett would have set them skipping. Meanwhile，the schooner gradually fell off，and filled again upon another tack，sailed swiftly for a minute or so （Chapter 24，*Treasure Island*）

——现了我，正要过来抓我。然而现在，它的船头居然对准了风头，被风吹得停在了那里，毫无任何办法，船帆不住地抖动。"这些笨蛋，"我说，"他们大概**还醉得像死猪一样**。"我心想，要是斯摩莱特船长知道了，准会把他们骂得狗血喷头。

这时，大船慢慢又转了过来，船帆重新被风鼓起，飞快地行驶了一分钟左右，然后再（第二十四章，《金银岛》，路旦俊译）

例32也是"特征"关键关系被强化的例证。译者在意义建构的过程中会自动地建立"醉酒"和"猫头鹰"两个输入空间。在"醉酒"的输入空间里有关于醉酒者的举止、言谈甚至醉酒后昏睡等相关结构。而在"猫头鹰"这个空间里则有猫头鹰的昼伏夜出、精明智慧的结构。两个输入空间的结构在联网原则和拓扑结构原则的作用下都要往合成空间里投射和复制。这样，猫头鹰昼伏夜出、白天昏睡的特征就被投射到醉酒者身上，生成的层创结构是"醉酒者像猫头鹰白天昏睡不起"。可是在情感校验空间的作用下，译者发现译文用猫头鹰比喻醉酒后昏睡不起，不足以表达说话人的讨厌之情。于是，译者又会在大脑中建立起有关"猪"的心理空间。这个输入空间里含有肮脏、懒惰、整天躺着睡懒觉等结构。这个心理空间里能够和由合成空间转化而来的输入空间在新的合成空间里压缩到一起的结构只有"整天躺着睡懒觉"。而其他不能压缩到一起的结构则被整合网络抛弃。结果，汉语译文在汉语校验空间的作用下成了"醉得像死猪"。这个译文显然是译者朝着中国人易于掌握的尺度进行变译的。

(33) boy; if none of the rest of you dare," she said, "Jim and I dare. Back we will go, the way we came, and small thanks to you big, hulking, [**chicken**] hearted men. We'll have that chest open, if we die for it. And I'll thank you for that bag, Mrs. Crossley, to bring back our lawful money in (Chapter 4, ***Treasure Island***)

——说："如果你们谁也没有这个胆量，我和吉姆有。我们这就顺原路回去，对你们这些***体壮如牛却胆小如鼠的人***，我们真是感激不尽！我们即使丢了性命也要把那箱子打开。克劳斯里太太，谢谢你借给我那只包，去装本该属于我们的钱。"我自然说我要和母亲一起回去，而村里的人也自然纷纷叫嚷劝阻，说我们昏了头。但即使到（第四章，《金银岛》，路旦俊译）

例33是"相似性"关键关系被译者变译的情况。在译者建立起来的"小鸡"输入空间里含有小鸡可爱、胆子小、爱吃小米、嫩嫩的绒毛等结构。但是在和建立起来的有关"人"的输入空间之间进行映射的时候，只有有关小鸡胆子小的价值才能被投射到人的身上，并进一步被压缩为一个单位——层创结构。而后，译者又建立有关汉语里"胆子小"的输入空间以方便在联网原则和关联原则的作用下进行整合。在这个新建立的输入空间里含有胆子小的种种表现方式和老鼠胆子小等结构。

这个输入空间又和前面由合成空间转化而来的输入空间相映射，进而得出"人胆小如鼠"。这样一来，我们可以清楚地看到原文中"人的胆小和小鸡的胆小之间的相似性"被变更为"人的胆小与老鼠的胆小之间的相似性"。显然，不同的译者都采用了变译，尽管直译也能传达原文的意图，但是他们还是有意识或者无意识地减轻了汉语读者的处理努力，而让译文朝着易于被人掌握的尺度进展。虽然变更了相似性，但是原文的意义和意图并没有损失。

（34）myself that I care about mankind and its destiny. And I have fits of wistful love for the working men. But at the bottom I'm as hard as a ［**mango**］ nut. I don't care about them all. I don't really care about anything, no I don't. I just don't care, so what's the good of（Chapter 11, ***The Kangaroo***）

——上还飘着几面鲜艳的旗帜，"你知道的，杰兹，我不会干的，我什么也不会干。我压根儿对此不上心。""是吗？"杰兹说着突然面露微笑。"我作出关心人类及其命运的样子来，纯属自欺欺人。我会偶尔喜欢上工人们，***其实我心硬如铁***，丝毫不关心他们。我其实什么也不关心，真的不。既然毫无用心，还争吵个什么劲儿？""就是。"杰兹又乐了。（第十一章，《袋鼠》，黑马译）

例 34 是"范畴"关键关系在翻译的意义建构过程中变化的例子。范畴是内在空间最常见的关键关系，它是事物在认知中的归类。在范畴化的过程中，人的认知赋予世界上的万事万物以一定的结构。这种结构既不是全人类完全共有，也不是不同的民族没有共同之处。既然不同民族的基本等级范畴又不完全一致的内容，那么建立在范畴之上的隐喻也会因为使用不同的范畴建立起相同的意义。在翻译的过程中，译者将对等直译所建立的一系列心理空间，在由上至下的处理模式中将"坚硬"和"芒果核"两个心理空间按照大块原则连接在有一起。也就是说，这两个心理空间优先进行映射，而不是和其他较远的心理空间进行映射。这两个心理空间都含有相同的结构，在合成空间里这种结构被保留下来，而且"芒果核"的价值也被留在合成空间里，并和两者的共有结构压缩为层创结构——"硬如芒果核"。接下来，这个合成空间又会在递归原则和联网原则的共同作用下进入下一个整合网络。在这个整合网络中，这个新的输入空间再解压原则的作用下被解压缩，以便参与新的跨空间映射和联网。新的整合网络会将先前建立起来的输入空间"我"与来自合成空间的输入空间进行概念整合。那么，"我"就具有了"心硬如芒果核"的价值。

到这里，译者的概念整合并没有结束。他还会在汉语各类检验空间的作用下进行多次映射和整合。比如说，译者会建立起有关"心肠硬"的心理空间，这个输入空间里包含"铁石心肠""心狠手毒""缺少怜悯之心"等结构。这些结构在经过因文本语境而建立起来的心理空间进行整合后，"铁石心肠"的结构才和"我心硬如芒果核"的空间里的角色"我"压缩在一起，而最终生成层创结构——"我心硬如铁"。从这个例子可以看出英语文本里"心硬如坚果核"被转化成了中国人的认知语境中固有的"铁石心肠"的假设。这里面存在一个范畴的转变。两种语言里都有大量定型化（entrenched）的说法，译者的这种变译无疑降低了译文读者的处理努力。这是由于人们在各自的认知语境中调取各自习惯的说法比较容易，付出的处理努力相应地少一些。

（35）about everything. It was felt to be hopeless. One of them（young Roger）had made an heroic attempt to free the rising generation, by speaking of Timothy as an old [cat]. The effort had justly recoiled upon himself; the words, coming round in the most delicate way to Aunt Juley's ears, were repeated by her in a shocked voice to（Chapter 4, **Man of Property**）

——事清楚在他们实在是不得已的。因此大家都觉得毫无办法可想。他们里面有一个（小罗杰）曾经了解放下一代，把悌摩西骂**做"老狐狸"**，这实在是个英勇的尝试。可是报应就落到他的身上；这些话转弯抹角传到裘丽姑太的耳朵里，裘丽姑太又以震骇的口吻告诉罗杰太太，这样，这句话又回到小罗杰这里来了。说到底，感到难（第四章，《有产业的人》，周熙良译）

（36）his eyes; lifting his hand, and, as it were, selecting a finger, he bit a nail delicately; then drawling it out between set lips, he said, "Mrs. MacAnder is a [cat]!" Without waiting for any reply, he left the room. When he went into Timothys he had made up his mind what course to pursue on getting home. He would（Chapter 6, **Man of Property**）

——红得非常特别，总是集中在两眼之间；他抬起手，就象是选择了一个指头一样，细细咬着指甲；然后从紧闭的嘴唇中间慢吞吞地说出来：**"马坎德太太是个狐狸**!"他不等哪一个回答，就走出屋子。他上悌摩西家去的时候，已经打定主意回到家里时采取什么步骤。他预备上楼找到伊琳，跟她说："官司是打胜了，这事就算完（第六章，《有产业的人》，周熙良译）

例35、36是关于"范畴"关键关系被变译的情况。在翻译的过程中，译者建立起"猫"的心理空间和"某人(悌摩西/马坎德太太)"的输入空间。而在合成空间里把"猫"生性狡猾的结构和某人的角色压缩到一起,于是就出现了"某人是狡猾的猫"这样的层创结构。具体到例35,合成空间里的层创结构就是"悌摩西是狡猾的猫";而例36中的合成空间里则含有"悌摩西是狡猾的猫"。随后,译者又在认知语境中构建关于"狡猾"的心理空间。有关"狡猾"的心理空间含有"狐狸狡猾""做事情靠不住""阴险诡计多端"等结构。这个空间里很多结构都可能和"某人是狡猾的猫"这一结构压缩在一起。但是,在文学审美校验空间的作用下,译者认识到原文中的隐喻这一价值应该体现在译文中。于是,他就选择将"狐狸狡猾"这一结构和"某人是狡猾的猫"压缩在一起。在加上情感因素的作用,最终生成的译文是"把悌摩西骂做老狐狸"或者"马坎德太太是个狐狸"。

这个例子表明译者在翻译的过程中修改了原来隐喻中所涉及实体的范畴。在英国人的心目中,猫可以表征"狡猾的人";而在中国人的认知语境中,"狐狸"可以表征"狡猾的人"。经过一些列的概念合成,译者保留了原文的意义和意图而删除了原文的形象,用"狐狸"来替换"猫"。这种替换的结构使得译文读者减少了处理努力,因而也就加快了理解的速度。

(37) comings in. What God hath joined together let no man put asunder. Yes, he was a very nice gentlemanly man… But Jude, my dear, you were enough to make a [cat] laugh! You walked that straight, and held yourself that steady, that one would have thought you were going prentice to a judge; though I knew you were seeing double all (Chapter 7, Part 6, *Jude the Obscure*)

——个派头儿啊……可是,裘德,我的亲爱的,**你那样儿真能叫泥菩萨都乐起来啦**!你走起来那么个笔管条直,身子摆得那么个四平八稳,人家一看还当你学着当法官呢。不过我知道行礼前后,你眼睛看什么都是毛毛的,你一摸着找我的手指头,我就明白啦。""我说过啦——为了给一个女人保住名誉,我什么都肯干。"裘德嘟(第七节,第六部,《无名的裘德》,洗凡译)

在例37中,译者显然是为了突出原文的意向性而进行变译。意向性是指特定语境中的交际目的,它通常完全隐藏在语句中,但是偶尔也可以表现在语句的表层结构上。由于意向性也是关键关系,包括对和期盼、信念和记忆相关的话语内容的态度。意向性在整合过程中通常会被关键关系强化原则所强化。

具体的意义建构过程如下:在译者建立的一系列心理空间中包含"猫"和

"笑"两个输入空间。关于"猫"的输入空间里存在"猫的胡子树起来像生气的样子""猫捉老鼠""猫的眼睛白天瞳孔缩小晚上扩张"等结构。在联网原则和关联原则的作用下，两个空间里的相关结构被压缩到一起，无关的结构被系统抛弃。因而，在合成空间里的层创结构就包含猫的角色和胡子翘像生气的结构。简单地说，层创结构就是"猫一幅生气的样子不容易发笑"。此时，译者知道如果这样翻译成汉语无法凸现原文的意向性；在人们的认知语境中，大家都知道能让吹胡子瞪眼睛的猫笑，实在是困难的事情。受强化"意向性"关键关系的心理驱动，译者又在关联原则的作用下建构起"笑得困难"的心理空间。译者的脑海里会涌现"让猫发笑困难""让领导发笑困难""让某个朋友发笑困难"……或许到最后才搜索到"让泥菩萨发笑困难"这个结构。这种严重偏离显著结构和原型义项的结构的确是译者艰难推理和概念整合的结果。这样才产生的译文"能叫泥菩萨都乐起来"。显然，这种过分夸张的变译表明译者强化原文的意向性的强烈意图。虽然原文的意象被地地道道的汉语意象取代，但是原文的意图性不但没有丢，反而被强化了。结果，这种变译也降低了汉语读者对译文的处理努力，由于中国人理解自己认知语境中司空见惯的东西自然不费什么气力。

(38) I've a lot of money. Not because I'm Martin Eden, a pretty good fellow and not particularly a fool. I could tell you the moon is made of [**green**] cheese and you would subscribe to the motion, at least you would not repudiate it, because I've got dollars, mountains of them. And it was all done long ago (Chapter 44, *Martin Eden*)

——我的话里有许多道理。这是为什么？因为我有了名气，因为我有很多钱。并不是因为我是马丁·伊甸，一个还算不错、也不太傻的人。说不定我告诉你月亮是**生奶酪做的**，你也会赞成，至少不会反对，因为我有钱，钱堆成了山。可我的作品很久以前就完成了。我告诉你，那些作品老早就完成了，可那时你却把我看作是你脚下的泥（第四十四章，《马丁·伊甸》，孙法理译）

这是一则关于"独特性"关键关系的例子。独特性能够体现原文作者思维方式的独特性。独特性是在合成空间里自动获得的。多数关键关系可以被压缩成合成空间的独特性。译者对于"the moon is made of green cheese"的翻译至少经历了以下两个整合网络的合成。首先，译者在大块原则的驱使下，先要把"绿色"和"奶酪"两个输入空间进行概念整合。在"绿色"的空间里既有显著结构"绿颜色"，又有非显著结构"新的""生的""不熟练""稚嫩的"等。但是在合成的时候，"绿颜色"这一显著结构并没有成功地和"奶酪"的角色压缩到一起。原因是，译者同时引进了已经建立起来的"月亮"的输入空间。月亮不可能是绿颜色的，这一认知常识导致它们无法被压缩到一起。因此，"生的"这一价值就和"奶酪"的角色压缩到一起形成层创结构。接着，在递归原则和联网原则的作用下，由合成空间转化而来的输入空间就和"月亮"的空间进行映射，月亮的角色和"生奶酪"的结构被压缩为一个单位——层创结构。"green"被变译为"生的"，这一变动自然有利于汉语读者的理解。尽管"生奶酪"并不完全为汉语读者所接受，但是它所描述的月亮所具有的独特性被原封不动地保留在了译文里。

（39）stoo blame simple；there ain't nothing to it. What's the good of a plan that ain't no more trouble than that? It's as mild as [**goose**]-milk. Why, Huck, it wouldn't make no more talk than breaking into a soap factory." I never said nothing, because I warnt expecting nothing different；but I knowed （Chapter 34，***The Adventures of Huckleberry Finn***）

——是简单了，搞不出什么名堂来。一个方案，执行起来不用费任何什么周折，这有什么劲？*味道淡得象水*。啊，赫克，这样叫人家议论起来，不过象谈到抢劫一家肥皂厂，如此而已。"我一句话也不说，因为跟我预料的一点也不错。我心里透亮，只要他想出了一个方案，那是肯定挑不出一点儿毛病的。事情果然如此。他跟我说（第三十四章，《赫克尔贝里·芬历险记》，许汝祉译）

例 39 中隐喻的独特性在译者变译的过程中丧失了。原因是译者在翻译的意义建构中忽略了原文中两个输入空间"鹅"和"奶"之间联系的独特性。作者用"味道淡如鹅奶"，一方面显示了原文作者的独特认知事物的方式，另一方面也表明作者想通过这种隐喻说明汤姆的教育背景、身份地位和不学无知。作者的概念整合过程是这样的。"鹅"这个空间里含有"鹅是家禽""鹅会下蛋""鹅会游泳"；而"奶"的空间里存在"哺乳动物产奶，其他动物没有奶""牛奶是人们日常生活中饮品""奶可以制成酸奶"等结构。虽然这两个输入空间之间本不应该存在什么联系，但是作者故意制造一种荒谬的逻辑"鹅有奶"。这种在空间之间建立的人为联系恰好突出了汤姆的教育背景、身份地位和不学无术。然而，译者并没有发现作者的巧妙意图，而只是将注意力放在了"mild"上面。译者对它直译的结果是"味淡"。接下来，译者就用汉语认知空间的相关结构建立起"味淡"的心理空间，在这个空间里首先出现的显著结构就是"味道淡如水"。最终，译者将"as mild as goose-milk"

翻译成了"味道淡得象水"。显然，这种译文抹煞了作者的意图，没有真实地再现作者的意图和观察事物的洞察力。这种变译虽然降低了汉语读者的处理努力，但是却是不可取的，因为即使不变译也能让译文读者理解和准确传递作者的意图。

3.5　本章小结

通过对隐喻翻译过程中意义建构的统计和描述，笔者发现隐喻翻译的意义建构在大到框架和认知模式方面，小到关键关系都有一定的变化。说得更具体一些，从数量上讲，只有 18.16% 的隐喻在翻译的意义建构中发生了变化，而绝大多数（81.84%）隐喻都是对等直译的产物。第三章第四节从认知的角度详细讨论了这一少部分在概念整合过程中发生的变化及相关因素。

关于框架方面的变与不变。翻译的意义建构中没有进行变译的例子表明，汉语里的大多数概念框架、普通情景框架和英语里的相同，这些相同的框架本来就容易被中国人所理解；而发生变译的情况是，英语的文化情景框架不符合汉语的接受标准和审美标准，变为汉语的框架更容易为译文读者所理解和接受。

关于认知模式在翻译的意义建构中的保留与改变。第一，我们从命题真假的转化方面发现不了其中变译的规律。由于隐喻的命题模式里所连接主词和谓词的价值在客观上不具有真值，因此无法有效地从命题模式的角度加以考察。第二，译者在翻译涉及人类最基本意象图式的隐喻的时候，多数情况光下并没有改变英语原文的意象图式。这是因为它们同中国人的认知语境中的意象图式绝大多数相同。而汉语译文里改变的只是表达方式，这种字面变译的结果反而强化了英语原文的意象图式。第三，译者在翻译的意义建构过程中基本上完全抛弃了原文的隐喻模式和转喻模式。这些具有鲜明文化特色的认知模式在汉语中绝大多数不存在，译文或有意或无意地呈现出向中国人易于掌握的尺度转化。

关于十五类关键关系的保留与改变。译者的做法是借助改变原文意象的方法来强化原文里空间之间或者空间内部的关键关系，包括变化、同一性、空间、因果、部分与整体、表征、类比、非类比、特征、相似性、范畴、意向性和独特性等关键关系。但是，在涉及"时间"和"角色"的关键关系时，译者虽然没有改变原文中的意象，却成功地保留了原文里空间之间或者空间内部的关键关系。译者的上述做法无疑是恰当的，因为所保留的关键关系中隐含着原文作者的意图。所有这些改变都是向着中国人易于把握的尺度进行变译。

　　但是也有改变了原文的意象，却同时失去关键关系的例子。比如说，译者对例39 的处理就是拿中国人熟悉的"味道淡如水"来代换原文的"味道淡如鹅奶"。原文中的意象变更导致了原文隐喻独特性的丧失，作者的意图也丢失了。

　　既然在意义建构的过程中，译者进行了变与不变的选择，那么他对情感的问题做法是什么？意义建构的同时也激活了相关情感。被激活的情感参与了隐喻译文的生成。为什么意义建构的过程伴随着情感激活的过程？意义建构与情感激活的密切联系是一种什么样的情况呢？下一章主要论证语义原型情感维度模型的由来、情感激活与意义建构的联系，以及意义建构过程激活情感的必然性。

第四章　隐喻翻译中情感激活的关键证据

——情感维度模型

4.1　情感及其分类

文学作品的翻译必须考虑情感因素，如果只注重意义的建构，认为只要意义传达了翻译的任务就算完成的观点是很危险的。在翻译的过程中，同一个意义有很多表达方式可供译者选择，但是他的选择必须有利于揭示作者意图的情感激活。下面简要对情感做一界定并划分翻译过程中与可能遇到因素高度相关的类别。

情感是感觉元素的主观补充，建立在感觉元素的基础之上，显示人的主观经验内容。而感觉是心理元素的基本内容，呈现人的经验的客观内容。[①] 情感虽然是主观经验的东西，但并非是没有任何规律可循，而是在遇到相关或者类似的刺激时众人的表现极其相似。为了便于研究翻译过程中的情感因素，我们首先把情感因素分为两类：个人情感和非个人情感；然后再将非个人情感分为：民族情感和全人类情感。个人情感与具体的人相关，具有特殊性，既体现个人因为具体刺激（语境）和主观经验而具有的情感因素，也蕴含着民族情感因素；而民族情感是一个民族的所

---

① 这是德国心理学家冯特的观点。转引自车文博著《西方心理学史》，杭州：浙江教育出版社，1998年，第206-238页。冯特（Wilhelm Wundt, 1832-1920）是实验心理学的创始人，也是结构主义心理学的奠基人。早年曾经就读于德国的杜平根大学、海德堡大学和柏林大学，并且在海德堡大学先后获得医学博士和哲学博士两个学位。他创建了一支国际心理学专业队伍，奠定了结构主义心理学派的基础，感情三度说的倡议者，也是使心理学脱离哲学范畴而成为独立学科的巨擘。

有成员或者大部分成员所共有的情感，具有社会规约性，既包含这个民族对某个刺激物（某些事物）本民族所特有的情感因素，同时也体现着全人类对事物共有的情感因素。民族情感深植于本民族文化人群的社会心理之中，成为全社会成员共享的情感。而全人类情感主要是指整个人类社会对某事物所表现出来的共同情感或者形似的情感，这类情感因素主要与人们受到刺激后的类似反应而体现出来的情感因素，与民族文化因素无关。由于每个人的情感因素存在差异，并且非个人情感寄生于个人情感因素之中，笔者采取如此分类是为了便于讨论语义原型情感维度中体现出来的共性与差异。此外，由于个人情感差异和民族情感差异是翻译活动中译者不得不小心处理的因素，所以在讨论隐喻翻译之前有必要先进行区分以便深入讨论隐喻翻译的模型。

4.2 英汉语义原型情感维度的实证研究

4.2.1 研究的目的、方法及理论依据

英汉语义原型情感维度研究的目的是比较英汉语义原型情感维度的异同，试图找到影响语义原型情感维度的模式，进而为英汉翻译过程中的情感激活找到有说服力的证据。

本研究既有对英国人和中国人语义原型情感维度的调查问卷（参见附录A、B），又有从语言中自己编制的英汉语熟语语料库（仅以动物语义原型为例）。本研究采用问卷法和微型语料库法相结合的研究方法，沿着归纳推理和演绎推理相结合的模式进行研究。本研究首先采用归纳法以动物语义原型情感维度的调查为例，经过统计分析得出有关结论，然后再将此结论推演至整个语义原型情感维度的模型，并由此提出英汉翻译过程中的激活方式和影响情感激活的因素。

具体地说，英语问卷的调查是在英国英格兰地区的杜伦（Durham）市完成的（详细情况参见1.4小节部分）。汉语问卷的调查是在中国江苏省徐州市完成的（详细情况参见1.4小节）。但是两种问卷的统计分析工作是2004年11—12月在国内完

成的。这两种问卷从制作、发放、回收到统计结果，以及统计分析前后经历了近5个月的辛苦工作。英、汉语熟语语料库的编制与分析历时一个半月。汉语语料主要选自汉语权威工具书——《现代汉语词典》《中华成语熟语辞海》《汉大成语词典》。英语语料主要选自英语权威工具书——《剑桥高级英语词典》（2003年版）、《英语成语词典》、《英语谚语词典》等。笔者对上述词典中语料的搜集采取了穷尽性的方式。将经过扫描、打字等录入手段获取的电子资料在Office 2003的Word中，运用高级替换功能将英汉两种语料进行归类整理，然后得出34种动物的词彩（褒义、贬义）统计数据，并将统计数据输入到Excel中。最后，由Excel程序里的函数式计算出各项的百分比等数据。这个英、汉语熟语语料库共收录有关英语熟语412条，汉语熟语2159条。

笔者将上面Excel表格中的相关数据输入SPSS，进行分析绘制出了若干幅两个变量之间的线性回归散点图，并制作了相关系数表格若干张。这些图表的目的是为了分析若干两个变量之间的相关关系，以便为语义原型的情感维度建模提供数据支持。

本章研究采取的顺序是：问卷制作→问卷发放及回收→问卷统计及分析+语料库分析。下面就问卷的统计及分析做简要说明。问卷的统计及分析共分十二步：

1. 首先将问卷中的相关项目定义为语符型，然后将问卷采集而来的数据输入SPSS，得出英汉各三次统计结果（第一次是在统计到第30份问卷时的数据，第二、三次分别是第41份和第60份问卷时的数据），计6个SPSS数据文件。

2. 将上述6个SPSS数据文件各生成一组153项的频率统计表格，累计918份表格。

3. 将这918分表格压缩尺寸粘贴到Word文档中，分类制成六个附录（其中附录D为英语问卷第三次统计数据，附录E为汉语问卷第三次统计数据）。

4. 将六个附录中的918份表格中里不喜欢的百分比数字输入到Excel中，进行统计得出153项调查条目的不喜欢百分比的中位数。再将Excel中的表格粘贴到Word文档中制作成附录C里的表C1。

5. 附录C的表C2、表C3来自英汉动物熟语语料库的词彩统计而来。

6. 将表C2、表C3的源文件Excel中的数据粘贴到SPSS中。此时，将相关项目定义为数据型，目的是为了给考察相关系数和制作散点图做准备。此时，输入到SPSS中的数据包括褒义、中性和贬义熟语的数量及这三类所占百分比等方面的数据。

7. 将第 4 步里 Excel 表格中的中位数也粘贴到 SPSS 中。在这一步，首先将数据分成英语汇总、汉语汇总两类；然后再将英语数据按照水果、蔬菜、花卉、动物、运动、季节和色彩等类别（顺序同附录 A、B 里英、汉问卷条目的排列顺序）分别排列成不同的列；然后，再采取同样方式，对汉语数据进行处理。

8. 将第 6、7 步的数据制作成 SPSS 类聚分析数据文件。

9. 利用类聚分析数据文件来考察 12 组每对变量之间的相关关系。由此文件衍生出来的是 12 张散点图和 12 份相关系数表格，被压缩尺寸后粘贴到 Word 文档中，制作成附录 F。

10. 在删除 12 种动物条目之后，我们得到另外一个 SPSS 类聚分析数据文件。然后，再按照第 9 步同样考察 12 组变量之间的相关关系，所生成的 12 张散点图和 12 分相关系数表格被压缩尺寸后粘贴到 Word 文档中，制作成附录 G。

11. 将第 3、4 步里的 Excel 表格里有关中位数，输入到 SPSS 中。此时，将相关项目定义为数据型，并将中位数按英语、汉语两大类粘贴到 SPSS 中，可以将英语和汉语先分成汇总两大类，然后将英语数据和汉语数据都分别按水果、蔬菜、花卉、动物、运动、季节和色彩等类别进行排列，编制成类聚分析数据文件。

12. 将第 11 步中产生的 SPSS 类聚分析数据文件用于制作 8 张散点图和 8 份相关系数表格，压缩尺寸后粘贴到 Word 文档中形成附录 H。

至此，本章研究所依赖的数据和表格都全部制作完成，统计数据全部安排在附录 C—H 里。

本研究的理论依据是洪堡特等人的语言观和认知语言学中的"范畴化"理论和"原型"理论。洪堡特认为思维决定语言，"语言仿佛是民族精神的外在表现；民族的语言即民族的精神"。[1] 他把"语言当作思维的器官来描述，试图寻找语言创造活动的线索"。[2] 他提出，"正如个别的音处在事物和人之间，整个语言也处在人与那一从内部和外部向人施加影响的自然之间"[3]，并成为心灵获取对象把握真实的不可或缺的条件；人类借助语言来认识世界，将对事物的主观感知转移到语言的结构和

---

[1]　岑麟祥：《语言学史概要》，北京：北京大学出版社，1988 年，第 301 页。

[2]　洪堡特：《洪堡特语言哲学文集》，姚小平译注，长沙：湖南教育出版社，2001 年，第297页。

[3]　乔利奥·C·莱普斯基：《结构语言学通论》，朱一桂、周嘉桂译. 北京：中国社会科学出版社，1986 年，第 92-93 页。

使用中，在个人类推的基础上，每个民族也不可避免地将某种独特的主观意识带入自己使用的语言，在成为客体的语言中形成一种特殊的"世界观"。

以体验哲学为基础的认知语言学是认知科学的一部分，而认知科学又是一个由心理学、语言学、计算机科学、哲学和生理学等多学科组成的交叉学科。毫不例外，认知语言学也把语义作为自己研究的核心问题，这是因为语言学的核心就是探求意义。经过认知语言学家的研究，他们发现词语的意义涉及到语言的系统关系，以及语言与人、语言与外部世界之间的各种关系，意义的表象是多维的。本论文所做语义原型情感维度的调查就是要揭示在情感方面语言与人的某种关系，以及影响情感维度的各种因子，并试图从这个角度解释英汉隐喻翻译过程中的情感激活。

范畴是一个在认知语言学上应用广泛而定义模糊的术语。范畴是指事物在认知中的归类①。这种大脑对事物进行归类的过程一般被称之为范畴化，而其产物被称之为认知范畴②。

原型是物体范畴中最好、最典型的成员，该范畴中的其他成员具有不同程度的典型性（typicality）。范畴中的各个成员之间具有家族相似性。维特根斯坦认为，根据家族相似性原理③，所有的游戏（games）都被连在一个模糊的范畴上，有一个复杂的、相互交叉的相似性网络系缚在一起。一个范畴成员之间至少存在某些共同属性，使得该范畴与其他范畴相区别而存在。而且，语义范畴也是一种原型范畴。

本研究选取动物熟语作为研究语料的原因在于以下四个方面：

第一，熟语中的情感因素是已经定型化或者说固定下来的东西，便于考察和建立语义原型的情感维度模型。由熟语而引发的意义建构和情感激活相对稳定，因此在发掘语义原型情感维度的过程中将熟语确定成首选素材。在熟语的意义建构中往往采用的是常规化映射或者说默认的显著结构。所谓默认的显著结构是指在以这种语言为母语的人在解读时优先调用的结构。

第二，熟语中所涉及的范围很广，既有神话传说压缩而来的熟语，也有浓缩了劳动人民智慧的谚语、歇后语，等等。

① 赵艳芳：《认知语言学概论》，上海：上海外语教育出版社，2001年，第55页。
② Ungerer, Jans-Jorg and Friedrich Schmid. *An Introduction to Cognitive Linguistics*. Longman. 1996：2.
③ 这是维特根斯坦的观点。参见辛提卡：《维特根斯坦》，方旭东译，北京：中华书局，2002年，第42页。

第三，英、汉语中都有大量有关动物的熟语；而有关植物的熟语，汉语较多，而英语却很少，不具有可比性。我们只有对可比性不大的方面进行推演，才能获取这类实体或者非实体的语义原型情感维度。

第四，更重要的一点是，熟语中所用到的相关动植物等具体方面和隐喻语句中所用动植物的具体方面密切相关。这说明，英汉作家在使用某个动物或植物构建隐喻的时候，他首先所用的显著结构和熟语中用到的显著结构几乎完全一致。显著结构就是指人们在某个语境中遇见该词的时候，被率先调入脑海进行概念操作的结构。

第五，在这两种语言中，熟语的特性是结构固定不能随意变动其中的成分。它们在一定程度上体现了不同文化的思维方式的差异性。笔者对熟语的定义是——有固定的词语组成，不能随意变动其中成分的一种语言结构。参考王德春的分类标准，我们将熟语分为五类①：成语、谚语、格言警句、歇后语、俗话。下面简要界定一下熟语的五种类型。

首先是关于成语的界定。什么是成语？正如李行健所说：“这是一个简单的老问题，但同时它也是一个至今尚未完全解决的问题。成语的实在意义仿佛隐藏在字面意义之后，要通过这些字面意义来领会，即它不就是各组词语成分意义的直接总和。”② 总之，成语是一种习用的固定词组或固定短句。

而谚语，一般说来，是意义相对完整的固定句子，在劳动人民长期的生产实践和社会实践中产生，将各种社会现象、生产知识和人生经验，用最简练的口语概括出来的形象化的语言。

格言和警句通常是习用的经典之言、名人之语。格言往往出自古代文献，经引用后广泛流传，直至今日仍有教益。而警句常常指近代的名人名言，与原作者的联系密切。

歇后语是民间口语中习用的一种譬解语，其本质特征是“引注关系”。

俗话是在人民群众流传的通俗化、口语化的句子，在于用浅显易懂的方式说明一定的道理，也有采用一定形象的比喻句。

---

① 王德春：《词汇学研究》，济南：山东教育出版社，1983 年，第 51 页。
② 李行健：“成语规范问题”，载于李如龙、苏新春主编，《词汇学理论与实践》，北京：商务印书馆，2001 年，第 14 页。

4.2.2　定量分析统计图表及统计结果分析

为了维持论述的连贯性，笔者将所有的统计表格都放在了附录里。关于附录 C 里的三个表格现在做如下简要说明：

表 C1 来自笔者将所调查的英汉两份问卷输入 SPSS 应用软件系统运算之后得出的数据，再重新输入到 Excel 而得出的数据。表 C1 的结果是三次统计结果，具体做法是包括统计到第三十份问卷时的结果、第四十一份问卷时的结果，和第六十份问卷时的结果英国人和中国人对 34 种动物喜欢程度的百分比。为了防止在第六十份卷输入时得出的结果出现偏差，笔者就随机在输入到第三十份、第四十一份问卷时也各得出一套数据，以方便进行比照和对比，采用中位数的方式尽可能减少随机误差。为了压缩篇幅，本书仅保留英汉问卷的第三次统计结果（见附录 D、E）。

表 C2 和表 C3 的建立有赖于已经建立的英汉两种语言的熟语微型数据库。这是两个生语料的数据库，未经过软件的特殊处理和附码。我们采用人工方式再把两个微型数据库里的语料按照贬义、中性和褒义重新分类统计；然后再将具体数字输入到 Excel 中去，才得出了表 C2 和表 C3 当中的数据。

4.2.3　英汉熟语语料库里对动物不喜欢程度的异同

笔者在自己编制的英汉熟语语料库没有发现有关"河马""大猩猩""海鸥""山鸟""袋鼠"五种动物的词条；此外，汉语库里有而英语库里没有词条的动物有"长颈鹿""水牛""麻雀"三种动物；英语里有而汉语里没有词条的动物有"鸽子""犀牛""知更鸟""松鼠"四种动物。

除了上述的 12 种动物的熟语的褒贬不方便进行比较之外，笔者对其他有关 22 种动物英汉熟语贬义差异的程度进行分类。第一类和第二类贬义熟语的之间差异巨大，超过了 20%，第二类和第三类之间的最小差距也有 13%。第一类有三种动物：山羊（83%）、驴（79%）和鹅（76%）。第二类有 8 种动物：猫（52%）、猪（51%）、鳄鱼（50%）、狗（47%）、骆驼（47%）、猫头鹰（46%）、绵羊（44%）和大象（40%）。第三类动物有 11 种：知更鸟（33%）、乌龟（31%）、牛（28%）、老鼠（26%）、鸭子（21%）、狮子（20%）、鹰（17%）、燕子（13%）、鸡（7%）、老虎（7%）和孔雀（0%）。

虽然所建立的语料库研究并不是绝对意义的穷尽性归纳，但是由于选材出自权威辞书，该语料库仍然具有无可争议的代表性，因为尚未进入该微型语料库的语料要么是非常不常用的熟语，要么是最新出现的熟语尚未固定下来被收入大型工具书内。

4.2.4　34种动物统计结果的若干两对变量之间的线性回归分析

研究的过程是一个逐渐认识事物、发现规律的过程。在这个过程中，由于事先并不肯定研究的最终结果，连哪些变量之间必然有相关关系也不完全肯定。于是，笔者就采取试错法逐步排除研究中的干扰因素，渐渐认清楚了隐藏在漫无秩序、混乱状态下的规律性东西。本小节中的研究采取了线性回归散点图和相关系数表格相结合的方法来确定两组变量之间的相关关系。对于这三十四种动物的统计结果，笔者总共考察了12组变量之间的相关关系。（下面描述所涉及的图F1—图F12，表F1—表F12收录在附录F里）。

这12组被考察的变量分别是：1. 中国人对34种动物不喜欢的百分比和汉语中相关贬义熟语的百分比（图F1和表F1）；2. 中国人对34种动物不喜欢的百分比和汉语中相关中性熟语百分比（图F2和表F2）；3. 中国人对34种动物不喜欢的百分比和汉语中的熟语数量（图F3和表F3）；4. 中国人对34种动物不喜欢的百分比和汉语相关贬义熟语的数量（图F4和表F4）；5. 英国人对34种动物不喜欢的百分比和英语中相关贬义熟语的百分比（图F5和表F5）；6. 英国人对34种动物不喜欢的百分比和英语相关中性熟语的百分比（图F6和表F6）；7. 英国人对34种动物不喜欢的百分比和英语中的熟语数量（图F7和表F7）；8. 英国人对34种动物不喜欢的百分比和英语中相关贬义熟语数量（图F8和表F8）；9. 汉语中含有某种动物的贬义熟语百分比和英语中对应的含有该种动物的贬义熟语百分比（图F9和表F9）；10. 汉语中含有某种动物的中性熟语百分比和英语中对应的含有该种动物的中性熟语百分比（图F10和表F10）；11. 中国人对34种动物不喜欢的百分比和汉语中褒义熟语百分比（图F11和表F11）；12. 英国人对34种动物不喜欢的百分比和英语

中褒义熟语百分比（图 F12 和表 F12）。

通过研究，笔者发现所考察的 12 组变量中第 2 组到第 11 组中的两个变量之间不存在线性回归关系，从每组的图可以直观地看出来，也可以用每组的表里的相关系数值对直观观察进行准确验证。但是，第 1 组和第 12 组所考察的两个变量之间存在线性回归关系。笔者在此稍做解释。在第 1 组中，从图 F1 可以看出，对于所调查的中国人对 34 种动物不喜欢的百分比和汉语中相关贬义熟语的百分比呈一定的直线回归关系。我们可以看出图中隐约出现了直线。再联系表 F1，我们看到表中出现了两个星号，表示最优线性回归模型。相关系数 0.585 表明两组变量之间呈正相关关系，但是还没有达到显著相关和高度相关。在第 12 组中，从图 F12 可以看出，在总体上，对于所调查英国人对 34 种动物不喜欢的百分比和英语种褒义熟语的百分比呈直线回归趋势，也就是说人们对动物的喜欢程度与英语中含有该动物的褒义熟语的百分比呈负相关关系（相关系数是-0.450），表 F12 可以证明这一点。

经过研究，笔者逐步认清楚了上面所考察的每两组变量之间并非都有相关关系，只有下列两组变量之间存在相关关系：1. 中国人不喜欢动物的百分比和汉语贬义熟语百分比；2. 英国人不喜欢动物的百分比和英语褒义熟语百分比。

另外，笔者还发现在这 12 幅图中每张图的左侧总有一条直线。经过分析后，笔者认为这是由于若干项被调查动物的熟语数量为零造成的。下一小节将讨论，在删除了这些项目之后出现的情况，并分析造成的结果。

4.2.5　22 种动物统计结果的若干两对变量之间的线性回归分析

在研究过程中，笔者发现在汉语或英语里没有某些动物（共计 12 种）相关的固定熟语。于是，笔者假定人们的思维在这方面几乎没有受到语言的影响。如果剔除出了这 12 种动物的数据，我们就能更清楚地看出语言中文化因素对思维的影响。这十二种动物是"河马""长颈鹿""大猩猩""水牛""海鸥""鸽子""麻雀""犀牛""知更鸟""松鼠""山鸟""袋鼠"。下面的图表和讨论是剔除了这十二种动物之后所呈现的情况。笔者还绘制出来相关的若干两个变量之间的散点图和相关系数表。（下面描述所涉及的图 G1—图 G12，表 G1—表 G12 收录在附录 G 里）

笔者把上一小节（4.2.4）中的 12 组变量之间的线性回归关系又重新考察了一

番。具体情况如下：

所考察的两个变量之间不存在相关关系的有以下 8 组：从图 G3 和表 G3，图 G4 和表 G4，图 G5 和表 G5，图 G7 和表 G7，图 G8 和表 G8，图 G9 和表 G9，图 G10 和表 G10，图 G11 和表 G11 来看，这 8 组中的相关两个变量之间不存在线性相关关系。

所考察的两个变量之间存在相关关系得有一下 4 组：除了上一小节（4.2.2）所发现的第 1 组（图 G1 和表 G1）和第 12 组（图 G12 和表 G12）中的线性相关关系继续存在外，还发现第 2 组（图 G2 和表 G2），以及第 6 组（图 G6 和表 G6）中存在线性相关关系。详细情况如下：

图 G1 和表 G1 表明，中国人对 22 种动物的不喜欢程度的百分比与汉语里贬义熟语的百分比呈直线回归趋势；这两组变量呈显著正相关（相关系数是 0.673），但是还没有达到高度相关。也就是说，在包含某种动物的熟语里，贬义熟语的百分比占得越大，不喜欢该动物的人数就愈多。

图 G2 和表 G2 表明，中国人对 22 种动物的不喜欢程度的百分比与汉语里中性熟语的百分比呈直线回归趋势；这两组变量呈负相关（相关系数是 -0.485），还没有达到显著相关。也就是说，在包含某种动物的熟语里，中性熟语越多，不喜欢这种动物的人就越少。

图 G6 和表 G6 表明，英国人对 22 种动物的不喜欢程度的百分比与英语里贬义熟语的百分比呈直线回归趋势；这两组变量呈正相关关系（相关系数是 0.438），但是还没有达到显著相关。也就是说，在包含某种动物的熟语里，贬义熟语的百分比占得越大，不喜欢该动物的人数就愈多。

从图 G12 和表 G12，我们发现英国人对 22 种动物的不喜欢程度的百分比与英语里褒义熟语的百分比呈直线回归趋势，这两组变量呈负相关关系（相关系数是 -0.497）。也就是说，英国人对这些动物不喜欢的程度越高，在英语中出现的褒义熟语就越少。

总之，笔者发现两个变量之间存在相关关系的是以下四组变量：1. 中国人不喜欢百分比和贬义熟语百分比；2. 中国人不喜欢百分比和中性熟语百分比；3. 英国人不喜欢百分比和贬义熟语百分比；4. 英国人不喜欢百分比和褒义熟语百分比。

4.2.6　定量分析结论

为了确定英国人和中国人对这 34 种或者 22 种动物的喜欢程度的相关性，笔者又用 SPSS 生成两个相关系数表格（参见附录 G 中的表 G13、表 G14）。

这两个表反映出来的情况是，表 G13 表明英国人和中国人对这 34 种动物的喜欢程度不存在线性相关关系（这个时候我们是在含有语言中无相关动物熟语的条件下考察的）；当笔者剔除了语言中无该动物熟语的十二个项目之后，就发现英国人和中国人对这 22 种动物的喜欢程度呈正相关关系，相关系数是 0.543（如附录 G 里的表 G14 所示）。这进一步说明了对多数动物的喜欢程度虽然受语言的影响出现差异，但是也存在相似性，即两国人大体上对这些动物的不喜欢程度类似。

从 4.2.4 部分的图 F1 和表 F1，笔者注意到，中国人对 34 种动物不喜欢的百分比与贬义熟语百分比呈正相关（相关系数是 0.585）；而不喜欢的百分比与褒义熟语百分比和中性熟语百分比无关。这一事实表明，汉语中的中性熟语太多，抽象思维不太发达，而具像思维高度发达。英国人对 34 种动物不喜欢的百分比与贬义熟语无关，与中性熟语百分比无关，而与褒义熟语的百分比呈负相关。这一事实表明英语中的中性熟语太少，人们的抽象思维发达，而具像思维较弱。

上面的情况驱使笔者剔除没有熟语的动物的选项。然而，当剔除 12 种动物的相关选项之后，重新观察就发现了如下情况：

在对 22 种动物的调查时，笔者注意到中国人对这些动物不喜欢的百分比与贬义熟语百分比呈正相关。（相关系数是 0.673，如表 G1 所示），不喜欢百分比与中性熟语百分比呈负相关（相关系数是 -0.485，如表 G2 所示），而与褒义熟语的百分比无关。这些数据表明，中国人的思维倾向于具像而不是抽象，而且情感比较中庸。通过上面的研究，笔者发现了隐藏在汉语熟语背后的潜流——情感维度的家族相似性：汉语熟语情感维度的家族相似性说明中国人的抽象思维较弱，而具像思维很发达；体现在语言上就是中国人说话含蓄，不善于公开颂扬，对事物倾向于持否定态度。

笔者注意到英国人对这些动物不喜欢的百分比与贬义熟语百分比呈正相关（相关系数是 0.438，如表 G6 所示），与中性熟语百分比无关，与褒义熟语百分比呈负相关（相关系数是 -0.497，如表 G12 所示）。通过上面的研究，笔者发现了隐藏在英语熟语背后的潜流——情感维度的家族相似性：英国人的思维倾向于抽象而不是具像，情感倾向于要么肯定，要么否定；体现在语言上就是英国人讲话直白，倾向于公开颂扬，对事物加以褒奖。

4.2.7 动物语义原型情感维度诸因子

首先来讨论有关十二种被剔除的动物的熟语。它们是"长颈鹿""大猩猩""袋鼠""鸽子""海鸥""河马""麻雀""山鸟""水牛""松鼠""犀牛""知更鸟"。下面只对比研究动物语义原型中的中心义项，其他边缘义项不列入讨论的范围。

英语和汉语两种语言中都没有相关熟语的动物包括："河马""大猩猩""海鸥""山鸟""袋鼠"。汉语中无"犀牛""知更鸟""松鼠""山鸟"等动物相关熟语。英语中没有长颈鹿的熟语。笔者收集到的汉语熟语只有一个，用于中性："长颈鹿的脑袋——头扬得高。"

英语中只有一个有关犀牛的熟语，用于贬义，即"to have a skin like a rhinoceros"（厚颜无耻；厚脸皮）。

有关知更鸟的英语熟语也不多，比如"Who killed Cock Robin?"（谁杀死了知更雄鸟？这是一支歌谣中的第一句，现转意为"大人物倒台谁负责任？"当更换某位大臣时，政治评论家常使用此语）；"a round robin"（圆形签名〈抗议书或请愿书〉。签字排列为圆形，看不出签名的先顺序）；"Robin Good Fellow"（喜欢恶作剧的小鬼或妖精）。

汉语中没有有关"松鼠"的熟语，人们对之好恶之情不受语言的影响，而只受松鼠本身形体、颜色、皮毛等方面的影响；所以大多数人喜欢"松鼠"。而英国人对"松鼠"不喜欢的人数明显地比中国人多，这说明人们关于该词的认知概念受文化的影响较深。比如说"like a squirrel in a cage"的意思是"像笼子里的松鼠，动个不停"，基本上属于贬义用法，因为英国人喜欢清静。这一点，可以从英国小说报纸的发行量和周末大街上稀稀疏疏的人流看出来。这个民族不喜欢喧闹，而喜欢清静；而有关松鼠的特性正好与他们的民族特性相反。

在所剔除的 12 种动物中，除了"海鸥""鸽子""松鼠"和"山鸟"以外，人们对绝大部分的喜欢程度接近，不喜欢的百分比差距没有超过 15%。为什么成语熟语词典里没有相关词条的动物，人们的喜欢程度反而有这么大的差异呢？

笔者认为，除了语言之外，影响人的思维的因素还有意识形态方面的因素。我们大都读过中小学语文课本里有关"海鸥"的课文。海鸥象征为平安、吉祥，它是友谊的使者。诗歌里说得好："海鸥深处彩云飞。"因此，在中国人的认知语境里，人们对海鸥的感情趋于褒义。而在英国人的认知语境里，则不存在此类相关的假设或言论，加之海鸥的形体又不美观，往往给人以笨拙的印象。这样一来，英国没有多少人喜欢海鸥也就不足为奇了。

关于"山鸟"，中英两个国家对它的喜欢程度差别很大，英国人比中国人不喜欢的程度高出将近 20 个百分点。可是在两种语言里都没有关于"山鸟"的熟语。第一，这说明了两个国家的人对它不是十分熟悉，这种鸟与人们的日常生活不是密切相关，因而没有关于此鸟的熟语进入语言。第二，这还说明了英国人的爱静的特性和厌恶黑色的民族心里。①

被剔除的 12 种动物里，另外 8 种是"河马""长颈鹿""大猩猩""水牛""麻雀""犀牛""知更鸟"和"袋鼠"，中国人和英国人对它们的喜好程度差别不大。原因有三，第一，两国人对这些动物（水牛和麻雀除外）不太熟悉，或者说它们与日常生活不太相关、远离人们的正常生活。第二，语言里没有关于这些动物的熟语（河马、大猩猩），或者说即便是含有这种动物（包括长颈鹿、水牛、麻雀、犀牛、知更鸟）的熟语也多半是中性的，对人们的喜欢程度没有起到任何影响作用。第三，这些动物的概念没有受到宗教哲学何神话传说等因素的影响。因此，中英两国人对他们的喜好没有太大差异。

总而言之，对于被剔除的十二种动物，人们对它们的喜欢程度不受语言的影响，或者说受语言的影响很小。人们对这些动物的喜欢程度主要与它们和人们日常生活关系的亲疏有关，另外也受人们的实用主义世界观的影响。

但是，当笔者对另外 22 种动物的语料进行研究时却发现，这些动物的语义原型情感维度具有家族相似性特征。他们通过五类情感因子综合塑造语义原型的情感维度，进而影响人们的思维。这五类情感维度因子是神话传说因子、宗教哲学因子、思维倾向因子、动物损益因子，以及动物形象因子。由于每种动物的语义原型情感

---

① 我们所做英汉语义原型情感维度的问卷调查表明（参见附录 C 表 C1），中国人最喜欢的颜色是红色，对其他几种颜色的喜好分布均匀；而英国人最喜欢的颜色是蓝色，不喜欢黑色的人很多，所占比例很大。

维度因子所起的作用不同、影响程度不同，在整个情感维度网络里的张力各不相同，笔者讨论时拟采取各有侧重的方式对动物熟语语义原型情感维度呈现的家族相似性加以证明。

下面详细讨论上述五种因子在 22 种动物熟语语料库里的反映情况，并着力揭示语料库呈现现象背后的潜在规律。这些动物分别是"骆驼""大象""狮子""鳄鱼""老虎""孔雀""燕子""鹰""猫头鹰""鸡""狗""鸭子""马""驴""鹅""牛""山羊""绵羊""猫""老鼠""猪"和"乌龟"。

4.2.7.1　神话传说因子

首先笔者要指出的是，在影响情感维度的诸因子中，最优先起控制作用的是神话传说因子。神话是人类文明中最古老最伟大的力量之一。神话与人类的全部活动密切相关，它与语言、诗歌、艺术以及早期历史思想密不可分。这是由于人类的原始精神是不成熟的，在起源的时候，"无限的直观"构成了全部有限知识的一个组成部分和必要的补充。[①] 那么，语言的本质便是隐喻式的。从原始社会，人们依据动植物或其他自然物体为孩子取名的广泛习俗，可以看出人类对自然崇拜的真实根源——隐喻式的表达，即用有限的言词表达无限多的事物。也就是说，在神话传说因子方面，两种语言的熟语里语义原型情感维度均呈现家族相似性。

在英语中，"鸡""狗""羊""猪""牛""马"等六种动物的熟语（252 条）也占到了笔者所统计条目（412 条）的一半以上。另外，在英语里数量较多的还有五种动物："鸭""驴""鹅""猫"和"狮子"。它们是居于典型地位的动物，没有离开人们的日常生活和神话传说，其相关熟语体现着语义原型情感维度的神话传说因子所起的作用。

在英语神话里，山羊往往因成为受害的牺牲品而怒气冲冲。这样就不难想象山羊身上所体现出来的贬义色彩了。比如"get somebody's goat"（触怒某人；惹某人冒火，令某人失去自制力）；"lose one's goat"（失去自制；发怒；冒火）；"to be a scapegoat"（替罪羊；代人受过者）；"to get one's goat"（使烦恼；使恼怒），等等。英语中的绵羊多表示"无辜"，用于贬义，比如"a black sheep"（家庭中的不肖之子；恶棍；集体中的败类；害群之马；据古代迷信传说，黑羊为魔鬼的化身）；"a

---

① 卡西尔：《国家的神话》，范进等译，北京：华夏出版社，1999 年，第 22-25 页。

sheep among wolves"（羊入狼群，落在一群恶汉手中的善良人）；"as a sheep among the shearers"（仿佛屠刀下的绵羊，案上肉）；"follow like sheep"（盲目地跟在……的后面）；"lost sheep"（迷途羔羊，离群而迷失正途者），等等。

在英语里，猪常常是贪婪固执的体现。而鹅则是愚蠢的化身。英语中的贬义熟语有"as silly（或 stupid）as a goose"（傻极了，愚蠢之至）；"a wild goose chase"（进行徒劳无益的追求，徒劳的搜索；无益的举动。[注]追猎野天鹅大多数是不能成功的，因其飞得又高又快，难以命中）；"all your swans are geese"（一切希望落空）；"cook one's own goose"（自己害自己，毁掉自己，破坏自己的计划）；"the older the goose the harder to pluck"（年纪越大，越是一毛不拔）；"to be unable to say boo to a goose"（胆小怕事；胆小如鼠）；"Winchester goose"（鼠蹊腺肿（一种花柳病）；妓女），等等。

在神话传说中，驴是愚蠢的象征，因固执、愚蠢而出名。关于驴的熟语几乎全是贬义的，比如"a donkey between two bundles of hay"（优柔寡断的人）；"act（或 play）the ass"（作糊事，胡闹）；"all asses wag their ears"（驴子都爱摇摆耳朵：傻瓜都爱装作聪明的样子；一瓶不响半瓶晃荡）；"as obstinate as a donkey"（顽固的人，固执的人）；"ass in grain"（十足的大傻瓜）；"be an ass for one's pains"（徒劳无功，枉费心力）；"make an ass of oneself（或 of somebody）"（做蠢事，做傻瓜；闹笑话）；"never bray at an ass"（别跟傻瓜打交道）；"to make an ass of oneself"（做傻事，出洋相），等等。

在英语神话里中，狮子是勇气和胆量的象征，狮子被尊为百兽之王。狮子的形象是勇敢、有气势、威严的，因此，在引伸到人的时候也是如此。比如，英国国王理查一世（King Richard I）因其勇敢过人而被称作"the Lion-Heart"。英国人以狮子作为国家的象征。"a literary lion"意思是"文学界的名人"。动词"lionize"的意思是"把某人捧为名人"。英语中有关狮子的熟语多为褒义，比如"a lion may come to be beholden to a mouse"（弱者有时也能帮助强者；某种情况下弱者可帮助强者摆脱困境）；"a lion-hunter"（巴结社会名流者；拉大旗作虎皮）；"be brave as lion"（异常勇敢；勇猛如狮）；"the British Lion"（英国的象征；英国的别称），等等。

以上的例证表明，英语中动物语义原型的情感维度在神话传说因子方面呈现出家族相似性。那么，汉语中动物语义原型的情感维度又是什么样的情况呢？下列有关动物熟语所体现出来的特性足以说明神话传说因子在语义原型情感维度上所起的作用。

在中国的传说中，猫头鹰往往给人带来坏运气，是不吉利的鸟。笔者所建立的熟语微型语料库里有很多关于猫头鹰的贬义熟语，比如"猫头鹰报喜——丑名（鸣）在外""老雕变夜猫子——一辈不如一辈""坟地里的夜猫子——不是好鸟""夜猫子进宅——无事不来""夜猫子进宅——没安好心""夜猫子报喜——没好事"等。

按神话传说的解释，鸡是第一天造出来的。《太平御览》卷三十引《谈薮》中有一句话[①]："一说，天地初开，以一日作鸡，七日作人。"鸡成了日出东方、光明、阳刚的象征。在中国，鸡能避邪，鸡打鸣表示功名。在汉语里，有关鸡的褒义熟语有："失晨之鸡，思补更鸣""犬守夜，鸡司晨——各尽其责""公鸡头上肉疙瘩——大小是个官（冠）""斗赢的公鸡——神气十足""花公鸡上舞台——显显你的漂亮""雄鸡一声天下白"，等等。从含有鸡的熟语数量（222条），可以看出汉语偏重于形象思维，同时也充分说明了人们对鸡的喜欢程度，其中影响人们喜欢鸡的因素是绝对无法排除神话传说影响的。

虽然狗在十二生肖传说中是第十一种动物，但它在人们心目中的地位卑下，印象极坏，由"狗"构成的熟语大多含贬义。有关狗的贬义熟语有230个，占本项条目的60.21%。现在枚举几例"狗改不了吃屎""狗口里吐不出象牙""人急造反，狗急跳墙""吃惯屎的狗，不知粪臭""狗眼看人低""吃屎狗难断吃屎路——本性难移""驴心狗肺""狗仗人势""狗仗官势""狗急跳墙""狗党狐朋""狗偷鼠窃""狗肉不上桌""狗嘴里长不出象牙""挂羊头卖狗肉"，等等。

在汉语中，猪是愚蠢的象征。除了62.64%的熟语用于中性以外，关于猪的贬义熟语占37.36%，比如"圈里关的猪——蠢货""猪头做枕头——昏（荤）头昏（荤）脑""猪脑袋——死不开窍"，等等。

汉语中往往淡化山羊和绵羊的区分，羊被看作是吉祥的象征，同时又是子女孝顺的标志。

另外，有关"鸭""驴""猫""老鼠""老虎"等五种动物的熟语的数量也很多。这些也跟神话有关。比如说，由于汉语受佛教的影响，在佛教的仪典中，鸭象征着"压"。在台湾，除夕夜，人们杀只黑鸭，用鸭血画老虎图上的虎嘴，然后拿

---

① 转引自叶舒宪：《中国神话哲学》，北京：中国社会科学出版社，1992年，第253页。

到城门口烧掉为全城驱除魔鬼。①关于鸭的讨论，褒义的熟语不多，比如"丑小鸭""鸭子上架——靠猛劲""鸭子上架——逼的""鸭子不吃瘪谷——肚里有货"，等等。贬义的相对多一些，比如"三分钱买个鸭头——得个嘴""阴沟里的鸭子——顾嘴不顾身""扶不上树的鸭子——贱骨头""卤水煮鸭头——脑袋软了嘴还硬；鹅行鸭步"，等等。

在中国，驴被认为是一种愚蠢的动物，贬义熟语占 21%，比如"瞎子骑驴——一条道走到黑""黔驴之技""黔驴技穷""黔虎吃驴——绕了个大圈子""春风不入驴耳""春风不进驴耳""对驴弹琴"，等等。在"八仙过海"的神话里，张果老骑的就是驴。他能把驴折叠起来放在竹杖里。

在中国的生肖神话里，当然还有老鼠的故事。本来牛要排在生肖之首，但是大家没有注意到老鼠偷偷地骑到牛背上。等到大家排好队数数时，老鼠跳到牛的前面排到了第一位。

勇敢、凶猛、威严的老虎是传说中的百兽之王。许多有关老虎的成语表达了这方面的褒义。褒义的例如"虎略龙韬""虎啸龙吟""猛虎下山""龙争虎斗""龙争虎战""龙拏虎跃""龙睁虎眼""龙吟虎啸""龙盘虎踞""如虎添翼""藏龙卧虎""鹰视虎步"，等等。

此外，狮子在中国神话中也有"百兽之王"的称号。但是其褒义的熟语占 13.01%，而中性熟语占本项条目的 72.73%。比如"狮子大开口""狮子尾巴摇铜铃——热闹在后头""狮子滚绣球——大头在后面""衙门口的狮子——一对儿""衙门口的狮子——张牙舞爪""衙门口的狮子——明摆着"等。这些中性熟语绝大部分是利用狮子的外在形象来说明事理。

上述汉语中有关动物的熟语表明，汉语语义原型情感维度受神话传说影响，而呈现出明显的家族相似性特征。神话传说因子已经根植于汉语语言里，进而根植于人们的思维中。

4.2.7.2 宗教哲学因子

在宗教哲学对语义原型情感维度的影响方面，英语熟语表现得比较突出，往往

---

① 爱伯哈特：《中国文化象征词典》，陈建宪译，长沙：湖南文艺出版社，1990年，第86页。

是要么褒义，要么贬义，基本上是二元对立的词彩呈现。此外，基督教经典《圣经》在英语里留下永远抹不掉的痕迹。而汉语里的熟语体现出来的情况是，中性熟语很多，这种折衷主义的观点从一个方面反映了汉语里的中庸思想。下面有三个英语中比较突出的例子：

英语中有关骆驼的熟语主要来自《圣经》，比如"it is easier for a camel to go through the eye of a needle，than for a rich man to enter into the kingdom of God"（让富人进入神的王国比骆驼穿针眼还难；决不可能）；"it is the last straw that breaks the camel's back"（某一事物本身微小，但发生在许多烦恼的事情之后，就产生令人难以忍受的感觉；加到令人不快的或恶劣形势上的最后一事物就会造成失败、毁灭等。可译为"最后添加的一根稻草压断骆驼脊背；最后凑上的一个细小因素引发一场大祸"）；"the camel going to seek horns，lost his ears"（不满足已有的东西而要追求更多的东西，结果连已有的也丧失了）；"to swallow a camel and strain at a gnat"（对错误见小不见大；小事明白，大事胡涂）。可以看出，英语里有关骆驼的熟语并不像汉语那样强调它的负重功能；并且两种语言里关于这种动物的语义原型的情感维度差异较大。

书中问卷里列出来的是 pigeon（鸽子）。英国人喜欢 dove（鸠），而非 pigeon。Dove 是鸟名，属鸽类。在通常语言中，鸠与鸽往往不分。鸠在《圣经》中出现约 50 次，多与献祭有关。首见于《创世记》第八章第八至十二节，洪水泛滥四十天后，诺亚打开方舟的窗户，放出一只鸠（中文《圣经》作鸽子）。《利未记》第一章第十四节述及把斑鸠献为祭品。《雅歌》第五章第十二节则以鸠目形容新妇的美目。鸠字也多次见于《旧约·先知书》，如《以赛亚》第三十八章第十四节，《耶利亚书》第八章第七节、《以西结书》第七章第十六节，等等。《新约》也数次述及鸠，最著名者见于耶稣受洗的记载，谓圣灵之降如鸠。另外，耶稣曾告诫使徒，要"灵巧象蛇，驯良象鸽子"。[①] 所以和平鸽应该是鸠（dove），而决不是鸽子（pigeon）。英国人有明确的区分。他们多半不喜欢 pigeon，占被调查人数的 66.4%。这从语言中有关 dove 的熟语可以看出。比如 "'The dove of peace' means the dove has been a symbol of peace from time immemorial. It was a dove which brought a message from God to Noah in his ark at the height of the Flood"（"和平鸽"自古以来鸽子就是

---

① 梁工：《圣经百科辞典》，沈阳：辽宁人民出版社，1990 年，第 401 页。

和平的象征，相传在洪水特别严重时期，是鸽子把上帝神示传给方舟的诺亚）；"'To be as gentle as a dove' means to behave in a peace-loving, tender manner"（态度温和；举止文雅）；"'To flutter the dovecotes' means to cause a lot of excitement in peaceful community"（扰乱、打扰过和平生活的人们）。从这些成语可以看出，"鸠"跟"和平"有关，而"鸽子"则无关。汉语中把 dove 译成"鸽子"是误译。这种误译导致了笔者问卷调查的"鸽子"和英语"dove"不是同一个词语。

可是英语中关于狗的贬义熟语非常有限，多半来自《圣经》。比如，"a dog in the manger"（狗占牛槽；占据自己不能享用的东西又不肯让别人享用的人）；"he that lies down"（或 sleeps）"with dogs must rise up with fleas"（与狗同眠的人惹得一身跳蚤）；"the dog returns to his vomit again"（恶习难改，重犯旧日行）等。

汉语中出现大量中性熟语，一方面是形象思维倾向的体现，另一方面也是汉语中庸之道的佐证，中国人往往对一种事物的态度不是公开要么褒义，要么贬义，而是走折中的路子来说明事理表达观点。而在英国占统治地位的宗教和哲学主张二元对立，这在英语熟语中有深刻的反映，英语熟语词彩多半或褒或贬，中性熟语较少，便证明了这一点。

4.2.7.3 思维倾向因子

从本熟语语料库收录条目（汉语 2159 条、英语 412 条）绝对量的比较，我们不难看出英语的形象思维弱多了。虽然英语的形象思维倾向没有汉语强，但是也不难找到语言中形象思维的痕迹，比较突出的动物有以下五种：狗（101 条）、马（77 条）、牛（31 条）、驴（22 条）。有关这些动物的大量熟语也体现了英语的具象性思维。但是，与汉语不同，英语中体现形象思维的熟语不是表现为中性熟语，而是主要集中于要么褒义，要么贬义的熟语。比如说，有关驴的熟语 22 条全部为贬义。褒义熟语在另外四种动物的条目所占的百分比先后是马（79.22%）、狗（72.28%）、狮子（57.14%）和牛（48.47%）。

在其他动物的熟语里条目虽然比较少，但是形象思维的特征也是存在的，体现的方式仍然是要么褒义，要么贬义。比如英语中关于猫的熟语（贬义占 58.33%），多半取"弱小""灵巧"的意思，比较抽象地选取了猫本能以外的意思。比如"a cat burglar"（爬排水管从窗户潜入的窃贼）；"a cat may look at king"（这是地位低微者所说的话，意即"你有权看我，我也有权看你，我们是平等的"，亦可理解为对权势的怠慢："不论你以为自己多么高贵，你不能不让我看你。"）；"as weak as a kitten"（弱不禁风，非常虚弱）；"like a cat on hot bricks"（狼狈不堪的；局促不安的）；"like the cat that swallowed the cream"（得意洋洋；自鸣得意）；"no room to swing a cat"（地方狭窄，没有活动的余地）；"not a cat in hell's chance"（毫无机会）；"to be a copy-cat"（盲目的模仿者；模仿他人的言行）；"to be made a cat's paw of"（火中取栗，充当别人的工具），等等。

在英语中只有两条利用乌龟形象的中性熟语，没有明显的文化特色。比如"set the tortoise to catch the hare"（做不可能做到的事）；"the tortoise wins the race while the hare is sleeping"（兔子睡觉，乌龟得胜），等等。

英语中为数不多的几条有关大象的熟语也不侧重于中性，而是走向褒贬的两极（贬义占40%，褒义占60%），比如"a rogue elephant"（藐视一切权威，对一切人事泄恨出气的人；胡作非为、毫不讲理的人）；"white elephant"（白象，使人感到累赘的赠品）。还有两个褒义的熟语："an elephant's memory"（记忆力强，记性好）；"to get a look（a sight）at the elephant（or see the elephant）"（学世故，了解生活，阅历人生；熟悉大都市生活，见世面）等。英汉两种语言里关于这种动物的熟语的情感维度显然不同。

英汉两种语言里关于鳄鱼的贬义（贬义占50%）的情感维度相同。在英语中，除了贬义的"to shed crocodile's tears"外，还有一个中性熟语"a crocodile"（〈常有一队教师随后〉双列学生队伍）等。

英语中有关孔雀的熟语似乎更倾向于贬义（褒义占25%，贬义占75%），"as proud vain as a peacock"（孔雀般高傲，孔雀般虚荣）；"play the peacock"（沾沾自喜，妄自尊大）。在褒贬的情感维度方面，英汉语言似乎走向褒贬的两端。

英语中关于猫头鹰的熟语不多，中性不多，虽然利用了其形象，但是词汇的色彩却走向褒贬的两极（褒义40%，贬义40%），比如"night owl"（深夜不睡的人；夜游子）。也有褒义熟语，比如"as wise as an owl / a wise old owl"（非常聪明。猫头鹰的面部严肃，而严肃又与智慧相关，因此以猫头鹰来形容人的聪明），等等。

下面举十种动物特别能体现汉语思维特征的例子加以说明。这十种动物分别是"猫""大象""鸭子""鹅""山羊""驴""老虎""乌龟""马"和"狗"。

汉语中的猫与耄同音，送给长者一张画着猫和蝴蝶的画，表示祝老人长寿，活到七八十岁。由于猫的捕鼠本能，汉语中的相关贬义熟语非常少，只占3.6%；而中性熟语就占了 90.09%, 比如"老鼠见了猫——吓破了胆""老鼠给猫拜年——全体奉送""老鼠逗猫——没事找事""老鼠遇见猫——装死""老鼠替猫刮胡子——拼命巴结""老鼠想吃猫——自不量力""老鼠跑到猫背上拉屎——活找死""老鼠睡猫窝——送来一口肉""老鼠舔猫鼻子——胆子不小", 等等。

汉语中有关大象的中性熟语占 88%, 比如"大象吃豆芽——不够塞牙缝""大象换老鼠——不合算""大象逮老鼠——有劲使不上""大象嘴里拔牙——难办""打蚊子喂大象——不顶事""老鼠给大象指路——越走越窄""猴子吃大象——亏他张得开嘴""羊群里的象——庞然大物", 等等。

有关鸭子的中性熟语占 84.52%, 主要是利用鸭子走路和游泳时的姿态, 比如"鸭子下水——嘴上前""鸭子凫水——暗中使劲""鸭子过河——各顾各（咯咕咯）""鸭子过河——随大流""鸭子走路——大摇大摆；鸭子走路——左右摇摆""鸭子浮水——上松下紧", 等等。

汉语中, 含有"鹅"的中性熟语占本项条目的 84%, 例如"水尽鹅飞""水净鹅飞""鹅存礼废""鹅毛赠千里, 所重以其人""鹅毛落水——漂浮""鹅卵石掉进刺蓬——无牵无挂""鹅眼睛看人——小个""千里送鹅毛——礼轻人义重", 等等。

汉语中关于山羊的熟语多集中于中性, 占 77.78%, 比如"山羊抵角——对头""山羊吃薄荷——不知其味""山羊额头的肉——没有多少油水""好斗的山羊——又顶又撞""绵羊走到狼群里——胆战心惊""绵羊的尾巴——油水多""爱礼存羊", 等等。

但是在汉语里, 关于驴的熟语还是中性的居多, 占 77%, 比如"大胖子骑瘦驴——不相称""小毛驴驮磨盘——直打战""骑驴觅驴""骑毛驴不用赶——道熟""骑毛驴观山景——走着瞧新鲜的""骑驴拿拐杖——多此一举""骑驴找布袋——白搭""骑驴看唱本——走着瞧""解了毛驴扫磨膛——抬杠""瘦驴拉重载——够喘的了", 等等。

有关老虎的中性熟语占了该项条目的 73%。现在简单枚举几例"老虎舔浆糊——不够糊嘴""老虎头上拍苍蝇——惹麻烦""老虎头上捉虱子——不怕死""老虎吃蚂蚱——不经嚼""老虎夸海口——大嘴说大话""老虎吃刺猬——难开口""老虎吞石狮——吃不消""老虎进棺材——吓死人""老虎屁股上抓痒痒——惹祸上身""老虎的屁股——摸不得""老虎咬刺猬——不知从哪儿下口""老虎嘴里讨脆骨——休想""老虎嘴里拔牙——送死""老虎嘴里塞蚂蚱——填不满",等等。

在汉语中,关于乌龟的中性熟语比褒、贬义的熟语都多。关于乌龟的褒义熟语不多,比如"乌龟吃亮虫——心里明""乌龟吃秤锤——铁了心""千年的王八,万年的龟",等等。中性熟语占53.06%,如"乌龟肚子朝天——动弹不得""乌龟找甲鱼——一路货""乌龟进沙锅——丢盔卸甲""乌龟爬沙——慢慢来""乌龟爬门槛——迟早要栽跟头""乌龟的脑袋——伸伸缩缩""乌龟变鳝鱼——解甲归田""乌龟跌下水——正合意""乌龟落在秤盘里——自称自""乌龟撵兔子——赶不上",等等。虽然乌龟在汉语里有不朽和坚定的象征,可以我们却很少发现含有此意的熟语。这确实是一个奇怪的现象。

汉语中关于马的熟语有407个,贬义只占4%,比如"拍马屁拍到马嘴上——倒咬一口""拍马屁拍到蹄子上——倒挨一脚""害群之马",等等。利用马的形象和本能的中性熟语占53%,比如"骑马上山——步步登高""骑马上天山——回头见高低""骑马观灯——走着瞧""骑马吃豆包——露馅儿""骑马过独木桥——难回头""骑马找马——昏了头""骑马扶墙——求稳""骑马逛草原——没完""骑牛追马——望尘莫及""走马之任""走马以粪""走马观花""走马赴任""走马看花""走马看锦",等等。褒义熟语也很多,占43%,多集中于马的战争和耕田的作用,以及强武有力;也有用它表示官运亨通的,比如"马上封侯""一马当先""万马齐喑""万马奔腾""千军万马""犬马之劳""犬马之诚""匹马只枪""戎马生涯""戎马倥偬""朽索驭马""老马识途""汗马功劳""走马赴任""选兵秣马""信马由缰""信马由缰""旗开得胜,马到成功""横戈跃马""横枪跃马""鞍马劳困""鞍马劳顿""鞍马劳倦""鞍前马后",等等。

有关狗的中性熟语有141个,占本项条目的36.91%,主要是利用狗的形态、体形、习性等特征。比如"狗长犄角——出洋(羊)相""狗鼻里插葱——装相(象)""狗撵耗子——多管闲事""狗撵鸭子——呱呱叫""狗戴礼帽——装出大人物的款儿""狗长犄角——硬充样(羊)""狗头上戴眼镜——充人""狗吃青草——装佯(羊)""狗吃糖稀——哩哩啦啦""狗吃热蔓菁——又想吃又怕烫着""狗吃猪肠——撕扯不清""狗咬尾巴——团团转""狗啃骨头——津津有味""狗眼看到骨头——熬不得了""狗等骨头——干着急""黄狗插角——装样(羊)""猫狗打架——世代冤家""飞鹰奔犬""犬牙盘石""犬牙错互""犬牙鹰爪""犬不夜吠""犬牙交错""犬牙相制""犬牙相临""犬牙相错""犬牙差互""百犬吠声""狂犬吠日——少见多怪""猎犬撵兔子——跟踪追击""粤犬吠雪""蜀犬吠日""白云苍狗",等等。

另外,除了上述十种有关动物大量的中性熟语利用了动物的形象外,有些褒义和贬义的熟语也利用了动物的形象,比如孔雀、燕子等。在汉语中孔雀象征高贵与美丽,多为褒义熟语。但是也有贬义的,比如"孔雀展翅——卖弄自己"。汉语中有关燕子的熟语有贬义的,比如"燕雀安知鸿鹄之志""燕雀处党——不知大厦之将焚"。中性较多,比如"燕子的尾巴——两岔""燕子做窠——凭嘴劲",等等。褒义熟语也有不少,比如"飞燕依人""飞燕游龙""宁与燕雀翔,不随黄鹄飞""来鸿去燕""社燕秋鸿""莺俦燕侣""莺啼燕语""莺歌燕舞""燕尔新婚""燕约莺期""燕语莺声""燕语莺呼""燕语莺啼"。这些熟语也都利用了孔雀和燕子的外在形象来说明事理、阐明大意。

通过研读语料库,笔者观察到,汉语表达有很强的具象思维倾向,而抽象思维的能力较弱,多半是取动物的表面本能来比喻事物。而英语则是抽象思维倾向较强。

总之,通过研究英汉语料,笔者发现英语里中性熟语的数量比汉语里的少了许多,情感明显倾向于要么褒义,要么贬义,这些熟语往往从动物表面形象下面的抽象功能层次说明事理。这也从另外一个方面说明了英语语言抽象的一面。但是,汉语中有大量的中性熟语,借助动物的表面形象说明事理,这表明汉语形象思维很发达,而抽象思维的能力稍微弱一些。

4.2.7.4 动物损益因子

借助熟语微型语料库,笔者观察到,在动物损益因子方面英汉语言中的动物语义原型的情感维度呈现家族相似性特征。

在英语中,由于牛给人们带来的极大收益和帮助而造成有关牛的熟语褒义很多,它甚至可以用来指人,或者用于贸易活动。比如,"bull of Bashan"("巴桑牛":大嗓门的人;大嗓门,面色红润的壮汉);"John Bull"(约翰牛〈英国人的绰号〉);"Percentage bull"(受贿的警察);"a bull in a china shop"(笨拙鲁莽的人;动辄闯祸的粗人);"If you sell the cow, you sell her milk too"(卖了母牛没了奶;卖了母牛,何来牛奶?);"milch cow"(奶牛;利润的源泉;摇钱树);"worship the golden calf"(崇拜金犊〈古犹太人于摩西不在时,作金犊以为崇拜的偶像〉;崇拜金钱;

追求利益；为利益而放弃原则）"，等等。

那么，英语中有关狗的熟语情况又如何？虽然条目只有 73 个，比汉语里的少了许多，但褒义熟语占了 72%。在英语社会，狗是人们的忠实伴侣，人们爱狗如子，拿狗喻人。褒义的例子有很多，比如 "a dull dog"（不善谈吐、言语乏味的人）；"a lucky dog"（幸运儿）；"an old dog will learn no new tricks"（亦作 you cannot teach old dogs new tricks）（老狗学不出新把戏；老顽固不能学新事物。）；"be dog（或 old dog) at（a thing)"（对…有经验，对…很内行）；"big dog"（大亨，要人）；"clever dog"（聪明的小孩子；伶俐的小伙子）；"die dog for somebody"（尽犬马之老；甘为知己者死；为人效忠）；"dumb dog"（缄默寡言的人；守口如瓶的人）；"every dog has his day"（凡人都有得意的日子）；"gay（或 jolly) dog"（快活人，爱开玩笑的人）；"help a lame dog over a stile"（仗义勇为，拯人于危难之中）；"sea dog"（老练水手，老练的海员）；"top dog"（在打架中得胜的狗；优胜者，胜利的一方；左右全局的人）……

中性熟语有 "barking dogs seldom bite"（善吠的狗很少咬人；喜欢恫吓的人很少实行；咬人的狗不露齿）；"dog-days"（三伏天；大热天。源于拉丁语 caniculares dies，意思是最热的夏日（七月和八月）。据罗马人的理论，一年最热的几个星期是由天狼星上升所决定的。天狼星给太阳提供热量）；"dog-eared"（书页折角的；书翻旧了的）；"one barking dog sets all the street a- barking"（一犬吠影，百犬吠声）；"teach the dog to bark"（教狗怎么叫〈意指徒费心机的多余事情〉），等等。

英语中的马由于其强大的利用价值，它也可以用来指人，含有褒义。比如 "war horse"（战马；老兵，老手）；"dark horse"（黑马，意想不到的获胜者；异军突起）；"a willing horse"（愿意工作的人）；"a good horse should be seldom spurred"（工作积极的人，不必多加催促；好马不等鞭催①）；"an old war horse"（喜欢叙旧的老兵。），等等。英语中马用于战争的熟语很少，用于比赛和贸易的情况不少，但是词汇的色彩为中性，比如 "ask a horse the question"（力求竞赛的马竭尽全力）；"back the wrong horse"（赌错了马，选择或估计错误）；"horse and horse"（齐头并进，并马齐驱焉〈指骑手〉）；"horse-trading"（讨价还价；公平交易）；"maiden

---

① 崔永禄教授在修改本章节时添加的直译文本，比其它抛弃了形象的意译文本更能体现动态的意象。

horse"（从没跑赢的马）；"proud horse"（〈诗〉矫健的马，骏马）；"run before one´s horse to market"（过早地计算利润）；"talk horse"（谈马〈特指赛焉〉；吹牛），等等。当然，也有少数的贬义熟语，比如"the Trojan horse"（木马计，暗藏的危险，暗中的破坏工作）；"pay for a dead horse"（花冤枉钱）；"buy a white horse"（浪费钱财）；"a horse-laugh"（放声大笑），等等。

总而言之，在动物损益方面，英语熟语的语义原型情感维度呈现出明显的家族相似性。

在汉语里，关于这22种动物的情感维度中的褒义呈现家族相似性，即，与人们的日常生活越是密切相关，对人们的益处越多，作用越大，它的褒义熟语就会越多。而且仅"鸡""狗""羊""猪""牛""马"等六种动物的熟语共1383条，超过了所调查动物的熟语总量的一半。这六种动物是神话中，最初造出来的动物。"（创始主）第一天造鸡，第二天造狗，第三天造羊，第四天造猪，第五天造牛，第六天造马，第七天造人。"① 很明显，中国古代神话里造的东西全是对人的生存发展有利、有用的动物。中国神话里强烈地流露出实用主义的世界观，即世界上的万事万物都为人所用。受这一观点的影响，汉语里的熟语就特别多，而且中国人对这六种动物的情感褒义的数量比贬义的数量要多。

鉴于影响动物语义原型情感维度的因子不止一种，其他动物会在别的小节加以讨论。上面提到的六种动物我们仅以牛为例加以说明。牛与中国人的日常生活息息相关，是吃苦耐劳的象征。由于"牛"在生产劳动中成了人们的好帮手，人们对"牛"似乎也特别有好感。人们看重的是牛能耕田和负重，于是关于牛的熟语褒义比例很高，占本项条目的56%。比如，"汗牛充栋""买牛得羊——大失所望""骑牛觅牛""骑牛撵火车——差得远""骑老牛撵兔子——有劲使不上""孺子牛"" 鞭打快牛——忍辱负重"。

在汉语中，某种动物的损益越多，就越是容易成为语义原型情感维度的典型。于是就会有某种动物的相关熟语大量涌现的情况。这是动物语义原型在动物损益方面表现出来的家族相似性。

---

① 叶舒宪：《中国神话哲学》，北京：中国社会科学出版社，1992年，第254页。

4.2.7.5 动物形象因子

动物本身的形象影响人们对它们的喜爱程度。这是由于有的动物外形或者颜色容易引起人的不愉快和紧张的感觉，反映到语言中的情况就是出现表示不喜欢甚至是厌恶之情的熟语。而有的动物的外形和颜色给人感官上产生一种愉悦的感觉，人们对这种动物就会产生喜欢的情感，反映到语言中就会出现喜欢该动物的熟语。最后，这种因素固化到语义原型情感维度中，进而通过语言影响人们的思维。在这方面，英国人和中国人对某些动物的情感高度相似，都有关于某种动物的类似相关情感的熟语。

而英语熟语利用动物形象表达意义的比例很低。下面举出三种动物来说明动物形象对英语的影响，进而对英国人思维的影响。

在英语里，有关鸡的熟语数量也比汉语中的少多了，这些熟语大多涉及鸡的外在特征和习性。比如，"one chick keeps a hen busy"（一雏已足扰其母；一个孩子也叫娘不省心），以及"to be chicken/chicken-hearted"（胆小；胆怯；怕打架）；"to chicken out"（因胆怯而逃跑；由于胆小而推卸责任）。

英语中关于老虎的熟语多强调其勇猛，在褒扬老虎的威猛的情感维度方面和汉语熟语的差不多，只不过数量少了许多。褒义熟语占其条目的80%，比如"To fight like a tiger"（野蛮地，凶猛地搏斗）；"to have a tiger by tail"（遇到意料不到的困难或危险；比预想难对付的人）；"to ride a tiger"（骑虎难下），等等。

同样由于老鼠的形象丑陋和危害，英国人对老鼠的反感和厌恶反映在语言中是贬义熟语占到了64%。

英语中，关于猪的贬义熟语占本项条目87.5%，比如"a male chauvinist pig"（歧视妇女的人；大男子主义者。"猪"代表男性的贪婪和感觉迟钝）；"pig-headed"（顽固的；顽固分子）；"pigs in clover"（钱多礼貌差的人；行为粗鲁的有钱人）；"to eat like a pig"（喧闹而贪婪地大吃大喝；狼吞虎咽）；"to look / stare like a stuck pig"（惊呆，吓呆；目瞪口呆），等等。虽然，中英对猪的不喜欢程度类似，但是不喜欢的方面不同；也就是说，引起熟语的贬义情感维度的因素侧重点不同。

下面研究汉语的情况。通过研究语料库里的语料，笔者认为汉语中形象思维的特征非常明显。许多动物的相关熟语都是利用这种动物的形象来表达一定的意义，主要集中于中性熟语和部分褒义熟语以及极少数贬义熟语。比如：

　　水牛的形象可爱，再加上能够为人们耕田，中国人往往用大量中性熟语说明事理，或者表达人们的喜爱之情。比如"水牛长毛——彻头彻尾""水牛过小巷——转不过弯来""水牛过河——露头角""水牛落井——有劲使不上""水牛踩浆——拖泥带水""老水牛掉在井里边——踢腾不开"，等等。

　　形象可爱的麻雀也自然而然地进入到人们的语言里。比如"麻雀飞过也有影子""麻雀虽小，五脏俱全""麻雀入笼——飞不了""麻雀飞进烟囱里——有命也没毛""麻雀飞到糠堆上——空欢喜""麻雀开会——细商量""麻雀打鼓——调（跳）皮""麻雀跟着蝙蝠飞——白熬夜""麻雀嘴里的粮——靠不住""敲锣捉麻雀——枉费心机""门可罗雀""鸦飞雀乱""鸦雀无声"，等等。

　　虽然骆驼的形象不可爱，但是它的功用提升了人们对它的喜爱程度。于是，汉语中便有了大量熟语被用来说明事理。在汉语中，骆驼背看作是一种被用来驮东西且有耐力的动物。有关骆驼的中性熟语占本项条目的 88.57%，比如"骆驼上梁儿，麻雀抱鹅蛋""骆驼的脊背——两头翘""骆驼的脖子，鸵鸟的脚——各有所长""骆驼看天——眼高""骆驼背火球——烧包""骆驼翻跟头——两头不着实""黄鼠狼拉骆驼——不识大体""骑了个骆驼，赶了个猪——可把事情做了个苦""骑骆驼不备鞍——现成的""骑骆驼撵兔子——白费功夫""猴骑骆驼——往上蹿""瘦死的骆驼比马大""荆棘铜驼"，等等。

　　由于老鼠的形象丑陋，再加上它的危害对人们的强烈影响，汉语中关于老鼠的熟语贬义词条占到了 90%。

　　总之，在动物形象因子对于英汉动物语义原型的情感维度影响明显，其表现出来的特征是家族相似性。

4.2.7.6　定性分析结论

　　通过上面的研究，笔者发现了隐藏在熟语背后的潜流——情感维度的家族相似性。现在将上述研究概述如下：

　　一、英语熟语情感维度的家族相似性表明，英国人的抽象思维强，具像思维弱；而汉语熟语情感维度的家族相似性说明中国人的抽象思维较弱，而具像思维很发达；二、英语熟语情感维度的家族相似性还表明，英国人的实用主义世界观较弱；而汉语熟语情感维度的家族相似性还表明中国人的实用主义世界观较强。三、两种语言熟语的情感维度的家族相似性分别表明，英国人的思想领域存在一贯占统治地位的宗教哲学，而中国人的思想领域缺乏一贯占统治地位的宗教哲学。四、两种语言熟语的情感维度的家族相似性在褒扬事物方面体现的形式分别是：英国人讲话直白，倾向于公开颂扬，对事物加以褒奖；而中国人说话含蓄，不善于公开颂扬，对事物倾向于持否定态度。

4.2.8 动物语义原型情感维度模型

综合上述定量分析结果和定性分析结论，笔者初步建立起动物语义原型的情感维度模型：

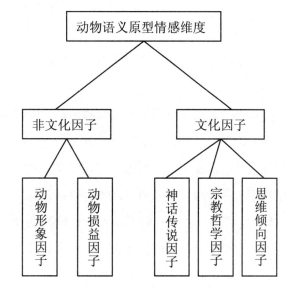

图 4.1 **动物语义原型情感维度模型**

$$情感维度 = \frac{动物损益 \cdot 实用主义世界观 \cdot 与日常生活亲密度}{思维抽象程度}$$

图 4.2 **动物语义原型情感维度的测定**

图 4.1 显示情感维度模型的构成因子：

一、构成动物语义原型情感维度的因子总共有五种，被分成两大类。第一大类是文化因子，包括神话传说因子、宗教哲学因子和思维倾向因子；第二大类是非文化因子，包括动物形象因子和动物损益因子。神话传说因子是语义原型情感维度中最优先起作用的因子。动物语义原型的情感维度与神话传说关系密切，越是神话传说中的动物，关于该动物的熟语就会越多，人们对它的褒贬情感维度越是居于中心的位置，成为情感维度的典型代表。

二、宗教哲学因子在英汉语言中的影响也是十分明显的。具体地说，就是西方的二元对立在英语熟语的语义原型情感维度有褒贬的明显体现，而中庸之道在汉语熟语的语义原型情感维度体现也是十分突出，褒贬所占比例较少，而中性熟语大量存在。

三、英国人和中国人的思维倾向因子也对语义原型的情感维度有明确的影响作用。具体地说，就是英国人的抽象思维强，而形象思维相对较弱；中国人的思维倾向则刚好相反。

四、动物损益因子对语义原型情感维度的影响受人们实用主义世界观强弱的制约，英汉两种语言都体现了人们一定的实用主义倾向，只不过中国人的实用主义世界观更强烈一些。

五、动物形象因子对语义原型情感维度的影响，既影响到集体情感也影响到个人情感，动物形象因子对于形象思维较强的中国人的影响似乎更大一些。

总之，英汉语熟语语义原型的情感维度呈现很明显的家族相似性。

图 4.2 动物语义原型情感维度的测定传达的意思是：

一、情感维度包括语义的褒、贬和中性。动物的损益指的是动物对人的害处和益处。思维的抽象程度指的是人们思维的总体倾向是倾向于抽象还是具像。

二、这个公式表明，英汉语言中褒义熟语的数量，同实用主义的世界观、动物的益处和与日常生活密切程度成正比，而与思维的抽象程度呈反比；贬义熟语的数量，同实用主义的世界观、动物的害处和与日常生活的密切程度呈正比，而同思维的抽象程度呈反比。中性熟语的数量也有类似的这种比例关系。在动物的损益方面，笔者发现，两种语言里有关情感维度分布成家族相似性。

三、这个公式还表明，如果某种动物与人们的日常生活关系很近，给人带来的益处很多，再加上采取实用主义的世界观较强，那么人们对这种动物的喜欢程度就大一些，该语言中有关该种动物熟语的情感维度就越倾向于褒义。反之，如果某种动物与人们的日常生活关系很远，给人造成的危害较大，则关于这种动物的熟语的情感维度就越倾向于贬义。在英汉语里，某种动物的损益越大，人们就越容易把它们作为典型来对待，也就是说相关的熟语就越多。这种动物的语义原型就越居于中心的地位，成为动物语义原型的情感维度的典型。反之，该动物的损益对人们少到了无所谓的地步，那么这种动物就越处于边缘，远离典型。也就是说，在动物的损益方面，语义原型情感维度还是存在家族相似性。

四、这个公式显示，动物语义原型的情感维度还与人们的日常生活的亲疏有密切关系。也就是说，距人们的生活越近的动物就越居于中心的位置；距人们的日常生活越远的动物，在情感维度方面就越偏离中心，处于非典型的位置。这种情况表明了这方面的家族相似性。在英汉语里，熟语的语义原型的情感维度也家族相似性。即，与人们的日常生活越是密切相关，动物的褒贬情感维度越是居于中心的位置，成为情感维度的典型代表。反之，那些动物的语义原型的情感维度就越居于边缘，人们对它们的喜好程度就没有什么明显的差异。但是它们还是与居于中心地位的动物有家族相似性，即跟人们对这些动物的熟悉程度相关联。

五、这个公式也显示，如果中性熟语的数量越多，就说明使用该语言的人们具像思维的程度越高，而抽象思维的程度越低。在汉语语言中，中性熟语多的情况说明汉语熟语在具像思维方面呈现家族相似性。而英语中，中性熟语少的情况说明英语熟语在抽象思维方面呈现家族相似性。总之，语义原型情感维度在思维抽象程度方面呈家族相似性。

4.3 扩展的语义原型情感维度模型

经过对有关动物熟语的语义原型情感维度的调查研究，诸多语料背后的规律性的东西已经显露出来，由此而建立起一个语义原型情感维度的模型。

为了进一步研究其他事物的语义原型情感维度，笔者拟从词典和辞海中收集相关熟语，但是收集到的条目十分有限。于是，笔者假定中英两国人对这些事物的喜欢程度或者不喜欢程度不受语言的影响，经过研究中英两国人对水果、蔬菜、花卉、运动、季节和色彩不喜欢程度的相关关系，笔者惊喜地发现，中英两国人对它们的不喜欢程度竟然存在线性回归关系。除了中英两国人对季节的不喜欢程度成负相关外，人们对水果、蔬菜、花卉、运动和色彩的不喜欢程度呈正相关。具体情况如下：

一、中英两国人对 24 种水果不喜欢程度的相关系数是 0.524（见附录 H 中的表 H2），图 H2 可以证明对 24 种水果英国人不喜欢的程度和中国人不喜欢的程度呈线性回归关系。

二、中英两国人对 35 种蔬菜不喜欢程度的相关系数是 0.470（见附录 H 中的表 H3），图 H3 可以证明对 35 种蔬菜英国人不喜欢的程度和中国人不喜欢的程度呈线性回归关系。

三、中英两国人对 23 种花卉不喜欢程度的相关系数是 0.551（见附录 H 中的表 H4），图 H4 可以证明对 23 种花卉英国人不喜欢的程度和中国人不喜欢的程度呈线性回归关系。

四、中英两国人对 23 种运动不喜欢程度的相关系数是 0.510（见附录 H 中的表 H6），图 H6 可以证明对 23 种运动英国人不喜欢的程度和中国人不喜欢的程度呈线性回归关系。

五、中英两国人对 4 种季节不喜欢程度的相关系数是 -0.390（见附录 H 中的表 H7），图 H7 可以证明对 4 种季节英国人不喜欢的程度和中国人不喜欢的程度成复杂的线性回归关系（两种季节呈负相关，两种季节呈正相关）。

六、中英两国人对 10 种色彩不喜欢程度的相关系数为 0.910（见附录 H 中的表 H8），图 H8 可以证明对 10 种色彩英国人不喜欢的程度和中国人不喜欢的程度呈线性回归关系。

结合上面中英两国人对水果、蔬菜和花卉的不喜欢程度相关关系的考察，以及对动物不喜欢程度相关关系的考察，经过反复研究，笔者提出以下关于实体的语义原型情感维度模型（如图 4.3 所示）。另外，结合上述中英两国人对运动、季节和色彩等不喜欢程度相关系数的考察，笔者建立起非实体的语义原型情感维度模型（如图 4.4 所示）。

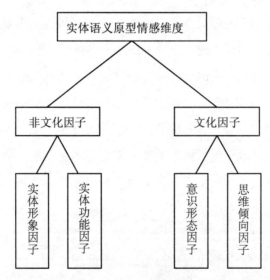

图 4.3　实体语义原型情感维度模型

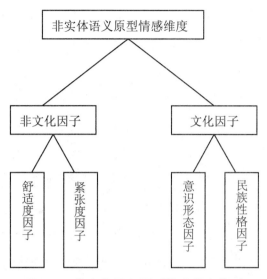

图 4.4　非实体语义原型情感维度模型

4.4　情感激活与意义建构的关系

情感维度存在于语义原型之上。在意义建构的过程中，受关联原则作用在一定语境中调入的实体和非实体的语义原型都无不包含情感维度的因素。也就是说，在概念整合的过程中，既建构了意义，也激活了情感。在隐喻的翻译过程中，直译对等的过程是意义建构和情感激活的双重活动。直译对等的过程好比是一枚硬币的正反两面，意义建构和情感激活相互依存。凡是激起人们某种情感的实体或者非实体，都不可能与意义分离。下面从三个方面来论证意义建构是情感激活的基础。

第一，情感激活既受文化因素的制约，也受非文化因素的限制。首先探讨影响情感激活的非文化因素，然后再讨论文化因素的作用。人的情感是感觉和感情的复合体，感觉和感情联系密切。通常情况下，简单的情感是伴随着感觉而产生的。比如，我们吃糖体验到的不仅仅是甜，还有愉快的感觉，这也是儿童喜欢吃糖的原因，因为糖的口感好，能够让儿童产生快感。与其相对的是不愉快的情感。愉快和不愉快是心理学上早已公认的一对基本感情。还有另外两种感觉也是直接影响人们的感情，它们是紧张—松弛和兴奋—沉静。由这些简单的感觉刺激而引起的感情，整个人类的反应都是类似或者相同的。这属于非文化因素对人的情感的影响。

那么，文化因素对人的情感的影响就会因为文化的不同而出现差异了。文化因素又包括物态文化因素和非物态文化因素。物态因素是以实物的形式体现的文化因素，而非物态文化因素则是隐含在人们的行为、思想及产品之中的。具体地说，在文学作品上影响较大的文化因素是审美因素、文学因素和语言心理学因素。本族文化的获取主要是通过习得或者文学作品的学习获得的，而异族文化的获取主要是通过学习获得的。通过学习而获取的异族文化知识远远比不上浸在本族文化里对自己文化的了解程度和熟悉程度，所以在翻译的过程中译者首先下意识调用的应该是本族文化，其次才是异族文化。那么，所激活的情感相应地也多半是本族文化的伴生物，随后通过个人意志力的调整而激活与异族文化相关的情感。在本族文化的体验和学习中，个人了解了本民族相关的风俗、习惯、意识形态等知识。生活在自己的民族文化氛围中，个人还习得了本民族的审美习惯和美学价值观，这些东西都是在潜移默化中体验到的。而异族的审美习惯则多半是由书本间接呈现的，不是所有的人都会有深入体验的机会。个人还在成长的过程中通过对本族语的阅读和学习而深刻地体验到本族的篇章结构、体裁、题材等文体因素。另外，由于个人对母语的几十年的体验而形成并强化了对母语的语感、语言各个层面的审美心理。上述文化中的诸因素都会在译者形成译文的过程中呈现出来并施加影响。总之，认知语境中的各类信息，包括语言、审美、文学和文本上下文等因素都会影响情感的激活。

第二，情感因素的激活既受个人心理情感的影响，也受民族心理情感的影响。个人的心理情感主要是来自非文化因素的影响，而民族的心理情感主要是来自本民族的文化因素和意识形态领域的影响。译者在翻译的过程中引入多重因素进行推理，建立语句意义的同时，既激活了个人的心理情感，也激活了自己作为民族一员的民族心理情感。这里激活的情感既有利于原文作者意图的传达，也妨碍作者意图的传达。说它有利，是指该情感如果与文化因素无关或者说只是非文化因素所关联的情感，就有利于作者意图的传达；如果这种情感是某种文化关联物所特有的并且与其他文化差别巨大，就会妨碍译者传达作者的意图。如果译者的校验机制在翻译中起作用，所激活的两种文化迥异的情感被译者注意到了，那么也不至于被误译，自然作者的意图就不会被误解、误传了。

第三、情感激活是译者在识别了英文隐喻的意义和作者的意图之后而在构建译文的过程中采用的手段。译者通过情感激活这一手段对读者的情感进行操控。情感激活可以删除译文产生阶段形成的种种不同表达方式的译文，从而确保读者在读取译文的时候能够自动地提取出与原文相同或相似的显著结构，进而获取隐喻的意义和作者的意图。

总之，意义建构和情感激活是话语的两个不可分割的方面，就好比是一枚硬币的正反两面一样相互依存。

4.5　语义原型情感维度模型对隐喻翻译的解释力

在翻译过程中，激活的心智世界，既包含认知的成分，也包含情感成分。认知成分表现为概念化的种种形式，用于连接心智世界和社交世界；同时，还用于解释交互性的社会活动。而情感成分用于连接作者、译者和读者的各种内心体验，如情绪（emotion）、心境（mood）和偏好（preference）。

第一，在隐喻翻译中，情感激活与意义建构的过程并存。

在意义建构的过程中总是伴随着情感的激活。一个语义原型被激活的是它在这种语言中的默认值。通常情况下，这种默认值具有很强的稳定性；但是也存在被交际者改变的情况。比如说，在特定的文本中这种默认值会被作家修改而形成一个新的默认值存储在这个文本里。译者要做的事情是发现作家有意或无意埋藏的默认值，并想方设法让译文里也包含同样的或者类似的默认值，以便供译文读者在阅读时借助相关线索利用这种默认值来推导出作者的意图。这个新的默认值体现作者的意图。这个新的默认值可能与目的语文化中的默认值完全一致、部分一致甚至完全不一致或者不相关。

由于有关实体和非实体的语义原型情感维度是一个整体，读者在阅读时激活和调出的是整个包含情感维度的语义原型，进而推导出作者的意图。那么对于译文读者来说，他们母语中的同名实体或者非实体的语义原型情感维度也是一个实体，他们会用这个语义原型进行推理推导出的作者意图不一定与原文相符。这个时候，译者的努力就是修正译入语读者的默认值和输入信息，引导读者朝着原文作者意图的方向进行推理。

第二，在隐喻翻译中，情感激活参与了文体风格的建构。不论原文作者对隐喻的构建，还是译者对隐喻的重新构建，都离不开语言这一媒介。每位作家的语言风格各不相同，语言作为隐喻的载体，其特征势必体现作家个性化的语言风格。

隐喻的翻译同样涉及语言风格再现的问题。在对原语的隐喻进行解读时，意义建构的过程牵涉到语义原型，而在语义原型上附着的有情感维度。由于客观世界是人们视野中的客观世界，或者说经过了人的主观改造了的客观世界，而语言又是人类改造世界的有力工具。人们通常在语言的习得过程中无意识地接受了本族人认知世界的方式。于是，不同民族认知世界的方式被固化到语言中，而参与人们认知活动的因素还包括情感因素，结果情感因素便同时隐藏在语言中。本章所揭示的语义原型情感维度就是想证明，凡是有意义产生的地方都离不开情感因素，情感维度模型揭示的是一个民族集体情感的存在方式。一位作家的个人情感不可能完全脱离哺育他的民族的集体情感。不同作家对相同情感的呈现方式不一样，而译者就是要在翻译的过程中巧妙地再现不同作家表达情感的独特方式。而隐喻翻译作为一种意义和情感的结合体也一定体现着作者的意图和某种情感，它们外化为文体风格。在隐喻的翻译的过程中，译者要借助于文体风格的再现来统揽意义建构和情感激活。

第三，在隐喻翻译中，情感激活参与了文学审美的再现。作家通常会借助隐喻来表达自己奇妙的情绪状态和思想感情，也就是说对意象进行操作，营造意境进而创造出独特的文学世界。没有离开情感而能长期存活的文学作品，文学作品中饱含的情感和作品的审美效果相互作用达到和谐一致。原文中和谐的情感因素和审美效果未必全部都能在译者原封不动地对等直译的条件下得以重现。鉴于此，译者就得在翻译的过程中重视情感因素与文学审美效果的密切联系。而同样，作为文学作品一部分的隐喻，也会体现出整部作品的情感和审美达成和谐特征。因此，隐喻的翻译在进行文学审美再现的过程中不能忽略情感因素和情感激活的方式。

第四，在隐喻翻译中，情感激活参与了译文措辞的选择。通常情感况下，不论是隐喻的制作还是隐喻（少数诗性隐喻除外）的解读，交际者往往率先采用语言中默认的显著结构来建构意义。但是诗性隐喻是作者审美追求的明显表征，其所涉及的映射通常是非常规化的。这恰好与一种文化中的常规映射联系不大。再回过头来看显著结构在隐喻翻译过程中的变迁。在隐喻翻译中，译者在省力原则的驱动下也会率先调用汉语中相对应的显著结构。然后，译者会比较两种语言中相关显著结构的异同。如果显著结构与英语相关概念所涉及的显著结构一致，那么译者变换措辞的难度就会相对地少一些，甚至无需变化。也就是说，在这种情况下，译者会采用对等直译的方式。如果两种语言中相关概念所涉及的显著结构不一致，译者就会在译文中创造一个能够凸现译文所需的显著结构的必要语境和条件。当然，这个创建相关语境的活动要受到情感因素的约束。或者简单地说，在隐喻翻译的过程中情感因素限制了译文措辞的选择。

　　总之，在隐喻翻译的过程中，情感维度涉及到意义建构、文体风格的建构、文学审美的再现、译文措辞的选择等方面。以一言蔽之，隐喻翻译的意义建构和情感激活也是相伴而生、无法分离的。

第五章　隐喻翻译的模式及评估标准

5.1　隐喻翻译的模式及相关参数

综合以上各章节的研究成果，本章对隐喻翻译的模式首先用图表描述，然后在下一节用文字进行解释。

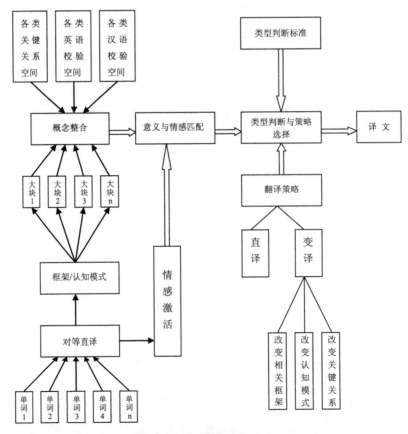

图 5.1　隐喻翻译的模式

5.2　隐喻翻译模式的若干说明

5.2.1　隐喻翻译中意义建构和情感激活过程

　　隐喻翻译的过程是一个意义建构和情感激活的过程。译者首先追求的是对等直译操作，然后才会选择变译操作。译者在意义建构的过程中究竟是采取直译对等还是变译，以及如何确定变译的内容，会进行以下的操作：

　　首先，鉴别英语文本中所使用某个概念的意义是否是原型意义。如果用到的是没有偏离中心的原型意义，那么译者就优先选择对等直译；如果文本中用到的是非原型意义，那么译者会让自己的译文随之跟着发生偏离。但是偏离原型意义的译文不一定是变译的必然结果，也有不变译的情况。换句话说，可能在某些语境中英汉两种语言中相关意义偏离的方向正好一致，这时译者仍然不需要进行变译。

　　其次，译者要进行隐喻类型的判断。译者要鉴别当下遇到的隐喻是否为诗性隐喻。如果是诗性隐喻，则保留原文的框架和认知模式。因为诗性隐喻的建构多半不受文化因素的影响。如果不是诗性隐喻，译者进行变译的可能就很大了。但是，他还要进一步做出判断此处原语文本和待定译入语文本中所采用的框架和认知模式是否一致，如果一致就优先进行直译操作；如果不一致，则需要进行变译操作。这是译者在宏观方面进行变译处理。此外，译者还要考察原语文本中所强调的关键关系是否可以原封不动地保留到译入语里。如果能既保留原文意象又能保留原文中空间之间或空间内部的关键关系，则译者优先选择对等直译。如果不能，译者则会考虑更换原文意象而保留关键关系。此外，译者也有可能考虑用译入语里的其他关键关系来替换该关键关系。这种方式冒险最大，译者一般不选择这种的变译方式。这是译者在遇到具体情况进行微观方面变译时，选择处理策略的心理活动。

　　最后，译者会将意义建构和情感激活统一在译文中。他所建构的层创结构可以有多种汉语表达方法，但是在译文生成的过程中，译者又会将汉语的文体校验空间、审美空间和不同措词所激活的情感逐一调入进行校验与合成，直至生成本人满意的译文。

5.2.2 各类隐喻的判断及其翻译

各类隐喻的判断标准共有三条：一、常规化还是非常规化映射；二、单畴网络还是双畴网络，且输入空间之间有无冲突；三、映射的抽象性或者具象性。具体到判定某个例子是何种隐喻，要看它满足下列哪类隐喻的条件。

确认为概念隐喻要满足的条件是：一、常规化的映射；二、单畴网络，且输入空间之间无冲突；三、映射为具体到具体或者抽象到具体。

确认为常规隐喻要满足的条件是：一、常规化的映射；二、单畴网络，且输入空间之间有一定的冲突；三、映射为具体到具体或者抽象到具体。

确认为诗性隐喻要满足的条件是：一、非常规化的映射；二、双畴网络，且输入空间之间有冲突；三、映射为具体到抽象或者抽象到抽象。

在译者对遇到的隐喻作出准确的判断之后，他就会采取相应的翻译策略。针对不同情况，译者会作出直译或者变译的策略选择。具体情况和理由如下：

由于概念隐喻是一种常规化的映射活动。无论心理空间怎样不断建构和发展，意义怎样随着语境的变迁而发生变化，概念隐喻所涉及的两个认知域之间的映射关系及其在合成空间里的产物——层创结构都不会随着语境的变化而变化。也即是，概念隐喻是语言系统中相对稳定的一部分，是以一种原型的形式存储在大脑中的。概念隐喻中有一大部分表达的是人类共有的基本经验和图式。对于概念隐喻的翻译多半是采取直译，直译的结果并不会招致译文读者的误解。这是因为人类所建立的基本经验图式绝大部分相同或者类似，那么表征这些基本经验图式的概念隐喻有绝大多数可以进行直译。不过也有例外，在英语中定型化的概念隐喻是以原型的方式存储在以此为母语的人头脑之中，这种在英语中常规化的映射在汉语中未必都存在类似的常规化映射。译者需要在隐喻翻译的意义建构过程中搜寻汉语里类似的常规化映射，如果确实没有，他就需要利用汉语中其他的类似映射或建构或取而代之。

常规隐喻的一个重要特征就是把抽象的比作具体的、或者把具体的比作具体的、或者把复杂的比作简单的。常规隐喻总是朝着常规的、人类容易掌握的尺度之方向进行构建；常规隐喻的构建遵守省力原则（principle of least human effort）。常规隐喻在很大程度上与文化有关，不同文化社区人们的经验域并非完全一致，而是由很多分歧。这样一来，译者对常规隐喻的翻译有一少部分没有对等直译，而是采取了拿本族文化中的常规化映射来代替原语中的常规化映射，或者另外建立一种类似于原语中的映射。当然也可以不改动，只是理解的时候会导致读者付出更多的处理努力。经过变译的隐喻在译入语中容易把译入语读者朝着自己所熟悉的认知尺度引导，变相地减轻了译入语读者的处理努力。

另外，原文作者的意图却是只跟某个认知域中的部分结构有关，而原文读者理解时首先调入的显著结构未必就一定是原文作者心目中的结构。如果一致，原文读者理解该隐喻应该不成什么问题。这些隐喻多半是概念隐喻或者常规隐喻。如果不一致，原文读者则需调入该认知域中相关的其它结构进行压缩合成。如果能够进行合成并生成层创结构，则原文读者顺利解读该隐喻（多半为诗性隐喻）。原文中的隐喻理解的事情十分复杂，可是到了翻译活动中就会变得更复杂了。译者既要有能力自己理解隐喻（此时他的理解能力应该大致等同于原语读者的能力），又要设法使译文读者能够理解隐喻的意义和领会作者的意图。译文读者调入概念整合网络中相关认知域的各类结构，却又未必能产生类似于原文中所涉及的输入空间的层创结构。译者经过自己的努力做到了使译文读者识解原文隐喻。当然，这里面也不尽是译者的功劳，译文读者运用自己的主观能动性积极地参与解读也是必不可少的因素。

然而，诗性隐喻与以上两类隐喻的情况大不相同。在原语中的诗性隐喻由于其映射是非常规化的映射，并且其与文化联系疏松。那么，这种映射关系被译者用对等直译方式转换到译入语里的时候，也是一种非常规化的映射。诗性隐喻是作者强烈审美追求的体现，因而新颖性和审美性成为诗性隐喻的两个主要特征。由于诗性隐喻总是建构者为了追求美学效果而朝着背离人容易把握尺度之方向进行构建，所以诗性隐喻的建构基本上不遵循省力原则。那么，译者就没有必要在翻译诗性隐喻时进行转化试图让译文读者方便理解了。这就是对诗性隐喻直译的主要原因。

5.2.3　隐喻翻译中的两个倾向

600 余万词的英语小说语料库及其译文语料库（1100 余万字）的研究表明，隐喻翻译的存在两个明显的倾向：（一）意义建构总是朝着中国人易于掌握的尺度进行。易于掌握的尺度包括易于理解和易于审美接受两个方面。（二）情感激活则是朝着与原文中英国人类似的感情方向进行。在所考察的语料中，正确汉语译文中所激发起来的感情通常与英语原文所激起的感情一致。

5.2.4 隐喻翻译模式的验证

下面所列举的四个例子都既包含认知尺度倾向性，又包含情感激活的倾向性，只不过被人为地分为两类，其目的在于不同的例子更能凸现某种倾向性。

5.2.4.1 有关认知尺度倾向性的例证

（1）the newspaper, as the case might be. "The fact is my father showed the exact sort of talent for a statesman. He could have divided Poland as easily as an [**orange**], or trod on Ireland as quietly and systematically as any man living. At last my mother gave up, in despair. It never will be known, till the last account, what (Chapter 19, *Uncle Tom's Cabin*)

——上一翘；好象一个人了却了一件什么事情，便开始睡他的午觉、或是看他的报纸，看情况而定。"说实话，我父亲完全具有一个政治家的才干。如果叫他**去瓜分波兰**，简直易如反掌；如果叫他去荡平爱尔兰，任何人都不能做得象他那样沉着而有条不紊。最后，我母亲束手无策，只得罢休。象她那样天性纯洁、感觉灵敏的人，一旦（第十九章，《汤姆大伯的小屋》，黄继忠译）

在译者翻译"He could have divided Poland as easily as an orange"之前，已经获取了上下文的信息。这是圣·克莱亚讲述他父亲（奴隶主）如何处理监工斯塔布恩虐奴问题。圣·克莱亚和他妈妈往往体恤黑奴而成为他们的保护伞。斯塔布恩请求辞职，如果奴隶主不支持他的淫威。而这个奴隶主是个很有头脑的人，往往能采取变通的方式解释自己的支持斯塔布恩的原因。

当译者翻译句子"He could have divided Poland as easily as an orange"的时候，他首先做的事情是自下而上的直译解读，建立起一系列的心理空间，其中就包括"波兰"和"桔子"两个输入空间。关于"波兰"的输入空间含有完整的国土和主权、战争、风土人情等一系列的相关结构。而关于"桔子"的输入空间包含水果、颜色、味道、形状等相关结构。这两个输入空间在整合网络中，并不是这两个输入空间的所有结构都能进入合成空间。只有与"分裂"相关的结构才能进入合成空间，因为在前面有一个动词"divide"在控制着进入合成空间的结构，在关联原则的作用下只有与"分裂"相关的结构才能进行对接。那么，与桔子有关的其他结构比如说颜色、味道等因为无法和"分裂"进行压缩成一个单位而被排斥出合成空间。于是"桔子可以分成一瓣一瓣"的相关结构被投射到合成空间里。在合成空间里，从"波兰"这个输入空间被投射过来的还有波兰国土的完整性。这样，在合成空间里波兰的结构和桔子的结构及桔子被分成几瓣的价值就被压缩成一个可以操作的单位。这些信息被压缩成为一个单位后就成为层创结构。而包含层创结构"波兰被分成桔子瓣"的合成空间又会在递归原则的作用下，作为下一个整合网络的输入空间与来自汉语的校验空间进行相互映射。因为"波兰被分成桔子瓣"这样的表达经过与汉语表达法验证后，有冲突。解决的办法是继续进行网络整合，直到获取无冲突的表达。译者此时又会引入汉语的两个相关输入空间"分裂"和"西瓜"。这两个输入空间之间进行映射与整合。"西瓜"的结构和"被切分"的特征被压缩成一个单位进入合成空间。这个合成空间里就存在了"瓜分"这一层创结构。这个合成空间作为一个新的输入空间和源于上个合成空间的输入空间再进行概念整合。在第三个合成空间里，"波兰被分成桔子瓣"的结构和"瓜分"的结构被压缩到一起。因为这两个输入空间的类指空间包含"分裂成小部分"的抽象结构。于是，在这第三个合成空间里"波兰被分裂"的结构被保留，而"瓜分"的价值被投射到"波兰被分裂"上面。再加上汉语审美输入空间的校验，层创结构而被修改成了"波兰被瓜分"。由于汉语语法校验空间的参与而纠正了时态和语态的问题，所以译者在生成译文的最后一站建构而来的层创结构是"瓜分波兰"。"瓜分波兰"的译文毫无疑问比其他可能出现的译文"桔分波兰"或者"将波兰分成桔子瓣"更容易为中国人所把握，更符合中国人的认知尺度。

5.2.4.2 有关情感激活倾向性的例证

（2）reining favorite in a word. And do you suppose that that woman, of that family, who are as proud as the Bourbons, and to whom the Steynes are but lackeys, [**mushrooms**] of yesterday (for after all, they are not of the Old Gaunts, but of a minor and doubtful branch of the house); do you suppose, I say (the reader must (Chapter 47, ***Vanity Fair***)

——对他哈哈腰，或是请他吃顿饭，他就受宠若惊。"你想，她自己的出身跟波朋王族一样尊贵，在他们看起来，斯丹恩家里的人不过是做佣人的材料，*只好算*

暴发户罢咧。说穿了，斯丹恩他们又不是岗脱家的正宗，他们那一支地位既不显要，来历也不大明白。我且问你，"（请读者别忘了，说话的一直是汤姆·伊芙斯）（第四十七章，《名利场》，杨必译）

例 2 中强调"变化"这一关键关系的典型。译者翻译整个句子时，首先做的是对等直译。在他读到"to whom the Steynes are but lackeys, mushrooms of yesterday"的时候，仍然要建立一系列概念的心理空间。根据大块优先原则，译者会将"mushroom"和"yesterday"联结成一个大块进行处理。在"蘑菇"和"昨天"这两个心理空间中，"蘑菇"输入空间有关于蘑菇生长迅速、形状、颜色、味道等结构，"昨天"输入空间有关于时间、刚刚过去、过时、前后等结构。拓扑结构原则将这连个输入空间里尽可能多的结构复制到合成空间。而在合成空间里，这些被投射过来的结构在整合原则的压缩下进行合成。"蘑菇"输入空间里"生长迅速"和"昨天"输入空间里的"过时"的结构相关，它们被压缩到一起。这时产生一个"刚刚过去的快速增长"一类的层创结构。这种局部的大块操作完成以后，由于递归原则的驱使它重新作为一个新的输入空间而进入新的整合网络。在前文已经建立起来的一系列输入空间里包含着"斯丹恩家里的人"的输入空间。而"斯丹恩家里的人"含有关于家庭成员、背景、经济状况、性格特征等结构。那么关于这两个输入空间而形成的类指空间里就产生抽象结构"变化迅速"，这些成分都投射到合成空间去。在关联原则的作用下，与变化这一关键关系相关的结构——"财富增长快"才能顺利进入合成空间并与另一个输入空间里的结构"刚刚过去的快速增长"压缩到一起。在合成空间里就形成了一个层创结构"斯丹恩家暴富"。再引入各种汉语校验空间进行多次合成之后，译者就产生了符合文体风格的译文"暴发户"。这一译文恰好说明了，译者的变译努力的方向是中国人易于掌握的尺度；而且也比"斯丹恩家迅速发财"更能体现原文中说话人对斯丹恩家的不满和蔑视之情。在译文里所激发出来的情感正好倾向于英语原文所激活的情感。

（3）four men smoked. And Connie sat there and put another stitch in her sewing…Yes, she sat there! She had to sit mum. She had to be quiet as a [**mouse**], not to interfere with the immensely important speculations of these highly mental gentlemen. But she had to be there. They didn't get on so well without her; their ideas (Chapter 4, *Lady Chatterley's Lover*)

——军队里的懒汉罢了。房子里沉静下来了。四个男子在吸烟。康妮坐在那儿，一针一针地做活……是人，她坐在那儿，她得一声不响地坐在那儿。她得象一个**耗子似的静坐在那**儿，不去打扰这些知识高超的贵绅们路每项重要的争论。她不得不坐在那儿；没有她，他们的谈话便没有这么起劲；他们的意见便不能这么自由发挥了。（第四章，《查特莱夫人的情人》，饶述一译）

（4）was as poor as job. I thought of my breakfast then, and what had sounded like My Charley! But I was, I am glad to remember, as mute as a [**mouse**] about it. The hearing of all this, and a good deal more, outlasted the banquet some time. The greater part of the guests had gone to bed as soon as （Chapter 6, ***David Copperfield***）

——半个先令也没有；毫无疑问，梅尔老太太，他的母亲，是一个穷光蛋。于是，我想到我的那顿早餐，想起那约摸像是"我的查理"的声音，可我**一直对那事像只耗子一样不透一点风声**。我一直听，直到宴会结束后，还听了一段时间，听了这些以及其它一些。大多数客人吃喝以后就上床去睡了，我们衣还没脱完，仍低声说着话或（第六章，《大卫·科波菲尔德》，石定乐译）

在例3、4中，译者在概念合成的时候强化了关键关系"相似性"。相似性是内在空间关系的连接成分，并且人类具有直接感知性似性的心理机制。在心理空间网络中，外在空间的连接可以压缩成整个空间的相似性。在翻译的时候，译者还是照常在心里建立一系列的输入空间。"老鼠平静、神秘"这一特征通过合成空间的整合被压缩到人身上，人的安静与老鼠的安静具有相似性。译者没有改变这种相似性，而是把"mouse"变译为了"耗子"。变译的原因在于译者通过调入汉语校验空间后，发现老鼠在中国人的认知语境中引起人们太多的反感和厌恶，而耗子则相对不那么令人讨厌。再加上耗子的习性和老鼠的习性也没有多大差别，这样的改动却能够做到既不增加译文读者的处理努力，又能保留原文的关键关系——相似性。这种变译做法降低了中国人强烈的厌恶情感，而与英语原文中的厌恶感情的程度接近。在既保证关键关系不被抛弃或转变的条件下，又能与英语原文激活的情感相类似，这种变译自然是变得巧妙、合理。

5.3　隐喻翻译的评估标准

5.3.1　汉语 63 部小说中的各类隐喻使用频率

通过对汉语 63 部现当代白话文小说的调查，笔者发现 1200 万字的语料中所用到的概念隐喻占 34.53%，常规隐喻占 62.20%，诗性隐喻占 3.26%（附录 J）。概念隐喻使用百分比比英语的 24.13% 偏高一些，说明中文作家的语言受汉民族文化制约性越强，这进而说明汉语语言比英语语言更富有形象性。汉语小说中诗性隐喻使用百分比太低，说明中文作家比英文作家总体上较少进行诗性隐喻的构建。

再进一步研究统计表格（附录 J），又会发现下面的规律。汉语的概念隐喻主要集中在动物身上，不过在水果和花卉上面也有少量分布，这种数量和百分比表明作家使用概念隐喻的比例和第四部分熟语调查中得出的结果完全一致。这种现象说明了作家对语言的运用与语言中固有的熟语中相关条目有关。

汉语的常规隐喻主要集中在动物和蔬菜上面，而在水果和花卉上也有少量分布，这进一步说明汉语作家的语言比较具有形象性。这一点也和汉语熟语含有相关条目的熟语一致。

汉语中诗性隐喻只有少量分布于花卉上面，其他几乎没有。这也说明了在所调查的条目中并不是所有的条目都是有资格和条件上升到诗性隐喻的高度。

还有一个特别的现象不能不提。那就是，汉语中有关色彩的概念隐喻、常规隐喻和诗性隐喻都有很多，这一点与英语的情况一致。笔者在考察英汉隐喻具体三类内部使用百分比的相关性时，发现两种语言对这三类隐喻的使用百分比具体到每一类的时候并不相关。这说明，在色彩方面的隐喻往往是文化因素汇聚的地方，因而也是译者翻译活动中必须认真处理的内容。

5.3.2　汉语 63 部小说中隐喻的使用倾向和审美追求

通过对 63 部汉语小说 1200 万字中 153 项相关条目的统计分析，笔者发现汉语

隐喻的使用呈现以下的规律性:

第一、关于动物的隐喻使用倾向。在用到动物隐喻的时候，作家往往运用的是动物的形状、习性、行动、神态、颜色和声音（按使用频率的高低排列）。其中，利用声音的隐喻绝大多说是用鸟类或家禽构置隐喻，比如利用鸽子、猫头鹰、鹅、麻雀等的声音来建构隐喻。

第二、关于植物的隐喻使用倾向。在水果、蔬菜和花卉的隐喻共同的使用倾向是运用相关的形状，也存在其他方面的分歧。具体地说，在使用水果构建隐喻的时候，作家往往使用水果的形状、味道和颜色（按使用频率的高低排列）。在用蔬菜作隐喻的时候，作家通常运用的是蔬菜的形状、颜色、味道。而使用花卉的隐喻多半是利用其颜色、形状，而且多用不同花卉来指代各类女人。

第三、关于色彩的隐喻使用倾向。凡是涉及色彩的隐喻多半涉及与英语不同的文化因素。比如，用红色表征正义、革命、警示；用黄色表征尊贵、淫秽和陈旧；用绿色表征生机和饥饿；用蓝色表征优雅和忧郁；用黑色表征庄重和死亡；用白色表征纯洁、吉祥、快乐、悲惨和恐怖。以上这些都是按照使用频率的高低排列的。

第四、而利用季节作隐喻的多半与英语雷同，只不过在英国人的认知语境中夏季与炎热的关系不大，而与美好的气候密切相关。

第五、利用运动项目制作的隐喻十分罕见，并且几乎没有什么规律可言。

总之，汉语作家在构建隐喻时，多半利用某个实体的空间结构，比如形状。关于实体的隐喻绝大多数是利用其物像来构建隐喻，而利用非实体构建的隐喻多半具有抽象的意义。这些使用倾向可以作为评价英语隐喻经过翻译后与汉语隐喻的相似性，以及汉语译文与汉语语言融合的程度，进而判断隐喻翻译在汉语中的效果。

此外，笔者发现语料库里英文小说中隐喻的汉语译文恰好表现出与本小节里汉语作家使用隐喻时完全一致的倾向性。这一发现表明，第一，运用汉语小说中隐喻使用的倾向和审美追求来评价英文小说隐喻的汉语译文恰当、有效；第二，这也从整体上证明了汉语译者在翻译英语隐喻的时候或有意或无意地将译文向着汉语读者易于把握的尺度转化。

5.3.3 隐喻翻译的评估标准

隐喻翻译的评估应该从隐喻的意义建构、感情激活、意图传达、风格再现和审美追求五个方面加以考察。

第一，关于意义建构的问题。没有人会认为原作中的所有的单词都没有任何意义，而只是建构意义的线索。如果文本中的单词没有任何意义，译者就可以随意创造不受任何约束了。这就好比是如果单词不表示任何意思，任何人都可以成为甲骨文专家一样，随意给甲骨文汉字随心所欲地指派意义。实际上，绝非如此，任何文字符号都有一定的意义或者说至少是意义建构的线索（cues）。脱离了语言符号——词汇所进行的翻译属于无本之木。正如崔永禄所指出："翻译不同于创作的最重要一点是翻译受原文的束缚。""作者创作有较多的自主性，而译者则缺乏那种自由。译作如果不传达原文发出的信息就无所谓翻译。"① 在隐喻的翻译中，译者所要作的事情是利用原文中单词的意义和线索进行意义建构。意义建构就离不开概念和概念整合。概念整合是不同的心理空间之间的映射与合成。译者不单要建构原文所表达的意思，还要用汉语来传达原文的意义。实际上，翻译的过程就是译者利用自己的中英文知识而进行的多个心理空间网络的合成。译者所建构的意义不可以让读者误解作者的意图。

第二，关于情感激活的问题。情感是人的内在经验，不是绝对的主动状态，它是一种受外界事物和人体体内变化所引起的被动心理状态。笛卡尔认为，人的原始情感有六种：惊奇、爱好、憎恶、欲望、欢乐和悲哀。这与我国古代的"六情说"（包括喜、怒、哀、乐、爱、恶）及"七情说"（包括喜、怒、哀、乐、爱、恶、欲）大体一致。② 文学作品是诉诸情感的一种艺术活动，作品中的言词总会激发起人们的某种情感。情感总是伴随着语言而产生，但是也有无语言却被激发出来的情感，比如绘画和音乐。但是，正如朱光潜所说，情感和语言的关系是"实质和形式的关系"。③ 如果说语言是情感的表现形式，那么在文学作品中所激发出来人的思想情感才是作者的根本追求。优秀的文学作品中会使用大量的隐喻，而这些隐喻又恰好能够体现作者微妙、跌宕起伏、曲折蜿蜒的情感。如果说译文所激发的情感与在原文中所激发的情感不一致甚至背道而驰，那只能是失败的翻译。但是，由于原文

---

① 崔永禄："霍克斯译《红楼梦》中倾向性问题的思考"，外语与外语教学，2003，（5）：41-44。

② 转引自车文博著《西方心理学史》，杭州：浙江教育出版社，1998年，第87-88页。

③ 朱光潜：《诗论》，合肥：安徽教育出版社，1997年，第80页。

特定语境所涉及的概念和情境与特定的文化因素相联系，而译文中相对应的概念或者情境所激发的情感相反或者不一致，译者需要寻找能激起类似情感的概念或情境。因此，隐喻翻译中的情感激活应该是评估隐喻翻译的关键标准。

第三，关于意图传达的问题。任何语言的发出都是有意图的，文学语言也不例外。文本的意向性体现着作者的意图，它包括对和期盼、信念和记忆相关的话语内容的态度。一个匠心独具的隐喻往往隐藏着作者精巧设计的意图，本来平淡无奇的话语可能足以揭示整部作品的主题。如果不能洞察作者的意图，对译者来说是一件十分危险的事情。如果碰巧直译的语句恰好能够蕴含作者的意图，那真再好不过的事情。如果直译不能传达作者的意图，或者会误导译文读者对作者意图的解读，那么译者就得非常小心地在其他非直译的言语中安排作者的意图。总之，对隐喻意图的准确传达是评价隐喻翻译的不可或缺的条件。

第四，关于风格再现的问题。一个作家的风格指的是包括语音层、词汇层、句法层、修辞层和篇章总体特征在内的各种文体特征。我国学者胡壮麟指出，隐喻"也可以作为文体特征的一个重要方面"。[①] 他论证了，隐喻可以构成一个语篇的文体特征、某个作家文体风格的特征、某些题材文体特征的要素，甚至可以构成时代风格特征的要素。因此，既然隐喻是作品文体风格的一个体现，那么隐喻翻译的评估就不能少了文体风格这一标准的参与。

第五，关于审美追求的问题。在译者对原文解读进行意义建构的过程中，不仅仅有复杂的概念整合运作，而且还存在知觉性的形象认识和意向再造，甚至是积极的审美活动和感情共鸣。"一般来说，任何形式的文学作品都有一种意境和氛围，这种意境与氛围通过作者在作品里所表达的精神气质、思想情操、审美志趣以及他／她所创造的形象营造出来，并构成作品审美价值的核心……文学翻译只有保持和再现原文的这种意境和氛围，才能使译文具有和原文类似的审美韵味。"[②] 译者只有在正确解读原文建构意义的基础上，才能深入到原文的意境中，进而达到一种物我交融的新意象。意境是中国古典文论的一个核心范畴。而营造意境的意象则是意志

① 胡壮麟："隐喻与文体"，载于王守元、郭鸿、苗兴伟主编的《文体学研究在中国的进展》，上海：上海外语教育出版社，2004年，第55-69页。

② 刘士聪：《英汉·汉英美文翻译与鉴赏》，南京：译林出版社，2002年，第3-4页。

的外射或对象化。① 意象是一种能力，构制隐喻也是一种能力。"意象就是在人们的意识中建构的形象，也即意中之象，有意之象，意造之象。"② 意象是主体审美情思和客体审美对象的融合。在主客体交融的过程中产生的新形象每时每刻都伴随着主体的审美体验。意象不仅仅是一种自觉，而且可以作为一种描述而存在，甚至作为一种隐喻而存在。人们如果要把这种体验表达出来自然离不开构制隐喻，以具象或某些旧经验叠加的方式加以呈现。

比如，作家在制作诗性隐喻的时候会最大程度地追求审美性和新颖性以传达他对世界的理解与情感。诗性隐喻不仅影响诗人表达自己的丰富情感，描写复杂的内心世界，而且还影响全诗意蕴的传达。意蕴是意境的组成成分。而意境是"意"——"情""理"与"境"——"形""神"的统一，是客观情趣与主观情趣的统一。③ 意境的构成依靠作品中的意象或意象群，而意境的蕴含是多层次的。诗性隐喻能够把主观情志和客观物象联系在一起。也即是说它的一端是客观物象，另一端是作家的情感和思想。它将使人感受到的诗意传达出来，把思想变成视觉语言，借助语言和想象力与读者进行心理交流。

刘宓庆认为："审美客体的审美价值具有层级性。"④ 他将审美客体的价值分为形式和非形式系统两项共五大类：语音层、文字层、词语层和情志及意象。笔者根据自己对所调查的 153 项涉及的隐喻，发现汉语意象的模糊美是汉语的主流。虽然英语也有模糊美，但这只是英语的支流。

作家利用隐喻是要表达自己奇妙的情绪状态和思想感情。套用克林思·布鲁克斯的话说："文学最终是隐喻的、象征的。"⑤ 而某些精巧的隐喻就是作家智慧和思想的体现。隐喻可以让作家任意驰骋自己的想象力，通过将思想转换为视觉语言，在作品中打上自己独特的烙印。没有隐喻的文学作品恰如死水一潭，让读者阅读之后心灵之湖激不起一丝涟漪。

---

① 朱光潜：《朱光潜美学文学论文选集》，长沙：湖南人民出版社，1980 年，第 192 页。

② 孔建英：《艺术范畴的心理分析》，武汉：武汉出版社，1996 年，第 62 页。

③ 李泽厚：《美学论集》，上海：上海文艺出版社，1980 年，第 339 页。

④ 刘宓庆：《翻译美学导论》，北京：中国对外翻译出版公司，2005 年，第 89 页。

⑤ 克林思·布鲁克斯：《形式主义批评家》，龚文库译，载于《"新批评"文集》[C] 赵毅衡编选. 北京：中国社会科学出版社，1987 年，第 487 页。

由于审美属性是文学作品的本质属性，离开了审美内涵的作品就很难被称为文学作品了。那么，对文学作品的翻译就离不开审美和艺术再现，而且译者的主观创造主要是在艺术信息的再现上。① 在审美活动中，译者首先作为一个审美主体要把自己从原著获得的审美体验想方设法地、富有创造性地在译文中传递个另一个审美主体——译文读者。而译文读者通过对客体的审美把握，才能产生审美感知、联想、想象、情感和意志。译者的审美标准和语言表现能力都影响传达英文原著富有创造性的审美内容。由于人们的审美活动具有格式塔性质②，也就是说，人们虽然是在接受一个一个独立的细小的审美内容，但是却有倾向从总体上对它们进行总体把握，或者说进行完形操作。因此，隐喻虽然是文学作品中较小的审美客体，但是对它的翻译如果忽略了译文审美效果，就很难将翻译作品的水平推向一个优美的高度。因此，对隐喻翻译的评估还必须加上审美追求的标准。

---

① 崔永禄："霍克斯译《红楼梦》中倾向性问题的思考"，外语与外语教学，2003，（5）：41-44。

② 格式塔心理学的创始人是韦特默（Max Wertheimer，1880-1943），他带领自己的助手考夫卡博士和苛勒博士从事似动现象试验，这两位助手同时也是被试对象。他们将完形心理学的原理应用于人类创造性思维的研究，并倡导在教育过程中培养学生创造性思维。根据格式塔心理学（又称完形心理学），含意是被分离的整体或组织结构。其创始人德国心理学家韦特默、考夫卡和苛勒认为每一种心理现象都是一个格式塔，都是一个被分离的整体。整体大于局部之和，形式与关系可以产生一种新的质，即"格式塔"。这是一种突现的、新生的质。这种新质并不属于某个具体部分，也不等于各个部分累加，但它可以统领涵盖各个部分，各个部分也因此被赋予新的涵义。事物的质总是由一种整体性的关系决定的。格式塔心理学有以下五个完形组织法则：1、图形-背景法则（law of figure-ground）：在一个场景内，有些对象凸现出来成为易于被感知的图形，而其他对象则退居于次要地位而成为背景。2、接近法则（law of proximity）：刺激在时间和空间彼此接近时，容易组成整体。3、相似性法则（law of similarity）：互相类似的各个部分被倾向性地看作一群，且容易组成一个整体。4、闭合法则（law of closure）：刺激的特征倾向于聚合成形时，即使期间存在断裂处，也被倾向性地当作闭合而完满的图形。5、连续法则（law of continuity）：刺激中若能彼此连续为图形者，即便期间并不存在连续关系，人们也倾向于将它们组合在一起视为一个整体。

5.4　本章小结

在总结前面几章研究结果的基础上，本章提出了关于隐喻翻译的模型和隐喻翻译的评估标准，用隐喻翻译的模式图来描述了隐喻翻译的过程，并设定了相关参数参。另外，本章还用文字说明和例证来解释隐喻翻译过程中的意义建构和情感激活。

在隐喻翻译的评估标准中，作者提出了评价的五个标准，即，意义建构标准、情感激活标准、意图传达标准、风格再现标准和审美追求标准。这五条标准构成了隐喻翻译评估的相互关联、不可分割的整体。

另外，本章公布了汉语作家使用隐喻的倾向性，这对于解释英语隐喻的汉语译文呈现出来的规律也有很大的帮助，更能说明隐喻翻译的变译是朝着中国人易于掌握的尺度进行的。

第六章　隐喻翻译模式研究结论

首先简要总结本编的方法论在研究实践中的具体做法，然后再用三个小节的篇幅来回顾本研究所取得的成果，最后再对本研究成果的应用和不足进行总结。

第一，本编采取定量分析法和定性分析法相结合，借助问卷调查和语料库等手段，重点研究了英文小说汉译中隐喻翻译的意义建构和情感激活。为了调查英语小说隐喻翻译的意义建构过程，而建立了两个语料库，即英语小说语料库（600 余万单词）和英语小说汉语译文语料库（1100 余万汉字）；为了调查和确立语义原型情感维度模型，而制作了两份有关中英两国人语义原型情感维度的问卷，并且建立了与问卷相关动物的英汉熟语语料库，其中含有英语语料 7,513 单词，汉语语料 18,691 汉字。

第二，建立了汉语现代小说语料库。其目的是为了辅助确立英语小说中隐喻汉译的评估标准。这个语料库收录了 63 部白话文小说，总量达到 1200 万余字。在这个汉语小说语料库里，笔者通过统计和研究语料，发现了汉语隐喻的使用倾向和规律性的东西。这为英文小说隐喻汉译的评估打下了坚实的基础。

第三，通过对英汉人们语义原型情感维度的调查研究，并结合相关语料库的分析，笔者初步建立了动物语义原型情感维度模型，并推演出一个拓展的语义原型情感维度模型。该模型表明，相关情感在意义开始建构的时候就被激活。那么，情感激活毫无疑问也积极参与了隐喻汉译的意义建构过程。

第四，经过对隐喻的英语小说语料库及其汉译语料库的统计和语料的具体分析，笔者基本上查明了在隐喻翻译的过程中变译的概率及其倾向，并建立了隐喻翻译的意义建构模式。

第五，将隐喻翻译的意义建构模式和情感维度模型结合起来后，本编提出了英文小说中隐喻汉译的模式并设定了相关参数。

第六，为了验证隐喻汉译模式，笔者结合汉语小说语料库的研究成果提出了评价隐喻翻译的五条标准。

下面从隐喻翻译的意义建构、情感激活，以及隐喻翻译的评估等三个方面来详细总结本研究的成果。

6.1 关于隐喻翻译意义建构的结论

本研究基本查明了隐喻翻译的变译规律并分析了变译原因。在隐喻翻译的意义建构过程中，有超过百分之八十的隐喻没有发生变译，而发生变译的也都呈现出一定的规律性。本编考察了在宏观方面如框架和认知模式的保留与修正和微观方面 15 种关键关系的保留与修正。不论是宏观结构的改变还是微观关系的调整，译者都是朝着中国人易于理解和易于审美把握的方向进行变译的。

被研究的框架有概念框架、普通情景框架和文化情景框架。由于中英两国人认知语境中相关的框架绝大多数相同，因此多数时候隐喻的翻译在这方面没有什么变化，只是在极少数情况下才发生向汉语读者易于理解和易于审美掌握的方向进行。

被考察的认知模式有命题模式、意象—图式模式、隐喻模式和转喻模式等四种理想化认知模式。笔者观察到，对概念真伪进行判断的命题模式不适合隐喻翻译的研究，这是由于隐喻表达的命题不存在真值问题。而在对意象—图式模式的研究中，研究的重点放在了部分—整体图式、连接图式、中心—边缘图式、前后图式和起点—路径—目标图式等，结果发现英汉相同的意象—图式模式在隐喻的译文中没有发生变译，而是直接保留到了汉译中；而英汉人们认知语境中有差异的意象—图式模式多半在汉语译文中被汉语的有关意象—图式模式所取代，保留在译文里的只是作者的意图和英语原文的意义。

被研究的事物中关键关系有变化、同一性、时间、空间、因果、部分与整体、表征、角色、类比、非类比、特征、相似性、范畴、意向性和独特性。这些关键关系既包括不同空间之间的关键关系又包括同一空间内部结构之间的关键关系。在意义建构的过程中往往受关键关系强化原则的驱使，多数译者不论是下意识地还是有意识地都强化了这些关键关系在概念整合中的作用，因而在译文中也强化了它们，进而凸现了原文作者制作隐喻的意图。当然，也有少数译者没有识别出原文作者的意图，结果在传递这些相关关系的过程中抹杀了作者的意图。由于英语语言中所强调的关键关系于汉语中存在少量的分歧，所以译者为了传递原文的意义和作者的意图对某些关键关系进行了变译，而变译的结果并没有增加汉语读者的处理负担。

汉语译者的处理倾向虽然是向着汉语读者易于理解和易于审美把握的方向进行，但是译文中的变译做法致使绝大多数译文走向平庸化，语言的总体审美效果出现了审美损失。

6.2 关于隐喻翻译情感激活的结论

由于文学作品的本质是审美性和情感诉求，为了确定意义和情感的密切关系笔者有意地避免采用文学作品中使用灵活的隐喻句子，而是从定型化的熟语中查找意义与情感的关系，然后再去验证隐喻的意义建构和情感结果是否类似。研究的结果证明了自己的假设。具体做法如下：

第五章首先采取定量分析法，借助问卷调查和语料库等手段，发现了英汉动物语义原型情感维度的巨大差异。由统计手段所得出的各类图表使得语义原型情感维度的差异更为凸现，为定性分析打下了坚实的基础。如果对比的结果仅仅满足于得出两种语言语义原型的差异，未免流于肤浅，因为大凡可以分辨为两种语言的情况，其间的差异总是显而易见的。对比的关键是要发现深藏于诸多差异等表面现象之下的相似之处。于是在这种信念的驱动下，笔者开始了寻找动物语义原型情感维度的相似之处。

由于人们对动物的好恶程度不完全受语言的影响，语义原型情感维度的建模不能仅仅依赖于对人们喜好程度的调查，还必须考察语料才能建立。这一发现修正了笔者在研究初期的观念——语言决定思维，这一极端化的假设。

接下来，在定性分析的的过程中，本编证实了最初的基本假设，即语言和思维有一定的关系；语言影响人们的对动物的喜好程度，进而影响人们的思维方式。虽然人们对动物的好恶受母语的影响，即一个人的成长过程伴随着认知的发展程，某种语言里语义范畴化影响到一个人的思维；但是语言对思维的影响有限。另外，人们对动物的好恶程度还受其主观性、变化性等因素的影响，我们在建立动物语义原型的情感维度时剔除了这方面的干扰，专注于抛开差异寻找相似性，以及隐含在相似之处下面的语义原型情感维度的模式。

最后，在研究两个微型生语料语料库的定性分析过程中，我们找到了英汉两种语言有关动物语义原型情感维度的相似之处，并建立起语义原型情感维度模型（在第四章第四节），同时提出了影响情感维度的五个因子——思维倾向、动物损益、宗教哲学、神话传说和动物形象。其中，神话传说因子具有最优先的约束力，最容易从"逃逸通道"进入人们的头脑而使人的思维披上文化外衣。

后来，这个动物语义原型的情感维度模型又被推演到实体和非实体的情感维度语义原型，最终得出了高度概括的语义原型情感维度模型。具体地说，影响实体的情感维度因子有形象因子、功能因子、意识形态因子和思维倾向因子；影响非实体的情感维度因子有舒适度因子、紧张度因子、意识形态因子和民族性格因子。再进一步概括影响实体和非实体的情感维度因子的共性，笔者就得出了影响情感的因子有两大类：文化因子和非文化因子。

而获得的语义原型情感维度模型则证明了意义建构和情感激活是相伴而生、无法分离的。意义建构和情感激活是话语的两个不可分割的方面，就好比是一枚硬币的正反两面一样相互依存。后来，通过研究语料库里英文小说的隐喻翻译，笔者再度证实了意义建构和情感激活密不可分的这一假设。因此，隐喻翻译的过程是意义建构和情感激活的对立统一。

本研究还发现英文小说中隐喻的汉语译文所激活的情感几乎与原文的保持一致，完全一致的情感也确保了原文作者意图的传达。所激活的情感进而成为在译文中连接意象、营造意境的纽带。

6.3　关于隐喻翻译评估的结论

实际上，在研究隐喻翻译中意义建构和情感激活的过程中，译者心目中的隐喻翻译的标准才是影响隐喻翻译的关键因素。通过对语料库语料的研究，笔者注意到译者心目中的隐喻翻译标准包括以下五个方面：意义建构、感情激活、意图传达、风格再现和审美追求。各个不同的译者虽然能力有高下，但是他们在隐喻翻译中存在对这五个方面的共同追求，而且在共同追求中体现出来的译文又恰好出现了共同的趋势：译文易于读者理解和译文易于读者审美接受。

第二编

针对英汉翻译软件开发的基础研究

第七章　英汉翻译软件的总体 设计思路及词库建设

7.1　英汉翻译软件的总体设计思路

多年来，笔者在研读翻译语料的过程中发现几乎所有翻译家的翻译单位都不是基于单个单词的语际转换，而是通常对大于一个单词的结构的整体操作。正是基于这样的感性认识和认知语言学的理论思考，笔者提出英汉翻译软件的总体设计思路如下：

本研究今后，以及现在正在从事的软件设计都是基于"大块"的操作原则，或者说在软件运算的过程中遵循"大块优先"的原则。在运算的过程中，软件在找不到大块的情况下，再对"块间成分"进行处理。

在本研究中，"大块"指的是任何大于一个单词的结构式，它具有相对稳定的语义或者语法意义。"大块"分为"基本大块"和"特殊运算类大块"两大类。"基本大块"又进一步分为熟语和句式两类，其中的熟语包括习语、谚语、成语等形式，熟语类大块含有相对稳定的语义内容；而句式类大块包括各种固定搭配结构，以及各种句型结构，句式类大块有助于句子成分的识别，还有助于进一步确定汉语译文的语序排列。

"特殊运算类大块"指的是各种需要特殊算法才能实现的大块，虽然这类大块也含有语义内容，但是它们的语义内容是在人类的两种基本思维方式（隐喻和转喻）运作下而产生的创造性语义表述。对于这类大块的语义获取需要运行复杂的特殊算法才能实现。特殊运算类大块的表现形式是隐喻、转喻、夸张、矛盾修饰法等创造性使用语言的各种用法。

"块间成分"指的是在大块之间的成分，它的表现形式为单个的单词（包括名词、动词、副词、形容词、介词、连词、冠词、代词、感叹词等）。它是软件在查询核对过内部各类大块词库（包括熟语库、句式库）之后无法确认的内容，往往是一个一个的单词。对于这些单个单词的处理，其优先级别低于各种基本类大块。

在运算的过程中，对于大块的操作方式是将大块整体译出、暂存，然后按照汉语语序排列，接下来是添加量词、虚词，以及标点符号，最后再将汉语译文存盘。对于非大块（即块间成分）的操作方式是按照文体风格、词汇色彩、情感计算的算法运算后，在词库中找到其所对应的汉语译文并暂存，将这些"块间成分"按照汉语语序排列，但是其汉语译文中的主谓关系遵循英语原文的主谓关系，而不是做无限制的汉语语序重排工作。需要注意的是本研究词库中的所有形容词的译文都没有"的"字，副词的译文都没有"地"字。因为在汉语表达中凡是用到"的"或者"地"字的情况下，软件会为汉语译文按照汉语规律自动添加。没有添加"的"或者"地"字的汉语译文，也很少会出现歧义或者误解。但是，如果英语句子中每出现一个形容词，其所对应的汉语译文中都有一个"的"字的话，汉译会变得拗口、臃肿，难以卒读。因此，词库中形容词与副词的汉语译文的编写方式正是出于保障译文流畅的目的。

以下是翻译软件运行流程图：

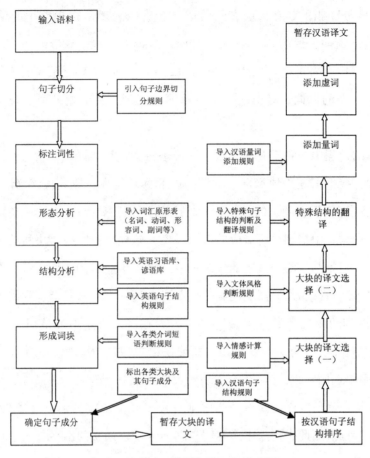

图 7.1　英汉翻译软件运行流程图

7.2　词库建设的总规定

笔者在此建立的既是一个英汉词库，又可以用来进行逻辑运算的知识库。该库利用牛津英汉双解大辞典的英汉释义，结合英汉翻译软件的需求，重新对汉语释义进行改编。改编的汉语翻译力争符合简洁、准确的汉语表达习惯。另外，为了满足机器翻译的各种需求，我们对英汉词库里的每一个词条进行了标注。因此，它既有对简单概念的描述，也有对复杂概念的描述。为了能使计算机在翻译的过程中通过合理的逻辑推导，选取恰当的概念结构或者词汇义项，我们需要明确描述概念之间的关系，以及概念的不同属性之间的关系。这个词库里包括编号、英文单词、词性、词汇色彩、文体特征、抽象或者具象、有灵或者无灵、语义描述及汉译对等物等信息。其中语义描述包括事物、运动、属性、概念间的关系、动名语义关系等四大类。为了准确描述、前后一致，我们设计了一套描述英汉词库的描述语言。

（1）每一个条目都是概念结构的描述，无论多么复杂，只占一行；

（2）每一条包含的信息有编号、英文单词、词性、词汇色彩、文体特征、抽象或具象、有灵或无灵、语义描述及汉译对等物。

（3）"编号"从 000001 开始，每条概念结构算作一个条目，其后一定有一个包括描述汉译对等物的描述。

（4）"英文单词"的拼写形式，无论名词、动词、形容词和副词，一律采用原型。其他曲折变化形式另有附表。

（5）"词性"按照九大此类标注：名词、动词、形容词、副词、介词、连词、冠词、代词、叹词。若条目为英文短语或习语，则在词性一段标记为 p。

（6）"词汇色彩"分为褒义、中性、贬义三类，分别标记为 c1、c2、c3。

（7）"文体特征"分为刻板体（frozen Style）、正式体（formal style）、询议体（consultative style）、随便体（casual style）、亲密体（intimate style），分别标记为 s1、s2、s3、s4、s5，任何文体均可使用的情况标记为 s＊。

（8）"具象和抽象"与"有灵和无灵"则按照语义分类体系里的划分加以标注。介词、冠词和连词则标记为 abstract0 或者 animate0.

（9）"语义描述信息"放在一对大括号里，左大括号表示概念描述的开始，右大括号表示概念描述的结束。

（10）概念描述必须标明该概念属于事物、运动、属性当中的哪一类。

（11）属性类概念必须标明其宿主。

（12）部分—整体类型的概念必须标明该部分的整体。

（13）概念描述中的特性至少有一条，数量不限，只要是汉语对等物一样的特性均可一起列出多条属性。

（14）汉译必须简洁、准确，适合用作汉语译文。

7.3 各类标示符说明

符号	名称	功能描述
c	色彩	表示词汇色彩
s	文体	表示文体特征
p	熟语	表示固定短语、习语、谚语、套话等
concrete	具象	表示具象事物
abstract	抽象	表示抽象事物
animate	有灵	表示有灵的事物、以及与有灵事物搭配的属性和动作
inanimate	无灵	表示无灵的事物、以及与无灵事物搭配的属性和动作
[	左方括号	表示翻译敏感信息的描述开始
]	右方括号	表示翻译敏感信息的描述结束
{	左大括号	表示一个概念描述的开始
}	右大括号	表示一个概念描述的结束
:	冒号	表示后面是对冒号前面的概念结构的具体描述
,	逗号	表示一个概念结构描述的结束
=	等号	表示一个动态角色或者特征所具有的具体值
;	分号	表示有几个概念组合而成的复杂概念。分号前面的部分必须是一个完整的概念描述
" "	引号	表示特殊意义或者专有名词
*	通配符	表示适合各种情况，如 s * 表示适合各种文体风格的译文
0	零	表示该项空缺，如 G0 表示该短语的"词性"项空缺
/	斜杠	表示后面列出的是汉译

符号	名称	功能描述
n	名词	表示名词
content n	事实名词	表示可以接同位语从句的名词
v	动词	表示动词
vt	及物动词	表示及物动词
vi	不及物动词	表示不及物动词
link v	连系动词	表示连系动词
adj	形容词	表示形容词
adv	副词	表示副词
commentary adv	评注性副词	表示做评注性状语的副词
conj	连词	表示连词
prep	介词	表示介词
int	感叹词	表示感叹词
art	冠词	表示冠词
pron	代词	表示代词

文字说明：

1. 关于"c"的说明：这个字符表示词汇色彩（word color）用于情感计算，协同其他因素辅助语义消歧和确定汉语译文的文体风格。词汇色彩共分为三个类别：褒义（c1）、中性（c2）和贬义（c3）。

2. 关于"s"的说明：这个符号表示该词汇在可能承担的文体风格特征。文体风格分为五类：刻板体（frozen Style）、正式体（formal style）、询议体（consultative style）、随便体（casual style）、亲密体（intimate style），分别标记为 s1、s2、s3、s4、s5，任何文体均可使用的情况标记为 s*。

3. 关于"p"的说明：凡是出现习语、谚语、短语的地方一律标注为 p，其词性则被标注为 G0。

4. 关于"concrete"和"abstract"的说明：这对词语除了对事物进行具象或抽象的标注外，对于事物所涉及的运动和属性也区分出来抽象和具象，并标注到词库里，以便为各类隐喻的识别及其翻译提供可以逻辑推导的信息。但是，介词、冠词和连词不标注具象或者抽象，而是统一标注为 A0。

5. 关于"animate"和"inanimate"的说明：人被标注为"animate"，其余事物被标注为"inanimate"。这对词语除了对事物是有灵或者无灵的标注之外，还用于标注动词的有灵和无灵（由人来发出的动作标注为"animate"，不是由人发出的动作标注为"inanimate"）。同样该对词语还被用于标注表示属性类概念的词汇。

6. 关于方括号的说明：翻译敏感信息开始表述时使用左方括号，翻译敏感信息描述结束时使用右方括号。

7. 关于大括号的说明：概念开始表述时使用左大括号，概念结束描述时使用右大括号。两端大括号内可以嵌套多层成对大括号，用于表述概念的结构、概念之间的关系，以及概念的属性之间的关系等等。

8. 关于冒号的说明：冒号用于成对出现的大括号内，表示后面内容是该冒号前面内容的具体描述。这个具体描述可能涉及该概念所具有的属性和各种关系。

9. 关于逗号的说明：当用于描述一个概念的属性或者关系多于一个的时候，后面的属性用逗号与前面的隔开。

10. 关于等号的说明：表示一个动态角色或者特征所具有的具体值。等号前面的内容为动态角色或特征，后面的为该动态角色或特征所具有的具体值。不同概念因为简繁差异，其具体值可以为一项或者多项，多项具体值之间无分隔符。

11. 关于分号的说明：分号用于描述有多个简单概念组成的复杂概念，不同简单概念描述之间的分割用分号。

12. 关于引号的说明：引号用于标注专有名词，包括国家名、城市名，以及非人名命名的地名。后面这三类专有名词其中包含"the"的时候，这个定冠词在汉语译文中不翻译出来。

13. 关于通配符的说明：通配符表示适合于各种情况。

14. 关于零的说明：表示不存在该项需要标记的信息，该项空缺。

7.4 各类概念的描述方法

7.4.1 事物类概念的描述方法

直接对简单概念进行标注，有些复杂概念需引入动态角色才能很好地描述。

例 1 sky，［n，c2，s＊，concrete，inanimate］，｛space：scope＝｛surrounding earth〕／天空

例2 food，〔n，c2，s＊，concrete，inanimate〕，｛edible｝／食物

例3 bread，〔n，c2，s＊，concrete，inanimate〕，｛food：patient＝｛edible｝｝／面包

例4 hoof，〔n，c2，s＊，concrete，inanimate〕，｛part：Partposition＝｛foot，whole＝｛livestock｝｝｝／蹄

7.4.2 运动类概念的描述方法

对运动类概念的描述往往涉及动态角色及其属性值。

例5 fish，〔v，c2，s＊，concrete，animate〕，｛catch：patient＝｛fish｝｝／捕鱼

例6 navigate，〔v，c2，s＊，concrete，animate〕，｛guide：ResultEvent＝｛VehicleGo｝｝／导航

例7 sneak into，〔vp，c3，s＊，concrete，animate〕，｛GoInto：manner＝｛secretly｝｝／混进

7.4.3 属性及属性值类概念的描述方法

属性类的概念标注时必须通过动态角色（host）加以标注。标注格式是：host＝｛宿主结构1｝｛宿主结构2｝｛宿主结构3｝。如果宿主的概念结构只需一条就可以清楚描述，那么就可以只列举一条宿主结构。

例8 delicious，〔adj，c2，s＊，concrete，animate〕，｛tasty：host＝｛food｝｝／美味。

例9 pink，〔adj，c2，s＊，concrete，inanimate〕，｛hue：host＝｛color｝｝／粉红色。

7.4.4 短语类复合概念的描述方法

短语类复合概念这里指的是谚语、习语、套话等结构较长的语言片段，对它们

的描述要涉及动态角色及属性。

例 10 When in Rome, do as a Roman does.，〔P，c2，s＊，concrete，animate〕，｛AlterManner：according to＝｛customs｝｝／入乡随俗

7.5 词库描述的各种动态语义角色

本研究采用董振东的研究成果，他在知网里划分了90种动态语义角色。因为其分类和描述有利于计算机进行逻辑推导，本研究已经全部借鉴过来并在英汉词库里按照自己的描述方式对英语语汇做了描述。以下是董振东的分类和定义：

1. AccordingTo 根据
2. CoEvent 对应之事件
3. ContentCompare 比较内容
4. ContentProduct 内容成品
5. DurationAfterEvent 后延时段
6. DurationBeforeEvent 前耗时段
7. EventProcess 事件过程
8. HostOf 之宿主
9. LocationFin 终处所
10. LocationIni 原处所
11. LocationThru 通过处所
12. MaterialOf 之材料
13. OfPart 部分
14. PartOfTouch 触及部件
15. PatientAttribute 受事属性
16. PatientPart 受事部件
17. PatientProduct 成品受事
18. PatientValue 受事属性值
19. QuantityCompare 比较量
20. RelateTo 相关

21. ResultContent 结果内容
22. ResultEvent 结果事件
23. ResultIsa 结果类指
24. ResultWhole 结果整体
25. SincePeriod 起自时段
26. SincePoint 起自时点
27. SourceWhole 来源整体
28. StateFin 终状态
29. StateIni 原状态
30. TimeAfter 之后
31. TimeBefore 之前
32. TimeFin 终止时间
33. TimeIni 起始时间
34. TimeRange 时距
35. accompaniment 伴随
36. agent 施事
37. and 并列
38. belong 归属
39. beneficiary 受益者
40. besides 递进

41. but 但是

42. cause 原因

43. coagent 合作施事

44. comment 评论

45. concerning 关于

46. concession 让步

47. condition 条件

48. content 内容

49. contrast 参照体

50. cost 代价

51. degree 程度

52. descriptive 描写体

53. direction 方向

54. distance 距离

55. duration 进程时段

56. emphasis 强调

57. except 除了

58. existent 存现体

59. experiencer 经验者

60. frequency 频率

61. host 宿主

62. instrument 工具

63. isa 类指

64. location 处所

65. manner 方式

66. material 材料

67. means 手段

68. method 方法

69. modifier 描述

70. or 或者

71. partner 相伴体

72. patient 受事

73. possession 占有物

74. possessor 占有者

75. purpose 目的

76. quantity 数量

77. range 幅度

78. relevant 关系主体

79. restrictive 限定

80. result 结果

81. scope 范围

82. sequence 次序

83. source 来源

84. state 状态

85. succeeding 接续

86. target 目标

87. time 时间

88. times 动量

89. transition 转折

90. whole 整体

7.6 英汉翻译软件的语义分类体系

本书作者对鲁川、董振东、陈晓荷等人、以及北京大学中文系 973 项目组提出来的汉语语义分类体系研究之后，结合英汉翻译的实际特点将英汉词库当中的概念分为三类，即事物、运动和属性。具体地说，前面第一部分关于事物的分类采用 973 项目组的分类，后面采用鲁川的关于运动和属性的分类。这是由于 973 项目组的后面关于"形状"和"运动"的语义分类不便于查明英汉翻译中变译的情况。本书作者仅对鲁川后面分类里英文表述不确切之处做了简单修正。终端节点后面的英文例子皆来自本人标注的英汉词库。

"事物"的定义：具有稳定结构的具体或者抽象的存在形式。在英汉词库里代码为 N。

"运动"的定义：指的是实体的运动、变化和关联，它包括某一情景中物体的状态变化、某个施事者产生的意向性动作。在英汉词库里代码为 V。

"属性"：是事物在属性域的取值，用来界定事物的特性。在英汉词库里代码为 A。

1. 事物（object and thing）（根节点：1；终端节点：54；非终端节点：14）

1.1 具象事物（the concrete）

1.1.1 生物（creature）

1.1.1.1 人类（human）

1.1.1.1.1 个人（individual）：monk，worker

1.1.1.1.2 人群（mass）：people，committee

1.1.1.1.3 机构（institution）：UN，NATO

1.1.1.2 动物（animal）

1.1.1.2.1 兽（beast）：horse，tiger

1.1.1.2.2 鸟（bird）：sparrow，parrot

1.1.1.2.3 鱼（fish）：carp，eel

1.1.1.2.4 虫（insect）：earthworm，cockroach

1.1.1.2.5 爬行动物（reptile）：frog，snake

1.1.1.3 植物（plant）

1.1.1.3.1　树（tree）：fir, pine,

1.1.1.3.2　草（grass）：dandelion, sensitive grass

1.1.1.3.3　花（flower）：rose, peony

1.1.1.3.4　庄稼（crop）：wheat, vegetable

1.1.1.4　微生物（microbe）：bacteria, virus

1.1.2　非生物（non-creature）

1.1.2.1　自然现象（natural phenomenon）

1.1.2.1.1　可视现象（visual phenomenon）：fire, rainbow

1.1.2.1.2　可听现象（audio phenomenon）：thunder, sound

1.1.2.2　自然物（natural object）

1.1.2.2.1　地表物（landscape）：desert, cave

1.1.2.2.2　水域物（waters）：lake, river

1.1.2.2.3　天体（celestial）：sun, moon

1.1.2.2.4　矿物（mineral）：coal, ore

1.1.2.2.5　元素（element）：gold, silver

1.1.2.2.6　基本物质（basic material）：water, ash

1.1.2.3　人造物（artifact）

1.1.2.3.1　服饰（clothing）：apron, shoe

1.1.2.3.2　食品（food）：noodle, bread

1.1.2.3.3　药品（medicine）：vitamin, penicillin

1.1.2.3.4　建筑（building）：reservoir, temple

1.1.2.3.5　器具（utensil）

1.1.2.3.5.1　用具（tool）：umbrella, knife

1.1.2.3.5.2　交通工具（vehicle）：plane, bus

1.1.2.3.5.3　武器（weapon）：rifle, cannon

1.1.2.3.5.4　家具（furniture）：table, sofa

1.1.2.3.5.5　乐器（musical instrument）：piano, flute

1.1.2.3.5.6　电器（appliance）：television, refrigerator

1.1.2.3.5.7　文具（stationery）：pencil, rubber

1.1.2.3.5.8　运动器材（facility）：soccer, basketball

1.1.2.3.6　原材料（raw material）：timber, glass

1.1.2.3.7　创作物（creation）：novel, painting

1.1.2.3.8　计算机硬件（hardware）：mouse, monitor

1.1.2.3.9　计算机软件（software）：windows xp, adobe reader

1.1.2.3.10　符号（symbol）：sign, signature

1.1.2.3.11　钱财（money）：dollar, security

1.1.2.3.12　票证（certificate）：invoice, diploma

1.1.2.4　排泄物（excrement）：sweat, urine

1.1.2.5　构形（configuration）：circle, square

1.1.3　构件（component）

1.1.3.1　生物体构件（component of a creature）：face, mouth

1.1.3.2　非生物体构件（component of a non-creature）：eave, brake

1.2　抽象事物（the abstract）

1.2.1　事件（event）：war, conference

1.2.2　领域（domain）：economics, mathematics

1.2.3　法规（regulation）：criminal law

1.2.4　生理（physiology）：fever, illness

1.2.5　意识（consciousness）：imagination, interest

1.2.6　信息（information）：message, password

1.3　时间（time）

1.3.1　时间点（moment）：9 o'clock, now

1.3.2　时间段（duration）：winter, year

1.4　空间（space）

1.4.1　方位（orientation）：east, south

1.4.2　场所（location）：White House, Florida

2.　运动（movement）（根节点：1；终端节点：26；非终端节点：10）

2.1　静态（static）

2.1.1　状态（state）

2.1.1.1　存在（existence）

2.1.1.2　特征（property）

2.1.1.3　态度（attitude）

2.1.2　心理（mentality）

2.1.2.1　感知（perception）

2.1.2.2　情感（emotion）

2.1.2.3　思想（thought）

2.1.3　关系（relation）

2.1.3.1　领属（possession）

2.1.3.2　类同（classification）

2.1.3.3　关联（relevance）

2.2　动态（dynamic）

2.2.1　自动（self-motion）

2.2.1.1　自变（self-change）

2.2.1.2　进展（development）

2.2.1.3　自移（self-move）

2.2.1.4　活动（activity）

2.2.2　关涉（concern）

2.2.2.1　遭受（encounter）

2.2.2.2　对待（treatment）

2.2.2.3　寻求（seeking）

2.2.3　改动（reformation）

2.2.3.1　支配（control）

2.2.3.2　致变（transformation）

2.2.3.3　促使（impel）

2.2.3.4　创建（creation）

2.2.4　交际（communication）

2.2.4.1　探寻（inquiry）

2.2.4.2　传播（propagation）

2.2.5　转移（transfer）

2.2.5.1　索取（exaction）

2.2.5.2　给予（give）

2.2.5.3 交换（exchange）

2.2.5.4 搬移（remove）

3. 属性值（根节点：1；终端节点：36；非终端节点：13）

3.1 现象（phenomenon）

3.1.1 空间

3.1.1.1 尺寸（size）

3.1.1.1.1 距离（distance）：long, near

3.1.1.1.2 面积（area）：spacious, narrow

3.1.1.1.3 体积（volume）：skinny, huge

3.1.1.2 外观（appearance）

3.1.1.2.1 形状（shape）：flat, round

3.1.1.2.2 外表（surface）：smooth, loose

3.1.1.3 光彩（brilliance）

3.1.1.3.1 光亮（brightness）：bright, dim

3.1.1.3.2 色彩（color）：red, blue

3.1.1.4 方位

3.1.1.4.1 方向（direction）：east, north

3.1.1.4.2 位置（position）：back, front

3.1.2 时间（time）

3.1.2.1 时机（opportunity）：early, late

3.1.2.2 历时（duration）

3.1.2.2.1 久暂（lapse）：instant, lasting

3.1.2.2.2 新旧（novelty）：fresh, new

3.1.2.2.3 老幼（age）：young, old

3.1.2.3 速度（speed）：fast, slow

3.1.3 气候（climate）

3.1.3.1 气象（weather）：cloudy, cold

3.1.3.2 湿度（humidity）：dry, damp

3.1.4 感觉（sensation）

3.1.4.1 音响（sound）：clear, soft

3.1.4.2 气味（smell）：fragrant, offensive

3.1.4.3 味道（taste）：sweet, bitter

3.2 性质（quality）

3.2.1 物性（physical）：hard, heavy

3.2.2 生理（physiological）：male, strong

3.2.3 心理（psychological）：happy, sad

3.2.4 事理（reasonability）：true, fake

3.2.5 品德（morality）：loyal, cunning

3.2.6 才能（talent）：clever, stupid

3.2.7 性格（character）：gentle, sharp

3.2.8 态度（attitude）：amiable, rude

3.2.9 评价（evaluation）：marvelous, excellent

3.3 境况（situation）

3.3.1 事态（condition）：dangerous, stable

3.3.2 环境（environment）：quiet, dirty

3.3.3 人际（interpersonal）：harmonious, respectable

3.3.4 社会（social）：rich, poor

3.4 数量（quantity）

3.4.1 序数（ordinal）：first, last

3.4.2 确数（definite）：seven, thousand

3.4.3 概数（approximate）：several, couple

3.4.4 频度（frequency）：again, usual

第八章 英汉翻译软件的翻译算法

　　为了使计算机能够实现从英语到汉语的翻译转换，需要给计算机提供各种各样的知识，并用算法的形式规定计算机作出科学合理的运算，以便使汉语译文达到准确、通顺的标准。本章将详细描述这项研究里编程所采用的各类翻译算法。这些算法共分为十五大类：英语句法分析的算法、英语语句语义消歧的算法、英语文体风格判定的算法、英语特殊句式的翻译算法、汉译语序调整的算法、汉译添加虚词的算法、汉译添加量词的算法、英语句式的判定及翻译算法、英语辞格的翻译算法、人物情感计算及其算法、汉语译文添加虚词的算法、英语句式译成汉语惯用句式的翻译算法、英语副词的翻译算法、英语数词的翻译算法、英语虚拟运动句子的翻译算法等等。这些算法有的涉及大块的判定识别问题，有的涉及块间成分的处理问题，有的涉及大块的翻译问题，有的涉及块间成分的翻译问题，有的涉及添加块间成分的问题、有的涉及特殊运算类大块的处理问题等等情况。下面，我们逐一讨论各类算法。

8.1 英语句法分析的算法

　　英语句法分析的算法是为了解决句式类"基本大块"的识别问题以及句子的判定问题。这是因为机器翻译的第一步需要计算机对所输入英文语句作出正确的句法分析。如果计算机没有能够对一个英语语句分析之后获得一个正确的主干结构，那么它产出的汉语译文十有八九是颠三倒四、难以卒读。正确的英语语句的主干结构是建立在已有英汉词库的词库标注和合理的算法基础之上的。这一节主要讨论如何让计算机识别句子的各类句子成分。我们首先来探讨简单句的分析算法，然后再讨论并列复合句和主从复合句的分析算法，最后再来讨论英语时态与汉语时态对译的算法。

8.1.1 英语句子边界的识别

关于英语句子边界的识别问题，王斌在其博士论文"汉英双语语料库自动对齐研究"中，朱莉、孟遥、赵铁军、李生在其合作撰写的研究论文"英语句子边界的识别"中分别提出了自己的激发环境函数、转换规则模板等算法。下面概述如下：

英语句子边界的识别的设计理念是基本转换的错误驱动学习。

激发环境

【左单词】　　【前缀】　　【句点】　　【后缀】　　【右单词】

leftword　　prefix　　suffix　　rightword

seen　　Mr　　Null　　Wang

激发环境函数

——prefix：是否为空（isNull），右端是否为数字（isRdigit），右端是否句点（isRdot），右端是否其他标点（isRpunct），是否英语单词（isEnglishword），首字母是否大写（isCapitalized）。

——suffix：是否为空（isNull），左端是否为数字（isLdigit），左端是否句点（isLdot），左端是否其他标点（isRpunct），是否英语单词（isEnglishword），首字母是否大写（isCapitalized）。

——leftword：是否为空（isNull），是否英语单词（isEnglishword），左端是否为句点（isLdot），左端是否其他标点（isLpunct），首字母是否大写（isCapitalized）。

——rightword：是否为空（isNull），是否英语单词（isEnglishword），右端是否为句点（isRdot），右端是否其他标点（isRpunct），首字母是否大写（isCapitalized）。

转换规则模板

如果某句点的 prefix 各属性取值为布尔集合 A，同时 suffix 各属性取值为布尔集合 B，leftword 各属性取值为布尔集合 C，rightword 各属性取值为布尔集合 D。

那么，该句点将由表示结尾改变为不表示结尾（或者由不表示结尾改变为表示结尾）。

其中 A、B、C、D 分别表示属性的取值集合。

初始标注器

——任意标注，或者

——全部句点标注为句子边界，或者

——全部句点标注为非句子边界

规则组织形式：一个规则序列

标注算法：对初始标注的语料中的每一个句点，依次执行规则序列中的每一条规则，对该句点的标注进行修改。

规则评价函数

$$
F(T) = \begin{cases} Num\_good\_transform_T, & \text{当 } Num\_bad\_transform_T = 0 \\[3ex] Num\_good\_transform_T / Num\_bad\_transform_T & \text{当 } Num\_bad\_transform_T \neq 0 \end{cases}
$$

学习到的规则样例：

If

——prefix 满足：isRdigit = Yes

——suffix 满足：isLdigit = Yes

——leftword 满足：isEnglishword = Yes, isRdot = No, isRpunct = No, isCapitalized = No

——rightword 满足：isEnglishword = Yes, isLdot = No, isLpunct = No, isCapitalized = No

Then

——该句点在表示结尾→ 该句点不表示结尾

但是，鉴于目前英汉翻译研究界尚且缺乏一个拥有五六十万单词总词库的情况下，计算机无法自动识别哪些字符串是一个合法的英语单词，本研究决定另辟蹊径，采取缩略语排除法，以提高运算效率。凡是英语段落里正常句子之间存在一个句号、问号、感叹号的情况，就可以基本上把该标点之前的内容作为一个句子来切分。但是由于英语的句号与缩略语后面的圆点、小数中间的小数点以及网页域名表达式中的圆点会被计算机识别为英语的句号，所以主要排除一下不是句子边界的情况：

（1）人名前后都带缩略语圆点的情况，如：Dr. J. M. Freeman；T. Boom Pickens, Jr.。

（2）人名前表示职务、称呼类的缩略语圆点，如："This is …!" said Rep. John Rowland。

（3）小数，如：1. 1 kilograms weight。

（4）网页域名表达式中的圆点，如：Our website is http：//www. jsnu. edu. cn。

（5）省略号中的圆点，如：He said，"You …，you are Minister Dong？"

由于缩略语的数量有限，它比五六十万单词的数量少多了，再加上缩略语在英文段落中的频率有限，所以添加一个常用缩略语表即可排除上述一、二两种不是句子边界的情况。如果涉及专业领域，如经贸商务、化学化工、机械制造等领域，也可以添加一个现成的相关行业的缩略语表，来处理这类文章里英语句子的断句问题。添加若干运算规则即可排除小数中的圆点、域名表达式中的圆点，以及省略号中的圆点。这样做就能够大大提高软件的计算效率。

8.1.2 英语句子中介词短语结构的判定算法

英语句子中存在各类介词短语结构。对这些介词短语结构的成功识别直接影响着各类修饰限定语的界限及其所修饰的内容，进而影响各类句子成分在译文里语序的排列。限于篇幅，此处探讨介词短语判定算法仅以介词"of"短语为例。此处的算法用来处理句式类基本大块的判定与识别问题。

结构的翻译算法

本小节算法是受自杨森、胡富茂所著"英汉机器翻译中'OF'结构的处理"一文的启发（参见《HNC与语言研究（第四辑）》）。为了做到与本研究的描述体系相吻合，表达式略有改动。

在"OF"结构的类别判断之前，先比对词库里是否有一样的习语或者谚语。如果有，则优先调出词库里的译文，暂存，且不再判断其类别；如果没有，则进行如下的推理运算。

"OF"结构的五种类型：

（1）逆序主谓关系：如"the requirements of times"

（2）顺序主谓关系：如"loss of energy"

（3）施受关系：如"the book of Hugo"

（4）主属关系：如"the children of the family"

（5）同个关系：如"the city of Rome"

（6）偏正关系：如 "a man of ability"

"OF" 结构的提取过程如下：

（1）对英语原句进行自动句法分析；

（2）以 "OF" 为锚点，向前、向后扫描，直到遇到终止符；

（3）将终止符号（VP、S、PP 等非 NP 符号）以内的所有英文字母串提取出来，作为 "OF" 结构初选结果 F1；

（4）检查 F1 是否含有并列结构，若有，则送入并列结构处理模块，否则转为一般处理模块；

（5）最终确定 "OF" 结构 F

"OF" 结构中包含并列结构的情况：

Basis（基本情况）：C_1 + OF + C_2（基本类型）

I：C_1 + AND + C_2 + OF + C_3

II：C_1 + C_2 +… ［连接符号］+ C_n + OF + C_{n+1}

III：C_1 + OF + C_2 + AND + C_3

IV：C_1 + OF + C_2 +… ［连接符号］+ C_n

V：C_1 + AND + C_2 + OF + C_3 + AND + C_4

VI：其他复杂格式

I 类结构的确定：

（1）计算 C_1 和 C_2 的语义相似度 A_1 如果网络负荷不匹配或者概念结构冲突，则判定 "OF" 结构为 C_2 + OF + C_3。（B）

（2）若 $A_1 > 4$，则 "OF" 结构为 C_1 + AND + C_2 + OF + C_3。（I）

（3）分别计算 C_2 与 C_3 的语义相似度 A_2，C_1 与 C_3 的语义相似度 A_3。若 $A_2 \leqslant A_3$，则判定 "OF" 结构为 C_1 + AND + C_2 + OF + C_3。（I）

（4）若 $A_2 > A_3$，则判定 "OF" 结构为 C_2 + OF + C_3。（J）

II 类结构的确定：

（1）取 C_n 和 C_{n+1} 作为本形式，将 C_1 至 C_{n-1} 送入堆栈；

（2）取栈顶元素 C_1，按照 I 中的算法进行计算，若得到结果为（I），则退出。若得到结果为（J），C_1 出栈，取栈顶元素 C_2。

（3）重复以上计算，直至算出最终结果。

V 类结构的确定：

（1） 根据算法 II 确定 C_2 + OF + C_3 + AND + C_4 的结构；

（2） 若得到 （J），则转入算法 I，得出结果。

（3） 否则将 C_4 分别代入算法 I；

（4） 若结果为 （J），则结果为 C_2 + OF + C_3 + AND + C_4 （V'）；否则，结果为 V。

8.1.3　简单句的句法分析

8.1.3.1　判定主语的算法

我们先看看都有哪些词汇可以作主语，然后再逐一讨论其算法。能够作主语的有名词、代词、数词、名词化的形容词、不定式、动名词、短语和主语从句等。为了讨论的方便，我们把除了主语从句以外的上述结构统称为名词性短语。主语从句作主语将放在主从复合句的分析算法小节里加以讨论。

在一个英语句子中可能会有多个上述词汇和短语，究竟哪个用作主语要从它们跟谓语动词的关系来判断。也就是说，我们要考察它们当中哪些跟谓语动词构成了主谓结构。其实，英语句法分析的核心应该放在谓语动词的判断上面，确定了谓语方便判断主语。

判断名词性结构作主语的两个必要条件：

一、首先要识别名词性短语。名词性短语的结构可以是下列情况：

（1） 名词（这个名词可以是普通名词，也可以是专有名词；可以是具象名词，也可以是抽象名词。这些信息已经标注在英汉词库里）（标注为 n）。

（2） 冠词+名词（art+n）

（3） 数词+名词（num+n）

（4） 数词（num）

（5） 定冠词+数词（art+num）

（6） 代词（名词性物主代词）（NominPron）

（7） 代词（形容词性物主代词）+名词（AdjPron+n）

（8） 形容词化的名词（the+adj）

（9）不定式（to+v），其中动词为原形

（10）动名词（v+ing），其中动词为原形

（11）动名词+冠词+名词（v+ing+art+n）

（12）短语类主语：

    A. where to + v（其中 v 为原形）（where to + original v）

    B. what to + v（其中 v 为原形）（what to + original v）

    C. when to + v（其中 v 为原形）（when to + original v）

    D. why to + v（其中 v 为原形）（why to + original v）

    E. how to + v（其中 v 为原形）（how to + original v）

    F. who to + v（其中 v 为原形）（who to + original v）

二、名词性短语的位置。该名词性短语的位置靠前，如果前面没有状语，那么最靠前的名词性短语很可能就是句子的主语。如果该名词性短语前面有状语，并且经过验证属于状语判定的种类范围，那么紧接着跟在状语之后的名词性短语即被判定为句子主语。但是如果还不能完全判定这个名词性短语就是主语，下一步就需要参照谓语的判定来判断其是否为句子的主语。那么，这个条件标记为：

NP+Predicate（以谓语为核心来判断其前面的词语是否为主语）。

下面，我们来讨论谓语的判定问题。

8.1.3.2　判定谓语的算法

谓语是一个句子的灵魂。只有确定了哪些词语作谓语之后，句子的其它成分才能够逐一确定下来。一般情况下，谓语分为简单谓语和复合谓语两类。下面，我们逐一列出判定谓语的算法，简单谓语和复合谓语合并到一起：

（1）单个动词的情况

1）动词原形（original v）

2）动词+s（original v + s）

3）动词过去式（past v）

4）shall +动词原形（shall + original v）

5）will +动词原形（will + original v）

6）should +动词原形（should +original v）

7）would +动词原形（would + original v）

8) am +现在分词（am + original v + ing）

9) is +现在分词（is + original v + ing）

10) are +现在分词（are + original v + ing）

11) was +现在分词（was + original v + ing）

12) were +现在分词（were + original v + ing）

13) shall be +现在分词（shall be + original v+ ing）

14) will be +现在分词（will be + original v+ ing）

15) should be +现在分词（should be + original v + ing）

16) would be +现在分词（would be + original v + ing）

17) have +过去分词（have + pp）

18) has +过去分词（has + pp）

19) had +过去分词（had + pp）

20) shall + have +过去分词（shall + have +pp）

21) will + have +过去分词（will + have + pp）

22) should + have +过去分词（should + have + pp）

23) have + been +现在分词（have + been + original v + ing）

24) has + been +现在分词（has + been + original v + ing）

25) had + been +现在分词（had + been + original v + ing）

26) shall + have + been +现在分词（shall + have + been + original v + ing）

27) will + have + been +现在分词（will + have + been + original v + ing）

28) should + have + been +现在分词（should + have + been + original v + ing）

29) would + have + been +现在分词（would + have + been + original v + ing）

30) don't／do not +动词原形（don't／do not + original v）

31) doesn't／does not +动词原形（doesn't／does not + original v）

32) didn't／did not +动词过去式（didn't／did not + original v）

33) shall + not +动词原形（shall + not + original v）

34) will + not +动词原形（will + not + original v）

35) should + not +动词原形（should + not + original v）

36) would + not +动词原形（would + not + original v）

37) am + not +现在分词（am + not + original v + ing）

38）is + not +现在分词（is + not + original v + ing）

39）are + not +现在分词（are + not + original v + ing）

40）was + not +现在分词（was + not + original v + ing）

41）were+ not +现在分词（were + not + original v + ing）

42）shall + not + be +现在分词（shall + not + be + original v+ ing）

43）will + not + be +现在分词（will + not + be + original v+ ing）

44）should + not + be +现在分词（should + not + be + original v + ing）

45）would + not + be +现在分词（would + not + be + original v + ing）

46）have + not +过去分词（have + not + pp）

47）has + not +过去分词（has + not + pp）

48）had + not +过去分词（had + not + pp）

49）shall + not + have +过去分词（shall + not + have +pp）

50）will + not + have +过去分词（will + not + have + pp）

51）should + not + have +过去分词（should + not + have + pp）

52）have + not + been +现在分词（have + not + been + original v + ing）

53）has + not + been +现在分词（has + not + been + original v + ing）

54）had + not + been +现在分词（had + not + been + original v + ing）

55）shall + not + have + been +现在分词（shall + not + have + been + original v + ing）

56）will + not + have + been +现在分词（will + not + have + been + original v + ing）

57）should + not + have + been +现在分词（should + not + have + been + original v + ing）

58）would + not + have + been +现在分词（would + not + have + been + original v +ing）

59）am +过去分词（am + pp）

60）is +过去分词（is + pp）

61）are +过去分词（are + pp）

62）was +过去分词（was + pp）

63）were +过去分词（were + pp）

64）am being +过去分词（am being + pp）

65）is being +过去分词（is being +pp）

66）are being +过去分词（are being + pp）

67）was being +过去分词（was being + pp）

68）were being +过去分词（were being + pp）

69）has been +过去分词（has been + pp）

70）have been +过去分词（have been + pp）

71）had been +过去分词（had been + pp）

72）will be +过去分词（will be + pp）

73）would be +过去分词（would be + pp）

74）will be being +过去分词（will be being + pp）

75）will have been +过去分词（will have been + pp）

76）would have been+过去分词（would have been + pp）

77）am + not +过去分词（am not + pp）

78）is + not +过去分词（is + not + pp）

79）are + not +过去分词（are + not + pp）

80）was + not +过去分词（was + not + pp）

81）were + not +过去分词（were + not + pp）

82）am + not + being +过去分词（am + not + being + pp）

83）is + not + being +过去分词（is + not + being +pp）

84）are + not + being +过去分词（are + not + being + pp）

85）was + not + being +过去分词（was + not + being + pp）

86）were + not + being +过去分词（were + not + being + pp）

87）has + not + been +过去分词（has + not + been + pp）

88）have + not +been +过去分词（have + not + been + pp）

89）had + not + been +过去分词（had + not + been + pp）

90）will + not + be +过去分词（will + not + be + pp）

91）would + not + be +过去分词（would + not + be + pp）

92）will + not + be being +过去分词（will + not + be being + pp）

93）will + not + have been +过去分词（will + not + have been + pp）

94) would + not + have been+过去分词（would + not + have been + pp）

（2）动词+介词（v+prep）

将上述 94 种算法重复一遍再加上介词，即可得到这一种情况的算法。

（3）动词+副词（v+adv）

将上述 94 种算法重复一遍再加上副词，即可得到这一种情况的算法。

（4）动词性复合谓语

1）情态动词+动词原形（modal v + original v）

2）类似情态动词的惯用短语（had better + original v; may as well +original v; used to + original v）

（5）名词性复合谓语

连系动词+表语（标语可以是是名词、代词、介词短语等等，标记为 link+＊）

8.1.3.3 判定宾语的算法

判定宾语的一个首要条件：直接跟在动词后面的名词、代词、数词、形容词名词化、现在分词、动名词、不定式，以及宾语从句。宾语从句将在主从复合句小节加以讨论。

判定宾语的具体算法如下（紧跟跟在动词后面，并且满足一下条件的任何一种，即可被判定为宾语）：

1）代词（pron）

2）代词 + 名词（pron + n）

3）代词 + 形容词 + 名词（pron + adj + n）

4）冠词 + 名词（art + n）

5）冠词 + 形容词 + 名词（art + adj + n）

6）数词（num）

7）数词 + 名词（num + n）

8）数词 + 形容词 + 名词（num + adj + n）

9）形容词 + 名词（adj + n）

10）the +动名词（the + original v + ing）

11）the +形容词 + 动名词（the + adj + original v + ing）

12）代词+动名词（pron + original v + ing）

13）不定式（to + original v）

14）what +不定式（what + to + original v）

15）where +不定式（where + to + original v）

16）who +不定式（who + to + original v）

17）when +不定式（when + to + original v）

18）how +不定式（how + to + original v）

19）why +不定式（why + to + original v）

8.1.3.4　判定定语的算法

寻找并判定定语字符串的方向有两个：以名词为中心，向前搜寻和向后搜寻。向前搜寻的重点是查找物主代词、形容词、名词所有格、现在分词、动名词、过去分词和不定式；向后搜寻的是介词短语和定语从句，以及 something、everything、anything、nothing 后面的形容词或者介词短语作定语的情况。至于定语从句的算法，我们将放在主从复合句的算法里加以讨论。凡是符合下列条件的表达式都可以被判定为定语。

1）物主代词 + 名词（possessive pron + n）

2）adj +名词（adj + n）

3）名词所有格 + 名词（n's + n）

4）动名词/现在分词 + 名词（original v + n）

5）过去分词 + 名词（pp + n）

6）不定式 + 名词（to + original v）

7）名词 + 介词 about 短语（n + about phrase）

8）名词 + 介词 above 短语（n + above phrase）

9）名词 + 介词 across 短语（n + across phrase）

10）名词 + 介词 along 短语（n + along phrase）

11）名词 + 介词 around 短语（n + around phrase）

12）名词 + 介词 against 短语（n + against phrase）

13）名词 + 介词 after 短语（n + after phrase）

14）名词 + 介词 at 短语（n + at phrase）

15）名词 + 介词 before 短语（n + before phrase）

16）名词 + 介词 behind 短语（n + behind phrase）

17）名词 + 介词 below 短语（n + below phrase）

18）名词 + 介词 besides 短语（n + besides phrase）

19）名词 + 介词 but 短语（n + but phrase）

20）名词 + 介词 between 短语（n + between phrase）

21）名词 + 介词 by 短语（n + by phrase）

22）名词 + 介词 during 短语（n + during phrase）

23）名词 + 介词 except 短语（n + except phrase）

24）名词 + 介词 from 短语（n + from phrase）

25）名词 + 介词 for 短语（n + for phrase）

26）名词 + 介词 in 短语（n + in phrase）

27）名词 + 介词 into 短语（n + into phrase）

28）名词 + 介词 like 短语（n + like phrase）

29）名词 + 介词 of 短语（n + of phrase）

30）名词 + 介词 off 短语（n + off phrase）

31）名词 + 介词 on 短语（n + on phrase）

32）名词 + 介词 out of 短语（n + out of phrase）

33）名词 + 介词 outside 短语（n + outside phrase）

34）名词 + 介词 over 短语（n + over phrase）

35）名词 + 介词 past 短语（n + past phrase）

36）名词 + 介词 round 短语（n + round phrase）

37）名词 + 介词 since 短语（n + since phrase）

38）名词 + 介词 through 短语（n + through phrase）

39）名词 + 介词 throughout 短语（n + throughout phrase）

40）名词 + 介词 to 短语（n + to phrase）

41）名词 + 介词 toward 短语（n + toward phrase）

42）名词 + 介词 until 短语（n + until phrase）

43）名词 + 介词 with 短语（n + with phrase）

44）名词 + 介词 without 短语（n + without phrase）

45）名词 + 介词 within 短语（n + within phrase）

46）不定代词 + 形容词短语（everything / anything / something / nothing + adj）

47）不定代词 + 介词短语（everything / anything / something / nothing + prep phrase）

8.1.3.5　判断表语的算法

凡是连系动词后面的名词、形容词、形容词化的现在分词或过去分词、动名词、不定式、副词、介词短语等都可以被判定为表语。

1）连系动词 + 名词（link v + n）

2）连系动词 + 形容词（link v + adj）

3）连系动词 + 现在分词（link v + original v + ing）

4）连系动词 + 过去分词（link v + pp）

5）连系动词 + 不定式（link v + to + original v）

6）连系动词 + 副词（link v + adv）

7）连系动词 + 介词短语（link v + prep phrase）

8.1.3.6　判定状语的算法

能在句子中作状语的有副词、分词、部分名词、不定式、介词短语、非谓语动词复合结构。但是，为了使计算机在翻译的汉译语序调整阶段方便调整语序，我们将状语的类型分为句首位置状语（通常是评注性副词作状语，往往被置于汉语译文的句首）、动词前状语（汉语译文里通常能够放到主语后面、谓语动词前面的状语包括某些副词、现在分词短语、过去分词短语和某些名词结构）、动词后状语（汉语译文里通常能够放在谓语动词后面状语是介词短语、不定式短语）。另外，如果句子里同时出现了时间状语和地点状语，还需要在句法分析阶段标注出来，因为将来它们的汉语译文在汉语里的语序与英语语序不同。

1）汉语译文需置于句首的评注性副词（commentary adv）作状语（在英汉词库里已经以 commentary adv 形式标记出来）

2）汉语译文需位于动词之前的非评注性副词（non‐commentary adv）作状语（在英汉词库里未标记 commentary adv 的副词）（v + adv）

3）汉语译文需位于动词之后的过去分词作状语（v + adv）

4）汉语译文需位于动词之后的现在分词作状语（original v + ing phrase）（v + original v + ing phrase）

5）汉语译文需位于动词之后的名词短语作状语（noun phrase）（v + n phrase）

6）不修饰动词且位置灵活的介词短语作状语（prep phrase）

7）不修饰动词且位置灵活的不定式短语作状语（to + original v）

8.1.3.7　判定补语的算法

在英语句子里能够作补语的有名词、形容词、副词、不定式、现在分词、过去分词以及介词短语。凡是符合下列条件之一的任何名词、形容词、副词、不定式、现在分词、过去分词以及介词短语都可以被认定为补语：

1）谓语动词 + 宾语 + 名词（predicate + object + n）

2）谓语动词 + 宾语 + 形容词（predicate + object + adj）

3）谓语动词 + 宾语 + 副词（predicate + object + adv）

4）谓语动词 + 宾语 + 不定式（predicate + object + to + original v）

5）谓语动词 + 宾语 + 介词短语（predicate + object + prep phrase）

6）谓语动词 + 宾语 + 现在分词（predicate + object + original v +ing）

7）谓语动词 + 宾语 + 过去分词（predicate + object + pp）

8.1.3.8　疑问句的分析算法

判定疑问句的算法很简单，就是在英文语句的句尾查找问号（?）。一旦找到问号，即可判定该句为疑问句。

8.1.3.9　感叹句的分析算法

感叹句的判定算法也很简单，就是在英文语句的句尾查找感叹号（!）。一旦找到感叹号，即可判定该句为感叹句。

8.1.3.10　祈使句的分析算法

凡是符合以下三个条件之一的情况，该句即可被判定为祈使句：

1）仅有一个动词的句子（v=S）

2）句首位置存在一个动词（v > S）

3）句首位置有一个 don't（don't > S）

4）句首位置有一个 never（never > S）

5）句首前两个词为 You + n 的结构（You + n > S）

6）句首为"名词短语+逗号+动词原形+!"的形式（n phrase，+ original v + !）

8.1.4　并列复合句的分析算法

在判定前后若干个句子存在完整主谓结构的基础之上，搜寻在两个句子终结符号之间的若干单句之间是否存在如下并列连词：

1）and（S1 > and > S2）

2）but（S1 > but > S2）

3）or（S1 > S2）

4）not only… but also（not only > S1> but also > S2）

5）either…or…（either > S1 > or > S 2）

6）neither…nor…（neither > S1 > nor > S2）

7）for（S1 > for S2）

8）so（S1 > so > S2）

9）then（S1 > then > S2）

10）therefore（S1 > therefore > S2）

8.1.5　主从复合句的分析算法

在判断语句属于何类主从复合句之前，首先运行并列复合句的分析算法，在排除了那些属于并列复合句的情况之后，就可以将剩下的情况归入主从复合句。然后，再按照如下逐一判断这些单句之间的关系到底属于主语从句、表语从句、宾语从句、定语从句、同位语从句或者状语从句当中的哪一种。

8.1.5.1　判定主语从句的算法

我们先来探讨成为主语从句有两个必要条件和主语从句有两种存在形式。成为主语从句的两个必要条件是：一、该从句位于句首；二、句末标点符号为句号。

主语从句的两种存在形式：一、it 作形式主语的主语从句；二、非 it 作形式主语的主语从句，往往由 that、whether、if、who、what、which、when、where、why、how 等引导；

1）It is + adj + that subject clause.

2）It was + adj + that subject clause.

3）It won't v + object + whether subject clause.

4）That subject clause + link v + adj.

5）That subject clause + must（modal verb）+ predicate.

6）Whether（If）subject clause + link v + adj.

7）Whether（If）subject clause + link v + n phrase.

8）Who subject clause + link v + adj.

9）Who subject clause + link v + n phrase.

10）What subject clause + link v + adj.

11）What subject clause + link v + n phrase.

12）Which subject clause + link v + adj.

13）Which subject clause + link v + n phrase.

14）When subject clause + link v + adj phrase.

15）When subject clause + link v + prep phrase.

16）Where subject clause + link v + adj.

17）Where subject clause + link v + n phrase.

18）How subject clause + link v + adj.

19）How subject clause + link v +prep phrase.

20）Whoever subject clause + link v + adj.

21）Whoever subject clause + link v + n phrase.

22）Whichever subject clause + link v + adj.

23）Whichever subject clause + link v + n phrase.

24）Whatever subject clause + link v + adj.

25）Whatever subject clause + link v + n phrase.

8.1.5.2 判定表语从句的算法

判定表语从句的算法和判定主语从句方法类似，所有的引导词相同，句子只不过位置不同。表语从句的位置必须位于连系动词的后面。判定方法如下：

1）n phrase + link v + that predicative clause.

2）n phrase + link v + that predicative clause.

3）n phrase + link v + whether（If）predicative clause.

4）n phrase + link v + whether（If）predicative clause.

5）n phrase + link v + who predicative clause.

6）n phrase + link v + who predicative clause.

7）n phrase + link v + what predicative clause.

8）n phrase + link v + what predicative clause.

9）n phrase + link v + which predicative clause.

10）n phrase + link v + which predicative clause.

11）n phrase + link v + when predicative clause.

12）n phrase + link v + when predicative clause.

13）n phrase + link v + where predicative clause.

14）n phrase + link v + where predicative clause.

15）n phrase + link v + how predicative clause.

16）n phrase + link v + how predicative clause.

17）n phrase + link v + whoever predicative clause.

18）n phrase + link v + whoever predicative clause.

19）n phrase + link v + whichever predicative clause.

20）n phrase + link v + whichever predicative clause.

21）n phrase + link v + whatever predicative clause.

22）n phrase + link v + whatever predicative clause.

23）n phrase + link v + whenever predicative clause.

24）n phrase + link v + whenever predicative clause.

25）n phrase + link v + wherever predicative clause.

26）n phrase + link v + wherever predicative clause.

8.1.5.3　判定宾语从句的算法

判定宾语从句的方法也比较简单，就是将直接跟在谓语动词后面，由下列从属连词、连接代词和连接副词引导的从句：that、whether 或 if、who、whose、whom、what、which、when、where、how、why、whoever、whichever、whatever、whenever、wherever 等，并且下列表达式中的 v 不一定是原形，而是动词的各种时态形式：

1）n phrase + v + that object clause.

2）n phrase + v + that object clause.

3）n phrase + v + whether（If）object clause.

4）n phrase + v + whether（If）object clause.

5）n phrase + v + who object clause.

6）n phrase + v + who object clause.

7）n phrase + v + what object clause.

8）n phrase + v + what object clause.

9）n phrase + v + which object clause.

10）n phrase + v + which object clause.

11）n phrase + v + when object clause.

12）n phrase + v + when object clause.

13）n phrase + v + where object clause.

14）n phrase + v + where object clause.

15）n phrase + v + how object clause.

16）n phrase + v + how object clause.

17）n phrase + v + whoever object clause.

18）n phrase + v + whoever object clause.

19）n phrase + v + whichever object clause.

20）n phrase + v + whichever object clause.

21）n phrase + v + whatever object clause.

22）n phrase + v + whatever object clause.

23）n phrase + v + whenever object clause.

24）n phrase + v + whenever object clause.

25）n phrase + v + wherever object clause.

26）n phrase + v + wherever object clause.

8.1.5.4　判定同位语从句的算法

被认定成同位语从句的单句应该满足三个条件：

1. 跟在 report、news、fact、information、idea、belief、reason、question、matter、answer、law、order、argument、suggestion 等名词的后面。这些词在英汉词库里被标注为 content n。

2、从句所表达内容是所修饰的名词的内容。

3、由以下引导词连接：that、who、what、why、when、where、how。

1）content n + that appositive clause.

2）content n + who appositive clause.

3）content n + what appositive clause.

4）content n + why appositive clause.

5）content n + when appositive clause.

6）content n + where appositive clause.

7）content n + how appositive clause.

8.1.5.5　判定状语从句的算法

状语从句的情况比较复杂，它总共可以分为九大类：时间状语从句、地点状语从句、目的状语从句、结果状语从句、原因状语从句、让步状语从句、方式状语从句、比较状语从句，以及条件状语从句。下面我们逐一加以讨论。

8.1.5.5.1　时间状语从句的判定

被判定为时间状语从句需满足三个条件：一、被排除了成为主语从句、表语从句、宾语从句、定语从句、同位语从句；二、由下列引导词引导：when、while、as、after、before、since、once、until（till）、as soon as、whenever、now that、no sooner…than…、by the time 等；三、该英语语句当中能够从词库标注里检索出 StateFin、StateIni、TimeAfter、TimeBefore、TimeFin、TimeIni、TimeRange、SincePeriod，以及 Sincepoint 等信息。也就是按照如下算法来确定该句为时间状语从句：

1）no subject clause & no predicative clause & no object clause & no attributive clause & no appositive clause.

2）when clause，＋S1／S1，＋when clause

3）while clause，＋S1／S1，＋while clause

4）as clause，＋S1／S1，＋as clause

5）after clause，＋S1／S1，＋after clause

6）before clause，＋S1／S1，＋before clause

7）since clause，＋S1／S1，＋since clause

8）once clause，＋S1／S1，＋once clause

9）as soon as clause，＋S1／S1，＋as soon as clause

10）whenever clause，＋S1／S1，＋whenever clause

11）now that clause，＋S1

12）no sooner than clause，＋S1

13）by the time clause，＋S1／S1，＋when clause

14）hardly ＋ S1… when clause

15）StateFin／StateIni／TimeAfter／TimeBefore／TimeFin／TimeIni／TimeRange／SincePeriod／SincePoint［found in E-C Dictionary］

8.1.5.5.2 地点状语从句的判定

被判定为地点状语从句需满足三个条件：一、被排除了成为主语从句、表语从句、宾语从句、定语从句、同位语从句；二、由下列引导词引导：where、wherever、whence 等；三、该英语语句当中能够从词库标注里检索出 LocationFin、LocationIni、LocationThru、StateFin、StateIni、direction、distance 等信息。也就是按照如下算法来确定该句为地点状语从句：

1）no subject clause & no predicative clause & no object clause & no attributive clause & no appositive clause.

2）where clause，＋S1／S1，＋where clause

3）wherever clause，＋S1／S1，＋wherever clause

4）whence clause，＋S1／S1，＋whence clause

5）LocationFin／LocationIni／LocationThru／StateFin／StateIni／direction／distance［found in E-C Dictionary］

8.1.5.5.3 目的状语从句的判定

被判定为目的状语从句的条件有四个：一、被排除了成为主语从句、表语从句、宾语从句、定语从句、同位语从句；二、由下列引导词引导：that、in order that、so that、lest、for fear that、in case 等；三、并且该句子里含有 may、might、can、could、should 等情态动词当中的任何一个。四、该英语语句当中能够从词库标注里检索出 StateFin、StateIni、purpose 等信息。也就是按照如下算法来确定该句为目的状语从句：

1）no subject clause & no predicative clause & no object clause & no attributive clause & no appositive clause.

2）S1 + that clause

3）in order that clause，+ S1 / S1 + in order that clause

4）S1 + so that clause

5）S1 + for fear that clause

6）S1 + in case clause

7）S1 + lest clause

8）may / might / can / could / should［found in original S］

9）StateFin / StateIni / purpose［found in E-C Dictionary］

8.1.5.5.4 结果状语从句的判定

被认定为结果状语从句的条件有三个：一、被排除了成为主语从句、表语从句、宾语从句、定语从句、同位语从句；二、由下列引导词引导：so that、so...that...、such... that...等；三、该英语语句当中能够从词库标注里检索出 StateFin、StateIni、ResultContent、ResultEvent、ResultWhole 等信息。也就是按照如下算法来确定该句为结果状语从句：

1）no subject clause & no predicative clause & no object clause & no attributive clause & no appositive clause.

2）S1 + so that clause

3）S1 + so...that...clause

4）S1 + such...that...clause

5) StateFin / StateIni / ResultContent / ResultEvent / ResultWhole［found in E-C Dictionary］

8. 1. 5. 5. 5　原因状语从句的判定

判断原因状语从句的条件相对简单一些。首先，如果某个单句是由下列其中的一个引导词引导，即大体可断定其为原因状语从句：because、since、as、now that、seeing that、considering that、in that 等。第二，该英语语句当中的信息能够从词库标注里检索出 ResultContent、ResultEvent、ResultWhole、StateFin、StateIni、cause 等信息。

1) because clause，+ S1 / S1，+ because clause

2) since clause，+ S1 / S1，+ since clause

3) as clause，+ S1 / S1，+ as clause

4) S1 + now that clause

5) seeing that clause，+ S1

6) considering that clause，+ S1

7) S1，in that clasue

8) ResultContent/ ResultEvent/ ResultWhole/ StateFin/ StateIni/ cause［found in E-C Dictionary］

8. 1. 5. 5. 6　让步状语从句的判定

判断让步状语从句的条件相对简单一些。首先，如果某个单句是由下列其中的一个引导词引导，即大体可断定其为让步状语从句：though、although、as、even if、even though、no matter（how、what、when、who、where）、however、whatever、whoever 等。第二，该英语语句当中的信息能够从词库标注里检索出 StateFin、StateIni、concession 等信息。

1) though clause，+ S1 / S1 + though clause

2) although clause，+ S1 / S1 + although clause

3) as clause，+ S1 / S1 + as clause

4) even if clause，+ S1 / S1 + even if clause

5) even though clause，+ S1 / S1 + even though clause

6) no matter how clause，+ S1 / S1 + no matter how clause

7) no matter when clause，+ S1 ／ S1 + no matter when clause

8) no matter what clause，+ S1 ／ S1 + no matter what clause

9) no matter who clause，+ S1 ／ S1 + no matter who clause

10) no matter where clause，+ S1 ／ S1 + no matter where clause

11) no matter how clause，+ S1 ／ S1 + no matter how clause

12) however clause，+ S1 ／ S1 + however clause

13) whatever clause，+ S1 ／ S1 + whatever clause

14) whoever clause，+ S1 ／ S1 + whoever clause

15) StateFin ／ StateIni ／ concession［found in E-C Dictionary］

8.1.5.5.7　方式状语从句的判定

判断由 as if 或者 as though 引导的方式状语从句的条件很简单，只要从句里含有那两个引导词中的任何一个即可判定其为方式状语从句。但是由 as 引导的从句判断方式比较复杂，需要首先区分 as 引导时间状语从句的情况和引导方式状语从句的情况。

1) S1+as if + S2

2) S1+as though +S2

3) S1 疑问句+as if + S2

4) S2 疑问句+as though + S2

5) S1 祈使句+as + S2

6) S1（动词后直接跟 as 从句）+ V + as + S2

7) S1 疑问句（动词后直接跟 as 从句）+V + as + S2

8) S1（动词后直接跟 like 从句）+V + like + S2

9) S1 疑问句（动词后直接跟 like 从句）+V+ like + S2

8.1.5.5.8　比较状语从句的判定

判断比较状语从句的条件需要具备三个。一、如果某个单句是由下列其中的一个引导词引导，即大体可断定其为比较状语从句：as、than、as…as…、so…as…、the…the…等。二、句子里含有比较等级（原级或者比较级）；三、该英语语句当中的信息能够从词库标注里检索出 RelateTo、ResultContent、ResultEvent、ResultIsa、contrast、degree 等信息。

1）S1 + comparative adj / adv + than + S2

2）S1 + as + original adj / adv as...+ S 2

3）S1 + so + original adj / adv as...+ S2

4）the + comparative adj / adv + S1，the +comparative adj/ adv + S2

5）RelateTo / ResultContent / ResultEvent / ResultIsa / contrast / ContentCompare / degree［found in E-C Dictionary］

8.1.5.5.9　条件状语从句的判定

判断比较条件从句的条件需要具备三个。一、如果某个单句是由下列其中的一个引导词引导，即大体可断定其为条件状语从句：if、unless、as long as、so long as、in case、on condition that、provided that、supposing that、whether 等。二、句子里含有比较等级（原级或者比较级）；三、该英语语句当中的信息能够从词库标注里检索出 StateFin、StateIni、according to、condition 等信息。此外，虚拟语气的句子另外再单独讨论。

1）if clause，+ S1 / S1 + if clause

2）whether clause，+ S1 / S1，+ whether clause

3）S1 + unless clause

4）S1 + as long as clause / as long as clause，+ S1

5）S1 + so long as clause / so long as clause，+ S1

6）S1 + in case clause / in case clause，+ S1

7）S1 + on condition that clause

8）S1 + provided that clause / provided that clause，+ S1

9）S1 + supposing that clause / supposing that clause，+ S1

10）StateFin / StateIni / according to / condition［found in E-C Dictionary］

8.2　英语语句语义消岐的算法

英语语句消歧算法的作用在于解决为各类大块在相关语域和具体语境中选择汉语译文的问题。在不同的语境中，某个大块的意思会有所不同，那么其汉语译文也应该有所差异。为了使某个大块的汉语译文符合当下语境，计算机应该能够排除词库里与此处语境不相关的意思，而得出恰当的译文。下面，我们来详细讨论如何设计一套算法做到语义消歧。

歧义关系包括两类：一、块间成分歧义（即词汇歧义）；二、大块之间关系歧义（即词间关系歧义）。语义歧义解决的总体原则是：引入语境，加以计算。

广义的语境包括三类：一、上下文（co-text）；二、语境（context，说话当时的环境）；三、背景知识（background knowledge，包括常识和专门知识）

一、语义消歧算法

所谓语义消歧算法就是一整套消除歧义的指令或者详细规定的操作步骤。

在某种意义上，语义消歧的重要性远远大于译语表达。翻译是在三个层面上进行转换：形态的、词汇的和句法的层面。由于形态、句法的层面都跟语义相关，所以说到底，机器翻译就是语义转换，应该以大块为优先原则。在大块内部，它作为一个整体的意义是明确的，基本上不需要进行消除歧义。

语义消歧的途径：

（1）运用 Beaugrande 的 33 种关系构建消歧算法。

（2）单词义项选择由其所属的上座标词来决定。

（3）计算其中的情感，来构建语义消歧算法。这包括进行词汇的色彩计算、语义韵的计算，以及当时语境中的人物情感的计算。

（4）针对多义词，首先应该作出判断的是该词的词性，如"book"在某个语言片段里到底是用作名词还是动词。

一个单词所表达的概念具有多条结构，也就是所说的多条语义。至于在具体语境中，它的那条义项适合当前的语句，人们根据自己的百科知识、情感常识和逻辑知识能顺利地识解。然而计算机需要辅以特殊算法、人类的百科知识、逻辑推导才能解决这个在人看来轻而易举的难题。为了达到译文的准确通常，本研究就英语语句分析阶段如何做到语义消歧提出三种协同解决方式。

首先，我们要讨论的是利用英汉词库里所标注的语义体系，来帮助计算机确定单词义项的选择问题。我们将每个单词所表达的概念种种结构加以分解，并把它们标注到了词库里。这样，计算机在进行运算的时候就能提取它所需要的概念结构。我们所采用的语义分类体系，包括事物类、运动类和属性类。非终端节点和终端阶段之间可以对应该概念上下位体系。运动和属性类概念下面的概念结构有助于推导出某个事物来概念所具有的属性值以及在运动中体现的动态角色或特征。这就为确定英语语句的具体义项打下了良好的基础。因此，计算机要做的事情是追寻某个单词在英文语境里跟它最密切相关的其他概念结构或者跟这个概念相关的动作或者属性。

其次，我们可以利用 Beaugrande（1980）[①] 关于概念之间关系所区分出来的 33 种类型进行运算以便达成语义消歧。现将她的分类简述如下：

（1）"状态关系"（STATE-OF）：如 water-boiling 之间的关系。

（2）"施事关系"（AGENT-OF）：如 professor-teach 之间的关系。

（3）"被影响实体"（AFFECTED ENTITY）："Beckham kicked the ball" 中的 ball 就是被影响的实体。

（4）"关系"（RELATION-OF）：如 "president of" 所体现的关系。

（5）"属性关系"（ATTRIBUTE-OF）：如 tiger-ferocius 之间的关系

（6）"位置关系"（LOCATION-OF）：house at the foot of mountain 里面的 house 和 mountain 的关系。

（7）"时间关系"（TIME-OF）：如 yearly, soon。

（8）"运动关系"（MOTION-OF）：如 boy-go upstairs。

（9）"工具关系"（INSTRUMENT-OF）：如 knife-cut 之间存在的关系。

（10）"形式关系"（FORM-OF）：如 road-bumpy 之间的关系。

（11）"部件关系"（PART-OF）：如 wheel-car 之间的关系。

（12）"物质关系"（SUBSTANCE-OF）：如 iron-knife 之间的关系。

（13）"容纳关系"（CONTAINMENT-OF）：如 kettle-water 之间的关系。

（14）"原因关系"（CAUSE-OF）：如 wind-blowing 之间的关系。

（15）"可能性关系"（ENABLEMENT-OF）：如 absent-minded 与 car accident 之间的关系。

（16）"理由关系"（REASON-OF）：如 diligence-success 之间的关系。

（17）"目的关系"（PURPOSE-OF）：如 warning-escape 之间的关系。

（18）"直觉关系"（APPERCEPTION-OF）：如 police-theft 之间的关系。

[①] 转引自陈忠华、刘心全、杨春苑：《知识与理解——话语分析认知科学方法论》，北京：外语教学与研究出版社，2004：118-121。

（19）"认知关系"（COGNITION-OF）：如 Edison-inventor 之间的关系。

（20）"情绪关系"（EMOTION-OF）：如 Tom-gloomy 之间的关系。

（21）"意志关系"（VOLITION-OF）：如 Bush-hope 之间的关系。

（22）"交流关系"（COMMUNICATION-OF）：如 Obama-speak 之间的关系。

（23）"拥有关系"（POSSESSION-OF）：如 Dora-bicycle 之间的关系。

（24）"例证关系"（INSTANCE-OF）：如 Ford-auto 之间的关系。

（25）"细目说明关系"（SPECIFICATION）：如 fish-eel 之间的关系。

（26）"数量关系"（QUANTITY-OF）：My weight-150 pounds 之间的关系。

（27）"模态关系"（MODALITY-OF）：如 might say 之间的关系。

（28）"意义关系"（SIGNIFICANCE）：如 white flag-failure 之间的关系。

（29）"价值关系"（VALUE-OF）：如 gold-expensive 之间的关系。

（30）"等价关系"（EQUIVALENT-OF）：如 dark-somber 之间的关系。

（31）"对立关系"（OPPOSED-TO）：如 thick-thin 之间的关系。

（32）"同指关系"（CO-REFERENTIAL-WITH）：如 morning star 与 evening star 之间的关系。

（33）"重现关系"（RECURENCE-OF）：比如"it fell to the earth near mounds of earth"中两个 earth 就属于重现关系。

这三十三类观念之间的关系所考察的概念结构被我们标注到了英汉词库，通过调取词库里的相关信息，我们就可以确立临近的两个概念之间的关系。而这种关系有利于计算机确定每个单词在当前上下文里的义项。这样通过翻译算法就能实现语义消歧的目的。

第三种解决的方式是通过情感计算以达到语义消歧的目的。我们可以让计算机统计某个段落或者几个段落里词汇的色彩，以便确定当前这个单词意义的参考参数。同时，我们还以让计算机借助语料库发现该单词在惯用的语料里的语义韵，进一步确定该单词在本段里所可能采用的义项。最后，我们甚至还有可能让计算机运用我们提前在英汉词库里所标注的词汇色彩来统计当前语境里当下人物所可能拥有的情感，那么跟这种情感相关的义项也会被计算机识别，进而选择到正确的语义，从而借助语境消除语义歧义。

8.3 英语文体风格判定的算法

英语文体风格判定的算法要从句式类基本大块所包含的文体信息、块间成分所包含的的文体信息等来判定该段落的文体风格特征，进而为确定译文的文体风格选择合适的汉语译文表达。判定英语文体风格有十四项指标：句子长度、句子复杂度、措辞难易度、词汇来源、单词风格信息、言者听者关系，以及语域，等等。(参见表8.1)。

具体地说，我们将句子的长度和五种文体风格对应起来，刻板体的语句最长，也就是说其句子长度往往会有二三十个单词，甚至达到五十多个单词的长度。一旦计算机发现此类特征，它在为英文语句的概念选择汉译词汇的时候会倾向于挑选刻板文体的词语。句子的复杂度指的是英文作者在行文当中使用的并列复合句和主从复合句的数量多寡。这也是计算机确定文体风格的一个条件。措辞的难易程度指的是作者行文时选取的单词字母数量多少，一般地说来，单词越长的文章阅读的难度就越大，其正式的程度就越接近刻板文体。而使用单词的类型也跟文体风格有关系，如果英语作者倾向于使用抽象词，而不是具象词，也会给人造成一种生疏的感觉，其文体风格就会接近正式文体，甚至于刻板文体。反之，该文章的文体风格就倾向于亲密体。此外，还有其他几个句式特征的因素也包含文体风格因素。因此，英语的文体风格通过上述多个指标的统计，计算机能够基本上确定下来语句的文体风格。有了明确的文体风格，计算机就相对清楚如何选取适合作品文风的汉译语汇了。

本书中的文体风格五种分类来源于美国语言学家 Martin Joos 在"五个时钟"里分类方式①。五类文体特征如下：

刻板体：非常雅致、庄重；

正式体：较重要场合、较严肃主题；

询议体：日常办事语言；

随便体：朋友间闲谈或者书信往来；

亲密体：家庭成员之间，或者亲爱者之间；

判定上述五类文体风格的标准来源于本研究对于自建语料库的统计结果。

---

① 转引自侯维瑞的《英语语体》第 63—81 页

满足条件	刻板体	正式体	询议体	随便体	亲密体
句子长度	单词数量>20	单词数量>20	单词数量<20	单词数量<20	单词数量<20
句子复杂度	有多重并列句及主从复合句	有多重并列句及主从复合句	有一个并列句或者主从复合句；无复句	无并列句或主从复合句	无并列句或主从复合句
词汇难易度	字母数>15	字母数>15	字母数<15	字母数<15	字母数<15
词源	法语、拉丁语、希腊语	法语、拉丁语、希腊语	古英语词源	古英语词源	古英语词源
单词文体信息	S1	S2	S3	S4	S5
言者、听者关系	言者卑微，听者尊长	言者卑微，听者尊长	平级或者下级	平级或者下级	平级或者下级
语域	法律、宗教、历史文献、议会及重大会议文件	法律、宗教、历史文献、议会及重大会议文件	日常交往、购物、旅游等	朋友闲谈、书信往来	内心吐露，家庭成员闲聊
是否使用缩略词、缩约词	否	否	是	是	是
比较句中的被比较对象是否用宾格	否	否	是	是	是
方式状语构成	介词短语	介词短语	副词	副词	副词

171

续表

满足条件	刻板体	正式体	询议体	随便体	亲密体
原因状语构成或者结果状语构成	on account of, accordingly, consequently 等	on account of, accordingly, consequently 等	so, because 等	so, because 等	so, because 等
目的状语构成	in order to, in order that 等	in order to, in order that 等	so as to	so as to	so as to
疑问句构成	完整疑问句	完整疑问句	完整疑问句	疑问句省略形式	疑问句省略形式
虚拟语气构成	标准虚拟语气构成	标准虚拟语气构成	动词 be 用 was	动词 be 用 was	动词 be 用 was
是否使用呼语	否	否	是	是	是
符合句的简洁特征	使用关系代词、连词、介词等	使用关系代词、连词、介词等	省略使用关系代词、连词、介词等	省略使用关系代词、连词、介词等	省略使用关系代词、连词、介词等

表 8.1　判定英语文体风格的指标

8.4　英语特殊句式的翻译算法

在本节中，我们将探讨英语特殊句式的翻译算法，共分为六大类。这些算法主要为了解决英语特殊句式被翻译成汉语时的句序问题，或者使得汉语译文采用截然不同的表达方式。下面，我们来逐一讨论这些涉及到"句式类"基本大块的翻译的语序问题。

8.4.1 分裂句的翻译算法

在处理"It is...that..."或者"It was...that..."这样的分裂句的汉语译文时，计算机在识别出这个句式之后，不会将 it 和 that 等词翻译出来，而是现将在被强调的内容前加上"正是..."再接着把 that 后面的内容翻译出来。

例 1 It was a white gown that Mary wore at the dance last night.

译文：玛丽昨晚在舞会上穿的，正是一套白色长裙。

8.4.2 强调谓语动词句式的翻译算法

针对英语中用"do"或者"does"或者"did"强调谓语动词的做法，汉语的译文一般要在主谓语动词的前面加上"的确"一词。"do"这类词是绝对不能翻译成"做"之类的意思的。

例 2 I do hope you'll stay to supper.

译文：我的确希望你留下来吃晚饭。

8.4.3 英语的名词直接译成汉语的动词的翻译算法

当谓语部分是"make（have）+ a／an／the + 名词"结构时，可以将这个短语中的名词直接翻译成同源的动词形式。也就是说，其中的"make"不再翻译出来。

例 3 He made no attempt to take a doctor degree.

译文：他没有争取去攻读博士学位。

例 4 John made an admission that he was the thief.

译文：约翰供认自己是小偷。

8.4.4 具象与抽象冲突时变译的翻译算法

具象或者抽象信息已经在编写词库时标注进去，供判定某个表达是否隐喻是调用。下面是本人前期研究中的一个例子。当搭配在一起的事物及其属性在抽象与具象方面发生冲突时，翻译自动舍弃该语汇的原来意义，而去采用其隐喻意义或者转喻意义。

guessed what deadly purport lurked in those self – condemning words. "The godly youth!" Said they among themselves. "The saint on earth! Alas, if he discern such sinfulness in his own [**white**] soul, what horrid spectacle would he behold in thine or mine!" The minister well knew subtle, but remorseless hypocrite that he was! The light in which his vague confession would (*The Scarlet Letter*)

——没有！他们全都听进了耳朵，但他们都对他益发敬重。他们绝少去猜疑，在他那番自我谴责的言辞中潜藏着多么殊死的涵义。"这位神圣的青年！"他们彼此喁喁私语。"这位人间的圣者！天哪！既然他*在自己洁白的灵魂中*都能觉察出这样的罪孽，那他在你我心中又会看到多么骇人的样子呢！"牧师深知这一切——他是一个多么难以捉摸又懊悔不迭的伪君子啊！（《红字》）

在人类形成的关于世界的种种假设中，白色是具象的，往往与光面联系在一起，表征美好纯洁。"白色"表达的具象和"灵魂"表达的抽象之间发生了冲突，这个时候"white"的语义选择会自动地调整到白色的表征结构，而非其原型结构。两个概念的心理空间就会形成，两个输入空间之间的连接图式又被抽象到类指空间中用于指导空间之间的映射，于是在合成空间里就保留了"灵魂"的结构和"白色"的价值"纯洁"，那么合成空间里的层创结构就是"纯洁的灵魂"。这个层创结构又要和汉语里的多个输入空间经过多次映射与合成，来校验该译文是否具有可接受性和符合文体风格。最后，译者顺利生成了汉语译文。这是人类翻译的过程，而计算机必须运用形式化的人类的翻译经验才能准确处理此类翻译现象。这也是本研究的一个重点，是本研究致力于让计算机处理隐喻翻译的重要算法之一。

8.4.5　有灵与无灵冲突时变译的翻译算法

有灵或者无灵信息已经在编写词库时标注进去，供判定某个表达是否隐喻时调用。下面是本人前期研究中的一个例子。当搭配在一起的事物及其属性在有灵与无灵方面发生冲突时，译者自动舍弃该语汇的原型意义，而去采用其隐喻意义或者转喻意义。

sometimes to take tea with Miss Pinkerton, to whom he had been presented by his mamma, and actually proposed something like marriage in an intercepted note, which the one-eyed [**apple**] woman was charged fo deliver. Mrs. Crisp was summoned from Buxton, and abruptly carried off her darling boy; but the idea, even, of such an eagle in the Chiswick dovecot（***Vanity Fair***）

——直射到牧师的讲台上，一下子就把克里斯泼牧师结果了。这昏了头的小伙子曾经由他妈妈介绍给平克顿小姐，偶然也到她学校里去喝喝茶。他托那个独眼的**卖苹果女人**给他传递情书，被人发现，信里面的话简直等于向夏泼小姐求婚。克里斯泼太太得到消息，连忙从勃克里登赶来，立刻把她的宝贝儿子带走。平克顿小姐想到自己（《名利场》）

在这个例子中出现了"apple woman"被翻译成"卖苹果女人"是角色这一关键关系被强化的效果。我们知道，角色是一种普遍存在的关键关系，角色拥有价值并与价值相对。在心理空间内或者心理空间之间，空间里的成分可以作为角色与作为价值的另一成分连接在一起。译者在阅读时，首先建立起"苹果"和"女人"两个输入空间，他试图在这两个空间之间建立联系，比如"相似性"的联系，结果发现文本语境和情境语境不支持这种相似性的假设。于是，他又会试图抽象出这两个空间之间的其他联系，经过一番文本语境的调入与整合，发现只有把"小贩"这一角色投射到"女人"身上才能与上文的语境相符合。在发现了这种联系之后，译者非常清楚这种关系来之不易，这里没有过多的审美效果。如果采取对等直译，这种联系不容易让汉语读者发现，白白增加的是处理努力，于是译者就直接把"女人"的角色透露给了译文读者。

译者能够通过推理获得"女人"跟"卖苹果小贩"的角色问题。而要让你计算做出类似于译者的推理过程，我们必须把一切它可能需要的百科知识和算法编制到程序里。上述两类算法能够解决隐喻翻译的大部分问题，尤其是在判断概念隐喻、常规隐喻和诗性隐喻等隐喻类型方面有优越性。

8.4.6　祈使句的翻译算法

祈使句的肯定句一般直译即可，而加了"do"用于加强语气的祈使句，在翻译成汉语的时候就需要将"do"翻译成"一定"。例如"Do be careful."译文："一定要小心。"

而那些用来表达祝愿的祈使句，在翻译的时候要添加"祝您"或者"祝你"。比如"Have a happy new year!"译文是"祝您新年快乐!"又比如说，"Enjoy yourself and come back quite well at an earlier date."译文是"祝你开心，养好身体后早日回来。"

8.5　汉译语序调整的算法

汉译语序调整的算法是要解决英语中的各类大块被翻译成汉语之后各个大块的排列顺序问题。也就是说，这类算法是处理各个大块的先后排列顺序。鉴于英汉两种语言的语序差别比较大，汉译不可能完全按照英语的语序进行翻译，在不少情况下需要重排汉译的词序。

总的来说，汉语的语序遵循戴浩一所说的"时间顺序原则"（戴浩一，1985）[①]。他指出："两个句法单位的相对顺序取决于他们所表示的概念世界里的状态的时间先后。"这无疑是他用认知语言学的"相似性"对现代汉语所做的深入研究。

例1 He came here by bus.

译文：他乘公共汽车来这里。

例2 I enjoy walking after supper.

译文：我喜欢在晚饭后散步。

因为"乘公共汽车"时间在前，而"来这里"时间在后；"吃晚饭"在"散步"之前，于是汉语译文就有了这样的语序。所以，我们在处理英译汉局部两个先后状态的排列时，可以让计算机计算两种时间状态的先后，以确定他们所对应概念的词语的语序。

下面，我们来探讨汉语总体语序与英语语序的对应关系。我们先解决仅仅简单句的语序问题。第一种情况：如果句子中仅含有一个时间状语，而不含地点状语，那么汉语译文往往把时间状语提前至"主语+助词"结构的后面，放在主动词之前。请看下面的例子：

例3 He will visit America on April 10.

---

① 转引自鲁川.《知识工程语言学》.北京：清华大学出版社，2010：142.

译文：他将于 4 月 10 日访问美国。

第二种情况：如果一个句子含有方式状语，则将其译文提前至"主语+助词"结构的后面，主动词的前面，而将时间状语放在方式状语的后面。请看下面的例子：

例 4 He will visit America on April 10, together with Frank.

译文：他将同弗兰克于 4 月 10 日访问美国。

第三种情况：如果一个句子含有两个时间状语，其汉语译文则分别将每个时间状语提前至主动词之前。请看下面的例子：

例 5 They began to play tennis at 10 o'clock, and finished at 11 o'clock.

译文：他们在十点开始打网球，并且在 11 点结束。

第四种情况："使役动词+宾语+交流路径"的语句翻译时也需要调整汉语语序。

例 6 She whispered the answer to his ears.

译文：她把答案悄声告诉了他。

在这个例子中，需要用汉语的"把"字句结构来调整译文的语序。

例 7 He kicked the ball into the box.

译文：他把球踢进箱子。

很显然，例 6 和例 7 两句话不能翻译成"她悄声说答案对他的耳朵"，以及"他踢球进箱子"这种不符合汉语表达习惯的语句。基于这种考虑，我们在英汉词库标注的时候，将动态语义角色和使役动词等信息也做了进去。计算机通过恰当的算法就能凭借使役动词这一标注信息，以及我们所编制的"把"字句结构来通顺地翻译此类英语语句。

总的来说，汉语译文的语序应当遵循戴浩一所提出的"时间顺序原则"。

8.5.1 英语长句分析及其汉译的语序重排的算法

针对英语长句，重要的是我们要理出句子的主干部分（主谓宾成分）。在翻译时，我们应该将长句拆分成许多相对独立的小句，然后再将它们翻译成相应的汉语小句。这些小句的译文暂存，最后在按照汉语的表达习惯进行语序重排。这些长句子的排列顺序主要是按照时间顺序进行排列，也就是说先发生的事情，先翻译出来，稍后发生的事情次之，最后发生的事情最后翻译出来。涉及到时间先后顺序的有两种情况：一、时间点的先后顺序，小数在前，大数在后，如"7：25"先于"8：

25"；二、时间段的先后顺序，小数在前，大数在后，如"1981"先于"1988"；对于含有数量词的时间段，大数在前，小数在后，如"5天前"先"3天前"。这可以推延至"天""日""夜""周""月""年"的时间段表达式。详情参见第九章的9.8.2.4小节。

另外，按照汉语的先原因后结果的顺序翻译原因状语从句，以及先翻译目的状语从句、再翻译主句等原则。

1. 按照时间顺序排列几个小句。

e. g. I retired last year from my post at a university in Tokyo, where I taught English literature and language. 我曾在东京某大学教英语语言文学，去年刚退休。或者译成：我去年刚从东京某大学退休，之前我曾在那里教英语语言文学。

He found the thought infinitely more enjoyable to focus on than the niggling fear that had been troubling him since his conversation with Fisher. 那次与费希尔谈话之后，总有些琐琐碎碎的事儿一直困扰着他，使他有种莫名的担忧。如今集中精力做这种想法，比起那种杞人忧天来无疑要让人开心多了。

2. 逻辑顺序从根本上讲也是时间顺序。

e. g. After regular intervals which depend partly upon the amount of traffic carried and partly upon the local conditions, the so-called "permanent way" requires replacement. 每隔一段时间之后，所谓"永久性道路"（即铁路轨道）就需要更换。这段时间的长短，部分取决于运输量，部分取决于当地的条件。

3. 汉语主从复合句结构中子句排列的顺序是先原因，后结果；先条件，后结果；先叙述，后转折。（如使用"虽然……但是……""因为……所以……""如果……就……"等结构）

8.5.2　英语多项定语的汉语译文里多项定语的语序重排

在汉语多项定语的句子里，左边的定语依次修饰它后边的定语和中心语。排列顺序通常为带"的"定语放在不带"的"定语之前。如果几个定语都不带"的"，语序排列的方式为：表领属的词语1／指示代词+数量短语2／形容词3／名词4。

如：他那一件新羊皮大衣昨天卖掉了。

他买了一辆崭新的永久牌的女式自行车。

但是有两点例外：1、数量短语作定语可以放在带"的"的定语之前；2、领属定语只能放在最前边。

如："一间最大的房子""他最大的孩子""中国最大的河流"。

8.5.3 汉语译文中多项并列修饰语的语序重排

本小节里关于并列修饰语语序重排的思想借鉴自自潘文国[①]的研究。以下是英汉翻译软件编写可以采纳的具体内容：

一、多项并列修饰语

英语中多项修饰语的排列顺序依次为限定性、描述性和分类性的修饰语排列顺序。

1. 限定性的修饰语，又分为四类，排列顺序为前位限定词（如 all、both、half、twice 等）、中位限定词（如 a、the、this、that、my、your、Mr. Thompson's、the lady's、any、every、no 等）、后位限定词〔（一）序数词及后位限定词（二）基数词〕。

2. 描述性修饰语，又分为主观评价和客观描述两类，其排列顺序为先主观后客观。

3. 分类性的修饰语，又分为一下三类：表示来源的国别类形容词；表示原料类形容词；表示用途类的名词或者动名词。

汉语的多相并列修饰语的语序：

1. 表示时间、地点的修饰语

2. 领属性词语

3. 限定性词语

4. 短语性词语

5. 国别性词语

6. 描述性词语

7. 本质性词语

英语表达例子：Both the first two nice big old round red carved French wooden card

---

① 潘文国：《汉英语对比纲要》，北京：北京语言文化大学出版社，1997 年版，第 236-239 页。

Tables in the room that were bought yesterday belong to my father.

汉语译文：昨天买来放在房间里最前面的这两张法国产的打牌用的刻了花的古老的硕大的深红色的漂亮的圆的木头的桌子都是我父亲的。

二、同类修饰语内部的语序

英语中的时间修饰语和地点修饰语的排列方式都是由小到大，而汉语则是由大到小排列。我们在编写软件时需要给程序添加一组大地点和小地点的列表，供软件推导时调取信息。列表涉及到各个国家的国家名称、省（州）、市县、镇村等名称。另外，我们还需添加一个时间类义词关系列表，以表明时间大小的上下义关系，供程序推导时调取信息。

例如：School of Foreign Studies，Jiangsu Normal University，Xuzhou，China 中国徐州江苏师范大学外国语学院

又例如：2：00 p. m.，31st October，2012　2012 年 10 月 31 日下午二时

8.5.4　英语句子中短语作定语，汉语译文语序重排

英语句子中定语的位置对于核心词名词来说可前可后，但是汉语的定语基本上全放在名词前面，或者改译成补足语。

例如：the ancient Chinese alchemists　中国古代的炼金术士

A candidate with little chance of success　一个当选希望极微的候选人

8.5.5　英语句子中状语的位置及其汉语译文中的语序重排

如果在英语中是单词修饰形容词或者状语，那么副词通常会放在它所修饰的词语形容词或者状语的前面，汉语里状语的位置与此相同，则不需要进行语序重排。

如果在英语中是单词作状语修饰动词，一般放在动词之后，而在汉语里则通常放在动词之前，需要语序重排。

如果英语中是短语作状语，其位置可前可后，而汉语里短语作定语的时候，位置关系也是可前可后。但是多半情况下，需要将状语放在动词之前。

如果在英语中同时存在时间状语和地点状语，那么地点状语通常放在时间状

之前。但是，在翻译成汉语时，需要将时间状语放在地点状语之前。

例如：He was born in Miami on May 4th, 1919.

英语汇总的时间状语排列是由小到大，而汉语则是由大到小。

At eleven minutes past 1 A. M. on the 16th of October, 1946, Ribbentrop mounted the gallows in the execution chamber of the Nuremberg prison. 1946 年十月十六日凌晨一点十一分，里宾特洛甫走上纽伦堡监狱死刑室。

8.5.6 英语各类定语在译成汉语时的语序重排

此处关于定语汉译的语序重排的观点受吕瑞昌[①]的启发，我们把其例句稍加改动如下：

1. 将英语中修饰某些不定代词的形容词翻译到该词之前，这类被修饰的词通常包括 "some" "any" "every" "no"，等等。

例如：He wanted to get someone reliable to help in the work. 他想找一个可靠的人帮助工作。

Is there anything important in today's paper? 今天报上有什么重要消息吗？

Let's go somewhere quiet. 咱们到一个安静的地方去。

The doctor did everything necessary to save the patient. 医生为救病人，尽到了一切必要的努力。

There is nothing wrong with this sentence. 这个句子没有什么不对的地方。

It is something rare in the world. 这是稀世珍品。

2. 作后置定语的形容词，如 "alive" "present" "alone" 在翻译成汉语时多半将它提到名词之前来翻译。

例如：He is the greatest poet alive. 他是当今最伟大的诗人。

The guests present included a few foreign newsmen. 到场的来宾中有一些外国记者。

On this committee alone there are three women. 仅这个委员会就有三名女委员。

3. 做后置定语的单词或者短语，在翻译成汉语时多半需要将定语的位置提到它

所修饰的名词之前。

例如：Most of the people singing were women. 那些唱歌的人大部分是妇女。

This is the best solution imaginable. 这是能想得出的最好解决办法

4. 一系列单词或者短语作定语时，需要计算其各自与名词中心语的距离才能决定哪个定语离名词最近。也就是说，定语跟名词的关系越密切越能说明名词的性质，那么它距离名词的距离就越近。此外，汉语定语语序排列还有长定语在前而短定语在后的习惯。

例如：a modern powerful socialist country　社会主义现代化强国

8.5.7　英语的各类状语在译成汉语时的语序重排

此处关于状语汉译的语序重排的观点起源于吕瑞昌[①]，例句稍加改动。

1. 在汉语里，通常情况下状语都被放在主语之后谓语之前，但是时间状语、方式状语和条件状语往往因为强调的意图而被调到句首。

例如：I made her acquaintance when I was working in Miami. 我是在迈阿密工作的时候认识她的。

He took out a key from his pocket and gave it to his little daughter. 他从口袋里取出一枚钥匙，给了他的女儿。

These kids are growing fast under their grandmother's care. 这些孩子在奶奶的照料下长得很快。

Under the Party's leadership, we made great achievements in the past ten years. 在党的领导下，我们在过去的十年里取得了巨大成就。

2. 当英语句子里同时含有时间状语和地点状语时，要按照汉语的习惯将时间状语放在地点状语之前。并且时间状语一定置于动词前面，如果有地点状语也要将它置于动词之前时间状语之后。

例如：The meeting will be held in the auditorium at 2：00 tomorrow afternoon. 会议将于明天下午两点在大礼堂举行。

[①]　吕瑞昌、喻云根、张复星、李嘉祜、张燮泉：《汉英翻译教程》，西安：陕西人民出版社，1987 版，第 37-41 页。

I saw *The Lord of the Rings* in Miami last winter. 我去年冬天在迈阿密看的《指环王》。

3. 如果英语句子中有多项状语，多半顺序是：方式、地点、时间。而翻译成汉语需要将顺序调整为时间、地点、方式。

例如：Lily reads aloud in the open air every morning. 李丽每天早上在室外高声朗读。

Professor Gordon is working with his two new assistants in the laboratory atthe moment. 戈登教授此刻正在实验室里和他的两个新助手一起工作。

4. 如果英语句子里有两个以上的时间状语或者地点状语，它们的排序通常为较小单位在前，较大单位在后。而翻译成汉语则需要将顺序调整为较大单位在前，较小单位在后。

例如：We shall start at seven tomorrow morning. 我们明天早上七点钟开始。

I live at 825 Brickell Bay Drive, Miami, FL. 我住在佛罗里达州迈阿密市布里克尔海湾道 825 号。

5. 英语中多个状语往往会分开放置，目的是为了避免头重脚轻的不平衡现象。但是在翻译成汉语的时候完全可以将它们放在一起置于句首。

例如：Led by the Chinese Communist Party, the Chinese people, united as one, are engaged in the great task of building socialism. 中国人民正在中国共产党的领导下，团结一致地进行着伟大的社会主义建设。

Under the leadership of Commrade Mao Zedong, our Party laid down a dialectical materialist ideological line in the course of long revolutionary practice and particularly through the Yanan Rectification Movement. 我们党在毛泽东同志的领导下，经过长期革命实践特别是延安整风，在全党确立了一条辩证唯物主义的思想路线。

8.5.8　汉语译文中，11 类副词在句子中的语序排列

当英语中的大块及块间成分被逐一翻译过来暂存之后，尤其是当英语句子里有多个副词的时候，汉语句子需要对这些副词位置按照汉语习惯进行重排。我们的翻译软件编写思想采纳黄河关于汉语副词的位置排列先后的科研成果。黄河（《黄

河》, 1990: 64-70页)① 把副词分为以下 11 类:

1. 语气助词: 本来, 大概、到底、当然、的确、竟然、究竟、居然、难道、幸亏

2. 时间副词: 常常、曾经、从来、刚、刚刚、马上、仍然、已经、正在

3. 总括副词: 都、全、一概、统统

4. 限定副词: 只、才、不过、光、就、仅、仅仅

5. 程度副词: 非常、更、更加、很、极其、极为、太、挺、最

6. 否定副词: 不、没有

7. 协调副词: 一块儿、一起、一齐、一同

8. 重复副词: 重、重新、反复、屡次、又、再、再三

9. 方式副词: 白白、分别、亲自、偷偷、逐步、逐个、埋头

10. 类同副词: 也

11. 关联副词: 才 (只有……才……)、就 (如果……就……)

11 类副词在汉语句子里的排列顺序如下 (>表示先于): 语气副词>时间／总括副词>限定副词>程度副词>否定副词>协同副词>重复副词>方式副词。

例如:

他也许已经回家了。(语气副词>时间副词)

他们难道不认识他? (语气副词>总括副词)

我幸亏只买了一件衣服。(语气副词>限定副词)

她太疲劳了。(语气副词>程度副词)

我当然不会跟他结婚。(语气副词>否定副词)

他们居然一起来骗我。(语气副词>协同副词)

他们难道重新启用了? (语气副词>重复副词)

---

① 黄河: 常用副词共现时的次序, 北京大学中文系《缀玉二集》1990 年版, 转引自马真《现代汉语虚词研究方法论》, 北京: 商务印书馆, 2004 年版, 第 64-70 页。

8.5.9　14 种英语倒装句译成汉语的语序重排

按照潘文国的观点①，英语的倒装句分为强制性倒装、技术性倒装和艺术性倒装三类。下面，我们逐一来讨论这三大类，14 小类倒装句的汉译语序重排问题。此处的算法是要解决"句式类"基本大块之间的关系问题。

1. 疑问句（强制性倒装）：除了疑问代词或被疑问词修饰的词作主语不需要主谓倒装以外，其他英语的疑问句需要主谓倒装。汉语译文需要将英语中的句子主语提到最前面，再接下来才排列助动词、动词及宾语等大块的译文。

Are you the person to teach us English writing? 你是教我们英语写作的人吗？

Have you finished your homework? 你做完作业了吗？

2. 感叹倒装（强制性倒装）：由 what 和 how 引导的感叹句，主谓语需要倒装。汉语译文需要省略特殊疑问词 what 和 how。此外，汉译同样需要将主语提到句首，然后排列"动词加副词结构"或者"形容词加名词结构"的内容。

How fast you can run! 你跑得真快啊！

What a silly child he is! 他真是个傻孩子！

3. 存现倒装（强制性倒装）：主要指"There + 联系动词"句型和"here + 联系动词"句式。此处添加一个存现动词词表或者连系动词词表。汉语译文不翻译这类句子当中的"here"和"there"。汉译需要将这类句子中的动词放到名词的后面来排列语序。

There goes the bell. 铃响了。

Here comes our class president. 我们的班长来了。

There must be something wrong with the elevator. 这台电梯一定有问题。

Here we are. 不算倒装句的句子，在翻译成汉语时也要倒装。译为：我们到了。

There you are. 译为：你们到了

4. 祈愿倒装（技术性倒装）：表示祈愿和使令的祈使句需要主谓倒装。这类句子的汉语译文需要在句首添加"祝"，其后的语序是"名词+动词"；或者是"代词

---

① 潘文国：《汉英语对比纲要》，北京：北京语言文化大学出版社，1997 年版，第 236-239 页

+动词+副词"的语序。

Long live Sino-US friendship! 中美友谊万岁!

May you have a good journey! 祝你旅途愉快!

5. 假设倒装（技术性倒装）：表示虚拟语气的假设分句如果去掉 if，主语和谓语倒装的情况。这类虚拟语气句子的翻译，首先要准确判定该句子用了虚拟语气，然后在汉译的句首添加"如果"（"即便""即使""要是""假如""假若""倘若"等）词语，接下来先译出从句，再译出主句。主从句的句序遵循汉语语序的排列惯例。

Had I been there, I would have told Tom. （要是我在那里，我就已经告诉汤姆了。）

6. 让步倒装（技术性倒装）：先判定属于该情况，然后翻译方式同样是添加一个表示让步的副词"即便"（或者"即使""不论""无论"等），再分别排列从句和主句。

Be it ever so late, I must finish the work. 即便是这么晚，我还是必须做完作业。

Child as she was, she was more than a match for him. 即便是她还是个孩子，她跟他算得上是绝配。

Difficult as was the work, it was finished in time. 即使工作困难，也要按时完成。

Come what may, we will always stand by you. 不管发生什么事情，我们都支持你。

7. 否定倒装（技术性倒装）：含有否定意义的词如"no""not""nowhere"等位于句首的时候，引起句子倒装。无论英语如何倒装，汉语译文一律是主语在前，谓语部分紧接着主语排列。如果是一个主从复合句，那么先译出主句，再译出从句。

Never have I seen such a magnificent bridge. 我还从未见过这么雄伟的大桥。

Hardly had I begun to speak when the audience interrupted me. 我一开口，观众就打断了我。

No sooner had I begun to speak than the audience interrupted me. 我一开口，观众就打断了我。

8. 固定倒装（技术性倒装）：当用后一句话同意前一句话的内容时，使用倒装句。汉语译文需要将第二句倒装的英语表述按照汉语的习惯颠倒过来，即主语在前，"否定词+动词+宾语"紧随其后。

I shall not go, neither will he. 我不去，他也不去。

—I don't like him. —Nor do I. ——我不喜欢他。——我也不喜欢他。

9. 使令倒装（艺术性倒装）：使令句的主语一般不出现，出现时为了表示强调。汉语译文需要把颠倒的英文表述按照汉语表达习惯颠倒过来，即"主语+谓语"的结构。

Don't you go with him？你难道不跟他一起去？

Speak you！你说话呀！

10. 引语倒装（艺术性倒装）：直接引语放在句子前部时，后面的主语谓语倒装，但是在翻译时必须按照正常语序翻译。

"Come here", said he."来这里。"他说。

11. 强调倒装（艺术性倒装）：将 only 放在句首时，需要用倒装句式。将这种英语句式翻译成汉语的"只有……才……"的框式介词短语结构。

Only in this way can you get your car repaired by two o'clock. 只有用这种方式，你的车才能在两点前修好。

12. 生动倒装（艺术性倒装）：原先谓语动词之后且跟动词结合紧密的副词移到了句首，从而引起动词也被吸引到了主语之前。汉语语序依然调整为"主语+谓语"的顺序。

Down came the hammer and out flew the spark. 锤子落下，火花飞溅。

Just at that moment, in came Professor Fan. 就在那时，范教授近来了。

13. 平衡倒装（艺术性倒装）：如果句子无宾语，而且句子较长，为了维持平衡，可将状语、表语等提前，句子倒装。翻译这类倒装句时需要将连系动词后面的做主语的名词提到句首来翻译，顺下来的内容为"动词+宾语"的结构。

Such was Albert Eistein, a simple man of great achievements. 这就是阿尔伯特·爱伊斯坦，一位简单却取得了伟大成就的人。

Happy is he who dedicateds his life to the emancipation of mankind. 他快乐地将自己的生命献给了人类的解放事业。

To this list may be added a few more scientists working in another department. 在这个名单里还可以加进另外一个部门的科学家。

14. 衔接倒装（艺术性倒装）：这是为行文便利而倒装。汉语译文可以保持原来的语序不变，目的是为了做到向英语句子一样强调"图形—背景"结构当中的图形。

...and behind them, came a little boy. ……他们身后过来了一个男孩。

8.5.10　英语13种状语从句译成汉语时，主从句的语序重排

翻译状语从句的原则：一般情况下，按照原来其所在句子里主从复合句的顺序译出。但是，在翻译时间状语从句、处所条件状语从句、条件状语从句、类比状语从句和评注性状语从句是需要调整语序。

一、时间状语从句，语序重排规则：先发生的事件，放在前面；后发生的事件，放在后面。

如：I didn't start my meal until Jim arrived. 直到吉姆来，我才吃饭。（前时）

He arrived while I was sunbathing. 我正晒日光浴的时候，他来了。（同时）

They had not read any books since they left school. 自从离开学校后，他们就没念过什么书。

二、处所状语从句，语序重排规则：从句译出并置于主句前面，尽管不调整语序，译文也不别扭。但是，调整后的语句，译文一定不别扭。

如：They went where ever they could find work. 只要能找到工作，他们哪儿都去。

三、条件状语从句，语序重排规则：从句译出并置于主句前面。

如：She's far too considerate, if I may say so. 要叫我说，她考虑得也太周到了。

四、类比状语从句，语序重排规则：将从句译出，并置于主句前。

如：Please do it as I said. 请照我说的做。

五、评注性状语从句，语序重排：将从句译出，置于句首。

如：There were no other applicants, I believe, for the job. 我想这工作没有别人报名。

I'm working the night shift, as you know. 正如你知道，我上夜班。

其余8种状语从句均保持其在英语原句当中的位置不变，译出。这8种状语从句是伴随状语从句、让步状语从句、对比状语从句、排除状语从句、原因状语从句、目的状语从句、结果状语从句、偏爱状语从句等。

8.5.11　汉语译文中并列状语的语序重排

刘华之[①]将汉语句子里的状语分成 10 类，并排列出了先后顺序。如果英语句子中也出现这 10 类状语，那么它们的汉语译文仍然需要按照下面的顺序重排。这一点，我们通过阅读自建的语料库语料大体上得到了证实。

1. 目的；2. 时间；3. 地点；4. 条件；5. 比况；6. 方式；7. 伴随；8. 频度；9. 指涉；10. 程度。下面例句当中的数字表示状语的类别。

例如：我们为顾全大局(1) *于同年秋末（2）* *在第三方的调停下*(4) *开诚布公地（6）* *多次*(8) *强烈（10）* 要求。

8.6　汉译表时态、疑问、感叹等添加虚词的算法

本小节中所讨论的算法涉及到汉语译文块间成分添加的问题，这些被作为块间成分添加到译文中用来表达时态、疑问、感叹等交际功能。本研究中涉及的每个虚词均在汉语虚词词库中被分别标注了文体特征。同样的语义，因为计算机所计算出来的文体特征值不同，而会被添加不同文体风格的虚词。虚词词库里对虚词的文体风格描述均以王自强编著的《现代汉语虚词用法小词典》为依据，并按照本研究五类文体风格重新划分为刻板体、正式体、询议体、随便体、亲密体，分别被标记为 s1、s2、s3、s4 和 s5。汉语虚词库里除了这五个文体特征标志之外，还有该虚词详尽的语义描述，以便计算机能够确定该虚词在何种场合、何种语境中添加到汉语译文里。判定英语句子为何类文体风格的具体条件有待进一步细化和形式化，以便在编写软件时采用。

[①]　转引自潘文国：《汉英语对比纲要》，北京：北京语言文化大学出版社，1997 年版，第 255 页。

8.6.1 汉译时态添加虚词的算法

在汉译环节，计算机将根据在英文语句句法分析环节获取的时态特征，对汉语译文添加表示时态的虚词。这是由于在本研究所标注的英汉词库当中，所有动词的翻译均以动词原形为范本加以翻译，并添加在该英语动词所在的语义描述里。

1）一般现在时：不添加。

2）一般过去时：在谓语动词后直接添加"过"，并在宾语后面添加"了"，也可以省略后面的"了"。

3）一般将来时：在谓语动词的前面直接添加"将要"或者"将会"或者"将"或者"会"。

4）过去将来时：在谓语动词的前面直接添加"将要"或者"将会"或者"将"或者"会"。

5）现在进行时：在谓语动词的前面直接添加"正在"或者"在"。

6）过去进行时：在谓语动词的前面直接添加"正在"或者"在"。

7）将来进行时：在谓语动词的前面直接添加"正在"或者"在"。

8）过去将来进行时：在谓语动词的前面直接添加"将要"或者"将会"或者"将"或者"会"。

9）现在完成时：在谓语动词的前面直接添加"已经"或者"业已"或者"过"。

10）过去完成时：在谓语动词的前面直接添加"已经"或者"业已"或者"过"。

11）将来完成时：在谓语动词的前面直接添加"将要"或者"将会"或者"将"或者"会"。

12）过去将来完成时：在谓语动词的前面直接添加"已经"或者"业已"或者"过"。

13）现在完成进行时：在谓语动词的前面直接添加"已经"或者"已经在"。

14）过去完成进行时：在谓语动词的前面直接添加"已经"或者"已经在"。

15）将来完成进行时：在谓语动词的前面直接添加"将要"或者"将会"或者"将"或者"会"。

16）过去将来完成进行时：在谓语动词的前面直接添加"已经"或者
"已经在"。

8.6.2　汉语译文中时间副词的种类及其限制条件

现代汉语中的时间副词约有 130 个，几乎占整个副词的 30%，他们表示动作的
"态"，而不表示动作的"时"。定时时间副词只能用于某一特定时间的时间副词。
不定时副词可以用于不同时间的时间副词。下列表示时间的副词用于给汉语译文的
句子增加时态特征。实际上，它们当中的绝大多数由于在英语句子的表达中存在，
只需要汉语直译即可。当然，有些表达时态的副词虽然在英语句子中没有出现，但
是在翻译的时候会被计算机根据英语句子时态的特征自动添加进汉语译文。例如，
表示进行时态的"正""正在"；表示过去时态或者完成时态的"曾""曾经"；表
示将来时态的"将""将要""就要""快要"，等等。我们将在 8.11 小节逐一详细
讨论。

定时时间副词（重在"时"，不在"态"）主要有 3 类：

1）表示过去时，如"曾""曾经""也已""业经""从""从来""向来""一
向""素""素来""历来""终于""毕竟""到底""一度"。

2）表示现在时，如"至今"。

3）表示将来时，如"早日""及早""趁早""终将""终归""终究""总归"
"必将""迟早""早晚"。

不定时间副词（重在"态"，不在"时"）有 18 类：

1）表示已然，如"已经""已""早已""早就""都"。

2）表示未然，如"即将""将要""就要""快""行将"等。

3）表示进行，如"正""正在""在"等。

4）表示短时，如"刚刚""刚""刚才""立刻""立即""即刻""马上"
"就""便""赶紧""刚快""赶忙""连忙""急忙""当即"。

5）表示突发，如"忽然""骤然""猛然""猛地""蓦地"。

6）兼表短时和突发，如"顿时""登时""霎时""立刻""一下子"。

7）表示早晚，如"就""便""才"。

8）表示先后，如"先""预先""事先""然后""而后""随后""随即""从

此""先后""相继"。

9）表示常偶，如"常常""常""时常""往往""时时""时刻""不时""每每""偶尔""间或""有时"。

10）表示永暂，如"永远""永""始终""直""暂""暂且""姑且""且"。

11）兼表永常，如"老""总""一直"。

12）表示缓慢，如"渐""渐渐""渐次""逐渐""日渐""逐步"。

13）表示同时，如"同时""一齐""一同"。

14）表示随时，如"随时"。

15）表示守时，如"按时""按期"

16）表示延续，如"还""还是""仍""仍然""仍旧""依然""依旧""照旧""照样""照常"。

17）表示最终，如"终究"。

18）其他，如"现"（这个孜然羊肉是为您现炒的）；"临"（他临走时只留下了电子邮箱。）

8.6.3 汉语译文中"已经""曾经"等时间副词的添加条件

在汉语译文中为了使译文流畅，计算机会根据英语时态添加相应的副词，以符合汉语的阅读习惯。这种操作属于对汉语译文块间成分的添加操作。

"曾经"属于定时时间副词，它只用来说明过去的事情；

"已经"属于不定时时间副词，它既能说明过去的事情，也能用来说明现在和将来的事情。

例如：去年我曾经看过莫言的小说《红高粱家族》。

现在，他已经看到 120 页了。

明天这个时候，我大概已经看完 400 页了。

8.6.4 汉译疑问句添加虚词的算法

汉语疑问句添加虚词的算法目的在于对汉语疑问句添加表示疑问的块间成分。

由于英语疑问句里没有此类表疑问的虚词，故此需要对汉语译文添加相关表示疑问的虚词。具体做法如下：

英语的一般疑问句译成汉语的时候，最通用的疑问助词是"吗"。

至于特殊疑问句，汉译一般不需要添加疑问助词。

选择疑问句的汉语译文也不需要添加疑问助词。

反义疑问句的汉语译文也不需要添加疑问助词，并且其反义问句不论是什么形式，一律在句末翻译成"是不是"即可。

8.6.5 汉译感叹句添加虚词的算法

汉语感叹句添加虚词的算法目的在于对汉语感叹句添加表示感叹的块间成分。由于英语感叹句里绝大多数情况下没有此类表感叹的虚词，故此需要对汉语译文添加相关表示感叹的虚词。当然，话又说回来了，如果英语句子里的确存在一个感叹词，汉译只需要直译即可，无需再运行此算法。汉译感叹句添加虚词的情况有两种：

一、英语语句本身有感叹词，根据对该英文句子计算得出的语义类型，直接译出，无需额外添加虚词。

二、英语语句本身没有感叹词的情况，需要添加一个感叹词。最通用的是"啊"和"呀"。其他感叹词需要根据语义类型，分别进行添加。我们还会在第8.11小节详细罗列添加内容。

8.7 汉译添加量词的算法

英语的可数名词是不用量词来表达的。为了遵循汉语的表达习惯，汉语译文里需要根据后面的名词意义添加适当的量词。这类算法属于对汉译的块间成分进行操作。我们将量词直接标注在词库里，当每个名词前面存在数词或者不定冠词时，计算机会自动地从量词库里提取出来并添加到译文里。汉语量词的添加算法有三条内容：

1. 计算该句的文体特征，以便选择适合文体风格的量词。

2. 根据英语中名词的内容，直接在汉语量词词库里找到该名词所对应的量词，并把它添加在名词前面和数词的后面。

3. 对于英语中特殊名词的量词添加方法，可以根据本研究所编制的英汉语量词词库。根据大块又现的原则，找到含有数词在内的名词短语，并把这个英文片段翻译出来。

8.8　英语句式的判定及翻译算法

8.8.1　介词的翻译算法

8.8.1.1　介词的语义功能类型

英语介词及其后面所跟的名词或者代词，名词短语或者代词短语而构成的介词短语在本研究中定义为句式类基本大块。这些句式类基本大块要么具有明确的语义，要么具有明确的语法意义，他们对于确定句子结构里的各类成分起到关键作用。我们这里所研究的介词不是单一的介词，而是由介词构成的短语结构，在本研究中被称为句式类基本大块。对于这些大块的操作首先要解决的是这类句式的判定问题。

我们会在本小节里逐一讨论由介词参与所构成的句式类基本大块。首先，我们先来来看看介词的种类。按照 Quirk 等人编写的《英语语法大全》（1988）的说法，他们将介词根据其语义将划分为表空间关系的介词如"at""to""in""from""under""by"等，表时间的介词如"at""in""on""by""during""after""from""to"等，表示原因或者目的的介词如"because of""for""from""to""at"，表示手段或者施动者系列的介词如"by""with""without"，表示有无的介词如"of""with""without"，表示否定的介词"but for"等等。以下是一些涉及常用介词的翻译算法。

8.8.1.2　介词"with"的语义功能及翻译方法

本小节里的例句选自或者改编自钱玉莲的专著《汉语介词与相应英语形式比较

研究》，第 55—59 页。

1. "with" 表示处所

例如：You must bring your own soap and towels with you when you come. 你来的时候把自己的肥皂盒毛巾带上。

2. "with" 表示状态

例如：He was on some secret errand，with a fasle passport. 他持假护照来执行秘密使命。

3. "with" 表示方式

例如：With a quick critical eye，he noted scar on the man's face. 他目光敏锐，一下子就看到了这人脸上的伤疤。

4. "with" 表示原因

例如：Metals expand with heat and contract with cold and damp. 金属因受热膨胀，因潮冷收缩。

5. "with" 表示排斥

例如：With a few exceptions，it's a very friendly group of people. 除了其中几个人，这群人还是非常友善的。

6. "with" 表示包容

例如：With a tip，the meal cost ＄30 for two. 包括小费在内，两人吃那顿饭花了30 美元。

7. "with" 表示所属

例如：All my jewellery remained with my wife. 所有的珠宝都由我妻子保存。

8. "with" 表示让步

例如：With all his boasting，he has achieved very little. 尽管他自吹自擂，成就却甚微。

8.8.1.3　表示"向"的英语介词的语义计算方式

本小节的观点及例句改编自钱玉莲的专著《汉语介词与相应英语形式比较研究》，第 71—94 页。

能够翻译成汉语介词"向"字的英语介词有："to""at""from""with""towards""on""into""for""against""beyond"等介词。

例如：

1. Someone had sent a notice to the Guiness Book of Records. 有人想《吉尼斯世界纪录大全》发出了书面通知。

2. He nodded to me in a friendly fashion. 他友好地向我点头。

3. He winked at me to show that he was playing a joke on the others. 他向我眨了眨眼，意思是他正在开别人的玩笑。

4. New Rules for the New Economy suggests that we might even learn something from those plucky life forms that exploded on the scene a half-billion years ago.《新经济至新规则》提示我们甚至该向在五亿年前那个时候急速增长的那些勇敢的生命形式学习。

5. Charging invasion of privacy, they told Rodger they intend to file a formal complaint with the Federal Trade Commission by Feb. 他们指责该公司侵犯隐私权，并告诉罗杰他们准备与2月16日之前向联邦商务委员会正式控告这家公司。

6. Once, he said something to me in his language, then put his bow and arrows on the ground, stood up and lifted his hands toward the sky. 一次，他用他的语言对我说了些什么，然后将弓和箭放在地上，双手举向天空。

7. The future was closing in on me a lot earlier than I wanted. 未来早已向我逼近，比我预期的要早得多。

8. In addition to linking up with Qwest it has aggressively cut rates at home, expanded into Eastern Europe and launched a telecommerce bank. 除了与奎斯特公司合作之外，该公司还大幅降低国内收费标准，向东欧地区开拓市场，并开办了一家远程商务银行。

9. Now that their first feature film is headed for $250 million at the worldwide box office, Myrick and Sanchez have just one thing ahead of them: the sophomore jinx. 迈瑞克与桑切兹拍摄的第一部故事片在全球的票房收入正在向2.5亿美元迈进。不过，他们正面临着一项挑战——过早的成功是否会让他们未来的路变得异常艰辛？

10. If Dogme spreads beyond art house, it will be not because it suggests a vital new way to make pictures, but because today's directors feel crushed by technological gimmickry. 这些清规戒律正在步出严肃的电影圈，向整个电影界蔓延。究其原因，并不是因为它代表了一种拍摄电影的新方法，而是因为今天的导演都有一种为技术和设备所累的感觉。

8.8.1.4 表示"给"的英语介词及动词的语义计算方式

本小节的观点与例句改编自钱玉莲的专著《汉语介词与相应英语形式比较研究》，第105—133页。

1. 英语介词"for"可以翻译成"给"。

例如：Profits will be used to buy laptops for each of the college's 20 thousand 4th graders. 盈利将用来给这所学院的两万名四年级学生购买笔记本电脑。

2. 英语介词"to"可以翻译成"给"。

例如：A Chicago doctor who is also a professional chef has been employed to provide "decent food" to students. 一位芝加哥医生已经被雇用，同时他还是专业厨师，来给学生提供"像样的食品"。

3. 英语中给予类动词在汉语译文中常常添加"给"字，如 bestow upon（将某物赠给），commit to（托付给），devote to（奉献给），restore to（归还给），entrust to（托付给），infect（传染给），introduce to（介绍给），market to（卖给），pass on to（传给），pass to（传给），provide to（提供给），recommend to（推荐给），return to（归还给），send to（寄给），transfer to（传输给），email to（发电子邮件给），write to（写给），marry（嫁给某人），phone sb.（给某人打电话）。

4. 服务类动词，在翻译时需要添加"给"字，如 anethetic（给……注射麻醉剂），define（给……下定义），hand-feed（给……用手喂食），snap（给……拍摄照片），tutor（给……做家教），subcontract for（将工作分包给……）。

5. 添加类动词，在翻译时需要添加"给"字，如 brand（给……打上烙印），charge（给……充电），dress（给……穿衣），dye（给……染发），heat（给……加热），password-protected（给……加上密码保护），rate（给……打分），recharge（给电池再充电），warm（给……加温）。

6. 带来类动词，在翻译时需要添加"给"字，如 impress（给……留下印象），inspired（给……带来灵感），mark（给……做上记号），put pressure on（给……压力），strike（给……留下印象）。

8.8.1.5 表示"为"的英语介词及动词的语义计算方式

本小节的思想及例句改编自钱玉莲的《汉语介词与相应英语形式比较研究》，

第 135—153 页。

一、当"for"用在以下五类动词后面时,译为"为":

1. 在给予类动词之后,如:need...for(需要为……提供某物),offer for(为……提供),spend for(为……花费)。

2. 在取得类动词后面时,如:be moneymaker for(为……赚钱),buy for(为……买东西),have something for somebody(为某人买东西)。

3. 在制作类动词后面时,如:adevertise for(为……做广告),compose for(为……谱曲),cook for(为……做饭),create for(为……创作),establish for(为……建立),make something for(为……制造),produce recording for(为……录制),record for9 为……录制),write for(为….. 写信)等。

4. 在服务类动词后面时,如:arrange for(为……安排),design for(为……设计),work for(为……工作),do something for somebody(为……做……),match make for(为……做媒),pray for(为……祈祷),pave the way for(为……做准备),conceive for(为…..设计),prepare for(为……做准备),play for(为……播放音乐),monitor for(为……监测)

5. 在添加类动词后面时,如:save a spot for(为……保留位置)

二、当"to"用在服务类动词后面时,译为"为",如:bring to(为……提供),cater to(为……提供食物,为了迎合某人),introduce to(为……介绍),offer to(为……提供);加在添加类动词后面时,如:add to(为……添加)。

三、在以下四类及物动词后面时,译为"为":

1. 给予类动词,如:feed(为……提供),nourish(为……提供养分),spend money on(为某物花钱),

2. 取得类动词,如:bankroll(为……弄到资金),earn(为……赢得、赚得)

3. 服务类动词,如:serve(为……服务),help(为……服务)

4. 添加类动词,如:warm(为……加温),water(为……浇水)

8.8.1.6 英语句子中介词不译出来的条件

本小节的例句选自或者改编自冯树鉴的专著《英汉翻译疑难四十六讲》,第134—135 页。

1. 表示时间或者地点的英语介词,如果被译成汉语放在句首时,通常省去不译。

e. g. There are four seasons in a year. 一年有四季。

Many water power stations have been built in the country. 我国已建成许多水电站。

2. 表示与主语有关的某一方面、范围或者内容的介词有时可以不译，可以把介词的宾语译成汉语主语。

e. g. Something has gone wrong with the engine. 这台发动机出了毛病。

Gold is similar in colour to brass. 金子的颜色和黄铜相似。

It'd never occurred to me that bats are really guided by their ears. 我从未想到蝙蝠居然是靠耳朵引路的。

3. 当"OF"短语在句子中作定语的时候，该介词不需要译出。

e. g. The change of electrical energy into mechanical energy is done in motors. 电能转换为机械能是通过电动机实现的。

Some of the properties of cathode rays are listed below. 现将阴极射线的一些特性开列如下。

8.8.1.7 英语介词译成汉语动词的翻译算法

本小节的例句选自或者改编自冯树鉴的专著《英汉翻译疑难四十六讲》，第131—132页。

1. 表示方位的介词，有时可以译为动词。

e. g. The car wound through the village and up a narrow valley, following a thaw-swollen stream. 小汽车迂回盘旋，穿过村庄，爬过峡谷，沿着一条因解冻而涨水的山溪行驶。

They pushed southward along the mountain valleys, then into great Central Basin and finally westward beyond the Rockies. 他们顺着山谷往南赶路，接着进入中央大盆地，最后向西越过落基山脉。

2. 作表语的介词短语，有时可以译为动词，而将联系动词省掉。

e. g. One must be equal to one's business and not above it. 必须胜任工作，而又不轻视工作。

(If you want to learn), you must not be above asking questions. 如果你想学习，应该不耻下问。

3. 作目的状语或原因状语的介词短语，介词有时可以译为动词。

e. g. The plane crushed out of control. 这架飞机因失去控制而坠毁。

The letter E is commonly used for electromotive force. 通常用 E 这个字母表示电动势。

4. 作条件或方式状语的介词短语，其介词有时可以译为动词。

e. g. Break the circuit first in case of fire. 如遇火警，首先切断电源。

But even the larger molecules with several hundred atoms are too small to be seen with the best optical microscope. 但是，即使由几百个原子所组成的较大的分子也还是太小，小到用最好的显微镜也看不见它们。

5. 作补语的介词短语，其介词常常可以译成动词。

e. g. Heat sets these particles in random motion. 热量使这些粒子做随机运动。

Not long ago climb milling was considered of great value. 不久前，顺铣才被认为有很大价值。

8.8.1.8 英语句子如何译成汉语的框式介词

在英译汉的过程，一定要将英语中的某个单词或者一个短语转变为汉语的框式介词的结构。否则的话，如果不翻译成汉语的框式介词结构，而按照英语的表达直译出来将使得汉语拗口，难以卒读。所以，我们在这里引入汉语的框式介词内容。在这一小节里的翻译算法是要解决将英语的非句式类大块译成汉语句式类基本大块的问题。按照刘丹青①的总结，汉语的框式介词有如下：

在……里面（上面、下面、外面、后面、之间、中间）；跟……似的；像……似的；通过……来；用……来；用……以；由……来；从……以来；从……中；就……而言；对……来说；比……要／来得；跟……一起／一道；在……以前；在……以后；到……为止；

框式介词的概念是由当代语序类型学的创始人 Greenberg（1995）在研究闪语族和伊朗语族部分语言的语序类型演变史提出的。起初他称之为"框缀（circumfix，见 Greenberg，1980）。大概因为这些所谓框缀在功能上是介词性的，所以他后来改

---

① 刘丹青：汉语中的框式介词，《现代汉语语法的功能、语用、认知研究》，商务印书馆，2009年版，第371-397页。

成框式介词，与前置词（preposition）、后置词（postposition）都为介词（adposition）的一种类型，在术语的命名形式上也更成系列。

现在归类总结如下：

表示静态方位或者时间，用"在……"；

表示空间起点、来源、途径，用"从……"；

表示时空终点，用"到……"；

表示方向，用"向／往／朝……"；

表示对象、客体，用"对……"；

表示工具、方式，用"以／用／通过……"；

表示接受者、受益者，用"给……"；

表示原因，用"由于……"；

表示受事，用"把……"；

表示施事，用"被……"；

表示伴随，用"跟／和／同／与……"；

表示差比基准，用"比……"；

表示平比基准，用"像／如……"；

8.8.1.9 汉语框架介词或者句式汇总

此处所汇总的汉语句式的激发点是当计算机发现英语句子中存在某个单词的译文与下列框架介词的一部分对应，那么其汉语译文应该是补全结构译出。

"通过……使……""越……越……""如果……那么……""之所以……是因为……""不但……而且……""当……时候""除了……以外""在……里（外面、上、下）""当……时候""对于……来说"。

8.8.1.10 英语介词译成汉语动词的条件及模式

在我们看来，英语许多介词是堕落了的动词，依然保留着动词的重要特征。那么，这些介词里所包含的动作意味，在被翻译成汉语的时候应该译成动词，比如 across、past、toward、onto、over、through、into、up、on 等等。

例如：Party officials worked long hours on meager food, in cold caves, by dim lamps. （党的干部吃简陋的事物，住寒冷的窑洞，靠微弱的灯光，长时间地工作。）

"Coming!" Aways she skimmed over the lawn, up the path, up the steps, across the veranda, and into the porch. "来啦！" 她转身蹦着跳着地跑了，越过草地，跑上小径，跨上台阶，穿过凉台，进了门廊。

I barreled straight ahead, across the harbor and out over the sea. 我笔直向前高速飞行，越过港口，飞临海面。

Carlisle Street runs westward, across a great black bridge, down a hill and up again, by little shops and meat-markets, past single-storied homes, until suddenly it stops against a wide green lawn. 卡列斯尔大街往西伸展，越过一座黑色大桥，爬下山岗又爬了上去，经过许多小铺和肉市，又经过一些平房，然后突然冲着一大片绿色草地终止了。

上述几个例句选自或者改编自张培基的专著《英汉翻译教程》，第 47 页。下面的几则例子则是选自或者改编自冯树鉴的专著《英汉翻译疑难四十六讲》，第 131—132 页。

1. 表示方位的介词可以转译为动词。

例如：The car wound through the village and up a narrow valley, following a thaw-swollen stream. 小汽车迂回盘旋，穿过村庄，爬越峡谷，沿着一条因解冻而涨水的山溪行驶。

They pushed southward along the mountain valleys, then into the great Central Basin and finally westward beyond the Rockies. 他们顺着山谷往南赶路，接着进入中央大盆地，最后向西越过洛基山脉。

2. 在作表语的介词短语中，介词常转译为动词，而联系动词常常省略不译。

例如：One must be equal to one's business and not above it. 必须胜任工作，而又不轻视工作。

If you want to learn, you must not be above asking questions. 应该不耻下问。

3. 在做目的或者原因状语的介词短语中，介词有时转译为动词。

例如：The plane crushed out of control. 这架飞机因失控而坠毁。

The letter E is commonly used for electromotive force. 通常 E 这个字母表示电动势。

4. 在作条件、方式状语的介词短语中，介词有时转译为动词。

例如：Break the circuit first in case of fire. 如遇火警，首先切断电源。

But even the larger molecules with several hundred atoms are too small to be seen with the best optical microscope. 但是，即使由几百个原子所组成的较大的分子也还是太小，小到用最好的光学显微镜也看不到它们。

5. 介词短语作补语是，其中的介词常转译为动词。

例如：Heat sets these particles in random motion. 热量使这些粒子作随机运动。

Not long ago climb milling was considered of great value. 不久前，顺铣被认为有很大价值。

6. 某些表示范围或者程度的介词，有时可以转译为动词。

例如：The sun shines over the earth. 阳光普照大地。

8.8.2　英语时态的判定及翻译算法

英语的块间成分包含着丰富的时态信息。汉语时态的表现形式虽然没有英语丰富，但是它也有一些重要的体现方式。为了准确再现英语的时态和传递语义，计算机在处理英语这些表示时态信息的块间成分时，应该自动搜寻下列所列举出来的内容。一旦发现英语的某些块间成分被翻译的译文有与表示时间的词语对应，它应当在汉语译文的合适位置添加表示时态的块间成分。

8.8.2.1　汉语译文中表示时间词语的类别

当英语句子中确定存在一个表示时间的词语时，它们会与下面所列汉语时间词语对应，因而只要直译即可。

1. 表示现在的词语：今天、现在、本周、今年、时下、目前、这阵子、这几天、本世纪、正在、正、在、呢、正……呢；

2. 表示过去的词语：昨天、前天、上周、上月、去年、前年、当年、刚才、以往、早先、战前、晚清、我小时候、"文革"时期、沙俄时代、19 世纪、康熙年间、曾、曾经、已、已经、刚、刚刚、刚才、过、了、来着、自从……以来、自打……以来、是……的；

3. 表示将来的词语：明天、后天、明年、后年、下周、下月、下学期、下一世纪、将、将要、快、快要、快要……了、就要……了、会……的。

总的来说，时间类别与时态可以做到部分对应，汉语译文也要相应地添加表示时间的助词。

8.8.2.2　汉语译文中表示时态的方法

下面是给汉语译文的过去时和进行时添加助词的算法。这些算法给汉语译文添加了块间成分之后使得汉语译文表达的时态清晰明了、语义准确。

1. 表示过去的经历，在肯定句中添加"过"字。在否定句中，因为"没有"和"了"冲突，必须省去"了"字。所以，表示过去经历的否定式应该添加"没（有）……过"结构。

例如：我去过他家。你吃过饭了吗？

我没有去过他家。你没有吃过饭吗？

2. 表示进行时，特别是表示动态之后的静态，需要添加"着"字。表示非静止、活动的进行时态，需要添加"正在""在"。

例如：墙上挂着两张画。桌上摆着一盆花。

他们正在讨论语法问题。小孩子们在玩游戏。

8.8.2.3　汉语译文中准时态助词的添加算法

为了使得汉语译文更像自然的汉语句子，我们再给表示过去、现实等句子添加三个准时态助词。此处的翻译算法仍然属于处理汉语译文的块间成分的算法。

添加内容	满足条件
来着	过去时态，表示经验或者经历
着呢	强调持续现状，或者强调持续性状
的	过去时态，用在动宾语之间

下面是几则汉语例子及解释：

一、添加"来着"表示经验时态。即行为状况已经成为经验，说话时情况已经有所变化。

例如：你昨天听见什么来着？

他刚才还在这里来着。

二、添加"着呢"来强调性状的程度，同时又强调性状的现实性持续。

例如：这家伙近来神奇着呢？

郭德纲的小酒店红火着呢。

三、添加"的"，表示已然时态，用在动词和宾语之间。

例如：我昨天去的海豚商场。

他星期天买的火车票。

8.8.2.4 判定英语句子中的时间类短语的算法

张道新[1]将时间类短语分为端点时间类、时段类及期限类时间短语。

1. 端点时间类短语：一是标示对象过程的开始、发生的时间，在此之前，过程不存在；二是标示对象结束、终止的时间，在此之后，过程不存在。例如："春""夏""秋""冬""太古""元年""最初""元旦""圣诞""诞辰""生日""终年""享年""一月""十二月""正月""腊月""初一""三十""年底""年初""月底""月初""早晨""黄昏""末代""末年""末日""末叶""初夜""初始""初春""晚春""初伏""末伏""除夕"，等等。

2. 时段类时间短语：标示时长的极长和极短类。例如极长类短语"见天""尽日""整天""终日""竟日""旷古""平生""全年""天天""通宵""通宿""彻夜""万古""万世""万年""万代""一生""一世""永世""永生""终年""终身""终生""终天""千秋""千古""百年""百世""一辈子"，以及极短类时间短语"刹时""刹那""一霎""刹那""霎时""顷刻""转瞬""瞬间""须臾""眼前""一霎时""一刹那""霎时间""眼底下"。

3. 期限类时间短语：有可测度的端点时间、时段，重点在于端点时间和时段的人为规定性或者自然规律性。例如人为规定性的短语"大限""时限""刑期""会期""农时""学制""婚期""作息"及自然规律性的时间短语"寿命""经期""季节""节气""潮汐""昼夜""青春期""更年期""生长期"，等等。

---

① 张道新：《汉语极言研究》，沈阳：辽海出版社，2007年版，第126-128页。

8.8.2.5　汉译句子中各类时态的表达模式

下面所列内容是汉语时态表达中通常使用的手段。英译汉的时候，计算机将会运算为汉语译文选择一个或者直译一个表达时态的方式。

一、现在时，添加"的"或者"总""总是""常""常常""往往""每每""一向""始终""都""现在""此时"等。

二、过去时，添加时态助词"过"或者语气助词"了""的"，或者时间副词"过去""以前""从前""以往""已经"，或者动作加强词"到""好""出""完""成""掉""开"等。例如"他知道的，放心吧""没有想到""修好了""吃完了""做成了""跑掉了""干开了"。

三、将来时，添加语气助词"会……的"；助动词"会""可能""能"；时间副词"将""即将""将要""行将""快要"等；动词"准备""打算""拟"等。

四、进行时，添加时态助词"着"；时态副词"正""正在""正要""在""要""一直在""不停地""不断地"；动作加强词"下去""起来"（如"继续干下去""下起雨来了"）。

五、完成时，添加时态助词"过""了"；语气助词"了""的"（如"我去过了""我知道的"）；时间副词"已""已经""曾""曾经""刚""刚才""才""一直""仍在""一直在"；动作加强词"好""出""完""成""掉""开""到"（例如"修好了""养出了""吃完了""做成了""跑掉了""干开了""没想到"）。

8.8.3　英语常见句式的翻译算法

8.8.3.1　英语否定句的翻译算法

本小节关于否定句的翻译算法是我们受张宵军、杨云峰的论文"英语否定句的四种机译质量评析"的启发，在检索自建语料库的基础上得来的。所有翻译算法都围绕否定结构的析取，并将它们翻译成对应的汉语结构。下面仅列举否定句的结构及其译文结构，译文放在括号里。

1. 否定从属部分

（1）not move because + clause（不是因为……，……才移动）

（2）not consider +…+ to be + NP（认为……不是……）

（3）provide no power of pron. + own（……本身不产生……）

2. 部分否定

（1）all…not…（并非……都……）

（2）everything is not（并非……都……）

（3）both of…not…（不是两者……都……）

（4）…is not always…（并不总是……）

3. 形式否定

（1）There is nothing like + A（A 是最好的……）

（2）…cannot be too + A（adj）（越 A 越好）

（3）It is impossible to overestimate + A（怎么过高估价 A 都不过分）

（4）The importance of A can hardly be exaggerated. A 的重要性怎么说都不过分。

4. 否定强调

（1）A + be + not nearly so well done + B（A 做得远不如 B 那么好）

（2）A + be + not half bad.（A 相当好）

（3）A + never come anywhere near knowing what it + be.（A 根本不懂这是什么）

（4）A + is none the worse for wear.（A 并不因为用旧了而运转不良）

5. 双重否定

（1）no + A + not +…（没有 A 不……）

（2）without + A,…no + B.（没有 A 就没有 B）

（3）A + is + not a little + C（adj）+ in B.（A 对 B 很 C）

（4）A + cannot +…without B.（A 一定会 B）

6. 不适用否定词的否定句

（1）…+ A + lacks + B（A 缺乏 B）

（2）…keep + A + from doing + ppl.（使 A 不 B）

（3）A + is short of B（A 缺少 B）

（4）A + is the last + B + to do +…（做 B 事的绝不是 A）

（5）A + is beyond the reach of + B（pron）+ understanding.（A 让 B 无法理解）

（6）A + is above + B's comprehension.（A 让 B 无法理解）

（7）Never + A（V）+ to do...before B（在做 B 之前，切勿做 A）

（8）A is too + B（adj）+ to do + C（A 太 B 不能做 C）

7. 否定词 no 与 not

（1）Pron A is no + B（N）（A 不够 B 的条件）

8. 否定不转移

全部直译汉语。

9. 否定转移

（1）not many + N／A + V + B（没有很多 A 做 B 事）

8.8.3.2　英语比较状语从句（或者比较句）的翻译算法

本节所列句式来自来自张今、张克定①的研究成果，并在我们自建的语料库里得到了证实。现列举如下：

1. 不完整比较句型

（1）...more（less）...（"更多地"、"再"、"又"、"还"）

e. g. He planned to buy some more clothes.（他打算再买几件衣服）

2. 完整比较句

（1）A +...（not）more +（adj）...than B...（A 比 B+ 动词+得+更+adj）

（2）A +...（less）+ adj + than B（A 没有 B+动词+得+adj）

（3）A +...as + adj + as + B（A 和 B+动词+得+一样+adj）

（4）A + not so + adj + as + B（A 和 B+动词+得+不一样+adj）

3. 强式否定比较句

（1）A + no more + adj + than + B.（A 和 B+一样+不+adj）

e. g. She is no more beautiful than her sister.（她和姐姐一样不美）

（2）A + no less + adj + than + B.（A 和 B+一样+adj）

e. g. She is no less beautiful than her sister.（她和姐姐一样美）

---

① 张今、张克定：《英汉语信息结构对比研究》，开封：河南大学出版社，1998：年版，第256-263 页。

4. 特殊比较句型甲型

（1）...rather + A + than + B. （……应该是+A+不应该是+B）

（2）...would rather + A + than + B. （…… 宁可+ A+也不+B）

5. 特殊比较句型乙型

（1） As...，as... （正像……，……也……）

e. g. As bees love sweetness，so flies love rottenness. （正像蜂儿爱花蜜，苍蝇逐府绸）

6. 特殊比较句型丙型

（1） the more...，the more... （…… 越多，也就越……）

（2） the less...，the less... （……. 越少，也就越……；……愈是……，也就愈是……）

7. 同一聚焦句型

（1） A + the same + N + that + B （A 和 B+N+大体相仿）

（2） A + the same + N + as + B （A 就是 B；注：as 和 that 引导定语从句）

8.8.3.3　英语存在句的翻译算法

本节的句式来自张今、张克定①的国家社科基金项目结项成果，并在我们自建的语料库里得到了证实。现列举如下：

1. 特殊存在句

（1） N + am ／ is ／ was + were + here ／ there. （某人 N 在这里/那里）

（2） Here ／ There is a + N. （这里/那里有……）

（3） Here ／ There are + N （pl） （这里/那里有……）

2. There be 句型表示存在

（1） There be + a ／ an + N + prep Phrase （表地点的"介词短语" + 有……）

（2） There be + a ／ an + N + that-clause （表地点的"介词短语" + 有……）

（3） There be + a ／ an + N + adv （表地点的"副词" + 有……）

（4） There be + a ／ an + N + adverbial clause of time （before ／ after ／ when ／ where

---

① 张今、张克定：《英汉语信息结构对比研究》，开封：河南大学出版社，1998 年版，第256-263 页。

/ why / in which / 有……)

（5）There be + a / an + N + for + somebody（对某人来说有……）

（6）There be + a / an + N + among + somebody（在某人中间有……）

（以上句型，统一译为："在某个地点有……"）

3. 广义的英语存在句

（1）There + semi-link verb + to be +…

这里的半系动词有 appear、chance、happen、seem、be said to、be remembered to、be certain to，以及大量表示信息的动词如 assert、assume、believe、estimate、expect、fear、feel、know、presume、report、remember、say、show、suppose、understand，等等。其结构为" There+be + V-ed + to be +…（译文：据说/据人们记忆/据估计……)

8.8.3.4 英语隐现句的翻译算法

本节句式汇总来自张今、张克定[①]的国家社科基金项目结项成果，并在我们自建的语料库里得到了证实。现列举如下：

1. There + V（active voice）+ N+…

这些动词包括 appear、approach、arch、arise、arrive、awake、bark、begin、blossom、blow、breathe、burn、burst out、come、develop、die、drip、disappear、dissolve、drop、dwell、emerge、ensure、enter、evidence、evolve、exist、explore、fall、flash、float、flow、fly、follow、glimmer、go、grow、happen、hide、hold、howl、hang、lack、lay、lie、live、locate、lurch、lurk、materialize、occur、open、pass、play、prevail、reign、relax、remain、rest、result、return、ride、ring、rise、rule、run、rush、sail、shine、shoot、sit、smolder、snooze、spring、squat、stagger、stand、stay、steal、subsist、swim、take place、walk、wave…

2. There + V（continuous tense）+ N + …

There is / was / are / were / + doing + N +…

（译文：先翻译出动词+名词，再译出剩余部分，"there" 不译出）

---

① 张今、张克定：《英汉语信息结构对比研究》，开封：河南大学出版社，1998：年版，第308-330页。

3. There + be + V（past participle）+ N + place +…（译文：在某个地点+ 动词+ "了"+ ……）

e. g. There were found in a nearby cave all those people. 在附近一个山洞里，找到了所有哪些人。

在该句型中，动词应为及物动词的过去分词形式，这些动词包括：find、destroy、hang、decode、make、exhume 等。

4. 广义英语隐现句的翻译

（1）There + V（past form）+ to do +…

（2）There is to do + place

（3）There + V（active or passive voice）+ place +…

这个句型中使用的动词包括半系动词如 happen，be to…，be said to，be certain to，等等，以及少数动词如 know、believe、say、assert、estimate、show、fear、remember、assume、expect、feel、presume、suppose、mean、report、understand，等等。

8.8.3.5　英语句子中 "and" 省略不译的翻译算法

在英语句子里，如果遇到互为反义的两个词中间用 "and" 连接时，英语中的 "and" 可以省略不译。在翻译软件中会导入先前已经编写完整地英语类义词词表，以便系统能够准确判定两个词的关系时反义词、同义词或者近义词。下面举出几个翻译例子加以说明：

high and low（高低）thick and thin（厚薄）

far and near（远近）up and down（上下）

male and female（男女）old and young（老幼）

black and white（黑白）light and heavy（轻重）

back and forth（前后）small and large（大小）

right and left（左右）

8.8.3.6　英语句子中 "it" 不译出来的情况及其翻译算法

指代天气的 "it" 在翻译成汉语时不译出来。

例如：If it rains, we won't go to Nanjing. 要是天下雨，我们就不去南京了。

1. "it" 用在指代天气、时间、季节、距离、空间等的句子里，可以不译出来。

e. g. It is freezing. 结冰了。(指代天气)

It's too hot. I cannot go to sleep. 太热了。我睡不着。(指代天气)

What time is it now? It's eleven o'clock. 现在几点了？现在十一点。(指代时间)

It's a fortnight to Christmas Day. 离圣诞节还有两星期。(指代时间)

It is bright spring. 是明媚的春天。(指代季节)

Is it very far from your villa? 离你的别墅很远吗？(指代距离)

It's a long way to Capitol Hill. 到国会山有很长一段路。(指代距离)

It's a pitch-black outside, with the moon not yet up. 外面一片漆黑，由于月亮还没有出来。(指代空间)

2. "it" 泛指一般的事情时，可以不译出来。

e. g. It was very painful, wasn't it? 很疼，是不是？

So it seems. 好像如此。

It is hard to say. 很难说。

It is very good of you to come. 你们来，真好。

They missed the last bus, and had to foot it. 他们错过了最后一班公共汽车，不得不走着去了。

We would not have succeeded if it had not been for your help. 要不是有你们的帮助，我们就决不会成功。

Well, say it were true, what then? 好吧，就算这是真的，又怎样呢？

3. "it" 表示偶然性、推测、主观评价和情态意义的句子里，可以不译出来。

e. g. It happened that he was absent that day. 碰巧他那天没有到。

It never occurred to me to phone you. 我根本没有想到要给你打电话。

It appears to us that victory will be ours in the end. 据我们看来，最后胜利还是属于我们的。

It is high time that we were going. 现在我们该走了。

It is not likely that she will come. 她不见得会来。

It seemed scarcely a week since he had been there last. 自从他上次到那里后，差不多有一星期了。

It stands to reason that you refused to help him. 你拒绝帮助他是合乎情理的。

It is only the first step to do research in world literature. 这只是研究世界文学的第一步。

4. 作形式主语的"it"，代替不定式的时候，可以不译出。

e. g. It is a great joy to meet you here. 在这里遇到你真叫人十分高兴。

It lasted three months to do the work. 干这工作持续了 3 个月。

Is it easy enough to talk over the telephone? 在电话里讲话时很容易的吗？

It takes only a day's journey to get to Ningbo by way of Shanghai. 取道上海去宁波只需花一天的旅程。

It is necessary for medical workers to heal the wounded, rescue the dying, practice humanitarianism. 医务工作者必须救死扶伤，实行人道主义。

It is impossible for them to raise wheat by Sunday. 他们在星期天以前种小麦是不可能的。

It was no uncommon thing for him to work days and nights on end. 他过去连续几天几夜工作是极其平常的事情。

5. 作形式主语的"it"，代替动名词的时候，可以不译出。

e. g. It's no good hoping for their help. 指望他们帮助时没有用的。

It's no use trying to evade the question. 回避这个问题是无用的。

It was quite unexpected his coming so early. 他来这么早完全没有料到。

6. 作形式主语的"it"，代替主语从句的时候，可以不译出。

e. g. It was quite plain that he didn't want to come. 显而易见，他不想来。

It remains to be discussed where we are going to investigate the cause of the plane crash. 我们是否要去调查飞机坠毁的原因，还需要讨论。

It happened that she wasn't there that day. 碰巧她那天不在那里。

It is not yet known who will give us a report tomorrow. 明天谁将给我们作报告还不知道。

7. 作形式宾语的"it"，代替不定式的时候，可以不译出。

e. g. Do you find it very difficult to learn a trade? 你们觉得学一门手艺很难吗？

The management committee judged it better to postpone the meeting on environment science. 管理委员会认为延期召开有关环境科学的会议比较好。

8. 作形式宾语的"it"，代替动名词的时候，可以不译出。

e. g. We think it most important fitting your thinking to the new conditions. 我们认为

使你资金的思想适应新的环境是最重要的。

Do you feel it useful arguing with him？你认为跟他辩论有用吗？

9. 作形式宾语的"it"，代替宾语从句的时候以不译出。

e. g. We must not take it for granted that an open-book examination is easy. 我们决不可想当然地认为：开卷考试是容易的。

I think it a pity that her idea is hardly thinkable. 我认为遗憾的是，她的想法是几乎不可理喻的。

10. 用于分裂句中的"it"也不需要翻译出来。但是，为了强调句中对比焦点，而采用"是"或者"是……的"之类的标记词。

e. g. It is the coach that（who）leads us to win many victories in tennis match.（强调主语）正是／是 教练率领我们在网球比赛中赢得多次胜利。

It was that doctor whom we met in the traditional Chinese medicine hospital in May. （强调宾语）我们在5月间在中医院遇到的正是／是 那位医生。

It was yesterday that she sat at the window watching the evening invade the avenue. （强调时间状语）正是/是昨天她坐在窗旁，注视着夜幕笼罩着林荫小道。

It was because it raised so many difficult questions that the book took a long time to come out. 强调原因状语，正是因为这本书提出了那么多难的问题，该书才花了很长时间才出版。

It was very reluctantly that they agreed to start early.（强调程度状语）他们是很勉强地同意早点动身。

11. 当"it"用来指代"不知道的人"或者"未发现的人"的时候，也不需要翻译出来。

e. g. Oh, it's Jiang Ping. 哦，是江平啊。

Who is it? It's the postman. 是谁？是邮递员。

It is someone called Mary Jordan（whom）I am asking about. 我要打听的是个名叫玛丽·乔丹的人。

Someone is moving softly about the room；it is a child. 有人在房间里轻轻走动，原来是个小孩。

上述英语例句摘自或者改编自王增澄编著的《新编实用英语语法详解》，第508-516页。

8.8.3.7 英语句子中"did""does""do"在汉语中省略不译的条件

在疑问句中，如果有一个"助动词+实意动词"的结构，或者在感叹句中有一个"助动词+实意动词"的结构，或者在陈述句中有一个"助动词+实意动词"的结构，那么当这个助动词是"did"、"does"或者"do"的任何一种形式时，省略不译。

例如：Who did you talk to last night？昨晚你跟谁谈话了？

8.8.3.8 英语句子中"a／an"在汉语译文中不译出来的条件

1. a／an 在句子中作主语，泛指一类人或者一类物的时候，不需要翻译出来。

例如：A rose is a flower. 玫瑰是一种花。

An architect is a person who designs buildings. 建筑师是设计建筑的人。

Can a novelist shut his eyes to the state of his country？小说家能不看国家的现实吗？

A dog has a keen sense of smell. 狗的嗅觉很灵敏。

A clever politician never promises too much. 聪明的政客绝不做过多的许诺。

2. a／an 指某人的职业是，也不需要翻译出来。

例如：Norman Bethune was a doctor by profession. 诺尔曼·白求恩职业为医生。

8.8.3.9 英语句子中"the"在汉语译文中不译出来的条件

1. 在表示"东""西""南""北"等方位的形容词前面时，"the"不需要翻译出来。

例如：The sun sets in the west.

2. 用在国家名称里的"the"，不需要翻译出来。

例如：the United States

3. "the"用在表示日子、月份等的序数词和复数数词之前的时候，不需要翻译出来。

例如：October the first is China's National Day.

In the 1990s of the twentieth century, an express way between Shanghai and Nanjing was completed. 在 20 世纪 90 年代，沪宁高速公路建成。

Inthe mid-fifties there was a distinct change in the tone of such literature. 在 50 年代中期这种文学的风格有显著的变化。

4. "the" 用在表示特定的团体、阶层、党派的名词前，不需要翻译出来。

例如：the Democratic Party（民主党）

the Bank of Scotland（苏格兰银行）

the University of Edinburgh（爱丁堡大学）

the United Nations Secretariat（联合作秘书处）

5. "the" 在形容词的最高级前面时，也不需要翻译出来。

例如：The Zijinshan Observatory in Nanjing is the largest one in Asia. 南京紫金山天文台时亚洲最大的天文台。

The thorniest question（最棘手的问题）

6. "the" 用在在某些国家、城市名字（大多由一些小的实体组成）、组织、河川、沙漠等前面时，不需要翻译出来。

例如：the United Kingdom（英国）

the Netherlands（荷兰）

the Arctic（北极地区）

the Sahara（撒哈拉大沙漠）

the Alps（阿尔卑斯山脉）

the English Channel（英吉利海峡）

the Mediterranean（地中海）

the House of Commons（英国下议院）

7. "the" 用在非人名命名的建筑物、商店、戏院、大学、报纸和杂志前面时，不需要翻译出来。

例如：the Palace Museum（故宫博物院）

the Great Hall of the People（人民大会堂）

the Summer Palace（颐和园）

the New York Times（《纽约时报》）

the Majestic Theatre（美琪大戏院）

the University of Leeds（利兹大学）

the Concise Oxford Dictionary（《简明牛津词典》）

the Tang Dynasty（唐朝）

8.8.4 英语特殊句式的翻译算法

我们在此专设一个小节探讨将英语的某些特殊句式翻译成地道的汉语译文。由于英汉词典中单词的翻译都是文绉绉书卷气息浓厚的译文，而且缺少地道的汉语翻译，我们只有人为地做一些翻译算法添加进去才能实现译文地道之目的。

8.8.4.1 "跟"字句的 6 种句式构成类型

本小节的句型总结及大部分汉语例句来自钱玉莲所著的《汉语介词与相应英语形式比较研究》（钱玉莲，2011：40—41）。

当"and"或者"together with"表示一下不同类别的语义时，添加"跟"字。

一、表示具体动作、述宾结构或者含有趋向动词的动词性词组的协同者时，添加"跟"。

例如：当时我也在"一壶春"吃饭，看见这家伙正跟人喝酒。（冯骥才《市井人物》）

二、在英语句子里有"together""with"或者"together with"时，表示共事。

例如：将军如果决心抗战，就趁早同曹操断绝关系，跟我们一起抵抗；要不然，干脆向他们投降，如果再犹豫不决，祸到临头就来不及了。（《中华上下五千年》）

三、英语句子当中有"and""with"等词，并且用在表示见面类的动词之前，结构为"跟+宾语+动词"。这些动词大体上为"争吵""争执""争议""斗嘴""见面""合作""合用""合写""商量""聊天""相见""离别""团圆""重逢"，等等。

例如：初一知道妻子的脾气，于是他没跟春香商量，便请了两个人，把自己家原来的房基地开了出来，准备种一点儿菜。（《人民日报》，1994）

四、英语句子里表示认识类的动词，需要添加"跟"字。认识类动词有"认识""混合""亲吻""联系""私通""穿通""隔离""配合""勾结"等。

例如：小葛记性非常好，我说过要在极其自然的情况下跟霍守谦认识，更不方便被任何人看见我刻意接纳他，因而留下了蛛丝马迹。（梁凤仪，《九重恩怨》）

五、英语里表示结婚类的动词，译文需要添加"跟"。

例如：张良跟马丽萍是去年十月一日结的婚。

六、英语表示构成某种社会关系，它既可以表示相同角色，也可以表示相对角色。前者如"朋友""亲戚""老乡""同学""学友""故交"，等等，后者如："师生""母女""兄弟""姐妹""夫妻""祖孙"，等等。

例如：可是女儿，爹跟你娘也是夫妻一场。

七、"跟"字的后边有表示针对对象，前面有下列动词："说""解释""说明""讲""叙述""诉说""诉苦""交待""启齿""张口""声明""道歉""发誓""坦白""道别"。或者面有体态类动词，如"招手""挥手""摇头""撇嘴""眨眼""挤眉弄眼""鞠躬""打手势"等。

例如：一走进五层楼，楼文龙更是神气活现，男阿飞，女阿飞，男招待，女招待，……，这边和他点头，那边跟他打招呼。（周而复，《上海的早晨》）

八、"跟"引介比较对象，后面有"比""相比""差不多""差不离""比较"等；或者后面有"一样""相同""相反""一致""同样""相像"等。

例如：镇上的干部换了一拨尤一拨，偶尔有人说起镇上的往事，提到李芙蓉，感觉就跟说三国人物差不多。（陈世旭，《将军镇》）

九、"跟"引介索取对象，英语句子中含有"求取"意义的动词，如"loan""borrow""lease""赊账""buy""要饭""探听""讨教""求教""请教""打听""ask""learn""inquire""哀求""乞求""请求""求爱""求婚""求情"等。

例如：共同生活几十年的初一非常理解妻子，两人一商量，跟朋友亲戚借了近3000块钱，初一到吉林的四平市去学家电修理，他们寻思多掌握一门技术，靠自己的劳动照样可以过上好日子。（《人民日报》，1994年）

8.8.4.2 "都"字句的构成模式

袁毓林（2012：323）指出，"都"字在陈述句中指向它前面的内容，在疑问句中指向它后面的内容。

一、如果英语句子中主语的位置含有全称量词"every""all""both…and…""both of"来修饰作主语的名词或者代词，那么应该在谓语动词前添加"都"字。

例如：Every delegate attends the conference on that day. 那天每位代表都参加了会议。

All the books were borrowed from our new library yesterday. 昨天，所有的图书都是从我们新图书馆借来。

Did both Li Ping and Wang Ming go to see a film last night？昨晚，李萍和王宁都去看电影了吗？

二、在条件状语从句里，如果引导词含有"whoever""whatever""wherever""whenever""however""no matter what""no matter who""no matter where""no matter when""no matter how""no matter whether"等词语，在翻译时需在主句的谓语动词前添加"都"字。

例如：No matter whether it rains or not, every Miami local brings an umbrella with them. 不管天下不下雨，迈阿密人都是随身携带一把雨伞。

三、当英文句子里含有"none""neither""no one""nobody""not all..."等词语时，翻译时需要紧贴主语之后添加"都"字。

例如：Except for my daughter, none of them is beautiful. 除了我的女儿，他们几个都不漂亮。

8.8.4.3 英语句子译成汉语"有"字句的情况

李临定对汉语"有"字句的常见类型[1]总结如下，其内容可以为将某些英语句子翻译成汉语的"有"字句所用。

一、名词+有+名词

1. 表领有，如，鱼油鳃。她有了个女孩，还想再要一个男孩。

2. 表气质，如，这孩子有礼貌。

3. 表状态，如，我有罪。

4. 表变化，如，人民群众的生活有了明显的提高。

二、名词+有+数量语，例如：这个月有 28 天。

三、时间语+有+名词，例如：明天有大风。

四、名词+有+"的"，例如：我们家的房子有朝阳的。

---

① 参见李临定：《现代汉语句型》，北京：商务印书馆，2011 年版，第 368-385 页

五、名词$_1$+有+名词$_2$，有+名词$_3$……，例如：会上讨论的问题有安全问题，住房问题，还有计划生育问题。

六、……，有+名词，有+名词，……，例如：一下子来了很多人，有工人，有农民，还有学生。

七、名词+全+没有+了，例如：口袋里的钱全没有了。

八、名词$_1$+有+动词，表示受事，例如：我有活儿干。

九、名词$_1$+有+动词，表示受事，例如：我有很多事情要处理。

十、名词$_1$+有+动词，表示原因，例如：我有事情要找他一下。

十一、名词$_1$+有+动词，表示假设，例如：大家有意见只管提。

十二、名词+有+时间语+没有+动词，例如：她有三年没有回家了。

十三、名词$_1$+有+名词$_2$，表示遍指，例如：谁都会有一些不足之处。

十四、名词$_1$+名词$_2$+有，表示遍指，例如：她什么样式的衣服都有。

十五、名词$_1$+名词$_2$+没有，表示全部否定，例如：她一件漂亮的衣服也没有。

十六、(英语的 Nobody 作主语时翻译为）"没有+名词+动词"，例如：没有谁会同意你的意见。

十七、名词+有+数量+"长度"或者"宽度"等等，例如：他没有两米高。这条鱼有三斤重。

十八、名词$_1$+没有+名词$_2$+动词/形容词，表示没有人会做某事，例如：他没有你那么会说话。我没有你那么清闲。他没有我跑得快。

8.8.4.4 英语句子译成汉语句式"是不是……"的条件

英语句子"Whether or not + 主语+V+O"译为"主语+是不是+V+O"结构。

8.8.4.5 英语特殊句式的翻译算法

本小节所列句式来自张今、张克定[①]的国家社科基金项目结项成果。下面概述如下：

---

① 张今、张可定：《英汉语信息结构对比研究》，开封：河南大学出版社，1998 年版，第 153—253 页。

1. 常规句式中含有 "be" 的各种变形以及 "do" 的各种变形，均不翻译其意义。

2. 分裂句中的 "be" 不翻译。

（1）It is + A + who +...（正是 A……）

（2）It was + A + who +...（正是 A……）

3. 强调谓语动词的聚焦句型

（1）A do hope（that）+...（A 真心希望……）

（2）A do/did + V + adv...（A 的确 V+ adv）

4. 英语名词译作动词的情况

（1）A is／was + adj + N + to sb.（N 译为同根动词）

5. 必要时间条件强式聚焦句型（甲型）

（1）It is + A（some time）+ until-clause B（再过 A 段时间，才 B）

6. 必要时间条件强式聚焦句型（乙型）

（1）It is + A（some time）+ before-clause B（A 以后，才 B）

7. 时间长度聚焦句型

（1）It is + A（some time）+ since-clause B.（自从 B 以来，已经经过 A 多长时间了）

8. 充分时间条件聚焦句型

（1）A + be + B（some time）+ in + doing.（A 做某事花了 some time 时间）

9. 必要条件标准聚焦句型

（1）Only then...（只有……才……）

（2）Only by...（只有……才……）

（3）Only in this way...（只有这样才……）

（4）Only when...（只有…… 才……）

10. 充分条件标准聚焦句型

（1）As long as...+ 主句（只要……，就……）

（2）So long as...+ 主句（只要……，就……）

11. 充要条件标准聚焦句型

（1）If and only if...+ then + 主句.（当且仅当……，……）

12. 时间毗邻性和突然性聚焦句型

（1）No sooner + 主句（完成时）+ than-clause（一般时）

（2）Hardly + 主句（完成时）+ when-clause（一般是）

（3）主句（完成时）+ before-clause（一般时）

（4）主句（完成时）+ when-clause（一般时）

（以上句型统一翻译为："一……，就……"）

13. 时刻聚焦句型

（1）It is（This is）+ 时刻词语+ when-clause.（……正是在这样的时刻（日子、年代等））

14. 频次聚焦句型

（1）There are + times（moments 等）+ when-clause（有（在）很多时候，……）

15. 时机聚焦句型

（1）It be（high）time + that-clause .（是……的时候了。或者……该干……）

16. 序次聚焦句型

It（This）be + the first（second…）time + that-clause

译文：（1）这是……第一次……

（2）……还是第一次（第二次……）

17. 时间，地点，方式是否妥当聚焦句型

It（This／That）be +modifier +time（place，way）+ to do sth（不定式）

译文：主语+在这时+……，可真不是时候。

主语+在这里+……，可真不是地方。

主语+这样+……，可真不妥当（"巧妙"等）。

18. 表示是否符合标准的聚焦句型甲型

（1）主语+ be + adj + enough + 不定式（合乎标准／真够……）

（2）主语+ be + not + adj + enough + 不定式（不合乎标准／不及……／不够……）

（3）主语+ be +too +adj + enough + 不定式（过／太+ adj）

（4）主语+ be +too + adj +not + 不定式（过／不会不……）

19. 表示是否符合标准的聚焦句型乙型

（1）主语+ have（或其他动词）+ enough（+ 名词）+ 不定式（合乎标准／主语"够"……名词译为动词根据 adj）

（2）主语+ have（或其他动词）+not+ enough（+ 名词）+ 不定式（不合乎标准

／主语 "不够" ……）

20. 表示是否符合标准的聚焦句型丙型

（1）...so...A／形 as to...（太 A 了以致于……）

（2）...not so...A／形 as to...（不 A 了不致于……）

21. 利用 that-clause 把修饰全句的副词纳入表语位置的聚焦句型

（1）It is／was + adj + that-clause

把下列形容词填入本句型（其原来相当于同根副词+ 主句）

形容词包括：certain、indutiable、clear、evident、obvious、plain、appearent、likely、possible、wise、unwise、remarkable、amazing、astonishing、odd、strange，appropriate、understandable、annoying、disappointing、pleasing、fortunate、unfortunate、lucky、unlucky、sad、tragical、significant。

原句子：Evidently, he doesn't object. →It is evident that he he doesn't object

译文（很……, that 从句的译文）

可以理解, that 从句的英文)

22. 利用不定式词组把形容词纳入表语位置的聚焦句型

（1）It is／was +adj + 不定式（不定式的内容+是 adj 内容）

形容词包括：absurd、abnormal、asmissible、advisable、agreeable、allowable、amusing、annoying、awkward、better、childish、comforting、convenient、criminal cruel、dangerous、decent、delightful、difficult、desireable、disgraceful、disrespectful、distasteful、dreadful、（too）early、easy、encouraging、essential、fair、fashionable、so good、gratifying、great、hard、hopeless、humane、idle、important、impossible、imprudent、inconvenient、indecent、lawful、legal、monstrous、natural、naughty、necessary、needless、nice、normal、odd、only、pleasant、pointless、possible、proper、prudent、rash、race、refreshing、reasonable、respectable、restful、ridiculous、right、rude、safe、satisfying、satisfactory、shortsighted、sickening、silly、splendid、strange、strong、stupid、true、thrilling、tiresome、unjust、unnecessary、unreasonable、unthinkable、unwise、useful、useless、usual、vain、vexing、all very well、but、wise、wonderful、wrong，等等。

23. 常用性状聚焦句型乙$_3$型

（1）主语 A + is／was + adj + in doing（动名词）

介词" in"译为"在……时"（在做某事时）

这类形容词包括：alert、careful、clumsy、correct、expert、flexible、fortunate、free、generous、hasty、honest、fluential、instrumental、lavish、lucky、negligent、precise、proficient、prompt、punctual、rash、relentless、right、slow、successful、unanimous、unfair、unfornate、reasonable、unreasonable、wrong、rigid、kind、busy、absorbed、engaged、experienced、justified、occupied、warranted、cautious、interested、presumptuous、wise，等等（也就可以修饰有灵物体的 adj）。

24. 将"give +a/an +n"译为同词根动词的名词。

这些名词包括：flutter、sob、consent、push、beating、thought、permission、warning、challenge、command、commission、direction、encouragement、instruction、invitation、order、assurance、guarantee、hint、indictation、pledge。

25. 将"make +a／an+n"译为同词根动词的名词

这些名词包括：arrangement、attempt、admission、announcement、resolution、try、inference、move、suggestion、preparation、pretension。

26. 将"have +a／an +n"译为同词根动词的名词。

这些名词包括：chance、inclination、longing、tendency、Wish、hope、desire、doubt、feeling、proof、sucipicion 等。

8.8.4.6 英语被动句译成汉语"遭"字句的条件

给英语被动句的汉语译文添加"遭"字的算法如下：

添加内容	满足条件
遭	主语为处所，且主语为不幸事件的承受者
遭	主语为非人名主语，且主语为不幸事件的承受者
遭	主语为人或者物体，且主语为不利事件的受害者
被	上述条件以外的情况

下面是几则汉语例句及解释：

一、当主语是处所时，并且是灾祸或者不幸事件的承受者时，添加"遭"字。如：这几个县曾经遭过水灾。

二、当主语是非指人名主语，并且是灾祸或者不幸事件的承受者时，添加"遭"字。如，我们的观点遭到了大家的反对。沿海一带遭到了台风袭击。

三、当主语是人或者物，并且为不幸或者不利事件的受害者时，添加"挨"字。如，昨天，王林在街上挨了一顿打。

四、除了上述添加"遭""受""挨"等字的情况，其余被动句一律添加"被"。

8.9　英语辞格的翻译算法

8.9.1　隐喻翻译的算法

隐喻翻译的算法目的在于解决成功将英语句子里的隐喻翻译成汉语。这类算法实际上是对特殊运算类大块进行操作。要想实现隐喻的翻译必须经历隐喻的判定、直译或变译大块以及汉语校验等阶段。

首先，我们来探讨各类隐喻的判断标准。对三类隐喻（概念隐喻、常规隐喻及诗性隐喻）的判断需要引进福康涅的概念整合理论中的单型网络、镜像网络、单畴网络、双畴网络等概念。

其次，我们把单畴网络、双畴网络里的框架分解为本人概念体系当中的不同概念域。也就是说，概念域里有各种各样的概念结构。

A. 单型网络：一个空间有映射的框架，另一个空间有整合的价值；

B. 镜像网络：两个空间有相同的框架；

C. 单畴网络：两个空间有不同的框架，但是两个框架不冲突；

D. 双畴网络：两个空间有不同的框架，但是两个框架冲突。

概念隐喻的判断标准：属于结构隐喻、方位隐喻及本体隐喻中的其中之一；

常规隐喻：由方位隐喻或者本体隐喻组合而来（单畴网络，两个框架不冲突）

诗性隐喻：由复杂的常规隐喻合成而来（双畴网络，两个框架冲突）

第三，关于隐喻判断标准当中的"冲突"的阐释。

所谓冲突指的是框架的冲突、抽象具象的冲突、有灵无灵的冲突。框架的冲突指的是两个框架来自不同的概念认知域，并且两个概念认知域不属于同一个上义概念的下义概念范畴。

抽象具象的冲突指的是两个不同的概念分别属于抽象的概念认知域或者具象的概念认知域，或者某个概念所具有的抽象属性特征不属于具象物体的属性值，或者某个具象属相不属于某个抽象物体的属性值。

有灵无灵的冲突指的是两个不同的概念分别属于有灵、无灵的概念认知域，或者某个概念所具有的有灵属性特征不属于某个无灵物体的属性值，或者某个无灵属性特征不属于某个有灵物体的属性值。

第四，翻译算法简表：

A. Frame Contradictions

A1Frame 1 $\in$ B, Frame 2 $\in$ C, & B or C $\notin$ same superordinate domain

B. Concrete / Abstract Contradictions

B1Frame 1 $\in$ Concrete Domain, Frame 2 $\in$ Abstract Domain

B2Frame 1 $\in$ Abstract Domain, Frame 2 $\in$ Concrete Donmain

B3Value 1 $\in$ Concrete Domain, Value 1 $\in$ Frame 1, Frame 2 $\in$ Abstract Domain

B4Value 1 $\in$ Abrastract Domain, Value 1 $\in$ Frame 1, Frame 2 $\in$ Concrete Domain

B5Frame 1 $\in$ Concrete Domain, Value 2 $\in$ Frame 2, Value 2 $\in$ Abstract Domain

B6Frame 1 $\in$ Abstract Domain, Value 2 $\in$ Frame 2, Value 2 $\in$ Concrete Domain

C. Animate / Unanimate Contradictions

C1Frame 1 $\in$ Animate Domain, Frame 2 $\in$ Unanimate Domain

C2Frame 1 $\in$ Unimate Domain, Frame 2 $\in$ Animate Domain

C3Value 1 $\in$ Animate Domain, Value 1 $\in$ Frame 1, Frame 2 $\in$ Unanimate Domain

C4Value 1 $\in$ Unanimate Domain, Value 1 $\in$ Frame 1, Frame 2 $\in$ Animate Domain

C5Frame 1 $\in$ Animate Domain, Value 2 $\in$ Unanimate Domain, Value 2 $\in$ Frame 2

C6Frame 1 $\in$ Unanimate Domain, Value 2 $\in$ Animate Domain, Value 2 $\in$ Frame 2

第五，四类网络的判定方法

A. 单型网络：Frame 1 $\in$ Space 1, Value 2 $\in$ Space 2, Space 1 = Space 2

B. 镜像网络：Frame 1 $\in$ Space 1, Frame 2 $\in$ Space 2, Frame 1 = Frame 2, Space 1 $\neq$ Space 2

C. 单畴网络：Frame 1 $\in$ Space 1, Frame 2 $\in$ Space 2, Frame 1 $\neq$ Frame 2,

Space 1 ≮ ≯ Space 2（不冲突）

D. 双畴网络：Frame 1 ∈ Space 1，Frame 2 ∈ Space 2，Frame 1 ≠ Frame 2，
Space 1 ＜ ＞Space 2（冲突）

此处的冲突又回溯到上文里的三类冲突，即框架冲突、抽象具象冲突和有灵无
灵冲突。

那么，如何判断空间、框架、容器及方位？这就需要引入一个类义词词典来解
决上述三方面所涉及的上下位关系。

第六，三类隐喻的判断算法

A. 概念隐喻：结构隐喻、方位隐喻，以及本体隐喻。

B. 常规隐喻：由方位隐喻或者本体隐喻构成（单畴网络，框架无冲突）。

C. 诗性隐喻：由复杂的常规隐喻合成而来（双畴网络，框架有冲突）。

（一）各类隐喻类型的界定

A1 结构隐喻的类型（Structural Metaphors）

它指的是隐喻中始源概念域的结构可以系统地转移到目标概念域中去，使得后
者可以按照前者的结构来系统地加以理解。如"金钱"概念可以系统地映射到"时
间"概念域中，"钱"可以被花费、浪费、投入、借用；"时间"也可以背花费、浪
费、投入、借用。（英汉结构隐喻中，相同的结构隐喻直接翻译出来；不同的，有词
库标注并暂时存储起来）。

A2 方位隐喻的类型（Orientational Metaphors）

它指的是运用诸如上下、内外、前后、远近、左右、深浅、中心、边缘等表达
空间的概念来组织另一个概念系统。这与我们的身体构造、行为方式密切相关。
（这是方位隐喻判定算法的基础）

A3 本体隐喻的类型（Ontological Metaphors）

它指的是用关于物体的概念或者概念结构来认识我们的经验，包括实体和物质
的隐喻（Entity & Substance Metaphors），容器隐喻（Container Metaphors）以及拟人
隐喻（Personification）

（1）实体和物质隐喻：对经验作出相应的物质性描写，如指称、量化、分类，
使得经验带上某些物质的特征，加以引申，进行推理，分析其相应的原因等等。

（2）容器隐喻：将本体（不是容器的事物、大地、视野、事件、行动、活动、
状态、心境等）视为一种容器，使其有边界、可量化、能进、可出。

（3）拟人隐喻：将事物视为具有人性就是一个明显的本体隐喻。（含有有灵无灵冲突的隐喻，多半为拟人隐喻）

（二）各类隐喻类型的判定算法

4.2.1 三种概念隐喻的判定算法

A1 结构隐喻的判定算法

A2 方位隐喻的判定算法

A3 本体隐喻的判定算法

4.2.2 莱考夫三类隐喻的判定算法

B1 概念隐喻的判定算法

B2 常规隐喻的判定算法

B3 诗性隐喻的判定算法

A1 结构隐喻的类型及其翻译算法

结构隐喻：通过一个结构清晰、界定明确的概念来表达一个结构模糊、界定含混或者完全缺乏内部结构的概念。

方位隐喻和本体隐喻都可以被拓展为内容更丰富的结构隐喻。

结构隐喻的主要类型：

（1）IDEAS ARE OBJECTS. 思想是物体。

（2）LINGUISTIC EXPRESSIONS ARE CONTAINERS. 语言表达式容器。

（3）COMMUNICATION IS SENDING. 交流是传递。

结构隐喻包括词汇结构隐喻及子句结构隐喻两类。后者不在本研究的范围之内。

对于子句结构隐喻的两类译法：一、保留原文句子结构；二、将句子中的有灵物体析取出来，用作句子的主语。

考察英汉结构隐喻的构建习惯：

一、凡是英汉类似的结构隐喻，翻译时直译之。

二、凡是英汉有不同的结构隐喻，翻译时直接从英汉习语库或者谚语库里调取出译文，这是因为它们大多是固定搭配或者习语谚语之类的固定表达方式。

那么，英汉不同的结构隐喻主要集中在那些词汇或者短语上呢？

A2 方位隐喻的类型及其翻译算法

用上下、内外、前后、远近、左右、深浅、中心—边缘等空间概念来建构隐喻（表达另一个概念）。"上下"概念隐喻多用来表达情绪、身体状况、数量、社会地位，以及地理方位等概念。

"上下"隐喻的类型：

（1）HAPPY IS UP；SAD IS DOWN. 快乐为上，悲伤为下。

（2）CONSCIOUS IS UP；UNCONCIOUS IS DOWN. 有意识为上；无意识为下。

（3）HEALTH AND LIFE ARE UP；SICKNESS AND DEATH ARE DOWN. 健康活动为上；疾病死亡为下。

（4）HAVING CONTROL OR FORCE IS UP；BEING SUBJECT TO CONTROL OR FORCE IS DOWN. 控制或者有权为上；受控或者无权为下。

（5）MORE IS UP；LESS IS DOWN. 多为上；少为下。

（6）FORSEEABLE FUTURE EVENTS ARE UP（and AHEAD）. 可预测的未来事件为上。

（7）HIGH STATUS IS UP；LOW STATUS IS DOWN. 社会地位高为上；社会地位低为下。

（8）GOOD IS UP；BAD IS DOWN. 好为上；坏为下。

（9）VIRTUE IS UP；DEPRAVITY IS DOWN. 美德为上；缺德为下。

（10）RATION IS UP；EMOTION IS DOWN. 理智为上；情绪为下。

（11）GOOD QUALITY IS UP；BAD QUALITY IS DOEN. 质量好为上；质量差为下。

（12）OPEN STATUS IS UP；CLOSE STATUS IS DOWN. 公开状态为上；非公开状态为下。

（13）ACTIVE ACTION COMPLETION IS UP；POSITIVE ACTION COMPLETION IS DOWN. 积极动作完成为上；消极动作完成为下。

（14）HIGH PRESSURE IS UP；LOW PRESSURE IS DOWN. 强度高为上；强度低为下。

（15）FRONT IS UP；BACK IS DOWN. 前为上；后为下。

（16）CLOSE RELATION WITH SOMEONE IS UP；FAR RELATION WITH SOME-BONE IS DOWN. 靠近某人为上；远离某人为下。

（17）EARLY IS UP；LATE IS DOWN. 时间早为上；时间晚为下。

（18）SOUTHBOUND IS UP；NORTHBOUND IS DOWN. 南向为下；北向为上。

总之，"上下"共分为四类：状态、数量、时间、社会地位等。

"深浅"隐喻（VERTICALITY）：MORE IS DEEP；LESS IS SHALLOW. 多为深；少为浅。

"前后"隐喻（FRONT-BACK）：

（1）FUTURE IS FRONT；PAST IS BEHIND. 未来在前；过去在后。

（2）EARLY IS FRONT；LATE IS BACK. 时间早为前；时间晚为后。

"内外"隐喻（IN-OUT）：IN IS GOOD；OUT IS BAD 内部为好；外部为坏。

"远近"隐喻（NEAR-FAR）：NEAR IS GOOD；FAR IS BAD. 近为好；远为坏。

"左右"隐喻（LEFT-RIGHT）：RIGHT IS GOOD；LEFT IS BAD. 右为好；左为坏。

"中心—边缘"隐喻：IN THE CENTER IS GOOD；AT THE PERIPHERIAL IS BAD. 在中心为好；在边缘为坏。

A3 本体隐喻的类型及其翻译算法

本体隐喻的实质：化无形为有形，即将抽象、模糊的思想、感情、心理状态等概念的表达建立在我们周围的实体之上。共分为以下三类：

1. 实体和物质隐喻（Entity & Substance Metaphors）

（1）INFLATION IS AN ENTITY. 通胀是实体。

①REFERRING（指称）：We are working toward peace. 我们在朝着和平方向努力工作。

②QUANTIFYING（量化）：There is so much hatred in the world. 世界有太多的仇恨。

③IDENTIFYING ASPECTS（指明方面）：The ugly side of his personality comes out under pressure. 他个性的丑陋面在压力下全暴露了出来。

④IDENTIFYING CAUSES（指明原因）：He did it out of anger. 他很生气地做了那事儿。

⑤SETTING GOALS AND MOTIVATING ACTIONS（确定目标机驱动行动）：He went to New York to seek fame and fortune. 他为追求名誉和财富而去了纽约。

（2）THE MIND IS MACHINE. 思想是机器。

My mind just isn't operating today. 我的头脑今天不工作了。

I'm a little rusty today. 今天我的头脑有点生锈。

（3）THE MIND IS A BRITTLE OBJECT. 思想是易碎物品。

His ego is very fragile. 他的自我很脆弱。

2. 容器隐喻（Container Metaphors）

（1）LAND AREAS（陆地面积）：There is a lot of land in Kansas. 堪萨斯州土地很多。

（2）VISUAL FIELD（视野）：The ship is coming into view. 船驶入人们的视野；He's out of my sight now. 他走出了我的视野。

（3）EVENTS（事件）：事件在语言表达中被当做物体。Are you in the race on Sunday? 你参加周日的比赛吗？

（4）ACTIONS（行动）：行动在语言表达中被当做物体。Do you see the race? 你观那场比赛吗？

（5）ACTIVITIES（行为）：行为在语言表达中被当做物体。I couln't do much sprinting until the end. 我不到最后不会去冲刺。

（6）STATES（状态）：状态在语言表达中被当做容器。He is in love. 他在恋爱；We are out of trouble. 我们走出了困境。

3. 拟人隐喻（Personifications）

拟人的本质是将事物视作有灵性的人（有灵无灵冲突的隐喻多为拟人隐喻）。

例如 Life has cheated me. 生活欺骗了我；Inflation is eating up our profits. 通胀吃掉了我们的利润。

8.9.2 转喻翻译的算法

转喻翻译的算法也是解决特殊运算类大块的汉译算法。对于转喻的翻译计算机需要经过转喻判定、直译或者转译大块，以及汉语校验等阶段。

首先，我们来对转喻进行界定。该定义借用自 Radden & Kövecses（1999：21），转喻是在同一个理想认知模式中，一个概念实体（转喻喻体）为另一个概念实体（目标实体）提供心理通道的认知过程。转喻的本质是其中的两个概念属于同一个认知域。

Eco（1983）认为：每个隐喻都可以追溯到一串邻近的转喻关系。隐喻＝N 转喻（隐喻机制可以转化为转喻关系）转喻的解释通过文化习俗，而不是从原始的相似性得到解释。

判断转喻的三原则：

Eco（1985）指出，每一种转喻式联系一般指以下三种邻近性之一。他们可以用作翻译前对某个表达式是否为转喻进行判断的标准。

1. 语码中的邻近（最普通类型，如用"王冠"指代王位。）

2. 上下文中的邻近

3. 被指称事物的邻近（Eco 认为这种事实不存在）

如用"上床""同房""房事""云雨"来指代性事。这是语言习俗所致。

又如汉语"的"字结构（转喻的作用）： "开车的""卖花的""做饭的"，等等。

本小节谈两个问题：一、转喻的类型；二、转喻的直译与变译的条件。

根据 Radden & Kövecses（1999：24–43）的分类①，转喻可以分为以下两大类16 小类。

两大类：A. 整体与部分之间的转喻（7 小类）；B. 整体中不同部分之间的转喻（9 小类）

A 类——整体与部分之间的转喻

A1. 事物与部分之间的转喻：包括整体指代部分或者部分指代整体的转喻。

例 1　The vending machine needs repairing. 这台售货机需要修理。

例 2　Jim borrowed my wheel for a spin out to Miami. 吉姆借我的汽车到迈阿密去兜了一圈。

A2. 标量转喻：用标量作为一个整体来指代上限，或者用上限来指代整个标量。

例 3　Katherine is speeding again. 凯萨琳又把车开得很快。

例 4　How old are you? 你多大了？

A3. 构成转喻：用构成事物的材料或者物质来指代该事物。

例 5　And as Jack plucked the cursed steel away, blood trickled down. 当杰克拔出那可恶的凶器时，血流了下来。

A4. 事件转喻：由众多同时发生或者相继发生的分事件构成的某个整体事件，分事件和事件整体之间可以互相替代。

---

① 转引自李福印：《认知语言学》，北京：北京大学出版社，2008 年版，第 154–157 页。文中例子也取自或者改编自该书。

例 6　Dora speaks Chinese. 朵拉会说汉语。

A5. 范畴和成员之间的转喻：范畴及其成员之间，或者总称和特指之间的关系也属于转喻关系。

例 7　He is a Edison in American bio-pharmacy. 在美国生物制药界，他真是一位爱迪生。

A6. 范畴及其特征之间的转喻：用整体特征表示整个范畴，或者用整个范畴表示其主要特征。

例 8　The black is a majority in Miami, Florida. 黑人在佛罗里达州的迈阿密是主要人口。

A7. 缩减转喻：用语言表达式的一部分来代替整个表达式，如缩略语。

例 9　The UN headquarters locates at New York. 联合国的总部在纽约。

B 类——整体中不同部分之间的转喻

B1 行为转喻：行为理想化认知模式含有施事、受事、工具、行为本身、行为结果、时间等，这些因素之间存在行为转喻关系。

例 10　We summered at South Miami Beach in 2012. 我们在迈阿密南海滩度过了2012 年夏天。

B2 感知转喻：人们的感知和所感知的事物之间存在感知转喻关系。

例 11　There goes my knee. 我的膝盖痛。

B3 因果转喻：用结果代替原因或者用原因代替结果。

例 12　Lily was upset when I mentioned that. 当我提起那件事情时，李丽很沮丧。

B4 生产转喻：生产、创作活动设计生产（创作）者、产品、生产工具、产地、生产机构、产品名称等，这些因素之间可以相互替代，而产生生产转喻。

例子 13　I bought a bottle of Maotai from Lucky Supermarket. 我在鸿运超市买了一瓶茅台酒。

B5 控制转喻：控制者和受控无之间可以相互替代，而产生控制转喻。

例 14　The Toyota has arrived for two hours. 那辆丰田车已经到了两个小时。

B6 所属转喻：所属者和所属物之间可以相互替代，而产生所属转喻。

例 15　Valeria married money. 威力瑞拉嫁了一个有钱人。

B7 容器转喻：用容纳内容代替容器，或者用容器代替容纳内容的转喻就是容器转喻。

例 16　The kettle is boiling. 壶开了。

B8 地点转喻：地点与处于该地的人、机构、事件密切相关，这些因素之间的替代属于地点转喻。

例 17　I will get my book published by Yale. 我的专著将有耶鲁大学出版社出版。

B9 符号和指称转喻：Radden & Kövecses 将语言形式和所指概念之间的认知关系归为符号转喻。如，用"书"的字形来转指"书"这一概念。另外，他们也认为语言形式、概念和指称事物之间存在指称转喻，如用"牛"的字形和概念可分别转喻"牛"这一事物。

例 18　"书"的字形转喻"书"的概念；

例 19　"牛"的字形转喻"牛"的具体动物。

8.10　人物情感计算及其算法

人物情感计算的算法目的在于解决特殊运算大块内所包含的情感，它们需要处理词汇中所包含的的情感信息（词彩学上所说的褒义、中性、贬义）及人物的五种情感（喜爱、愤怒、悲伤、愉快、害怕，如下文所列并详细加以讨论）。计算机通过对人物的情感计算之后才能更准确地为汉语译文选择恰当的翻译。也就是说计算机要运用以下两个原则对五大类情感的 64 小类进行统计，并加上对词汇词彩学方面的统计得分，计算出当下人物的情感，或者说计算出句子里某个词语的情感色彩。当得出了情感色彩之后，计算机才能为汉语句子挑选出更为合适的译文。

笔者特此提出两条判定情感的优先原则：

（1）原则一：习语中所包含的情感优先调用（各种熟语的情感被标注在词库里）

（2）原则二：段落中当下人物的情感优先调用（重要性仅次于原则一）

一、判断"喜爱"情感的算法

（1）营养物：I am starved for love. 我渴求爱情。

（2）旅程：It's been a long bumpy road. 那是一条颠簸的漫长道路。

（3）部分整合：We're as one. 我们亲如一人。

（4）靠近：They are very close. 他们很亲密。

（5）容器的液体：She was overflowing with love. 她的爱情泛滥。

（6）火焰：I am burning with love. 我的爱情在燃烧。

（7）对手：She tried to fight her feelings of love. 她为爱情而奋斗。

（8）束缚的动物：She let go of her feelings. 她放任自己的情感。

（9）战斗：She conquered him. 她战胜了他。

（10）疾病：I am heart-sicked. 我心疼。

（11）魔力：He was enchanted. 他着魔了。

（12）精神失常：I am crazy about you. 我为你发狂。

（13）罗网：They quickly fall in love.

（14）力量（自然、人体）：She swept me off my feet. 她把我清理出去了。

（15）上司：She was completely ruled by love. 她完全被爱情控制了。

（16）游戏和运动：He made a play for her. 他为她写了一个剧本。

二、判断"愤怒"情感的算法

（1）火焰：Oh, boys, was I burned up. 哦，孩子们，我的怒火烧起来啦。

（2）精神失常：He was insane with rage. 他气疯了。

（3）侵犯性动物行为：Don't snarl at me. 别对我咆哮。

（4）身体不适：He's a pain in the neck. 他气得脖子痛。

（5）束缚的动物：He unleashed his anger. 他的怒火释放了出来。

（6）负担：He carries his anger around with him. 他怒火中烧。

（7）侵占：Here I draw a line. 我拒绝做这件事。

（8）运转机器：That really got him going. 那真让他生气的。

（9）身体热度：Billy is a hothead. 比利是个性急的人。

（10）体内压力：When I found out, I almost burst a blood vessel. 当我发现事情的真相时，我气得血管都要爆了。

（11）激活：He's all worked up. 他完全被激怒了。

（12）干扰感觉：She was blinded with rage. 她被气瞎了眼。

（13）愤怒的强度增大——流体热度增大：She could fell her gorge rising. 她能感到自己气得脖子发粗。

（14）愤怒的高强度——蒸汽：She got all steamed up. 她完全被激怒了。

（15）愤怒失控——爆炸：She blew up at me. 她对我暴跳如雷。

三、判断"悲伤"情感的算法

（1）黑色：He is in a dark mood. 他情绪低落。

（2）缺乏运动：There is disheartening news. 传来令人心碎的消息。

（3）容器的液体：I was filled with sorrow. 我满怀忧伤。

（4）打击（猛烈的身体力量）：That is a terrible blow. 那是一个沉重的打击。

（5）负担：He staggered under the pain. 他疼得踉踉跄跄。

（6）向下：He brought me down with his remarks. 他的话说得我很伤心。

（7）缺乏力量：His remarks threw cold water on the party. 他的话给大家泼了一盆凉水。

（8）疾病：She was hear-sicked. Time heals all sorrows. 她很心痛；时间治疗一切悲伤。

（9）生物体：He drowned his sorrow in drink. 他把伤心埋在酒里。

（10）束缚的动物：His feelings of misery go out of hand. 他的悲伤无法控制。

（11）对手：He was seized by a fit of depression. 他被悲伤俘虏了。

四、判断"愉快"情感的算法

（1）离开地面：I am six feet off the ground. 我高兴得离地六尺。

（2）在天堂中：That was heaven on earth. 那简直是人间天堂。

（3）活力：He was alive with joy. 他高兴的活力四射。

（4）健康：It made me fell great. 这让我感觉很快乐。

（5）活得好的动物：He was happy as a pig in shit. 他高兴得像猪在大便。

（6）愉快的感觉：I was tickled pink. 我非常高兴。

（7）容器的液体：He was overflowing with joy. 他过度高兴。

（8）束缚动物：His feelings of happiness broke loose. 他欢乐开怀。

（9）向上：We had to cheer him up. 我要为他欢呼。

（10）温暖：That warmed my spirits. 那让我心里喜洋洋的。

（11）自然力量：He was swept off his feet. 他高兴得蹦了起来。

五、判断"害怕"情感的算法

（1）容器中的液体：The sight filled her with fear. 看到那吓了她一跳。

（2）邪恶的敌人：Fear slowly crept upon him. 恐惧由他心头升起。

（3）折磨：My mother was tormented by fear. 我妈妈饱受恐惧的煎熬。

（4）疾病：Jill was sick with fright. 吉尔对恐惧很厌恶。

（5）精神失常：Jack was insane with fear. 杰克被吓破了胆。

（6）争斗中的对手：Fear took hold of me. 恐惧战胜了我。

（7）超自然的生物：He was haunted by fear. 恐惧一直萦绕在他的心头。

（8）不完全的物体：I was beside myself. 我很害怕。

（9）负担：Fear weighed heavily on them. 恐惧感重重地压在他们的心头。

（10）自然力量：She was engulfed by panic. 她被惊恐吞噬了。

（11）上司：His actions were dictated by fear. 他的行动被恐惧感左右着。

（上述例句转引自转引自宁全新：束定芳主编《隐喻与转喻研究》，第 175—182 页，上海外语教育出版社，2011 年版；张辉：束定芳主编《隐喻与转喻研究》，第 194—204 页，上海外语教育出版社，2011 年版）

8.11　汉语译文添加虚词的算法

本小节拟讨论英汉翻译中虚词添加的原则与规则，它们属于对块间成分进行操作的算法。虽然，我们在前面的 8.6 小节讨论中有所涉及，但是不够全面详尽。本节讨论内容包括简单句以及复合句里虚词的添加。按照虚词的功能进行添加在汉语的译文里。主要分为以下六大类：

（1）为体现时态而添加的虚词

（2）为体现语态而添加的虚词

（3）为体现语气而添加的虚词

（4）为陈述句而添加的虚词

（5）为疑问句而添加的虚词

（6）为感叹句而添加的虚词

在本研究里，虚词包括介词、连词、助词和叹词。对于英语句子里的介词，有对应的介词可以直接译为汉语的相应介词。或者将介词译为汉语的动词。对于英语里的某些连词，汉语则需要将其成对出现的介词补全。

虚词的添加位置：添加在句末，添加在句中，以及添加在句首。

8.11.1　汉语译文添加"着"字的算法

汉语译文添加"着"字的算法如下表：

添加内容	满足条件
着	位于动词之后，表示动作正在进行
着	位于动词之后，表示动作正在进行
着	位于形容词之后，表示状态持续
着	两个动词之间，前动作是后动作的方式，且前动词为单音节
着	位于形容词后，表强调，且句末有"呢"

下面再看一些汉语的例句：

1. 加在动词后，表示动作正在进行或状态保持下去。

e.g. 队伍迈着整齐的步伐走过检阅台

外面正下着雨呢。

2. 加在形容词后，表示状态继续保持下去。

e.g. 你为什么老低着头呢?

孩子红着脸，一时说不出话来。

3. 加在两个动词之间，前一个动作为后一个动作的方式，前一个动词为单音节动词。

e.g. 躺着看书的习惯不好。

她抿着嘴笑个不停。

4. 加在形容词后，表示强调，且句末加"呢"。

e.g. 这种好人好事多着呢。

别急，日子长着呢。

8.11.2　汉语译文添加 "了" 字的算法

汉语译文添加 "了" 字的算法如下表：

添加内容	满足条件
了	过去时态，非用在句末，且结构为 "动词+了+宾语"
了	表示语气，用在句末，且结构为 "谓语或谓语性短语+了"
了	过去时态，用在句末，且结构为 "动词+形容词+了"
了	过去时态，用在句末，且结构为 "动词+了"
不加 "了"	心理动词或者情感动词后
不加 "了"	持续动词后

下面再看一些汉语的例句：

1. 用作时态助词，用在 "V + '了' + 【宾语】" 结构

e. g. 买了一件衬衣

讲了一个故事

2. 用作语气助词，用在句末，结构为 "谓语/谓语性短语 + '了'"。

e. g. 这个办法最好了。

我已经问过老张了。

3. 用作时态助词，用在句末，用在 "V + Adj + '了'" 结构或者 "V + '了'" 结构里。

e. g. 我已经吃了。

衣服早洗干净了。

4. 禁止加 "了" 的情况有两种：A. 心理动词、情感动词不能加 "了"。如，我认为（X/了）天亮了。B. 表示持续性动词不能加 "了"。但是它在表达时态时，句末可以加 "了"。

8.11.3　汉语译文添加"过"字的算法

汉语译文添加"过"字的算法如下表：

添加内容	满足条件
过	过去时态，表动作完毕
过	过去时态，表过去经历
不加"过"	心理动词之后
不加"过"	性质动词之后
不加"过"	形容词之后

下面请看几则汉语的例句及解释：

1. 表示动作完毕

e. g. 我吃过饭了。

在这方面，他给过我很多帮助。

我已经睡过一觉。

2. 表示过去某种经历

e. g. 他曾经讲过小梁。

他在韩国待过三年。

3. 遇到心理动词、性质动词以及形容词时，可以加"了"，不能加"过"。

e. g. 我已经知道了。/X/ 我已经知道过。

她比以前干净了。/X/她比以前干净过。

我以为天亮了。/X/我以为了天亮。或者我以为过天亮。

我觉得他吃过饭了。/X/我觉得过他吃过饭了。

8.11.4　汉语译文添加列举助词的算法

汉语译文添加列举助词的算法如下表：

添加内容	满足条件
等	名词或者代词之后
等等	名词或者代词之后
不加"等"	前有专有名词
不加"等等"	前有谓语性词语
云 / 云云	引文之后，或者转述话语之后
云 / 云云	书面语，表贬义
云 / 云云	充当主宾语
一类 / 之类	列举未尽
一类 / 之类	附在功能性词语后面
一类 / 之类	充当定语或者主宾语
之流	列举未尽，表讽刺或者鄙夷
什么的	列举未尽，附在联合短语后，或代表性事物后，主宾语

下面请看一些例句及解释：

1. 添加"等等"或者"等"，可以充当主宾语或者定语。不能出现"专有名词+等等"结构，或者"谓语性词语+等"结构。

2. 添加"云"或者"云云"，添加在（1）引文或者转述的话语后面；（2）用于书面语，略带贬义。（3）只能充当主宾语。

e.g. 而我久生大病，体力疲惫，不能为文，以上云云，几同塞责。

3. 添加"一类""之类"表示（1）列举未尽；（2）附加在功能性类的词语后面，包括名词性、动词性、形容词性的词语以及主谓短语；（3）"……一类"可充当定语，"……之类"可充当定语或者主宾语。

e.g. 什么鸟呀兔牙一类的好看的标本。

4. 添加"之流"在名词后，表示列举未尽，含有"讽刺"和"鄙夷"的成分，通常用在"人"的后面，充当主宾语或定语。

e.g. 汪精卫、陈公博、周佛海之流

5. 添加"什么的"，表示列举未尽，列举之后的结束。通常附加在联合短语的后面，或者附加在单项的具有代表性的词语后面，只能充当主宾语。

e.g. 有录音机，随时能听《血疑》主题歌<u>什么的</u>。

8.11.5 汉语译文添加句末语气词的算法

口语体和书面体均可添加的句末语气词的添加算法如下表：

添加内容	满足条件
啊	陈述句末，表解释
啊	陈述句末，表提醒
啊	陈述句末，表申明
啊	疑问句末，表疑问
啊	感叹句末，表请求
啊	感叹句末，表劝告
啊	感叹句末，表命令
吧	陈述句末，表不肯定
吧	疑问句末，表希望证实
吧	祈使句末，表请求
吧	祈使句末，表命令
吧	祈使句末，表劝告
吧	祈使句末，表催促
吧	用于中间，表列举
吧	用于中间，表选择
吧	用于中间，表让步
吧	用于中间，表容忍
吗	疑问句末，表疑问
呢	疑问句末，表探究

添加内容	满足条件
呢	疑问句末，表反问
呢	用在体词或者体词性短语后面
的	陈述句末，表推断
的	疑问句末，或者感叹句末，表对疑问点或者感叹点确认
了	疑问句末，表对已然事实推断
了	名词或者名词性短语后面，表新情况
了	疑问句末，表对新情况疑问
了	感叹句末，表对新情况感叹

下面请看详细的汉语解释及例句：

1."啊"的添加算法

陈述句末

A 表"解释"。e.g. 谁不想参加劳动，就是没有工夫啊。

B 表"提醒"。e.g. 小妹妹，你可别介意啊。

C 表"申明"。e.g. 我可没有存心和你过不去啊。

疑问句末

D 表"疑问"。e.g. 你明天去哪儿啊？ e.g. 我们学校到底参加不参加啊？

感叹句末

E 表"请求"。e.g. 你们等等我啊。

F 表"劝告"。e.g. 你也去看看啊。

G 表"命令"。e.g

2."吧"的添加算法

A 陈述句末，表"不肯定"。e.g. 该不会是小张来了吧。

B 疑问句末，表示希望对方证实。e.g. 工厂大概已经停产了吧？

C 祈使句末。

表"请求"。

表"命令"。e.g. 你快去吧。

表"劝告"e. g. 你还是稳定一点吧。

表"催促"。

D 用于中间，表列举、选择、让步、容忍等。

e. g. 就说小张吧，他就是从小开始练的

e. g. 去吧，又没有时间；不去吧，又有点不甘心。

3. "吗"的添加算法

疑问语气词，突出疑问语气。

e. g 你喜欢我吗？

今天是星期六，是吗？

他是新来的学生吗？

4. "呢"的添加算法（特指问、选择问、正反问、是非问）

A. 表示一种探究的语气。

e. g. 他们会到哪儿去呢？

这样做到底合适不合适呢？

B. 用于"没有任何疑问的反问句"。

e. g. 谁不知道他难伺候呢？

我怎么可能不知道呢？

C. 加在"体词"或"体词性短语"后面，构成特殊以问句。

e. g. 车呢？

我的书包呢？

你爸爸呢？

5. "的"添加算法

A. 在陈述句末，加强对事实的确定和未来的推断

e. g. 我曾经调查过的，不会错的。

你不要大惊小怪的。

你会遭报应的。

B. 在疑问句和感叹句末，以加强对疑问点和感叹事实的确定。

e. g 你是怎么搞的？

就是你亲口说的！

6. "了"的添加算法

A 加在陈述句末，表示对已然事实的确定和推断

e. g 肯定又发生什么事了。

问题早已解决了。

B 加在名词和名词性短语的后面，表示新情况的出现。

e. g. 春天了。

快国庆了。

都三十好几的人了，还挑什么呀。

C 加在疑问句末，表示对新情况的疑问。

e. g. 你来多久了？

你刚才又去哪儿了？

D 加在感叹句末，表示对新情况的感叹。

e. g. 这儿的风景太美了！

你也太不像话了！

只能添加在口语体句子里的语气助词的添加算法如下表：

添加内容	满足条件
嘛	表确认事实，加强肯定
嘛	表引出话题，提醒注意
哩	表陈述，或感叹，或祈使
哟	用于祈使句，表加强感叹
呗	用于陈述句，表显而易见
呐	表特指，引出话题
呐	用于感叹句，表舒缓陈述
啦	表说明情况，舒缓疑问、感叹或祈使语气
喽	表确认，或肯定
唎	表新情况显而易见
咯	表确认新情况
嘞	表愉快应允或提醒

下面请看详细解释及汉语例句：

1."嘛"的添加算法

A. 确认事实，加强肯定。

e.g. 我说来不及嘛，你偏不信。

B 引出话题，提醒注意。

e.g. 人嘛，应该有点自知之明。

2."哩"的添加算法

略带夸张地确认；可用于陈述、感叹、祈使。

e.g. 人家说话才是金玉良言哩。

3."哟"的添加算法

用于祈使句，加强感叹。

e.g. 一起用力哟。

多好的机会哟。

4."呗"的添加算法

A 表"显而易见，不成问题"。

e.g. 混得怎么样？——瞎混呗。

5."呐"的添加算法

表特指词，引出话题。

e.g. 他在哪儿呐。

钱呐，没问题。

6."啦"的添加算法

说明新情况，舒缓疑问，祈使、感叹语气。

e.g. 我回来啦。

太棒啦！

你到底怎么啦？

7."呐"的添加算法

舒缓陈述，感叹语气。

e.g. 好骄傲的男人呐！

8."喽"的添加算法

表"肯定和确认的语气"。

e. g. 那就别太晚喽。

9. "咧"的添加算法

表"新情况是显而易见的"。

e. g. 她在招手咧。

10. "咯"的添加算法

强调确认肯定新情况。

e. g. 这是肯定的咯。

11. "嘞"的添加算法

表示轻快地应允和提醒。

e. g. 你先去巡查一遍。——好嘞!

8.11.6 汉语译文添加感叹词的算法

汉语译文添加感叹词的算法列表如下:

添加内容	满足条件
啊	感叹句首,表喜悦或赞叹
啊	感叹句首,表意外或惊讶
唉	感叹句首,表悲伤或无奈
哎	感叹句首,表提醒或领悟
哼	感叹句首,表鄙视或唾弃
呸	感叹句首,表鄙视或唾弃
喂	疑问句首,表招呼应答

下面请看几则例句及解释:

1. 表示喜悦或者赞叹,多用"啊"。

e. g. 啊,我的祖国!

2. 表示悲伤或者无奈,多用"唉"。

e. g. 唉,这也不怨我呀。

3. 表示意外或者惊讶，多用"啊"。

e.g. 啊，你吓了我一跳。

4. 表示提醒或者领悟，多用"哎"。

e.g. 哎，老弟，以后要改改你的坏脾气了。

5. 表示鄙视和唾弃，多用"哼"或"呸"。

e.g. 哼！你就跟他们是一路货。

6. 表示招呼语应答，多用"喂"。

e.g. 喂，年轻人，你找谁?

8.11.7 汉语译文添加"得"字的算法

汉语译文添加"得"字的算法如下表：

添加内容	满足条件
得	在动词之后，且表示程度
得	在动词之后，且表示结果
得	在形容词之后，且表示程度
得	在形容词之后，且表示结果
得	汉译为单音节动词

请看下面一些汉语例子：

1. 加在动词或者形容词后面，且后面跟表示程度或结果的补语。

e.g. 大家学得很认真。

院子打扫得干干净净。

灯光很强，运动场亮得同白昼一样。

2. 加在单音动词后面，表示可能。

e.g. 只要决心学，一定学得会。

标题字很大，我看得清楚。

8.11.8　汉语译文添加"地"字的算法

加在动词或形容词的前面，表示该动词或形容词的状语。

e. g. 大家勤奋<u>地</u>学习，积极<u>地</u>劳动。

国庆节的晚上，天安门广场灯光分外<u>地</u>亮。

但是，状语与动词之间的"地"也可以省去。另外，状语与形容词之间的"地"也可以省去。

8.11.9　汉语译文添加"的"字的算法

汉语译文添加"的"字的算法如下表：

添加内容	满足条件
的	名词作定语，位于名词和名词之间
的	动词作定语，位于动词和名词之间
的	形容词作定语，位于形容词和名词之间
的	表示范畴
的	表示类别
的	作谓语的"名词+的"结构
的	作谓语的"代词+的"结构
的	表示加强肯定语气
的	在"是……的"结构中，"是"和"的"可以同时省略
的	表属性，或者转喻

请看下面一些汉语例子

1. 加在名词前面，表示该名词的定语。

e. g. 我们大队<u>的</u>砖瓦厂有许多熟练工人。

喝<u>的</u>水都要消毒。

（注：如果句子中连续出现几个"的"字，可以间断地省去若干个）

2. 在作定语的动词后面添加"的"字。

e. g. 你最喜欢<u>的</u>酒是什么？

3. 在作定语的形容词后面添加"的"字。

e. g. 每个人生活时候最重要的事儿不一样。

4. 加在词或词组后，构成名词性的"的"字结构，表示范畴或类别。

e. g. 猪肉供应充足，肥的瘦的都有。

吃的、穿的、用的都是劳动人民生产的。

这几个意见，我同意小沈提的。

5. "的"字结构作谓语，中间可以省略"是"字。

e. g. 那产品（是）上海的，质量确实好。

电视机（是）刚买的，先试一下。

6. "是……的"结构，表示加强肯定的语气。

e. g. 认识应该有一点精神的。

我是每天七点多就去学校的。

这个剧团是在业余文工团的基础上发展起来的。

别急，他很快就会回来的。

7. 转指"的"字结构表示具有某种属性的事物。

e. g. 我是新来的。

8.11.10 汉语译文中，句末助词"的"添加算法

汉语译文添加句末助词"的"算法如下表：

添加内容	满足条件
的	位于判断句末，且句子结构为"S+Ad+V+O+的"
的	强调句式，且句子结构为"是+S+Ad+V+O+的"
的	强调句式，且句子结构为"S+是+Ad+V+O+的"
的	强调句式，且句子结构为"是+S+Ad+V+的+O"
的	强调句式，且句子结构为"S+是+Ad+V+的+O"
的	强调句式，且句子结构为"O+是+S+Ad+V+的"

下面请看详细解释及汉语例句：

一、"的"字用在说明事态的判断句句末，句子结构为"S+Ad+V+O+的"。

例如：瓦特发明蒸汽机的。

我昨天碰到小王的。

二、"的"字用在强调句式中，句子结构为"是+S+Ad+V+O+的"

例如：是瓦特发明蒸汽机的。

是我昨天碰到小王的。

三、"的"字用在强调句式中，句子结构为"S+是+Ad+V+O+的"。

例如：瓦特是发明蒸汽机的。

我是昨天碰到小王的。

四、"的"字用在强调句式中，句子结构为"是+S+Ad+V+的+O"。

例如：是瓦特发明的蒸汽机。

是我昨天碰到的小王。

五、"的"字用在强调句式中，句子结构为"S+是+Ad+V+的+O"。

例如：瓦特是发明的蒸汽机。

我是昨天碰到的小王。

六、"的"字用在强调句式中，句子结构为"O+是+S+Ad+V+的"。

例如：蒸汽机是瓦特发明的。

小王是我昨天碰到的。

8.11.11 汉语译文中，无指代词"他"的添加算法

一、吕叔湘（1992.2）在《语法研究与探索》）指出，带无指代词"他"的动词后面的真宾语或者准宾语一定得带上数量词或者其本身就是数量词。结构为"V+他+数词+量词+宾语"。宾语里包含数量词的作用是显示宾语的有界性，从而表明带"他"的动词及其宾语组成的述宾结构表示的是一个事件，而不是一个单纯的活动。

例如：走，咱们去买他二斤羊肉吃涮羊肉。

一辈子改他三百六十行。

二、吕叔湘（1992.2）指出无指代词"他"总是出现在将未来事情的句子里，

将到过去的事情就用不上。

例如：明天，我要买他二斤羊肉吃涮羊肉。

三、如果将过去的事情，那么这一定是未实现的事情。

例如：昨天，我想买他二斤羊肉吃涮羊肉。

四、凡是新惯性的事情，不论时间都可以用"他"。

例如：每到春节我总要买他二斤羊肉吃涮羊肉。

8.11.12　汉语译文中添加"呢""吗"字的算法

本小节添加算法思想受马真研究成果的启发（马真，《现代汉语虚词研究方法论》，第125—127页）。

现代汉语里的疑问句一般分为四小类：

一、是非问句，其回答可以只用"是"或者"不是"，如：他们在上课？

二、特指问句，其回答不能只用"是"或者"不是"，如：刚才谁来了？

三、选择问句，从问话人提供的情况中选择其一加以回答，如：你想去内蒙古还是云南？

四、反复问句，问话人只提出肯定和否定两种选项，听话人只能选择其一。如：他们学校远不远？

汉语译文中添加的规律是：

在是非问句末添加"吗"，禁用"呢"；

在特指问句、选择问句及反复问句末，添加"呢"，禁用"吗"。

如：他们在上课吗？

刚才谁来了呢？

你想去内蒙古还是云南呢？

他们学校远不远呢？

8.11.13　汉语译文里表数助词的添加算法

汉译复数助词添加算法的思想受邢福义的启发（邢福义，《汉语语法学》，第

236—238 页）。

一、添加"们"表示复数，用在称人名词或者人称代词的后边。附着于名词的"们"表示人的复数；附着于代词的"们"，不仅可以表示人的复数，也可以表示物的复数。而附着于专业名词性表人名词后边，表示一类人，如"李白杜甫们"。附着于非表人名词的后边，"们"有使事物拟人化的作用，如"猫们狗们"。"名词+们"结构不能在其前面加上确定数目的数词，如不能说"五个学生们，三十位代表们"。如老师们、同学们、他们

二、序数助词的添加方法。"第"字添加在数词的前面表示序数，如"第一"。在十以内的日期等的前面添加"初"表示顺序，如"初一""初十"。

三、概数助词的添加方法。"多"可以添加在统数词后边，也可以添加在数量词后边，如"五百多""七斤多"。"来"添加在整数的统数词后边，表示概数。如"十来""一百来"。"把"字可以添加在表示整数的同数词后边或者在量词"里""丈""斤""个"等的后边，表示概数。如"千把""百把""里把路""斤把苹果"等。

8.11.14　英语副词作状语译成汉语后添加"地"字的情况

将评注性副词一律翻译成"……的是……"，例如：unfortunately（不幸的是……）、ironically（具有讽刺意味的是……）、obviously（很明显的是……）

其他副词一律在翻译的时候添加"地"。

8.11.15　英语句子译成汉语时，6 个语气词的添加规律

汉译六个语气词添加算法的思想借鉴自左思民[①]。

1. 在陈述句中，除了"吗"以外，其他五个基本语气词都附着在句末。

例如：他去过南极<u>的</u>。

[①] 左思民，"普通话基本语气词的主要特点"，转引自《汉语的形式与功能研究》，第 358–360 页

马林去北京了。

蒋玲玲得过三八红旗手呢。

这就是你女儿吧，好漂亮啊！

这里就是举世闻名的平遥古城啊。

2. 在疑问句中，六个基本语气词都附着在句末。

例如：谁让你来的？

你妹妹读几年级了？

他是李晗吗？

这是谁呢？

你就是罗教授吧？

有什么事儿啊？

3. 在祈使句中，只有"了""吧""啊"可以附着在句末。

例如：开会了。

你就在那里住下吧。

快来人啊。

4. 在感叹句中，只有"的""了""啊"可以附着在句末。

例如：真够他喝一壶的！

这家伙可阴险了！

多美的别墅啊！

所以，在将英语翻译成汉语时，要注意可以添加的语气助词，有的助词是不能添加到某类句子中的。

8.12 英语句式译成汉语惯用句式的翻译算法

8.12.1 英语句子汉译添加"把"字的算法（译成"把"字句）

英汉翻译软件是否成熟的一个标志就是能否将英语中某些用法翻译成汉语地道

的"把"字句。本小节就来讨论"把"字句的翻译算法，这属于对句式类大块进行操作的算法。

一、把字句的句式构成类型

张旺熹（1991）① 认为，把字结构始终处于一个明确的因果关系（包括条件关系、目的关系）的意义范畴之中。他将把字句的语句形式归纳为以下四种：

1. 标准形式：原因+把字结构（手段）+目的

例如：她既然可以把人调出来，那么也可以吧人派进去。

2. 致使形式：原因+把字结构（结果）

例如：他把大半时间花在文学研究上。

3. 引导形式：把字结构（手段）+目的

例如：想到这里，鸿渐顿足大笑，把天空月亮当做小姐，向她挥手作别。

4. 独立形式：把字结构

例如：他把姑娘背上的绳子解开。

二、把字句的句法特征

语法学家邢福义②将"把"字句的特征总结如下：

"把"后面一般是名词性词语，表示有定的、被处置或受影响的人或事物。

如：把碗洗干净；把垃圾倒掉；

"把"和它后面的词语组成介词短语作状语。

如：他把书翻了一下；出版社在开学之前把书赶印了出来。

"把"字介词短语后面也可以用形容词短语，这是"把"字后面的词语表示受影响的人或事物。

如：这件事把他急坏了。

三、添加"把"字的算法

1. 加在名词或代词后面，表示有定的、被处置的人或物。

e. g. 把（他）砍了

把（行李）清理清理。

---

① 张旺熹："把字结构"的语义及其语用分析，《语言教学与研究》，1991（3），转引自郭圣林，《现代汉语句式的语篇考察》，北京：世界图书出版公司，2011 年 9 月版。

② 邢福义：《现代汉语》，北京：高等教育出版社，1991 年版，第 336 至 337 页。

2. 加在动宾结构或主谓结构的后面，表示有定的、被处置或者受影响的事情。

e. g. 一定要把（整顿学风）当做一项重要工作来抓。

请把（小莲是怎么跟歹徒搏斗的）写出来。

3. 加在主语后面以及名词前面，紧跟其后的是一个动词，这个"把"字短语用作句子的方式状语。

e. g. 她把钱一扔，转身就走。

我把钱清点一下。

我把钱寄出去！

4. 用在"不"或"没"后面，表示否定（不+把+N+V 结构）

e. g. 你怎么不把申请书交上去？

我真后悔当时没把他的事情揭发出来！

8.12.2 英语句子译成汉语"把"字句的四种情况

1. 英语里能够翻译成"把"字句的动词主要有使役动词，如"have""make""get"。

A friend of mine has had his house painted recently. 我的一位朋友最近刚把他的房子油漆过了。

They haven't got the plan ready. 他们还没有把计划做好。

2. 当做类动词，如"regard""take""mistake""treat"等。

We should regard Marxist theory as a guide to action. 我们应当把马克思主义作为行动的指南。

He mistook me for my brother. 他把我当做我的兄弟了。

People in the village didn't treat me as a stranger. 村里人不把我当做外人。

3. 同时跟直接宾语和间接宾语的时候，或者直接宾语紧跟在动词之后时，需要将该句翻译成"把"字句。也就是说，翻译结构为"把+直接宾语+动词+间接宾语"的形式。

I gave the letter to her. 我把那封信给她。

We lent the pumps to them. 我们把水泵借给了他们。

4. 情感类的动词后面跟人作宾语时，需要翻译成"把"字句。

The trip tied him out. 这一趟把他累坏了。

Why are you so late? We were worried to death about you. 你怎么来得这么晚？真把人急死啦!

A sudden loud bang gave him a start. 突然一声巨响，把他吓了一跳。

8.12.3 英语主谓结构译成无主句的翻译算法

在英语句子里作抽象主语的"it""that""what"等词不需要翻译出来。

1. "it"指代天气、时间：It's raining hard. 下大雨了。

2. "that"指代某件事：Is that a true story? 真有这事儿吗?

3. "what"指代不确定的事件：What happened? 发生什么事了?

8.12.4 英语被动结构译成汉语的"由……"结构的翻译算法

1. 译成"被"字句：直接将英语的被动句翻译成被动句，并且在施事者加"被"字。

e. g. The window glass was broken by a naughty boy yesterday. 昨天窗户玻璃被一个调皮的男孩打破了。

2. 译成"由"字句：当英语被动句中的动词是"write""form""make""constitute""organize""compose"等表示形成、构造、组织、创作意义的词语时候，译成该"由……+动词"结构。

e. g. And the astonishing thing is that this most dangerous operation was organized by a young twenty-three-year-old Belgian girl, Andree De Jongh by name. 令人惊奇的是，这个极其危险的作战行动是由一个年轻貌美的比利时姑娘组织的，她名叫安德岱荣，年方 23 岁。

The play was written by Bernard Shaw. 这个剧本由萧伯纳创作的。

Many basins are formed by the subsidence of the earth's crust. 许多盆地都是由地壳陷落而形成的。

Rainbows are formedwhen sunlight passes through small drops of water in the sky. 彩虹是由阳光透过天空中的小水滴时形成的。

3. 译成"遭"字句：当英语被动句中的主语是非指人名词或者代词，且是不幸或者不利事情的承受者时，翻译成该句式。

e. g. Our suggestion was refused by him. 我们的建议遭到了他的拒绝。

The buildings in the region were completely destroyed by the earthquake last year. 去年，那个地区的建筑物在地震后全部遭到了破坏。

4. 译成"把"字句：

e. g. By evening the occupation was complete, and the people were chased off the streets by an eight o'clock curfew. 至傍晚，占领已告完成。八点中开始的宵禁把人们从街道赶走。

The famous hotel had been practically destroyed by the big fire. 大火使这著名旅馆几乎全部毁灭。

5. 译成无主句：英语中表示观点、态度、要求、告诫、号召等的被动句，需要翻译成主动句。

e. g. Felling trees is forbidden. 禁止砍伐树木。

Children should be taught not to lie. 应该教育儿童不要撒谎。

Where can you be reached? 可以在哪里和你接头？

Quality mustn't be neglected. 千万不能忽视质量。

It is imperative that the students be taught what they should learn. 必须让学生学到该学的东西。

6. 译成成主动句：从原文的主语中析取出有灵主语，然后译成主动语态。

e. g. Your letter has been received. 你的来信已经收到了。

The question will be discussed next Tuesday. 这个问题将于下周二讨论。

The project was completed ahead of schedule. 这个项目提前完工了。

The whole country was armed in a few days. 几天之内全国武装起来了。

The sense of inferiority that he acquired in his youth has never been totally eradicated. 他在青少年时期留下的自卑感，还没有完全消除。

7. 添加泛指代词作主语的主动句，在汉语主句的位置添加"我们""人们""大家"等泛指的代词作主语。

e. g. It has been realized that wildlife is extremely important to us. 人们已经认识到野生动物对人类的重要性。

It is universally acknowledged that airline food is awful. 人们普遍承认，飞机上的事物非常糟糕。

The existence of oil wells has been known for a long time. 人们很早就知道油井的存在。

8. 译成主动句：原文中的主语被转换成译文中的宾语。

e. g. Mr. Billings cannot be deterred from his plan. 人们不能阻止比林斯先生实施他的计划。

By the end of the war 800 people had been saved by the organization，but at a cost of over 200 Belgian and French lived. 大战临结束时，这个组织拯救了八百人，但那是以二百多比利时人和法国人的生命为代价的。

9. 译成带表语的主动句：肯定句译为"是……的"；否定句译为"不是……的"

e. g. The decision to attack was not taken lightly. 进攻的决定不是轻易作出的。

The crew were trained at Eglin Field，Florida. 机组人员是在佛罗里达州埃林空军基地训练的。

10. 常见固定句式的翻译

e. g. It is hoped that... （希望……）

It is reported that... （据报道……）

It is said that... （据说……）

It is supposed that... （据推测……）

It may be said without fear of exaggeration that... （可以毫不夸张地说……）

It must be admitted that... （必须承认……）

It must be pointed out that... （必须指出……）

It will be seen from this that... （由此可见……）

It is asserted that ... （有人主张……）

It is believed that... （有人认为……）

It is generally considered that... （大家认为……）

It is well known that... （众所周知……）

It will be said that... （有人会说……）

It was told that... （有人曾经说……）

11. 将被动结构"get + 过去分词"译成该动词的主动态或者被动态：

e. g. I know how the window got broken. 我知道窗子是怎样打破的。

The car got bogged down in the mud. 车子陷进泥潭。

He got lost in the desert. 他在沙漠中迷了路。

Be careful，or you'll get hurt. 小心点，要不你会碰伤的。

Men were getting killed faster than recruites came in. 那时士兵被杀的要超过征募的新兵。

His masterpiece eventually got translated into ten languages. 他的代表作最终被翻译成十种文字。

8.12.5 英语主从复合句的汉语译文里使用成对关系词语的翻译算法

由于汉语译文中的许多关系词都是成对出现的，所以在把英语主从复合句翻译成汉语的时候必须补全汉语的成对关系词。这些成对出现的关系滴被本研究定义为句式类大块。那么这些相关的翻译算法属于对句式类大块进行操作的算法。

一、"不……不……"，或者"如果……就……"，其所对应的英语结构为"If...,..."。

例如：文章不改不精练。

二、"非……不……"，或者"除非……否则……"，其所对应的英语结构为"If...not...,..."或者对应"Unless...,..."。

例如：我飞去纽约不可。

三、"不……也……"，或者"即使……也……"，其所对应的英语结构为"Even if ...,..."。

例如：盒子里的东西不看也知道。

四、"再……也……"，或者"即使……也……"，其所对应的英语结构为"Even if...,..."。

例如：好书再贵也要买。

五、"一……就……",或者"……接着……",其所对应的英语结构为"As soon as...,...",或者"Once...,...."。

例如:我一出站就见到姑妈了。

六、"越……越……",或者"只要……就……",其所对应的英语结构为"If only...,..."。

例如:我越想越不安。

七、"既然……就……",或者"如果……就……",其所对应的英语结构为"If...,..."。

例如:既然你有想法就请说吧。

八、"……才……",或者"只有……才……",其所对应的英语结构为"only if...,..."。

例如:见了面才好下判断。

九、"……却/又……",或者"虽然……却又……",其所对应的英语结构为"Although...,..."。

例如:她想走却不敢说。

十、"无论……都……",其所对应的英语结构为"No matter who / when / what / where / how ..."或者"Whoever / Whenever / Whatever / Whereever / However..."。

例如:无论谁都不想去哪里工作。

十一、"是……还是……",其所对应的英语结构为"Either...or ..."

例如:是张琳还是李萍把开水倒掉了?

十二、"因为……所以……",其所对应的英语结构为"Because...,..."后者"...., So / therefore / thus..."。

例如:因为你来晚了十分钟,所以没有赶上他们接人的班车。

十三、"虽然……但是……",其所对应的英语结构为"Although / Though...,..."或者"..., but..."。

例如:虽然你已经二十多岁了,但是还犯这么低级的错误。

十四、"不但……而且……",其所对应的英语结构为"Not only..., but also..."。

例如:他不但喜欢中国民乐,而且还喜欢京剧。

十五、"要么……要么……",其所对应的英语结构为"Either... or..."。

例如：要么她留，要么我走。

8.12.6 如何将英语句予译成汉语的框式介词

英语主从复合句的从属连词在翻译成汉语的时候需要补足成对出现的框式连接词。主要有以下几类：

虽然……但是……；尽管……可是（然而/不过）……

虽然……也……

即使/就是……也……

假如……就……；如果……那么……

不管（无论/不论）……都（也）……

只有……才……

只要……就……

除非……否则……

既然……那么（就）……

因为……所以……

由于……因此（所以/因而）……

不但（不仅）……而且……

不但（不光/不只）……也（都）……（"不光""不只"的后面不能跟"反而"）

与其……不如……

通过……使……

8.12.7 "都""也"等引出前置的"周边性"宾语的情况

在现代汉语里，一般把带"都""也"的句子看作含有前置的"周遍性宾语"。也就是说，汉语译文的结构是"宾语+都（不）+动词"或者"宾语+也（不）+动词"。此处的翻译算法属于添加块间成分的算法，其目的在于实现语义完整情况下的语句通顺。

例如：他什么都会。王林什么都不干。我伦敦也去过，纽约也去过，就是没有去过巴黎。

8.12.8　汉语比较句式的结构类型

在翻译英语比较句时，需要按照汉语比较句式的语序重新排列译文语序。这些算法属于句式类翻译算法。汉语比较句式大体情况如下：

1. 比较句结构之一："A……得像 B"，例如：李敏长得像妈妈。（A 和 B 是两个比较项，比较词是"像"，比较范畴是"长相"。）

2. 比较句结构之二："A 比 B……"，例如：诸葛亮比周瑜高明多了。（A 和 B 是两个比较项，比较词是"比"，比较范畴是"聪明"）

3. 比较句之三："A 更……"，例如：汤姆更帅。（A 是比较项，B 比较项被隐藏了，比较词是"更"，比较范畴是"长相"。）

8.12.9　汉语常见比较句式类型（对应于 never、enough 等）的翻译算法

英语含有 never、enough 等词的比较句在翻译成汉语时需要对应翻译成下列结构（顺带附上汉语例子）：

1. "再（也）不／没……"，例如：军军一甩手，说："我再也不理你们了。"

2. "（再）没有比……更……"，例如：全世界再没有比这更难的事了，这问题等他病好自己玩儿吧。

3. "比……还／都……"，例如：你呀，老大，比石头还顽固。

4. "比什么（谁、啥、哪儿）都……"，例如：这小子比谁都坏。

5. "再……不过了"，例如：这种事情在我们这儿再平常不过了。

6. "一点……也／都……"，例如：牛小玲说："当然踹了。一点都不带含糊的。"

7. "唯……是……"，例如：荀偃令曰："鸡鸣而驾，塞井夷灶，唯余马首是瞻。"

8. "有的是……"，例如：牛小玲说："三条腿的蛤蟆不好找，两条腿的人有的是。喝酒！"

9. "非……不……"，例如：那总比没有强啊！好死不如赖活着，叫我去自己谋生，非死不可。

10. "连……都／也……"，例如：现在好，连受人家的气也不成了。

8.12.10 如何将英语中给事物定位的句子翻译出来

英语对事物定位的方式通常是将背景（background）置于图形（figure）之前，后汉语译文则需要按照汉语的规律将图形置于背景之前。软件中将会导入一套图形背景判断的规则。现在简单描述之。图形是小、可移动的物体；背景是相对图形而言交大的物体，或者背景是一个空间容器。软件能够通过对物体的长宽高三维来判定大者为背景，小者为图形。下面是几则英语例子：

A man jumped off the train. 火车上跳下一个人。

A group of boys suddenly ran out of the lane. 胡同里忽然跑出一群小孩来。

A slip of paper came in through the door slot. 门缝里塞进一个字条来。

8.13 英语副词的翻译算法

英语副词的翻译算法属于对块间成分进行操作的算法，其目的在于使得汉语译文在排列英语副词所表达内容上面尽可能符合汉语的行文习惯。下面，我们分六个部分详细讨论。

8.13.1 英语句子中副词的位置及其翻译

1. 英语中表示评注性状语的副词，谓语句首。在翻译的时候，汉语译文也相应地置于句首，其译文在词库里标注的时候做特殊翻译处理，以适应汉语的表达方式。

例如：Surprisingly, he always came up smiling when everyone thought he was done for.

是人惊奇的是，正当大家以为他完蛋的时候，他却总是笑嘻嘻地出现在人们面前。

Interestingly, he never knew that he was the victim of his own joke. 有趣的是，他从来不知道他是自作自受。

2. 英语中，位于动词前面的副词修饰该动词时，不需要抽出来另做处理，只要翻译得符合汉语的习惯即可。如果副词是修饰整个句子，则需要将其抽出来，单独处理。

例如：Now the cubs wouldn't go near Shyman, and he, uncharacteristically, began growling menacingly at them. 现在这几头小狮子不愿意走近夏曼了，因为夏曼一反常态，开始对这些小狮子虎视眈眈地咆哮不止。

They (the complaints) naturally and predicatably inflame feelings within this Council and in that hapless island. 它们（指控）在安理会内，在这个不幸的岛国，煽动情绪，这是不足为怪的，也是可以预料的。

3. 在英语中，位于动词后面的副词之修饰动词，而不修饰全句时，把该副词翻译到动词的前面。

例如：Nuclear energy has been developed in the United States very aggressively over the past 20 years. 在过去的 20 年里，核能在美国得到积极地发展。

4. 在英语中，位于主动词和助词之间的副词，它虽然修饰动词，但是在翻译的时候，应该将其抽取出来单独处理。

例如：The old view of Galileo was delightfully uncomplicated. 从前，人们对伽利略的看法并不复杂，这是令人欣慰之事。

The Indian Ocean is correctly seen as "a lesser theater" of fivalry between the major powers. 印度洋被视为大国角逐的"第二战场"，这种看法不能算错。

5. 英语中国，表示感情色彩的形容词添加"ly"转变而来的副词，当它们被用来修饰动词的时候，在翻译时需将该副词抽取出来单独处理。

例如：His lecture was unbearably long. 他的演讲很长，让人受不了。

His answer was disappointingly brief. 他的回答简略，让人失望。

Winter this year is surprisingly cold. 今年冬天很冷，令人吃惊。

8.13.2 汉语译文里添加"满"或"全"字的算法

该项添加算法如下表：

添加内容	满足条件
满	容器隐喻
全	套件隐喻

再看几则例子。添加"满"字的条件：一旦判断出某个表达属于容器隐喻（Container Metaphors），就可以在前面添加"满"。如，"满肚子委屈""满桌子饭菜"。

添加"全"字的条件：一旦判断出某个表达属于套件隐喻（Set Metaphors），就可以在前面添加"全"。如，"全北京的商店""全单位的职工"。

8.13.3 "把"字句中程度副词与范围副词的标记作用

当英语句子中的"大块"所对应的汉语暂存译文中含有下列两种情况所列任何一词时，将英语的句式翻译成汉语的"把"字句。请看一些汉语例子。此处思想及例句主要借鉴自杨泉所著文章"现代汉语"把"字句'把'前成分形式化初探"。（北京师范大学汉语文化学院，2007：37-52）

有明显标记作用的副词有两类：程度副词和范围副词；此外，还有时间副词、语气副词、情势副词，以及否定副词四类。

1. 有下列程度副词时（太、差点儿、尽量、几乎、差不多、略微、很、好、死死等），译成"把"字句。

例如：刘林真实太把我们不放在眼里了。

夜里，我到河中间，一个大浪差点儿把我卷走。

在处理过程中，我们尽量不触犯当地人的习俗。

火车里人太多了，几乎把我挤扁了。

看到教官来了，她略微把衣服整理了一下。

到底你有办法，很快就把机器修好了。

我好容易才把他说通。

他死死地把门顶住不让人近来。

2. 有下列范围副词时（都、都是、根本、只管、只、只是、只能等），译成"把"字句。

例如：每个人都把赌注压在不靠谱的汤姆身上。

凡是成功的演员都是把程式演活了。

老李未免太慌张了，根本没有把问题看清楚就开口了。

田丽只想把新衣服传给赵亮一个人看。

你只管把没有完成的工作交给我吧。

有了正确的理论，只是把它束之高阁，并不实行。

搞一刀切，一哄而起只能把改革搞糟。

8.13.4 英语否定句汉译添加"不"或"没有"等字的算法

赵世开①总结了汉语"不"和"没有"的用法。这一思想可以用到翻译软件的编写中去。

"不"用来否定的是事物的客观性质和状态，例如"脸红不红"；

"没有"用来否定的是因外界原因而发生动态变化，例如"脸没有红"；

"不"和"没有"所否定的行为动作都是未曾发生或者不可能进行的，所否定的性质状态也都是未曾出现或者不可能存在的。

回答反义疑问句的时候，汉语的否定词"不"是完全根据事实或者情况正确与否来决定的。而英语的"no"则是根据句中动词的使用情况。

8.13.5 汉语译文中添加"不"或者"没有"与时态之间的关系

添加"不"或者"没有的算法列表如下：

---

① 赵世开：《汉英对比语法论集》，上海：上海外语教育出版社，1999年版，第238-241页。

添加内容	满足条件
不	否定，表静态
没有	否定，表动态
不	否定，表未然
没有	否定，表已然
不	否定，表意愿
没有	否定，表非意愿

下面看一些汉语例句及解释：

1. "不"表示静态，"没有"表示动态。

例如：小玲身体不好，经常生病。

天没亮，他就开始整理行李了。

2. "不"表示惯性，"没有"表示暂时性。

例如：爸爸不抽烟，但偶尔喝点小酒。

小明没有吃包子，让给了妹妹。

3. 对活动现实的否定，"不"表示未然性，"没有"表示已然性。

例如：我们周日去爬山，不去参观博物馆。

赵亮周日没有去爬山，去参观了博物馆。

4. "不"表示意愿性，"没有"表示非意愿性。

例如：我们谁也不承认去过池塘。

我妻子没有吃面条，吃的是米饭。

8.13.6 汉语译文中添加"还""更""也""再"等字的算法

添加"还""更""也""再""又"的算法列表如下：

添加内容	满足条件
还	两项比较，表元语增量
还	两项比较，表动作未实现
还	两项比较，表动作重复，指同一施事者
还	两项比较，表动作接续
还	两项比较，表重复
还	两项比较，表增补
更	两项比较，表非比拟
更	三项比较，表非比拟
也	两项比较，表动作重复
也	两项比较，表动作接续
再	两项比较，表动作重复
再	两项比较，表增补

请看下列沈家煊先生的相关例句及解释。①

1. "还"有比拟用法是因为元语增量的用法，"更"没有比拟用法是因为"更"没有此用法。

例如：小三儿高，小三儿比书架还高呢！

2. "更"可以用于三项比较，"还"没有此用法。

例如：长江比黄河长，比淮河就更长了。

3. "还"主要表示未实现的动作，"又"主要表示已实现的动作。

例如：她昨天来过，明天还来。

他昨天来过，今天又来了。

4. "还"和"也"都表示动作的重复和接续，但是"还"必须指同一个施事者，"也"没有这个限制。

---

① 沈家煊，"跟副词'还'有关的两个句式"，出自《现代汉语语法的功能、语用、认知研究》，第144-165页。

例如：我白天想，晚上也想。

你想去，我也／还想去。

5. "还"和"再"都能表示重复和增补，但是祈使句能用"再"，不能用"还"。

例如：唱了一首，再唱一首。＊唱了一首，还唱一首。

跳了一支舞，再唱一首歌！＊跳了一支舞，还唱一首歌！

8.14 英语数词的翻译算法

数词分为基数词、序数词及概数词三类，观点来源于赵世开①。

1. 基数词，包括简单基数词（如系数词"一、二、三、四……"，位数词"十、百、千、万、亿、兆"）以及复合基数词（有系数词和位数词构成）。

2. 序数词，包括基数词前加"第"（如第一、第二、第三）、基数词前不加"第"（如二号楼、三班），以及其他惯用类（如老大、头排）。

3. 概数词，包括简单概数词（如两、几、数、若干）、复合概数词（如数词前加"成""上""小""约""近"等，数词后加"把""多""来""左右"等。

8.15 英语虚拟运动句子的翻译算法

英语的虚拟运动句子在翻译成汉语时要采取汉语表达虚拟运动的词语，而不是将英语词语直译而来。

张旺熹、姚京晶②将精致空间位置关系的句子分为六类，英语的虚拟空间静止关系在翻译的过程中要保留原来的无灵主语作译文的主语，谓语动词采用汉语的习惯表达法，其他位置关系保持不变，并按照英语原文的语序翻译出来。总的结构是

---

① 赵世开：《汉英对比语法论集》，上海：上海外语教育出版社，1999 年版，第 178 页。

② 张旺熹、姚京晶，"汉语对空间静止位置关系的两类虚拟运动"，转引自程工、刘丹青编写的《汉语的形式与功能研究》，北京：商务印书馆，2009 年，第 305-321 页。

"NP1+强持续性动词+NP2"。

1. NP1 与 NP2 之间呈现覆盖关系

例如：高架路贯穿上海市区繁华路段，需要动迁 1.8 万户居民近 10 万人。

京九铁路纵贯江西 5 个地市、22 个县（市），长达 720 多公里。

2. NP1 与 NP2 之间呈连接关系

例如：沙漠一直蔓延到遥远的天边。

3. NP1 与 NP2 之间呈穿插关系

例如：这条公路全长 144 公里，其中有 122 公里需穿越太行山的崇山峻岭，施工难度相当大。

成排成行的绿树直刺蓝天。

4. NP1 与 NP2 之间呈存现关系

例如：山后闪出一条小路来。

5. NP1 与 NP2 之间呈依靠关系

在那光滑绝壁的缝隙中，却长出了一棵棵松树，依绝壁而立。

陵园依山傍水，地理环境优雅。

6. NP1 与 NP2 之间呈环绕关系

例如：鲜花簇拥着高耸的墓碑，墓碑上镌刻有陈毅元帅的亲笔题词。

群山环抱着一池碧水。

第三编
应用软件开发实例
——平行语料库句子自动对齐软件的编写

本研究设定了软件开发的当前目标和长期目标。我们的近期目标是编写出一款能够用于翻译研究的英汉双语平行语料库的句子自动对齐软件，以便为大型平行语料库建设和翻译研究提供有力的研究工具。而长远目标是完成短期目标之后，再用五年时间分三步走，逐一解决英汉翻译软件编写过程中遇到的三个重大问题，分别完成隐喻的识别及翻译、转喻的识别与翻译、小说中人物的情感计算等三个小软件的编写工作，最终为英汉机器翻译逐步打下坚实的基础。

第九章　软件设计

9.1　运算设计

由于当前平行语料库软件尚未实现句子自动对齐的功能，虽然能够为创建大型语料库所用，但是在翻译界看来目前软件在实际研究当中使得翻译捉襟见肘，迫切需要有人编写相关软件满足翻译界的迫切需要。句子自动对齐功能的实现目前尚属语料库软件编写的难题，也是翻译研究领域亟待解决的难题。一旦实现语料库自动对齐，将大大加快翻译研究的进度，同时也对翻译教学大有裨益。该软件为译界发现和描述翻译规律提供有力帮助。正是抱着解决问题的心理，本研究进行了句子自动对齐软件编写的尝试。

本软件的编写是基于规则的，而非基于统计的设计思路。本软件在编写中追求逻辑推导、句式验证及语义推导相结合，以便最大程度低追求句子对齐的正确率。具体内容如下：

第一步（Step 1），对英文段落进行编号、排序，然后对中文段落进行编号、排序。默认相同序号的段落中英文内容一致。例如，默认编号为"8"的中文段落是相同序号（"8"）的英文段落的汉语翻译。

第二步（Step 2），对每个段落进行句子切分。这是句子对齐最重要的步骤。如果段落中出现错误的句子切分，将无法实现中英文语句对齐功能。让电脑自动识别句子边界的前提是让它能够区别英文句子的句点"."与缩略语后面的实心点"."，以及其他句子边界标识符，如问号、感叹号、省略号等。为了准确划分句子边界，电脑将比对每个实心点前面的单词是否与本课题组所列缩略语表相符、小数。如果相符，则证明其为缩略语后面的实心点，而非句号，不能在此处切断。软件会继续搜寻下一个句点或者其他句子边界标志，以此类推。如果不符，则证明此处为句号，可以切断。

第三步（Step 3），对英文段落里的每个句子编号、排序。

第四步（Step 4），对中文段落里的每个句子编号、排序。

第五步（Step 5），判断中英文对应段落里的句子数量是否相等。

第六步（step 6），如果中英文对应段落里的句子数量相等（假如相同段落编号的英文句子数量与中文句子数量相等），那么将中文段落里的中文句子作为译文指派给英文段落里相同序号的英文句子。然后，进行运行语义推导加以验证，查看相同编号的中文句子是否是英文句子的翻译。倘若中英文对应段落的每一段都有相同的句子数量，也不需要语义推导验证，那么该软件的编写难度将大大降低。事实绝非如此，因为有些时候，英文段落的句子数量和中文段落里汉语译文的句子数量不相等。那么，下面的步骤是非要进行不可的。

第七步（Step 7），判断英文段落里句子数量是否小于中文段落里句子数量。如果小于中文段落里句子数量，则进行如下 S8A2、S8A3、S8A4……直到 S8An 的运算步骤。如果大于中文段落里句子数量，则进行如下 S8B2、S8B3、S8B4……直到 S8Bn 的运算步骤。

第八步（Step 8），也就是第七步以后的运算有两个方向，一个是英文段落里句子数量小于中文段落里句子数量的情况，另一个是英文段落里句子数量大于中文段落里句子数量的情况。现在对这两种情况分别简单描述如下：

进行 S8A2 运算的情况。当英文句子数量少于中文句子数量时，并且英文段落里有 2 个句子，而汉语段落里有多于 2 个句子时的情况，比如有 3 个、4 个、5 个、6 个汉语句子。英文段落有 2 个句子，其汉语译文有超过 10 句话的可能性非常罕见，计算机的运算最多算到 10 个句子为止。因此，对齐的情况可以是将英文的第 1 句与汉语的第 1 句配对，而将汉语的其余句子与英语的第 2 句配伍。然后，启动语义推导与句式验证双验证；如果两个第一句相符，则不再进行下面的运算。如果不符，则进行下面的运算。将英语的第 1 句与汉语的第 1、2 个句子对齐，而将汉语剩余句子与英语的第 2 句对齐。然后，启动语义推导与句式验证双验证；如果相符，则不再进行下面的运算。如果不符，则进行下面的运算。将英语的第 1 句与汉语的第 1、2、3 配伍，而将汉语剩余句子与英语第 2 句对齐。以此类推，直到英语第 1 句与汉语倒数第二个句子对齐，而将英语第 2 句与汉语末尾句对齐。

进行 S8A3 运算的情况。当英文句子数量少于中文句子数量时，并且英文段落里有 3 个句子，而汉语段落里有多于 3 个句子时的情况，比如有 4 个、5 个、6 个、7 个、8 个汉语句子。英文段落有 3 个句子，其汉语译文有超过 10 句话的可能性非常罕见，计算机的运算最多算到 10 个句子为止。因此，对齐的情况可以是将英文的第 1 句与汉语的第 1 句配对，而将汉语最后一句与英文的最后一句配伍，其余汉语句子与英语的第 2 句配伍。然后，启动语义推导与句式验证双验证；如果两个第一句相符，则不再进行下面的运算。如果不符，则进行下面的运算。将英语的第 1 句与汉语的第 1、2 个句子对齐，英语的末尾句与汉语的末尾句配伍，而将汉语剩余句子与英语的第 2 句对齐。然后，启动语义推导与句式验证双验证；如果相符，则不再进行下面的运算。如果不符，则进行下面的运算。将英语的第 1 句与汉语的第 1、2、3 配伍，将英语末尾句与汉语末尾句对齐，而将汉语剩余句子与英语第 2 句对齐。以此类推，直到英语第 1 句与汉语倒数第三个句子之前的所有句子对齐，而将英语第 2 句与汉语倒数第二句，英语末尾句与汉语末尾句对齐。

运行 S8An 的情况是反复运行上述 S8A3 的运算方法。

进行 S8B2 运算的情况。当英文句子数量大于中文句子数量时，并且英文段落里有 3 个、4 个、5 个、6 个句子，而汉语段落里只有 2 个句子时的情况。中文翻译段落只有 2 个句子，其英文原文有超过 10 句话的可能性非常罕见，计算机的运算最多算到 10 个句子为止。因此，对齐的情况可以是将英文的第 1 句与汉语的第 1 句配对，而将汉语的第 2 句与英语其余句子配伍。然后，启动语义推导与句式验证双验证；如果两个第一句相符，则不再进行下面的运算。如果不符，则进行下面的运算。将英语的第 1、2 句与汉语的第 1 句对齐，而将汉语第 2 句子与英语的剩余句子对齐。然后，启动语义推导与句式验证双验证；如果相符，则不再进行下面的运算。如果不符，则进行下面的运算。将汉语的第 1 句与英语的第 1、2、3 配伍，而将英语剩余句子与汉语第 2 句对齐。以此类推，直到英文的倒数第二个句子与汉语的第一个句子对齐，而将英语的末尾句与汉语的第 2 句对齐。

进行 S8B3 运算的情况。当英文句子数量大于中文句子数量时，并且英文段落里有 4 个、5 个、6 个、7 个、8 个句子，而中文段落里只有 3 个句子时的情况。中文段落有 3 个句子，其英语原文有超过 10 句话的可能性非常罕见，计算机的运算最多算到 10 个句子为止。因此，对齐的情况可以是将英文的第 1 句与汉语的第 1 句配对，英文的末尾句与汉语的末尾句对齐，而将英语剩余句子与汉语第 2 句配伍。然后，启动语义推导与句式验证双验证；如果两个第一句相符，则不再进行下面的运算。如果不符，则进行下面的运算。将汉语的第 1 句与英语的第 1、2 个句子对齐，英语的末尾句与汉语的末尾句配伍，而将英语剩余句子与汉语的第 2 句对齐。然后，启动语义推导与句式验证双验证；如果相符，则不再进行下面的运算。如果不符，则进行下面的运算。将汉语的第 1 句与英语的第 1、2、3 配伍，将英语末尾句与汉语末尾句对齐，而将英语剩余句子与汉语第 2 句对齐。以此类推，直到汉语第 1 句与英语倒数第三个句子之前的所有句子对齐，而将汉语第 2 句与英语倒数第二句，汉语末尾句与英语末尾句对齐。

运行 S8Bn 的情况是反复运行上述 S8B3 的运算方法。

对于句子数量不等的中英文段落，优先将第一句与最后一句做到中英文对齐。在对齐了第一句和最后一句之后，剩下的句子数量大于或者等于两句的情况，需要进行上述逻辑运算及语义推导和句式验证双验证。

语义验证优先从动词开始，因为动词是表达事物的标志性符号。其次是名词、形容词、副词。这些词汇依次从英汉词库中提取出来，验证词库中所列的词义是否与汉语翻译一致。

句型结构按照上文所列的各类主语、宾语、表语、状语、定语等简单句的判定标准，以及各类主从复合句和并列句的判定算法，逐一核实，直到语义相符、句型一致为止。为了避免陷入无限循环而导致计算机死机，系统给运算设定的次数为 1000 次。如果无法找到本次运算的结果，则将终止该值的运算处理，进而寻找其他数值。

9.2　语义推导、句式验证、逻辑推导

语义推导验证建立的基础是认知语言学与统计学。本研究课题组成员通过对认知语言学理论的学习和对英汉翻译语料的研读，发现了一个句子当中居于突出地位的语义要素。而课题组成员通过统计手段能够发现各类语义要素在检索过程是否快速高效。

程序进行语义推导的目的在于证实逻辑推导或者证伪逻辑推导，因为机器指派给任何一句英语句子的汉语句子作为其译文，只有在得到证实之后才能确定两个中英文句子之间的匹配关系。而且也只有在证伪之后，程序才能决定是否需要继续为该英文句子寻找汉语译文。由于动词是做某件事的核心内容，它能够给句子赋予很强的语义特征。再加上由于动词的数量远远比名词少，采用动词作为语义推导的出

发点，能够体现省力原则，大力提高运算的效率。本研究所挑选的 870 个动词能够涵盖英文表达的 90%以上。故此，语义推导的第一优先权赋予动词。但是，由于有的段落里一连好几个句子动词都是同一个动词或者该动词的某种变形形式。那么，将该动词作为语义推导的步骤就会无法确定究竟哪一句汉语才是某个英语句子的翻译。当此步骤失败之后，程序会自动搜寻语义推导的第二优先权表达式。

鉴于动词在语义推导中的重要性，下面简单列出动词词库的编写格式。程序将自动到动词词库里寻找英语句子中的任何可以匹配的形式，包括原形、过去式、过去分词、现在分词、单三人称单数。找到任何一种动词形式之后，搜索该动词的语义义项与汉语句子是否匹配。本课题组在研制词库时尽可能多地罗列该动词有可能被翻译成的汉译形式，以便被检索到，进而使得英汉两个句子配对成功。现简单枚举几例动词在词库中的形态：

---

cure, cured, cured, curing, cures；医治，治愈，痊愈，治疗，处治，对策，救治，矫正，扫除，保藏，加工，硫化，治好，改正，晒干，加工

cut, cut, cut, cutting, cuts；切，割，截，斩，砍，剪，切断，割下，采伐，剪下，修剪，刈，削减，节减，删节，开辟，开凿，挖掘，破浪，前进，掠，雕，刻，琢磨，剪裁，裁，停止，断绝，缺，怠，停，假装没看见，不睬，不理，切线，相交，显出，抽打，刀切，溶解，搀，混合，生，长，阉割，骗，斜打，削球，剪辑，能切，割断，剪裁，横切，横穿，直穿过，走近路，抄近路，急忙走开，跑开，跑，去，刀割，过浓，缺课，切牌，雕好，刻好，削减，喝醉，排挤，攻击，讽刺，不理睬，不打招呼，删节，折扣，减低，旷课，缺课，逃学

damage, damaged, damaged, damaging, damages；损害，损伤，伤害，费用，代价，赔偿，毁坏，毁掉

dare, dared, durst, dared, daring, dares；胆敢，冒险，勇于承担，敢于承担，挑逗，敢

deal, dealt, dealt, dealing, deals；分派，分配，处理，分，发，分给吗，授，赐，给与，受打击，做买卖，交易，应付，应对，从事，参与，来往，往来，交际，打交道，发牌，协定，密约，妙极了，好极了，妥协，重视

debate, debated, debated, debating, debates；辩论，讨论，争论，细想，盘算，争，争执，答辩，辩解，辩白

deceive, deceived, deceived, deceiving, deceives；欺骗，欺，骗，瞒，弄错，失望，欺诈，诈骗

表 9.1

语义推导的第二优先权赋予数词。由于精确的数量表达可以使程序准确确定英汉语句子是否匹配。当然，如果英语句子里缺少准确的数量表达式，该项搜索会失败，而转入对第三优先权表达式的搜索。

语义推导的第三优先权被赋予表示时间或者地点的名词或者名词性短语。精确的时间或者精确的地点表达能够使程序很快锁定英文句子所对应的汉语句子。如果句子里缺少表达时间或者地点的表达式，那么程序会放弃相关搜寻，而自动进入第三优先权表达式的搜索。当然，由于本研究没有将《世界地名译名大辞典》整合到系统中去，也存在英语句子里有精确的地点表达式（比如某国的一个小城镇的名字），程序在将搜索到的英文地名无法与汉语地名匹配时，搜索失败，也会放弃第二优先权表达式。

语义推导的第四优先权赋予副词的原因在于副词的数量少于形容词，能够节省搜索的时间。据笔者统计，在《牛津英汉双解大辞典》中，共有形容词约 9600 个，副词约 4300 个。不难看出，副词数量是形容词的一半，软件在搜索时会提高一倍的效率。再加上英语段落里一个句子往往使用好几个形容词，甚至十余个，而副词用量较少相对较少，这在仅仅搜索副词时又会提高一定的运算效率。副词是对动作或者事件整体的修饰描摹，它能够凸显事件或者动作本身，因而有利于程序抓住句子凸显特征，进而为英语句子匹配到合适的汉语译文。当程序对第三优先权的表达式搜索失败时，会自动进入对第四优先权表达式的搜索。搜索失败的原因往往有两条：一是该句缺少副词，它就是一个时态的陈述；二是该英文句子虽然有副词，但是其汉语译文在本研究的词库里无法找到匹配内容。要么是译者采取了灵活的意译手段，所译出来的内容与本研究词库的内容不一致。当程序无法匹配英汉两个句子时，它会自动进行第四优先权表达式。

形容词被赋予第五优先权并不是因为形容词没有副词重要，而是因为形容词的数量远远大于副词的数量。名词被赋予第六优先权，因为名词数量太多，再加上可能一个段落内好几句话都用同一个名词，这会导致搜索失败。

当程序进行上述六种尝试无法确认英汉两个句子的匹配关系时，将转入句式验证阶段。

程序进行句式验证的优先权顺序如下（具体算法在 8.1.3 至 8.1.5 中列出）：

1. 谓语动词结构；2. 原因状语从句；3. 让步状语从句；4. 条件状语从句；
5. 时间状语从句；6. 时间状语从句；7. 地点状语从句；8. 结果状语从句；9. 方式

状语从句；10. 目的状语从句；11. 宾语从句；12. 表语从句；13. 同位语从句；14. 主语从句；15. 并列句。

当语义推导及句式验证均失败时，程序自动进入逻辑推导，强行给英语句子指派一个汉语句子作为其汉语译文。如果发现一个英语段落里只有一个问号或者感叹号，而汉语段落里也是只有一个问号或者感叹号，那么程序将自动将这两句英汉语句配伍，不再进行语义推导和句型结构验证。如果经过语义推导和句式验证后，均无法确定英汉语句子的对应关系，那么将采取逻辑推导的方式将序号在前的英语句子与序号在前的汉语句子对齐，序号在后的英语句子与序号在后的汉语句子对齐。如果通过上述两种方法仍不能确定匹配关系的英汉语句子连续有三句话，一旦确定了中间第二句句话的英汉语匹配关系，那么即令程序硬性指派第一句的两个英汉语句子对齐，最后两个英汉语句子对齐。此外，段落首句与末尾句的对齐方式也属于逻辑推导的结果。

9.3 软件构成

本软件的构成要素包括各类逻辑推导算法、语义推导算法、句型结构算法，以及各类词库。现在概述如下：

1. 逻辑推导算法，包括大于、小于、等于、空间顺序、时间顺序等逻辑运算。

2. 句式验证算法，参见本编第八章里第 8.1.3 至第 8.1.5 小节的内容。

3. 语义推导算法，判断汉语译文是否与词库中的语义是否相符的算法。各个单词的语义特征已经标注在英汉词库里，供运算时调用。

4. 各类词库，包括 870 条的动词词库（含有动词原形、过去式、过去分词、现在分词，以及动词词义）；约 2.5 万条的常用英汉词库（含词性、词义）；4400 条英汉常用习语库；2150 条英汉常用谚语库；英语常用缩略语表（约 1600 条）。

第十章 使用指南及软件测试

10.1 使用指南

本软件能够实现的功能：在英汉语段落数量相同的条件下，语句自动对齐功能。

本软件的运行环境：在 Windows xp、Windows 2000、Windows ME、Windows Vista、Windows 7 或者 Windows 8 任何一种操作系统下皆可运行，要求处理器主频在 1.5GHz 以上、内存在 1GB 以上等硬件条件。

操作步骤：

1. 将相同英汉相同数量的段落若干（通常小于 1000 段）转换为纯文本文件。如果原文本为 word 文档，最好将 word 文档内容粘贴到空白的纯文本文档中，以防止简单地将 word 文档另存为纯文本文档时产生电脑无法识别的乱码。

2. 左键单击"平行语料库句子自动对齐软件"的可执行文件，也就是说单击带"exe"后缀的文件即可。本软件无需安装即可使用。打开后的文件如图 10.1：

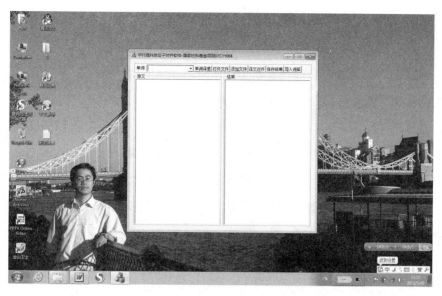

图 10.1

3. 左键单击"打开文件"按钮，找到含有相同段落需要中英文对齐的纯文本文件。双击该文件名即可打开该文件。该文件出现在左边一栏，通常是所有英文段落在上面，而中文段落在下面。（如图 10.2）左键单击"译文对齐"按钮，英汉语句的自动对齐即可实现。对齐后的语句出现在右边一栏，一句英文下面对应一句中文。如果两个英文句子对应一句中文翻译，其对齐方式为中文句子在上下两个英文句子的中间。如果一个英文句子对应的中文翻译大于一句，将会有两个或者两个以上的中文句子对应同一句英文。

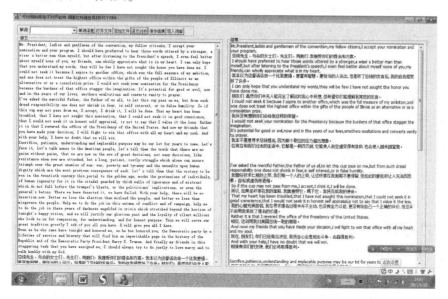

图 10.2

4. 左键单击"保存结果"即可将对齐后的内容保存。默认保存的路径为该文件夹里的"sav"文件夹。用户也可以另外选择自己需要的保存路径。

5. 用户也可以从保存后的纯文本文件里将内容拷贝到"word"文档里，进行其他目的的编辑，或者打印。若直接打印保存的纯文本文件，用户需要设定打印页面。

注意事项：

1. 在使用本软件时，中英文任何段落之间均不能出现空行。

2. 所使用的纯文本文件里不允许出现非法字符或者乱码。

3. 英文段落数量必须等于中文段落数量，并且中文段落内容必须是英文段落的汉语翻译，并且每段内容排序与英文段落一致。

4. 英文标题后不允许出现空行，中文标题后也不允许出现空行，且中文标题必须是英文标题的翻译。

10.2 软件测试

自平行语料库句子自动对齐软件编写成功以来，笔者与软件合作开发者共同对软件做了八次修改，现在提交给读者的是第九版。我们的测试语料从最初的一个段落十几句话，到一篇文章多个段落，再到一篇文章上百个段落，最后扩大到政治类、文学类、文化类、商贸类、科研论文类等题材150篇文章。针对测试中发现的问题，我们反复思考、不断修改软件。下面，笔者简单描述一下运行该软件对150篇文章（20000多个段落）测试的情况。

一、测试内容：

（一）政治类（71篇）

语篇内容：英美首脑演讲稿50篇（如罗斯福、林肯、杜鲁门、丘吉尔、撒切尔夫人、克林顿、布什、奥巴马等人的演讲稿）；温家宝总理记者招待会（中英文稿）5篇；政府工作报告（中英文稿）5篇；中国共产党党代会报告（中英文稿）5篇；中国政府白皮书（中英文稿）5篇；中国共产党党章（中英文稿）1篇。

（二）文化类（15篇）

语篇内容：少林寺、四平战役纪念馆、宁波滕头景区、秦皇岛鸟类博物馆、浙江博物馆、杭州孔庙、齐白石画展、无锡博物馆、朱德故里、淄博陶瓷博物馆等旅游文化景点的解说词。

（三）文学类（29篇）

语篇内容：英美散文包括《论读书》《再到湖上》《初雪》《谈美》《威斯敏斯特教堂里的遐想》《美国印象》等20篇；中国散文包括《匆匆》《荷塘月色》《背影》《小麻雀》《哀互生》《我若为王》《向日葵》《落花生》《野草》等9篇。

（四）商务类（15篇）

语篇内容：金盈德国章程、韦德矿业文件、渤海银行协议书、数字荧光成像资料等英译汉5篇；天津滨海国际会议中心资料、天津钢管公司资料、天津市商委资料、山东圣立堂药业资料、天津开发区对外贸易资料等汉译英10篇。

（五）科研论文摘要（20篇）

语篇内容：外语学院文学翻译研究生的硕士论文摘要20篇。

二、测试结果与简单分析

对上述语篇里中英文句子对齐的测试结果（正确率）如下：政治类91%、文化类93%、文学类88%、商务类95%、科研论文摘要类99%。

在测试的过程中，我们发现文学类的句子对齐率最低，可能是由于文学语言表达高度自由，词汇量超出本软件的设计范围，句子结构过于复杂等原因。科研论文摘要类语篇的句子对齐率最高，很多语篇的对齐率是100%。这可能是由于中国学生用英语写作高度遵循英语表达习惯及所使用的词汇量不是太大的缘故。政治类、文化类、商务类语篇的对齐率也都在90%以上。

三、软件存在的问题及修正情况

我们在测试的过程中发现，该软件的第一版在测试时有一些英语语句跟不相关汉语句子配对的严重错误。经过研究，我们找到了解决问题的办法，比如扩充缩略语表、补全句式列表、扩充动词词库数量、扩充总词汇表，等等。

目前，该软件存在的问题还有无法对含有图片、表格的文档进行中英文句子对齐。原因在于 Word 文档中的图片、表格等被转换成纯文本文件之后，会出现大量问号或者乱码，进而导致软件功能在处理该段落句子对齐时失效。我们今后将致力于开发基于微软 Word 文件格式的句子自动对齐软件，以解决此类问题。

此外，我们还发现了两个小问题，如果中文文档中有间字符或者一个中文语句里混杂有英文单词时，软件也不能将含有这些内容的该段落里的句子全部对齐。我们将在下一个版本里把这两个问题解决掉。

第十一章 结论

11.1 本研究所做的工作及主要发现

本研究自从获得审批立项以来，课题组成员做了大量琐碎、艰巨的语料研读、分析判断，以及理论思考等工作。本课题组所做的工作主要有：1. 建立了英语小说及其译文语料库（库容总量已达英文 660 万词，中文 2420 万字）；2. 建立了一个现当代汉语小说语料库（1100 万字）；3. 制作了中英文问卷各 100 份，分别在中国和英国发放并回收；4. 建立了中英文熟语语料库；5. 编制了用于机器翻译的英汉词库（约 3 万词）；6. 撰写了大量用于英汉机器翻译软件的翻译算法；7. 编写了"英汉平行语料库句子自动对齐软件"（由项目主持人张翕荟与南开大学鲁勇老师联合开发）。

本课题组成员研究发现：1. 通过研究语料分析出意义建构的模式和情感激活的模式；2. 发现了各类隐喻的判断标准；3. 大体确定了情感计算的原则和规则；4. 编制了英文句法分析算法；5. 发现了英语语义消歧的算法；6. 发现了汉译添加虚词、量词等翻译算法。

在第一编（隐喻翻译模式研究部分），本课题组采取语料库法、问卷法和归纳法，从认知语言学的角度主要运用概念整合理论和原型理论对隐喻翻译的意义建构和情感激活进行了深入研究。本课题组成员提出了区分概念隐喻、常规隐喻和诗性隐喻的标准。概念隐喻是常规化的映射，它已经固化为概念的一部分而作为背景知识存储于人的认知语境中，成为人们进行意义建构的基础和出发点。虽然心理空间的建构是不断进行和发展的，意义随着语境的变化而转变，但是概念隐喻的两个认知域之间的映射关系及其产物——合成空间里的层创结构，一般情况下不会随语境的变化而变化。概念隐喻和常规隐喻主要是单畴网络的整合类型，而诗性隐喻主要是双畴网络的整合类型。判断常规隐喻的必要条件是合成空间的映射是否为单畴网络，并且两个输入空间之间无冲突；常规隐喻是一种日趋固化的、类似于概念图式化的映射。成为诗性隐喻必须的三个必要条件：一是非常规化的映射；二是双畴网络且输入空间之间存在冲突；三是抽象—抽象或者具体—抽象的映射。在原语中的诗性隐喻由于其映射是非常规化的映射，并且其与文化关联度不高。于是，这种映射关系被译者用对等直译方式转换到译入语里的时候，也是一种非常规化的映射。实际上，这也是译者对诗性隐喻采取对等直译的首要原因。

借助一个自建语料库，包含45部英文小说语料库及其汉语译文的语料库，研究者发现隐喻的意义建构在大到框架和认知模式方面，小到关键关系方面都有一定的变译。说得更具体一些，从数量上讲，只有不到20%的隐喻在翻译的意义建构中发生了变译，而绝大多数隐喻都是对等直译的产物。第四章第四节从认知的角度详细讨论了这一小部分在概念整合过程中发生的变化及相关因素。当英语原文中的认知模式与汉语中的认知模式完全不同时，译者采取的做法多半是抛弃原来的认知模式，而用中国人认知语境中相应的认知模式加以取代。而在对关键关系变化的考察中，作者发现尽管有大部分变译译文在范畴和事物之间的关系方面发生了变化，这其中既有一些不变译也做得很好的译文，也有一些没有必要变更关键关系却进行变译的译文，结果反而导致丧失作者的意图。

借助英汉语问卷，以及自建的英语熟语语料库和汉语熟语语料库，本课题组成员在统计分析问卷和研究语料的基础上初步建立了动物语义原型情感维度模型，并推演出一个拓展的语义原型情感维度模型。该模型表明，相关情感在意义开始建构的时候就被激活。

此外，为了对隐喻翻译作出客观评估，研究人员又建立了一个含有63部中文当代小说的语料库，并从中发现了中文作家使用隐喻的倾向。

在总结隐喻翻译的意义建构和情感激活研究成果的基础上，本书提出了隐喻翻译的模式并设定了相关参数。研究人员发现，隐喻翻译存在着两个明显的倾向：（一）意义建构总是朝着中国人易于掌握的尺度进行。易于掌握的尺度包括易于理解和易于审美接受两个方面。（二）情感激活则是朝着与原文中英语人士类似的感情方向进行。在所考察的语料中，笔者注意到正确的汉语译文中所激发起来的感情通常与英语原文所激起的感情一致。

在第二编和第三编，本课题组成员研究语料库里的英汉翻译规律之后，撰写了英汉机器翻译的各类算法，编制了约 3 万词条的小型词库、动词词库、缩略语表、常用习语表、常用谚语表等，开发出《英汉平行语料库句子自动对齐软件》。

11.2　本研究的应用前景

本研究成果有可能在以下几个方面得以应用：

第一，本研究成果之一 ——《英汉平行语料库句子自动对齐软件》可以为翻译界提供强有力的研究工具，对于加速英汉翻译规律的发掘大有裨益。同时，该软件可以为高校英语翻译课教师提供翻译教学的工具。它也适用于英语学习者进行英汉翻译的学习，逐句对照阅读英汉语句有助于加快英语学习进程。

第二，本研究对辞典编撰有一定的借鉴作用。由于辞典"通常按字母顺序排列，罗列并解释某一词汇的书籍，或者把该词汇翻译为另外一种或几种语言的书籍"[1]，传统辞典里往往收录有该单词的拼写形式、发音、词性、各种脱离语境化的意义、派生词、复合词、甚至是相关的习语和惯用法等。但是其中词义的排列往往是不分重要次要和频度高低地被混杂的排列在一起，不利于读者掌握最为重要的、最频繁使用的意义项。如果建立在语料库词频统计的基础之上编排的辞典，读者就容易掌握该词最常用的义项。也就是说，单词的原型意义要先排列出来，然后按照词频的意义排列义项。令人欣喜的是，《新牛津英语辞典》就是采取原型意义在先，义项按照意义的使用频率高低来排列。我们如果根据自己对语料库中隐喻的使用频率编写一本隐喻辞典或者某种修辞手段的修辞辞典，也可以让文学赏析者清楚地知道什么样的隐喻（或者某种修辞手段）使用频率高，几乎成为陈词滥调了，什么样的隐喻（某种修辞手段）新颖，等等。相信这样的辞典会有助于汉语读者学习和欣赏英语文学。

第三，本研究对机器翻译的改进有一定的指导意义。我们知道，机器翻译的译文最令人头疼的就是译文的可读性和语域的选择。一般的科技文献翻译出来还让人读起来莫名其妙或者捧腹大笑，就更不用说文学翻译的问题了。机器翻译的缺陷在

---

① Hornby, A. S. *Oxford Advanced Learners' Dictionary*. Oxford：Oxford University Press，1989：v.

于一个入口、单行数据的处理能力。如果能解决语域的选择问题，对机器翻译来说就是翻天覆地的变化。情况通常是这样的，一个单词不一定只有一个义项，那么当前文本中的句子使用的是哪个义项，就需要机器做出选择。要想让机器做出选择，必须给它输入一套各种领域词汇表，这个词汇表中应该有在某个领域里最常见的搭配及其相关的译文。这套词汇表编制得越详细越具体，机器在处理信息的时候就越有可能提高语域的判断能力。我们虽然不能让机器像人脑那样同时具有几千万甚至上亿条入口，但是机器的速度可以弥补入口唯一的缺陷。如果让机器在一秒钟之内进行了几亿次甚至是几千亿次的运算或者说语域判断，那么就相当于机器的入口在一秒钟之内有几千万个入口了。解决了语域的判断之后，机器翻译的准确性就会大大提高。

但是，对于文学作品的翻译机器还是无能为力，重要的原因就是情感因素、审美性和文体风格的传达。如果我们将隐喻翻译的研究成果引入机器翻译，机器就会翻译出质量不高的文学作品。虽然说，创造性的译文对机器翻译来讲还为时太早，但是对于一般文学性不强的作品（除科技翻译以外的非文学作品）也许可以尝试一下。大致的设想如下，将非常庞大的数据库中隐喻的研究结果形式化写到计算机的信息处理系统里里。这个信息处理系统除了原先成熟的语义处理系统，还应该具有虚拟情感系统（让计算机知道某个搭配和普通情景下应该具有什么样的情感）、虚拟审美系统（让计算机知道在某种情况下应该选用什么样表达美感的词汇），以及虚拟文体风格系统（让计算机知道在某种条件下选择跟文体风格相匹配的问题）。也就是说，可以让计算机先学会做隐喻，这是因为隐喻是人类认知事物的一种方式。我们可以教给计算机汉语认知系统的各种特征，就会它如何判断各类隐喻，如何判断单畴网络、双畴网络等等；还可以交给计算机各种概念整合的原则和处理的过程。也即是说，我们可以经过长期努力把隐喻翻译研究的成果高度形式化，然后将这些编写到程序中。这样计算机就有可能学会翻译隐喻了。一旦让计算机学会了用隐喻手段表达事物，它就具备了学习其他修辞手段的能力，比如说转喻、夸张等，直至计算机学会处理所有表达技巧高超的语句。这样一来，计算机就可以翻译一些对文学性要求不高的非科技文献（非文学作品）了。但是其能力是永远不能和人类的创造力同日而语的。而现在的情况是，计算机连两种语言之间自由转换的问题都还没有解决，更不用说复杂的审美问题和虚拟情感问题了。

第四，本研究可以应用于人工翻译的自动校对系统。我们知道人工翻译（非文学翻译）往往由于时间紧任务重，而迫使译者翻译速度飞快。高速的结果是可能漏掉一些单词或者个别句子。我们可以制作一个软件强制译者在翻译的时候一旦漏掉关键词汇或者处理关键信息错误无法进行下一步翻译，或者让译者确认故意省略不译的内容。在译者在计算机上敲击键盘输入单词的时候，软件自动识别和处理该单词的意义，并与英语原文中的语境和语域进行核对。对于本句中关键单词如果译文采用的语域错误或者漏掉本句的关键单词，系统将自动提示相关错误。这个自动校对系统对于翻译非文学类的文本应该具有很强的可操作性。但是利用本研究成果的软件编写也是一个很大的难题。也就是说，编写该软件必须解决的问题有：一是如何利用概念整合理论描述并确定每个语句的关键词；二是如何将译者输入计算机的单词意义确定到相关的语域中；三是如何编写各类语域的关键词以及同关键词搭配的短语；四是如何让计算机能够处理超过两句的语境中的信息，因为只有能处理大于两句的语境信息才会让计算机避免发出错误的判断提示；五是如何编写将长于两句的语境信息同当前的语句中单词的信息进行概念整合，计算机才能降低误判的概率。以上问题如果都能顺利解决，那么人工翻译的自动校对系统才有可能建立。

第五，本研究对于翻译教学有一定的借鉴意义。本研究最有可能直接产生效益的领域恐怕就是翻译教学了，尤其是对文学翻译教学的贡献。首先，本研究的某些语料可以直接用于教学，可以告诉学生在隐喻的过程中译者采取变译手段所达到的艺术效果和认知方面的原因，以及翻译在意义建构的过程中发生的变化。其次，本研究的成果可以为翻译教材的编写所借鉴。也就是说，从认知语言学的角度编一部翻译教材，包括如何判断单型网络、镜像网络、单畴网络、双畴网络，因为在学生遇到的翻译材料中既有隐喻这样主要涉及单畴网络（诗性隐喻涉及双畴网络），也有涉及单型网络的语料，让学生了解译者的处理方法及其原因。再次，本研究的成果可以用来指导翻译教学活动，让学生认识到隐喻认知模式对翻译的深刻影响，认识到各类隐喻翻译的判断和处理的趋势，认识到英汉隐喻的差异和相似性。

第六，本研究对于汉语隐喻的研究有一定的借鉴作用。汉语隐喻的研究可以借鉴本研究的研究方法和相关成果。据笔者所知，对汉语采取大规模语料库手段研究隐喻的成果尚未问世。本研究中揭示出来的汉语隐喻的使用倾向可以成为汉语隐喻研究的基础的一部分。当然，汉语研究者可以用更大规模的语料库来验证笔者所提出的隐喻使用倾向是否正确。汉语研究者也可以借助本研究成果更加深入地挖掘中国人认知世界的宏观和微观方式，进而为汉语语言的其它方面的研究打基础。笔者深信，通过汉英语言认知模式的比较，汉语研究者会更加深入地了解汉语的宏观和微观特征。

11.3 本研究的不足之处及今后努力方向

今后，本研究的努力方向是沿着笔者所提出的英汉机器翻译理论，最终编写出正确率令人满意的英汉翻译软件。为了实现这一最终目标，我们需要在以下五个方面做好工作：

一、不断扩充软件所导入的总词库库容，优化翻译算法，修正分类体系中不太适合机器翻译的地方，补全介词短语句式的判定算法，补全缩略语表，使得平行语料库句子自动对齐软件的应用范围更广，对齐率更高。

二、全面将情感计算与文体风格抽象为语义表达式，以便编写基于规则的英汉翻译软件。

三、不断扩充英汉语语料库，发现翻译规律，训练和优化翻译算法，为编写英汉翻译软件打下坚实基础。

四、不断扩充标注适用于机器翻译的大型词库，改写英汉词典的汉语释义使其真正成为翻译实践中可能出现的译文。

五、在今后几年，我们计划相继编写三个软件：隐喻的识别与翻译、转喻的识别与翻译、人物情感计算等软件，以便实现最终目标——完成英汉机器翻译软件的编程。

参考文献

【汉语参考文献】

阿恩海姆、霍兰、蔡尔德等. 艺术的心理世界 ［M］. 周宪译. 北京：中国人民大学出版社，2003。

艾森克等. 认知心理学（上、下册）［M］. 高定国、肖晓云译. 上海：华东师范大学出版社，2004。

安娜斯塔西等. 心理测验 ［M］. 缪小春、竺培梁译. 杭州：浙江教育出版社，2001。

北京大学 973 项目组. 973 语义分类体系. http：//blog. sina. com. cn/s/blog_5ef6005a0100csbe. html

北京师范大学汉语文化学院. 语言学与应用语言学研究 ［M］. 北京：中国社会科学出版社，2007。

蔡毅、段京华. 苏联翻译理论 ［M］. 武汉：湖北教育出版社，2000.

蔡新乐，郁东占. 文学翻译的释义学原理 ［M］，开封：河南大学出版，1997。

车文博. 西方心理学史 ［M］. 杭州：浙江教育出版社，1998。

陈佳. 英汉视觉常规隐喻比较 ［J］. 解放军外国语学院学报，2003，（1）：20-22。

陈勇. 英语空间隐喻模式的认知分析 ［J］. 佛山科学技术学院学报，2004，（1）：72-76。

陈昌来、李传军. 现代汉语类固定短语研究 ［M］. 上海：学林出版社，2012。

陈德鸿、张南峰. 西方翻译理论精选 ［C］. 香港：香港城市大学出版社，2000.

陈定安. 英汉比较与翻译 [M]. 北京：中国对外翻译出版公司，1991。

陈东成. 文化差异与翻译 [M]. 长沙：中南大学出版社，2000。

陈福康. 中国译学理论史稿 [M]. 上海：上海外语教育出版社，2000。

陈建生、吴曙坦. 翻译认知：结构突显与翻译 [J]. 四川外语学院学报，2004，（1）：118-122。

陈玲玲. 论隐喻的艺术思维实质 [J]. 山东省青年管理干部学院学报，2001，（6）：78-79。

陈汝东. 当代汉语修辞学 [M]. 北京：北京大学出版社，2004。

陈汝东. 认知修辞学 [M]. 广州：广东教育出版社，2001。

陈望道. 修辞学发凡 [M]. 上海：上海教育出版社，1976/2001。

陈玉刚. 中国翻译文学史稿 [M]. 北京：中国对外翻译出版公司，1989

陈忠华、刘心全、杨春苑. 知识与语篇理解——话语分析认知科学方法论 [M]. 北京：外语教学与研究出版社，2004。

程工、刘丹青. 汉语的形式与功能研究 [M]. 北京：商务印书馆2009，。

程琪龙. 认知语言学概论——语言的神经认知基础 [M]. 北京：外语教学与研究出版社，2001。

程琪龙. 语言认知和隐喻 [J]. 外国语，2002，（1）：46-51。

崔希亮. 语言理解与认知 [M]. 北京：北京语言文化大学出版社，2001。

崔应贤. 现代汉语定语的语序认知研究 [M]. 北京：中国社会科学出版社，2002。

崔永禄、李静滢. 翻译本质与译者任务的一些思考 [J]. 外语与外语教学，2004，（3）：39-42。

崔永禄. 得意不可忘形 [J]. 天津外国语学院学报，2002，（2）：1-5。

崔永禄. 翻译的斡旋过程及影响这一过程的诸种因素 [J]. 天津外国语学院学报，2001，（2）：1-4。

崔永禄. 翻译理论教学与研究中的开放态势 [J]. 中国翻译，2003，（3）：50-51。

崔永禄. 霍克斯译《红楼梦》中倾向性问题的思考 [J]. 外语与外语教学，2003，（5）：41-44。

崔永禄. 加强语言学翻译理论研究 [J]. 天津外国语学院学报，1999，（1）：13-18。

崔永禄. 理解的困惑与译者的意图［J］. 外语教学，1999，(1)：20-24。

崔永禄. 鲁迅的异化翻译理论［J］. 浙江大学学报，2004，(6)：143-149。

崔永禄. 文学翻译佳作对比赏析［C］. 天津：南开大学出版社，2003。

丁放.《认知语义学——意义与认知》介绍［J］. 外国语，2003，(5)：51-52。

董振东. KDML ——知网知识系统描述语言［A］. http：//www. keenage. com/html/c_ index. html。

董振东. 知网的动名语义关系描述［A］. http：//blog. sina. com. cn/s/blog_5ef6005a0100crqg. html

杜晓、张君. 名词性隐喻的翻译［J］. 烟台教育学院学报，2004，(3)：61-64。

杜桂枝. 认知语言学中的若干相关概念［J］. 外语学刊，2003，(3)：40-47。

费小平. 翻译的政治——翻译研究与文化研究［M］. 北京：中国社会科学出版社，2005。

冯广艺. 汉语比喻研究史［M］. 武汉：湖北教育出版社，2002。

冯庆华. 实用翻译教程［M］. 上海：上海外语教育出版社，1997。

冯庆华. 文体翻译论［M］，上海：上海外语教育出版社，2002。

冯树鉴. 英汉翻译疑难四十六讲［M］. 杭州：浙江教育出版社，1988。

冯晓虎. 隐喻——思维的基础，篇章的框架［M］. 北京：对外经济贸易大学出版社，2004。

冯友兰. 中国哲学简史［M］. 北京：北京大学出版社，1985。

冯志伟. 机器翻译研究［M］. 北京：中国对外翻译出版公司，2004。

弗莱. 神力的语言——"圣经与文学"研究续编［M］. 吴持哲译. 北京：社会科学文献出版社，2004。

弗莱. 伟大的代码——圣经与文学［M］. 郝振益，樊振帼，何成洲译. 北京：北京大学出版社，1998。

福科. 物与词——人文科学考古学［M］. 莫伟民译. 上海：上海三联书店，2001。

福科. 知识考古学［M］. 谢强，马月译. 北京：三联书店，2003。

傅勇林. 文化范式：译学研究与比较文学［M］. 成都：西南交通大学出版社，2000。

高原. 照应词的认知分析［M］. 北京：外语教学与研究出版社，2003。

高乐田. 神话之光与神话之镜 [M]. 北京：中国社会科学出版社，2004。

耿龙明. 翻译论丛 [M]. 上海：上海外语教育出版社，1998。

耿艳梅、阮红梅. 也谈隐喻翻译的合成理论 [J]. 陕西师范大学学报，2003，专辑：315-319。

耿占春. 隐喻 [M]. 北京：东方出版社，1993。

辜正坤. 互构语言文化学原理 [M]. 北京：清华大学出版社，2004。

辜正坤. 中西诗比较鉴赏与翻译理论 [M]，北京：清华大学出版社，2003。

郭建中. 文化与翻译 [C]. 北京：中国对外翻译出版公司，1999。

郭建中. 当代美国翻译理论 [M]. 武汉：湖北教育出版社，2000.

郭圣林. 现代汉语句式的语篇考察 [M]. 北京：世界图书出版公司，2011。

郭延礼. 中国近代翻译文学概论 [M]. 武汉：湖北教育出版社，1999。

郭英珍. 隐喻的语用文化对比与翻译策略 [J]. 外语教学，2004，(3)：57-60。

何兆熊. 新编语用学概要 [M]. 上海：上海外语教育出版，2000.

何自然. 语用学概论 [M]. 湖南教育出版社，1988。

何自然. 语用学与英语学习 [M]. 上海：上海外语教育出版社，1997。

赫德森，R. A. 丁信善等译. 社会语言学 [C]. 北京：中国社会科学出版社，1990。

洪堡特，W. 姚小平译. 洪堡特语言哲学文集 [C]. 长沙：湖南教育出版社，2001。

洪堡特. 论人类语言结构的差异及其对人类精神发展的影响 [M]. 姚小平译. 北京：商务印书馆，2002。

胡谷明. 篇章修辞学与小说翻译 [M]. 上海：上海译文出版社，2004。

胡世雄. 诗歌隐喻上下文及其类型 [J]. 外语学刊，1999，(3)：22-27。

胡曙中. 现代英语修辞学 [M]. 上海：上海外语教育出版社，2004。

胡文仲、高一虹. 外语教学与文化 [M]. 长沙：湖南教育出版社，1997。

胡壮麟. 功能主义纵横谈 [M]，北京：外语教学与研究出版社，2000年。

胡壮麟. 雷迪的传导隐喻 [J]. 山东师大外国语学院学报，2002，(3)：1-6。

胡壮麟. 认知隐喻学 [M]. 北京：北京大学出版社，2004。

胡壮麟. 语法隐喻 [J]. 外语教学与研究，1996，(4)。

黄华. 试比较概念隐喻理论和概念合成理论 [J]. 外语与外语教学，2001，(6)：20-22。

黄国文. 语篇分析概要［M］. 长沙：湖南教育出版社，1998。

黄忠廉. 变译理论［M］，北京：中国对外翻译出版公司，2002。

黄忠廉. 翻译本质论［M］，武汉：华中师范大学出版社，2000。

季广茂. 隐喻视野中的诗性传统［M］. 北京：高等教育出版社，1998。

姜秋霞. 文学翻译中的审美过程：格式塔意象再造［M］，北京：商务印书馆，2002。

姜望琪. 当代语用学［M］. 北京：北京大学出版社，2003。

蒋国学. 隐喻与语言符号的任意性［J］. 解放军外国语学院学报，2003，（2）：59-62。

金隄. 等效翻译探索（增订版）［M］，北京：中国对外翻译出版公司，1989。

金圣华，黄国彬. 因难见巧——名家翻译经验谈［C］，北京：中国对外翻译出版公司，2001。

瞿麦生. 论语用得体性与隐喻得体性［J］. 天津商学院学报，1999，（1）：50-54。

卡西尔. 语言与神话［M］. 于　晓等译. 北京：三联书店，1988。

柯平. 英汉与汉英翻译教程［M］. 北京：北京大学出版社，1998。

柯平. 英汉与汉英翻译教程［M］. 北京：北京大学出版社，1993。

科恩. 统计机器翻译［M］. 宗成庆、张霄军译. 北京：电子工业出版社，2012。

孔慧怡. 翻译·文学·文化［M］. 北京：北京大学出版社，1999。

蓝纯. 从认知角度看汉语和英语的空间隐喻［M］. 北京：外语教学与研究出版社，2003。

雷淑娟. 文学语言美学修辞［M］. 上海：学林出版社，2004。

黎昌抱. 英语修辞格新探［M］. 长春：吉林大学出版社，2001。

李苗、廖文丽、黄伟. 论隐喻中概念融合的干扰因素［J］. 湖南商学院学报，2004，（2）：107-108。

李苗. 论隐喻的本质及其双层意义构建机制［J］. 求索，2004，（2）：215-217。

李平等. 科学·认知·意识——哲学与认知科学国际研讨会论文集［C］. 南昌：江西人民出版社，2004。

李耸、赵晓丹. 英汉语言中隐喻的认知与异同［J］. 东北大学学报，2004，（2）：141-144。

李霞. 俄汉动物设喻对比与翻译［A］. 中国科学院成都文献情报中心，成都科技翻译研究会. 翻译技巧［C］. 成都：成都科技大学出版社，1998。

李丛禾. 论隐喻概念的关联复合性［J］. 天津外国语学院学报，2003，（1）：26-30。

李德超、邓静. 传统翻译观念的逾越：彻斯特曼的翻译规范论［J］. 外国语，2004，（4）：68-75。

李定坤. 汉英辞格对比与翻译［M］. 武汉：华中师范大学出版社，1994。

李福印. 介绍《当代隐喻理论：从汉语的视角谈起》［J］. 外语教学与研究，2000，（3）：233-235。

李福印. 认知语言学［M］. 北京：北京大学出版社，2008。

李福印. 研究隐喻的主要学科［J］. 四川外语学院学报，2000，（4）：44-49。

李济中. 比喻论析［M］. 保定：河北大学出版社，1995。

李临定. 现代汉语句型［M］. 北京：商务印书馆，2011。

李秀丽. 语言哲学视野中的隐喻［J］. 清华大学学报，2001，（5）：45-50。

李运兴. 语篇翻译引论［M］. 北京：中国对外翻译出版公司，2001。

利科. 活的隐喻［M］. 汪堂家译. 上海：上海译文出版社，2004。

廖七一. 当代西方翻译理论探讨［M］. 南京：译林出版社，2000。

廖七一. 当代英国翻译理论［M］. 武汉：湖北教育出版社，2001。

林克难. 翻译研究从规范走向描写［J］. 中国翻译，2001（6）。

林书武.《隐喻：其认知力与语言结构》评介［J］. 外语教学与研究，1999，（4）：62-63。

林书武.《隐喻与认知》评介［J］. 外语教学与研究，1995，（4）：70-72。

林书武.《隐喻与相似性》简介［J］. 国外语言学，1995，（3）：40-42。

刘群. 汉英机器翻译若干关键技术研究［M］. 北京：清华大学出版社，2008。

刘群. 汉英机器翻译若干关键技术研究［M］. 北京：清华大学出版社，2008。

刘勰. 文心雕龙［M］. 杭州：浙江古籍出版社，2001。

刘炳善. 译事随笔［M］. 北京：中国电影出版社，2000。

刘昌华. 隐喻的民族性［J］. 西安外国语学院学报，2000，（4）：9-12。

刘承宇. 语篇隐喻的符号学与认知理据［J］. 外语与外语教学，2002，（5）：58-60。

刘大为. 比喻、近喻与自喻——辞格的认知性研究 ［M］. 上海：上海教育出版社，2001。

刘国辉.《认知文体学——语篇分析中的语言与认知》介绍 ［J］. 外语教学与研究，2004，(5)：398-400。

刘华文. 英汉翻译中的认知映射与还原映射 ［J］. 解放军外语学院学报，2003，(5)：56-59。

刘焕辉. 修辞学纲要 ［M］. 南昌：百花洲文艺出版社，1997。

刘宓庆. 当代翻译理论 ［M］. 北京：中国对外翻译出版公司，1999。

刘宓庆. 翻译教学：实务与理论 ［M］. 北京：中国对外翻译出版公司，2003。

刘宓庆. 翻译与语言哲学 ［M］. 中国对外翻译出版公司，2001。

刘宓庆. 文化翻译论纲 ［M］. 武汉：湖北教育出版社，1999。

刘宓庆. 文体与翻译 ［M］. 北京：中国对外翻译出版公司，1998。

刘士聪、崔永禄、王宏印. 红楼梦译评——《红楼梦》翻译研究论文集 ［C］. 天津：南开大学出版社，2004。

刘士聪. 汉英·英汉美文翻译与鉴赏 ［M］. 南京：译林出版社，2002。

刘振前. 隐喻的范畴化和概念化过程 ［J］. 四川外语学院学报，1999，(4)：60-63。

刘正光. Fauconnier 的概念合成理论：阐释与质疑 ［J］. 外语与外语教学，2002，(10)：8-12。

刘正光. 莱柯夫隐喻理论中的缺陷 ［J］. 外语与外语教学，2001，(1)：25-29。

卢卫中. 人体隐喻化的认知特点 ［J］. 外语教学，2003，(6)：23-28。

鲁川. 知识工程语言学 ［M］. 北京：清华大学出版社，2010。

吕昕. 原型范畴的特质 ［J］. 山东师大外国语学院学报，2001，(1)：15-17。

吕瑞昌、喻云根、张复星、李嘉祜、张燮泉. 汉英翻译教程 ［M］. 西安：陕西人民出版社，1987。

吕瑞昌等. 汉英翻译教程 ［M］. 西安：陕西人民出版社，1983。

罗新璋. 翻译论集 ［M］，北京：商务印书馆，1984

罗选民. 外国文学翻译在中国 ［C］. 合肥：安徽文艺出版社，2003。

马真. 现代汉英虚词研究方法论 ［M］. 北京：商务印书馆，2007。

马红军. 翻译批评散论 ［M］北京：对外翻译出版公司，1999。

马会娟. 商务英语翻译教程 [M]. 北京：中国商务出版社，2004。

马祖毅. 中国翻译简史 [M]. 北京：中国对外翻译出版公司，1998。

毛荣贵. 英译汉技巧新编 [M]. 北京：外文出版社，2001。

米兰（乌克兰）. 翻译算法 [M]. 李锡胤译. 哈尔滨：黑龙江人民出版社，2003。

潘文国. 汉英语对比纲要 [M]. 北京：北京语言文化大学出版社，1997。

彭宣维. 认知发展、隐喻映射与词义范畴的延伸 [J]. 北京师范大学学报，2004，（3）：46-52。

钱冠连. 翻译的语用观 [J] 现代外语. 1997，（1）。

钱冠连. 汉语文化语用学 [M]. 北京：清华大学出版社，1997。

钱冠连. 语言全息论 [M]. 北京：商务印书馆，2002。

钱建成. 概念隐喻的跨文化研究 [J]. 河南大学学报，2002，（4）：101-103。

钱玉莲. 汉语介词与相应英语形式比较研究 [M]. 北京：世界图书出版公司，. 2011。

乔治·海涅曼、嘉里·珀莉丝、斯坦利·塞尔克. 算法技术手册 [M]. 杨晨、李明译. 北京：机械工业出版社，2010。

戎林海. 翻译与文化背景知识 [J]. 外语教学，1990，（1）。

萨莫瓦约. 互文性研究 [M]. 邵炜译。天津：天津人民出版社，2003。

萨义德. 东方学 [M]. 王宇根译. 北京：生活·读书·新知·三联书店，2000。

瑟尔克，S. 算法技术手册 [M]. 杨晨、李明译. 北京：机械工业出版社，2010。

邵志洪. 英汉对比翻译导论 [M]. 上海：华东理工大学出版社，2010。

申丹. 叙述学与小说文体学研究 [M]. 北京：北京大学出版社，2001。

申小龙. 汉语与中国文化 [M]. 上海：复旦大学出版社，2003。

沈黎. 隐喻迁移的心理限制因素 [J]. 外语与外语教学，2000，（3）：13-16。

沈家煊. 现代汉语语法的功能、语用、认知研究 [M]. 北京：商务印书馆，2005。

沈苏儒. 论信达雅 [M]. 北京：商务印书馆，1998。

施兰克、弗拉纳根、维德考克、马斯克洛. 认知能力测评 [M]. 李剑峰译. 北京：华夏出版社，2003。

施耐庵、罗贯中. 水浒传 [M]. 北京：人民文学出版社，2000。

石定栩. 乔姆斯基的形式语法 [M]. 北京：北京语言文化大学出版社，2002。

石毓智. 语法的认知语义基础 ［M］.南昌：江西教育出版社，2000。

束定芳. 隐喻与转喻研究 ［M］.上海：上海外语教育出版社，2011。

束定芳. 论隐喻产生的认知、心理和语言原因 ［J］.外语学刊，2000，（2）：23－32。

束定芳. 论隐喻的诗歌功能 ［J］.解放军外国语学院学报，2000，（6）：12-16。

束定芳. 论隐喻的语言修辞和社会修辞功能 ［J］.山东师大外国语学院学报，2000，（1）：1-5。

束定芳. 论隐喻的运作机制 ［J］.外语教学与研究，2002，（2）：98-106。

束定芳. 隐喻和换喻的差别与联系 ［J］.外国语，2004，（3）：26-34。

束定芳. 隐喻学研究 ［M］.上海：上海外语教育出版社，2000。

束定芳. 语言的认知研究——认知语言学论文精选 ［C］.上海：上海外语教育出版社，2004。

孙亚. 心理空间理论与翻译 ［J］.上海科技翻译，2001，（4）：12-14。

孙慧怡. 翻译·文学·文化 ［M］，北京：北京大学出版社，1999

孙启耀、伊英莉. 我国目前隐喻研究的进展简评 ［J］.山东外语教学，2002，（3）：6-10。

孙瑞禾. 常用汉语虚词英译 ［M］.北京：商务印书馆，2008。

孙艺风. 视角 阐释 文化—文学翻译与翻译理论 ［M］.清华大学出版社，2004。

孙致礼. 1949-1966：我国英美文学翻译概论 ［M］，南京：译林出版社，1996。

孙致礼. 翻译理论与实践探索 ［M］，南京：译林出版社，1999。

谭载喜 西方翻译简史 ［M］.北京：商务印书馆，1991。

谭载喜. 翻译学 ［M］.武汉：湖北教育出版社，2000。

谭载喜. 新编奈达论翻译 ［M］.北京：中国对外翻译出版公司，1999.

汪少华、徐健. 通感与概念隐喻 ［J］.外语学刊，2002，（3）：91-94。

汪少华. 概念合成与隐喻的实时意义建构 ［J］.当代语言学，2002，（2）：119－127。

汪少华. 合成空间理论对隐喻的解释力 ［J］.外国语，2001，（3）：37-43。

王斌、王颖. 合成·雷比·隐喻 ［J］.外语研究，2002，（5）：26-29。

王诺. 原始思维与神话的隐喻 ［J］.外国文学评论，1998，（3）：125-131。

王岩. 隐喻中的映射理论 ［J］.河南大学学报，2004，（3）：75-76。

王寅、李弘. 体验哲学和认知语言学对句法成因的解释 [J]. 外语学刊, 2003, （1）：20-25。

王寅、李弘. 中西隐喻对比及隐喻工作机制分析 [J]. 解放军外国语学院学报, 2003, （2）：6-10。

王寅. Lakoff & Johnson 笔下的认知语言学 [J]. 外国语, 2001, （4）：15-21。

王寅. 认知语言学的哲学基础：体验哲学 [J]. 外语教学与研究, 2002, （2）：82-88。

王寅. 认知语义学 [J]. 四川外语学院学报, 2002, （2）：58-62。

王寅. 认知语义学 [M]. 上海：上海外语教学出版社, 2007。

王寅. 语义理论与语言教学 [M]. 上海：上海外语教育出版社, 1999。

王秉钦. 20 世纪中国翻译思想史 [M], 天津：南开大学出版社, 2004。

王秉钦. 文化翻译学 [M]. 天津：南开大学出版社, 1995。

王彩丽. 修辞隐喻、认知隐喻和语法隐喻的关系探讨 [J]. 广东外语外贸大学学报, 2004, （3）：25-28。

王德春、陈晨. 现代修辞学 [M]. 上海：上海外语教育出版社, 2001。

王瀚东. 哲学意义上的认知语言学隐喻理论 [J]. 武汉大学学报, 2002, （6）：678-682。

王宏印. 英汉翻译综合教程 [M]. 大连：辽宁师范大学出版社, 2002。

王宏印. 英诗经典名译评析从莎士比亚到金斯伯格 [M]. 济南：山东大学出版社, 2004。

王宏印. 中国传统译论经典诠释—从道安到傅雷 [M]. 武汉：湖北教育出版社, 2004。

王宏志. 翻译与创作——中国近代翻译小说论 [C]. 北京：北京大学出版社, 2000。

王建开. 五四以来我国英美文学作品译介史 [M], 上海：上海外语教育出版社, 2003。

王菊泉、郑立信. 英汉语言文化对比研究（1995—2003）[C]. 上海：上海外语教育出版社, 2004。

王克非. 翻译文化史论 [M], 上海：上海外语教育出版社, 1997。

王克菲等. 双语对应语料库研制与应用 [M]. 北京：外语教学与研究出版社, 2004。

王松亭. 隐喻的机制和社会文化模式［M］. 哈尔滨：黑龙江人民出版社，1999。

王文斌、林波. 论隐喻中的始源之源［J］. 外语研究，2003，（4）：9-16。

王文斌、姚俊. 汉英隐喻习语 ICM 和 CB 的认知对比考察［J］. 外语与外语教学，2004，（5）：36-40。

王文斌. 概念合成理论研究与应用的回顾与思考［J］. 外语研究，2004，（1）：6-12。

王希杰. 修辞学通论［M］. 南京：南京大学出版社，1996。

王一川. 语言乌托邦［M］. 昆明：云南人民出版社，1994。

王永忠. 范畴理论和委婉语的认知理据［J］. 外国语言文学，2003，（2）：3-5。

王增澄. 新编实用英语语法详解［M］. 上海：华东大学出版社，2010。

王正元. 概念整合理论及其应用研究［M］. 北京：高等教育出版社，2009。

王自强. 现代汉语虚词用法小词典［M］. 上海：上海辞书出版社，1984。

王佐良、丁往道. 英语文体学引论［M］，北京：外语教学与研究出版社，2001。

王佐良. 英语文体学论文集［C］，北京：中国对外翻译出版公司，1984。

维特根斯坦. 哲学研究［M］. 李步楼译. 北京：商务印书馆，2002。

魏平. 隐喻的翻译方式［J］. 山东农业干部管理学院学报，2003，（2）：120-121。

文军. 翻译：调查与研究［C］. 北京：北京航空航天大学出版社，2004。

文旭、罗洛. 隐喻·语境·文化［J］. 外语与外语教学，2004，（1）：11-14。

文旭、叶狂. 概念隐喻的系统性和连贯性［J］. 外语学刊，2003，（3）：1-7。

吴莉. 英语管道隐喻的结构探微［J］. 外语学刊，1999，（3）：5-10。

吴平. 英汉修辞手段比较［M］. 合肥：安徽教育出版社，2001。

吴恩锋. 论汉语"心"的隐喻认知系统［J］. 语言教学与研究，2004，（6）：49-55。

吴世雄、陈维振. 范畴理论的发展及其对认知语言学的贡献［J］. 外国语，2004，（4）：34-40。

吴文安. 功能翻译理论与文学翻译［J］. 广州大学学报，2003，（6）。

伍谦光. 语义学导论［M］. 长沙：湖南人民出版社，1988。

奚永吉. 文学翻译比较美学［M］. 武汉：湖北教育出版社，2000。

萧立明. 新译学论稿［M］. 北京：中国对外翻译出版公司，2001。

萧立明. 英汉比较研究与翻译［M］，上海：上海外语教育出版社，2003。

谢天振. 当代西方翻译研究的三大突破和两大转向［J］，四川外国语学院学报，2003，（5）：110-116。

谢天振. 翻译的理论构建与文化透视［M］.上海：上海外语教育出版社，2000。

谢天振. 翻译研究新视野［M］，青岛：青岛出版社，2003。

谢天振. 译介学［M］.上海：上海外语教育出版社，2000。

谢选骏. 神话与民族精神［M］.济南：山东文艺出版社，1986。

谢之君. 翻译中的隐喻性认知［J］.上海科技翻译，2001，（3）：1-6。

谢之君. 隐喻：从修辞格到认知［J］.外语与外语教学，2000，（3）：9-12。

邢福义. 汉语语法学［M］.长春：东北师范大学出版社，1997。

邢福义. 现代汉语［M］.北京：高等教育出版社，1995。

熊学亮. 认知语用学概论［M］.上海：上海外语教育出版社，1998。

熊哲宏. 认知科学导论［M］.武汉：华中师范大学出版社，2002。

徐莉娜. 隐喻语的翻译［J］.中国翻译，1999，（4）：21-24。

徐默凡. 现代汉语工具范畴的认知研究［M］.上海：复旦大学出版社，2004。

许钧、袁筱一. 当代法国翻译理论［M］.武汉：湖北教育出版社，2001。

许钧. 翻译论［M］：武汉：湖北教育出版社，2003。

许钧. 翻译思考录［C］.武汉：湖北教育出版社，1998。

许钧. 翻译思考录［C］.武汉：湖北教育出版社，1998。

许钧. 文学翻译的理论与实践—翻译对话录［C］.南京：译林出版社，2001。

许钧. 文字·文学·文化—《红与黑》汉译研究［C］.南京：南京大学出版社，1998。

许钧. 译事探索与译学思考［M］，北京：外语教学与研究出版，2002

许宝强、袁伟. 语言与翻译的政治［C］，北京：中央编译出版社，2001。

许渊冲、许钧. 翻译："美化之艺术"——新旧世纪交谈录［A］.载许钧. 文学翻译的理论与实践［Z］.南京：译林出版社，2001。

许渊冲. 翻译的艺术［M］.北京：中国对外翻译出版公司，1984。

许渊冲. 文学与翻译［M］.北京：北京大学出版社，2003

轩治峰、原传道. 新编英汉翻译技巧［M］.郑州：郑州大学出版社，2003。

亚里士多德. 范畴篇，解释篇［M］.方书春译.北京：商务印书馆，1959。

亚里士多德. 诗学［M］. 罗念生译. 北京：人民文学出版社，2002。

亚里士多德. 修辞学［M］. 罗念生译. 北京：三联书店，1991。

严世清等. 系统功能语言学理论的发展和应用［A］. 载朱永生. 世纪之交论功能［C］. 上海：上海 外语教育出版社，2002。

阎开振. 原型的发现与阐释［J］. 中州学刊，2001，（3）：114-116。

杨惠中. 语料库语言学导论［M］. 上海：上海外语教育出版社，2002。

杨小洪. 认知与文化——视角的再整合［J］. 外语学刊，2002，（4）：64-69。

杨晓荣. 翻译批评标准的传统思路和现代视野［J］，中国翻译，2001，（6）：11-15。

杨晓荣. 翻译批评导论［M］. 北京：中国对外翻译出版公司，2005。

杨自俭、李瑞华. 英汉对比研究论文集［C］，上海：上海外语教育出版社，1990。

杨自俭、刘学云. 翻译新论［C］. 武汉：湖北教育出版社，1994。

杨自俭. 译学新探［C］. 青岛：青岛出版社，2002。

杨自俭. 英汉语比较与翻译（3）［C］. 上海：上海外语教育出版社，2000

杨自俭. 英汉语比较与翻译（4）［C］. 上海：上海外语教育出版社，2002

姚小平. 洪堡特——人文研究和语言研究［M］. 北京：外语教学与研究出版社，1995。

耶夫·维索尔伦. 钱冠连、霍永寿译. 语用学诠释［M］. 北京：清华大学出版社，2003。

叶舒宪. 中国神话哲学［M］. 北京：中国社会科学出版社，1992。

叶子南. 高级英汉翻译理论与实践［M］. 北京：清华大学出版社，2001。

叶子南. 英汉翻译对话录［M］. 北京：北京大学出版社，2003。

易绵竹、南振兴. 计算语言学［C］. 上海：上海外语教育出版社，2005。

应奇. 概念图式与形而上学［M］. 上海：学林出版社，2000。

于坚. 拒绝隐喻［M］. 昆明：云南人民出版社，2004。

余光中. 余光中谈翻译［M］. 北京：中国对外出版翻译公司，2002。

余立三. 英汉修辞比较与翻译［M］. 北京：商务印书馆，1985。

宇文所安. 中国文论：英译与评论［M］. 上海：上海社会科学院出版社，2003。

袁辉，宗廷虎. 汉语修辞许史［M］. 太原：山西人民出版社，1995。

袁辉. 比喻［M］. 合肥：安徽人民出版社，1982。

袁毓林. 汉语句子的焦点结构和语义解释［M］. 北京：商务印书馆，2012

袁毓林. 语言的认知研究和计算分析［M］. 北京：北京大学出版社，1998。

曾自立. 现在汉语虚词用法小词典［M］. 上海：上海辞书出版社，1984。

翟中、吴渝、刘群、刘冰. 软件工程［M］. 北京：机械工程出版社，2007。

张凤、高航. 语言符号的图表相似性与隐喻相似性［J］. 山东外语教学，2003，（3）：17-23。

张辉. 认知语义学研究［M］. 上海：上海外语教育出版社，2011。

张杰. 原型的解释学意义［J］. 湖北民族学院学报，1997，（1）：29-32。

张今、张可定. 英汉语信息结构对比研究［M］. 开封：河南大学出版社，1998。

张敏. 认知语言学与汉语名词词组［M］. 北京：中国社会科学出版社，1998。

张沛. 仿真之境：文学文本的隐喻生存形态［J］. 四川外语学院学报，2002，（4）：3-7。

张沛. 隐喻的生命［M］. 北京：北京大学出版社，2004。

张政. 计算机翻译研究［M］. 北京：清华大学出版社，2006。

张政. 计算语言学与机器翻译导论［M］. 北京：外语教学与研究出版社，2010。

张柏然、许钧. 面向21世纪的译学研究［C］，北京：商务印书馆，2002。

张伯江、方梅. 汉语功能语法研究［M］. 南昌：江西教育出版社，2005。

张春柏. 英汉汉英翻译教程［M］. 北京：高等教育出版社，2003。

张道新. 汉语极言研究［M］. 沈阳：辽海出版社，2011。

张道真. 英语语法［M］. 北京：中国人民大学出版社，2011。

张涤华、胡裕树，张斌，林祥楣. 汉语语法修辞词典［Z］. 合肥：安徽教育出版社，1988。

张光明. 认知隐喻翻译研究［M］. 北京：国防工业出版社，2010。

张今、张宁、张玉. 英汉翻译技巧［M］. 开封：河南大学出版社，1999。

张经浩、陈可培. 名家、名论、名译［M］. 上海：复旦大学出版社，2005。

张景华. 语言隐喻性的研究思考［J］. 山东外语教学，2004，（1）：28-30。

张美芳. 英国译学界的名人［J］. 中国翻译，2003，（4）：49-54。

张南峰. 中西译学批评［M］. 北京：清华大学出版社，2004。

张培基、喻云根、李宗杰、彭谟禹. 英汉翻译教程［M］. 上海：上海外语教育出版社，.1988

张培基等. 英汉翻译教程［M］. 上海：上海外语教育出版社，1980。

张佩华. 古典诗歌创作中"原型意象"现象初探［J］. 攀登，1994，(2)：80-82。

张全生. 中国隐喻研究十年综述［J］. 新疆师范大学学报，2004，(3)：173-176。

张绍杰. 语言符号任意性研究［M］. 上海：上海外语教育出版社，2004。

张泽乾. 翻译百思［A］. 载许钧. 翻译思考录［C］. 武汉：湖北教育出版社，1998。

张宗正. 理论修辞学［M］. 北京：中国社会科学出版社，2004。

赵霞. 概念合成：语言隐喻化的认知过程［J］. 华东船舶工业学院学报，2004，(3)：60-63。

赵春红. 隐喻的理解与翻译［J］. 天中学刊，2004，(3)：91-92。

赵敦华. 现代西方哲学新编［M］. 北京：北京大学出版社，2002。

赵瑞蕻、杨苡、许钧. 翻译与创作［A］. 载许钧. 文学翻译的理论与实践［Z］. 南京：译林出版社，2001。

赵世开. 汉英对比语法论集［M］. 上海：上海外语教育出版社，1999。

赵晓彬. 艺术散文的隐喻诗化结构［J］. 外语学刊，1998，(3)：73-76。

赵彦春. 认知词典学探索［M］. 上海：上海外语教育出版社，2003。

赵艳芳、周红. 语义范畴与词义演变的认知机制［J］. 郑州工业大学学报，2000，(4)：53-56。

赵艳芳. 认知语言学概论［M］. 上海：上海外语教育出版社，2001。

中国翻译工作者协会、翻译通讯编辑部. 翻译研究论文集（1894-1948）［C］. 北京：外语教学与研究出版社，1984。

钟玲. 美国诗与中国梦——美国现代诗里的中国文化模式［M］. 昆明：广西师范大学出版社，2003。

钟桂蓉. 隐喻：语义扩大的触媒［J］. 湖南税务高等专科学校学报，2004，(3)：47-49。

周仪、罗平. 翻译与批评［M］，武汉：湖北教育出版社，1999。

朱波. 论翻译中隐喻化思维的重要性［J］. 外语研究，2001，(4)：63-66。

朱炜. 认知范畴关照下的语言翻译观［J］. 洛阳师范学院学报，2003，(3)：119-121。

朱光潜. 诗论［M］. 合肥：安徽教育出版社，1997。

朱光潜. 谈美，谈文学 ［M］. 北京：人民文学出版社，1988。

朱光潜. 谈文学 ［M］. 合肥：安徽教育出版社，1996。

朱光潜. 文艺心理学 ［M］. 合肥：安徽教育出版社，1996 /1997。

朱光潜. 我与文学及其他 ［M］. 合肥：安徽教育出版社，1996。

朱光潜. 西方美学史 ［M］. 北京：人民出版社，2002。

朱立元. 当代西方文艺理论 ［M］. 上海：华东师范大学出版社，2003。

朱立元. 接受美学 ［M］. 上海：上海人民出版社，1989。

朱小健、张全、陈小盟. HNC 与语言学研究 ［M］. 北京：北京师范大学出版集
团，2010。

朱永生，严世清. 系统功能语言学多维思考 ［M］. 上海：上海外语教育出版
社，2002。

宗白华. 美学的散步 ［M］. 合肥：安徽教育出版社，2002。

宗白华. 艺境 ［M］. 北京：北京大学出版社，1999。

邹智勇、周勤. 关联理论的隐喻观 ［J］. 武汉理工大学学报，2004，（2）：266
-268。

【英语参考文献】

Allwood, Jens and Peter Gärdenfors. 1999. *Cognitive Semantics* ［M］. Amsterdam：
John Benjamins Publishing Company.

Baker, Mona. *In Other Words：A Coursebook on Translation* ［M］. London：
Routledge. 1992.

Baker, Mona. *Routledge Encyclopedia of Translation Studies* ［Z］. London and New
York, Routledge：2001.

Barcelona, Antonio. *Metaphor and Metonymy at the Crossroads* ［M］. Berlin：Mouton
de Gruyter. 2000.

Bassnett, S. and Lefevere, A. *Translation, History and Culture* ［C］. London：Cas-
sell. 1990.

Bassnett, S. *Translation Studies* ［M］. New York：Methuen & Co. Ltd. 1980/1991.

Bassnett, Susan. *Constructing Cultures：Essays on Literary Translation* ［C］.

Clevedon: Multilingual Matters Ltd, 1998.

Broeck, Raymond. The Limits of Translatability Exemplified by Metaphor Translation [J]. *Poetics Today* 2. 4 1981: 73-87.

187Buck, Pearl S. *All Men Are Brothers* [Z]. New York: The John Day Company, 1933.

Cameron, L. & G. Low. *Researching and Applying Metaphor* [C]. Cambridge: Cambridge University Press. 1999.

Campbell, Stuart. *Translation into the Second Language* [M]. London & New York: Longman, 1998.

Chen Huijun. *Generic Features—Analysis and Cognitive Models* [M]. Beijing: Foreign Languages Press.

Chesterman, Andrew & Williams, Jenny. *The Map—A Beginner's Guide to Doing Research in Translation Studies* [M]. Shanghai : Shanghai Foreign Language Education Press, 2004.

Chesterman, Andrew. *Memes of Translation* [M]. Philadelphia: John Benjamins Publishing Company. 1997.

Cormac, Earl R. Mac. *A Cognitive Theory of Metaphor* [M]. Massachusetts: The MIT Press. 1985.

Crisafulli, Edoardo. The Quest for an Eclectic Methodology [A] in Hermans, Theo (ed.). *Crosscultual Trangressions. Research Models in Translation Studies II Historical and Ideological Issues* [C] . Manchester: St. Jerome Publishing, 2002.

Croft, William and Alan D. Cruse. *Cognitive Linguistics* [M]. Cambridge: Cambridge University Press. 2004.

Danks, Joseph H. , Gregory M. Shreve, Stephen B. Fountain and Michael K. McBeath. 1997. *Cognitive Processes in Translation and Interpreting* [M]. Thousand Oaks: SAGE Publications.

Dirven, René, Roslyn Frank and Martin Pütz. *Cognitive Models in Language and Thought* [C]. Berlin: Mouton de Gruyter. 2003.

Duranti, A. & Goodwin, C. *Rethinking Context—Language as an interactive phenomenon* [C]. Cambridge: Cambridge University Press, 1992.

Fauconnier, Gilles & Mark Turner. *The Way We Think* [M]. New York: Basic Books. 2002.

Fauconnier, Gilles. *Mappings in Thought and Language* [M]. Cambridge: Cambridge University Press. 1997.

Fauconnier, Gilles. *Mental Spaces* [M]. Cambridge: The MIT Press. 1985.

Fauconnier, Gilles. *Ten Lectures on Cognitive Construction of Meaning by Gilles Fauconnier.* [M]. Beijing: Foreign Language Teaching and Research Press, 2010.

Gentzler, Edwin. *Contemporary Translation Theories* [M]. Clevedon: Multilingual Matters Ltd, 2001.

Goatly, Andrew. 1997. *The Language of Metaphors* [M]. London and New York: Routledge.

Goossens, Louis, Paul Pauwels, Brygida Rudzka-Ostyn, Anne-Marie Simon-Vandenbergen and John Vanparys. *By Word of Mouth* [C]. Amsterdam / Philadelphia: John Benyamins Publishing Company. 1995.

Goutte, Cyril, Nicola Cancedda, Marc Dymetman & George Foster. Learning Machine Translation. Cambridge: The MIT Press, 2009.

Green. Jeffrey M. *Thinking Through Translation* [M]. Athens: University of Georgia Press, 2001.

Gumpel, Liselotte. Meaning and Metaphor: The World in Verbal Translation [A]. in*Translating Literatures*, *Translating Cultures* [C]. edited by Kurt Mueller-Vollmer & Michael Irmscher. Stanford: Stanford University Press. 1998.

Gutt, Ernst-August. *Translation and Relevance* [M], Oxford: Basil Blackwell, 1991.

Halliday, M. A. K. et al. *The Linguistic Sciences and Language Teaching* [M]. London: Longman, 1964.

188Halliday, M. A. K. *An Introduction to Functional Grammar* [M], Edward Arnold (Publishers) Limited. Foreign Language Teaching and Research Press, Beijing: 2000.

Halliday, M. A. K. Language as Social Semiotic: The Social Interpretation of Language and Meaning [M]. Beijing: Foreign Language Teaching and Research Press. 2001.

Hatim. B. & B. *Discourse and the Translator* [M]. London/New York: Longman 1990.

Hatim. B. *Teaching and Researching Translation* [M]. Edinburgh Gate: Person Education Limited, 2001.

He Ziran. *Notes on Pragmatics* [M]. Nanjing: Nanjing Normal University Press. 2003.

Hermans, Theo. *The Manipulation of Literature— Studies in Literary Translation* [C]. New York: St. Martin's Press, 1985.

Hermans, Theo. *Translation Theories Explained—Translation in Systems—Descriptive and System - oriented Approaches Explained* [M], Manchester, United Kingdom: St. Jerome Publishing, 1999.

Hewson, Lance & Martin, Jacky. *Redefining Translation* [M]. London: Routledge, 1991.

Hinktikka, Jaakko. *Aspects of Metaphor* [C]. Boston: Kluwer Academic Publishers. 1994.

Hiraga, Masako K. , Chris Sinha and Sherman Wilcox. 1999. *Cultural, Psychological and Typological Issues in Cognitive Linguistics* [M] . Amsterdam: John Benjamins Publishing Company.

Hoek, Karen Van, Andrej A. Kibrik and Leo Noordman. 1999. *Discourse Studies in Cognitive Linguistics* [M]. Amsterdam: John Benjamins Publishing Company.

Honeck, Richand P. , Robert R. Hofman. 1980. *Cognition and Figurative Language* [M]. Hillsdale: Lawrence Erlbaum Associates, Publishers.

Hudson, R. A. *Sociolinguistics* [M]. Cambridge: Cambridge University Press. 1980/1996.

189Itmar Even - Zohar: The Position of Translated Literature within the Literary Polysystem [A]. *Literature and Translation* [C]. Eds. J. S. Holmes, J. Lambert &R. Van Den Broeck. Leuven: ACCO, 1978a, 117-127.

Janssen, Theo and Gisela Redeker. 1999. *Cognitive Linguistics: Foundations, Scope, and Methodology* [C] . Berlin: Mouton de Gruyter.

Jaszczolt, K. M. *Semantics and Pragmatics—Meaning in Language and Discourse* [M].

Beijing: Peking University Press. 2004.

Jay, T. B. *The Psychology of Language* [M]. Beijing: Peking University Press. 2004.

190Jiang Xiaohua. *A Semiotic Approach to Literary translation: With Emphasis on Motivations Underlying Literary Language* [M]. Beijing: Foreign Language Teaching and Research Press, 2003.

191Jin Di and Nida, Eugene A, *On Translation–with special reference to Chinese and English* [M], Beijing: China translation& publishing Cooperation, 1984.

Köveceses, Zoltán. *Metaphor and Emotion* [M]. Cambridge: Cambridge University Press. 2000.

Lakoff, G. and Johnson, M. *Metaphors We Live By* [M]. Chicago: The University of Chicago Press. 1980.

Lakoff, George and Mark Johnson. *Philosophy in the Flesh.* New York: Basic Books, 1999.

Lakoff, George and Mark Turner. *More Than Cool Reason: a Field Guide to Poetic Metaphor* [M]. Chicago: University of Chicago Press.

Langacker, Ronal W. *Concept, Image, and Symbol: the Cognitive Basis of Grammar* [M]. Berlin, etc. : Mouton de Gruyter, 1990.

Langacker, Ronald. *Foundations of Cognitive Grammar. Vol.* 1 [M]. Stanford: Stanford University Press, 1987.

Langacker, Ronald. *Foundations of Cognitive Grammar. Vol.* 2 [M]. Stanford: Stanford University Press, 1991.

Langacker, Ronald. *Ten Lectures on Cognitive Grammar by Ronald Langacker.* [M]. Beijing: Foreign Language Teaching and Research Press, 2007.

Larson, Mildred L. *Meaning–Based Translation* [M]. Lanham: University Press of America, 1998.

Leech, G. *Principles of Pragmatics* [M]. London: Longman, 1983.

192Leech, N. Geoffrey & Short, H. Michael, *Style in Fiction* [M]. New York: Longman Group Limited, 1981.

Lefevere, André. *Translation, History, Culture* [C]. London: Routledge, 1992.

Lefevere, André. *Translation, Rewriting and the Manipulation of Literary Fame* [M]. London: Routledge, 1992.

Levinson, S. C. *Pragmatics* [M]. London: Cambridge University Press, 1983.

Light, Paul and George Butterworth. 1993. *Context and Cognition* [M]. Hillsdale: Lawrence Erlbaum Associates, Publishers.

Liu, Dilin. Metaphor, *Culture and Worldview* [M]. New York: University Press of America. 2002.

Lweandowska-Tomasczyk, Barbara and Kamila Turewicz. 2002. *Cognitive Linguistics Today* [M]. Berlin: Peter Lang.

Lyons, J. *Semantics* [M]. Volume 2. London: Cambridge University Press, 1977.

193Ma Huijuan, A Study on Nida's Translation Theory [M], Beijing: Foreign Language Teaching and Research Press, 2003.

Marmaridou, Sophia S. A. 2000. *Pragmatic Meaning and Cognition* [M]. Amsterdam: John Benjamins Publishing Company.

Miao Ju. *Investigations of the Translation Process and the Translator* [M]. Tianjin: Tianjin People's Publishing House. 2003.

Munday, Jeremy. *Introducing Translation Studies* [M], Routledge, 2000.

Newmark, Peter. *Approaches to Translation* [M]. Oxford: Pergamon Press Ltd, 1982.

Newmark, Peter. A Textbook of Translation [M], Shanghai: Shanghai Foreign Language Education Press, 2004.

194Nida, Eugene A. and Taber, Charles R. *The Theory and Practice of Translation*, [M] Published for the United Bible Societies, By E. J. Brill, Leiden, 1982.

Nida, Eugene A. *Language And Culture — Context in Translating.* [M]. Shanghai: Shanghai Foreign Language Education Press, 2001.

Nida, Eugene A. *Language, Culture, and Translating* [M]. Shanghai: Shanghai Foreign Language Education Press, 1993.

195Nida, Eugene A. . *Toward a Science of Translating* [M]. Leiden: E. J Brill, 1964.

196Nida, Eugene, A. *Language, Culture and Translating* [M]. Shanghai:

Shanghai Foreign Language Education Press, 1997.

Nord, Christiane. *Translating as a Purposeful Activity: Functional Approaches Explained* [M], Shanghai : Shanghai Foreign Language Education Press, 2001.

Nord, Christiane. *Text Analysis in Translation: Theory, Methodology and Didactic Application of a Model for Translation-Oriented Text Analysis* [M], Amsterdam: Rodopi, 1991

Olohan, Maeve. *Introducing Corpora in Translation Studies* [M]. London: Routledge. 2004.

Ouhalla, Jamal. *Introducing Transformational Grammar: From Principles and Parameters to Minimalism* [M]. Beijing: Foreign Language Teaching and Research Press. 2001.

Palmer, F. R. *Semantics* [M]. NewYork: CambridgeUniversityPress. 1981.

Pütz, Martin, Susanne Niemeier and René Dirven. 2001. *Applied Cognitive Linguistics 1: Theory and Language Acquisition* [M] . Berlin: Mouton de Gruyter.

Pütz, Martin, Susanne Niemeier and René Dirven. 2001. *Applied Cognitive Linguistics 2: Theory and Language Acquisition* [M] . Berlin: Mouton de Gruyter.

Reed, Stephen K. 2000. *Cognition—Theory and Applications* [M]. Wadsworth: Thomson Learning.

Reiss, Katharina. Translated by Rhodes Erroll F. Translation Criticism—*The Potentials & Limitations* [M], Shanghai: Shanghai Foreign Language Education Press, 2004.

Richards, I. A. "Towards a Theory of Translating" [A] in Arthur F. Wright (ed.) *Studies in Chinese Thought* . [C] Chicago: University of Chicago Press, 1953.

Sacks, Sheldon. *On Metaphor* [C]. Chicago: The University of Chicago Press. 1978.

Saussure, F, de. Course in General Linguistics [M]. Beijing: Foreign Language Teaching and Research Press. 2001.

197Schulte, R & Bigrenet, J. *The Theories of Translation: An Anthology of Translations: From Dryden to Derrida* [M], Chicago and London: the University of Chicago Press. 1992.

Semino, Elena and Jonathan Culpeper. 2002. *Cognitive Stylistics* [C]. Amsterdam: John Benjamins Publishing Company.

Shaw, R. Daniel. *Translation Context*: *Cultural factors in translation* [J]. Babel, 1987.

198Shen Dan. *Literary Stylistics and Fictional Translation* [M]. Beijing: Peking University Press, 1998.

Shuttleworth, Mark & Cowie, Moira, *Dictionary of Translation Studies* [Z]. Shanghai: Shanghai Foreign Language Education Press, 2004.

Simpson, Paul. *Stylistics* [M]. London: Routledge. 2004.

Snell-Hornby, Mary. *Translation Studies*: *An Integrated Approach* [M]. Shanghai: Shanghai Foreign Language Education Press, 2001.

Solso, R., MacLin, M. & O. MacLin. Cognitive Psychology [M]. Beijing: Peking University Press. 2004.

Sperber, D & Wilson, D. *Relevance*: *Communication and Cognition* [M]. Oxford: Blackwell. 1986.

199Steiner, George. *After Babel*: *Aspects of Language and Translation* [M]. Shanghai: Shanghai Foreign Language Education Press, 2001。

Stern, Josef. *Metaphor in Contex* [M]. Cambridge: The MIT Press. 2000.

Strunk Jr., William & White E. B. *The Element of Style* [M]. New York: Macmillan Publishing Co., Inc., 1979.

Sweetser, E. From Etymology to Pragmatics—Metaphorical and Cultural Aspects of Semantics Structure [M]. Beijing: Peking University Press. 2002.

Talmy, Leonard. *Ten Lectures on Cognitive Semantics by Leonard Talmy.* [M]. Beijing: Foreign Language Teaching and Research Press, 2010.

Talmy, Leonard. *Toward a Cognitive Semantics* (*I*, *II*). [M]. London: A Bradford Book/ The MIT Press, 2003.

Talor, John. *Ten Lectures on Applied Cognitive Linguistics by John Talor.* [M]. Beijing: Foreign Language Teaching and Research Press, 2007.

Taylor, John. 1995. *Linguistic Categorization* (*second edition*) [M]. Oxford: Oxford University Press.

Taylor, John. 1995. *Linguistic Categorization* (*third edition*) [M]. Oxford: Oxford University Press.

Toury, Gideon. *Descriptive Translation Studies and Beyond* [M]. Amsterdam—Philadelphia: John Benjamins, 1995.

Trosborg, Anna. *Text Typology and Translation* [C], Amsterdam/ Philadelphia: John Benjamins Publishing Company, 1997.

Turner, Mark. *Ten Lectures on Mind and Language by Mark Turner.* [M]. Beijing: Foreign Language Teaching and Research Press, 2010.

Ungerer, Jans-Jorg; and Friedrich Schmid. *An Introduction to Cognitive Linguistics* [M]. New York: Longman, 1996.

Venuti, Lawrence. *The Scandals of Translation—Towards an ethics of difference* [M]. London: Routledge. 1995.

Venuti, Lawrence. *The Translator's Invisibility* [M]. London & New York, 1995.

Verschueren, J. *Understanding Pragmatics* [M]. Beijing: Beijing Foreign Languages Teaching and Research Press, 2000.

Wang Bin. *Translation and Conceptual Integration* [M]. Shanghai: Donghua University Press. 2004.

White, Roger M. *The Structure of Metaphor* [M]. London: Blackwell Publishers. 1996.

200Widdowson, H. G. *Stylistics and Teaching of Literature* [M] . London: Longman, 1975.

Wilss, W. *The Science of Translation—Problems and Methods* [M]. Shanghai: Shanghai Foreign Language Education Press. 2001.

附录 A　英语问卷

Dear Sir or Madam：

I am Wenghui Zhang, a Ph. D. candidate from China. Here we have an anonymous questionnaire for you to answer. It is an investigation on feeling dimension of the semantic prototypes of British people, which will be used as data in my Ph. D. dissertation. I do promise that no personal information in your questionnaire will be leaked out without prior permission in writing from you. Would you please spend a few minutes answering the following questions? I will cherish and appreciate your help. Thank you very much indeed!

Best wishes!

Sincerely Yours,

Wenghui Zhang

Questionnaire

In the followingsection we would like you to answer some questions by simply giving marks from 1 to 5.

5 = very much, 4 = quite a lot, 3 = so-so, 2 = not really, 1 = not at all

For example, if you like "hamburgers" very much, "bean soup" not very much, and "spinach" not at all, write this：

	hamburgers	bean soup	spinach
How much do you like these foods?	5	2	1

1. Please put one (and only one) whole number in each box and don't leave out any of them. Thanks.

5 = very much, 4 = quite a lot, 3 = so-so, 2 = not really, 1 = not at all

	apple	apricot	avocado	banana	coconut	cherry	date	fig	grapefruit
How much do you like these fruits?									

	grape	kiwifruit	lime	lemon	lychee	melon	mango	pear	pineapple
How much do you like these fruits?									

	peach	orange	raspberry	strawberry	satsuma	watermelon
How much do you like these fruits?						

	courgette	garlic	potato	cabbage	ginger	okra	bean sprout	onion
How much do you like these vegetables?								

	beetroot	aubergine	globe artichoke	marrow	pod	pea	cauliflower
How much do you like these vegetables?							

	brussel sprout	parsnip	swede	celeriac	leek	asparagu	pumpkin
How much do you like these vegetables?							

	mushroom	yam	sweet potato	carrot	green bean	pepper	celery
How much do you like these vegetables?							

	sweetcorn	lettuce	fennel	spring onion	radish	tomato
How much do you like these vegetables?						

	pansy	clover	dandelion	nettle	buttercup	orchid	hyacinth	fuchsia
How much do you like these flowers?								

	chrysanthemum	daisy	tulip	honeysuckle	hollycock	snowdrop	lily
How much do you like these flowers?							

	carnation	daffodil	foxglove	poppy	hollyhock	bluebell	rose	lupin
How much do you like these flowers?								

	camel	hippopotamus	elephant	lion	giraffe	crocodile	gorilla
How much do you like these animals?							

	tiger	buffalo	peacock	seagull	pigeon	sparrow	swallow	rhinocero
How much do you like these animals?								

	eagle	owl	chick	dog	robin	duck	horse	donkey	squirrel	goose
How much do you like these animals?										

	ox	goat	sheep	blackbird	kangaroo	cat	mouse	pig	tortoise
How much do you like these animals?									

	football	American football	tennis	wresting	basketball	hockey	table tennis
How much do you like these sports?							

	baseball	ice hockey	hurdles	bungee jumping	rugby	athletics	archery	golf
How much do you like these sports?								

	judo	karate	gymnastics	horseracing	surfing	rollerblading	climbing	dicus
How much do you like these sports?								

	spring	summer	autumn	winter
How much do you like these seasons?				

	red	yellow	green	blue	purple	brown	white	black	pink	carmine
How much do you like these colours?										

2. Finally, please answer these personal questions:

Gender: male _____ female _____

Age: below 18 _____ 18–45 _____ 45–65 _____ above 65 _____

Nationality: _____ Ethnic group: _____

Occupation: _____ Religion: _____

Academic degree, diploma, certificate: _____

E-mailaddress (if you are willing to let me know) _____

附录 B　汉语问卷

尊贵的先生/女士：

　　您好！我是南开大学的博士生张翁荟。我们有一份匿名问卷请您填写。这是一个关于中国人语义原型中情感维度的调查，其中的数据将被用进我的博士论文。我郑重承诺：没有您的书面授权，本问卷中有关您个人的任何信息都不会被泄露出去。请您花上几分钟时间填写下面的问卷好吗？我非常珍视和感激您的帮助。万分感谢！

　　祝您万事如意！

张翁荟敬呈

问　卷

请用标注 1-5 数字的方式回答下列的问题：

5 = 非常，4 = 相当，3 = 一般，2 = 并不，1 = 根本不

　　例如，如果您非常喜欢"汉堡包"，并不喜欢"豆汤"，根本不喜欢"菠菜"，您可以这样填写：

	汉堡包	豆汤	菠菜
您喜爱这些食物的程度如何？	5	2	1

1. 请在每个空格中填入一个数字，不要漏掉任何一项。谢谢！

5 = 非常，4 = 相当，3 = 一般，2 = 并不，1 = 根本不

	苹果	杏	鳄梨	香蕉	椰子	樱桃	枣	无花果	柚子
您喜欢这些水果的程度如何？									

	葡萄	猕猴桃	酸橙	柠檬	荔枝	甜瓜	芒果	梨子	菠萝
您喜欢这些水果的程度如何？									

	桃子	柑桔	黑莓	草莓	无核小蜜桔		西瓜
您喜欢这些水果的程度如何？							

	西葫芦	大蒜	土豆	卷心菜	姜	羊角豆	豆芽	洋葱
您喜欢这些蔬菜的程度如何？								

	甜菜根	茄子	朝鲜蓟	葫芦	豆荚	豌豆	花菜
您喜欢这些蔬菜的程度如何？							

	抱子甘蓝	欧洲萝卜	蕉青甘蓝	块根芹	韭菜	芦笋	南瓜
您喜欢这些蔬菜的程度如何？							

	蘑菇	山药	红薯	胡萝卜	四季豆	菜椒	芹菜
您喜欢这些蔬菜的程度如何？							

	玉米	莴苣	茴香	大葱	红皮小萝卜		西红柿
您喜欢这些蔬菜的程度如何？							

	三色紫罗兰	苜蓿	蒲公英	荨麻	毛茛	兰花	风信子	灯笼海棠
您喜欢这些花卉的程度如何？								

	菊花	雏菊	郁金香	金银花	冬青	雪莲花	百合花
您喜欢这些花卉的程度如何？							

	康乃馨	水仙	毛地黄	罂粟花	蜀葵花	兰铃花	玫瑰	羽扇豆
您喜欢这些花卉的程度如何？								

	骆驼	河马	大象	狮子	长颈鹿	鳄鱼	大猩猩
您喜欢这些动物的程度如何？							

	老虎	水牛	孔雀	海鸥	鸽子	麻雀	燕子	犀牛
您喜欢这些动物的程度如何？								

	鹰	猫头鹰	鸡	狗	知更鸟	鸭子	马	驴	松鼠	鹅
您喜欢这些动物的程度如何？										

	牛	山羊	绵羊	山鸟	袋鼠	猫	老鼠	猪	乌龟
您喜欢这些动物的程度如何？									

	足球	美式橄榄球	网球	摔跤	篮球	曲棍球	乒乓球
您喜欢这些运动项目的程度如何？							

	棒球	冰球	跨栏	蹦极	橄榄球	健身术	射箭	高尔夫
您喜欢这些运动项目的程度如何？								

	柔道	空手道	体操	赛马	冲浪	溜旱冰	攀岩	铁饼
您喜欢这些运动项目的程度如何？								

	春季	夏季	秋季	冬季
您喜欢这些季节的程度如何？				

	红色	黄色	绿色	蓝色	紫色	棕色	白色	黑色	粉红色	深红色
您喜欢这些色彩的程度如何？										

2. 最后，请您回答有关本人身份的问题。

性别：男_____ 女_____

年龄：18 岁以下_____ 18-45 岁_____ 45-65 岁_____ 65 岁以上_____

国籍：_____ 民族：_____ 职业：_____

学历、学位：_____

电子邮件地址（如果您愿意告诉我们）_____

附录 C 英汉语义原型不喜欢百分比统计表及动物熟语统计表

表 C1　英汉语义原型情感维度对事物不喜欢程度百分比统计表

	第一次	第二次	第三次	中位数		第一次	第二次	第三次	中位数
苹果（英）	3.30	4.90	5.00	4.40	苹果（汉）	3.30	4.90	5.00	4.40
杏（英）	43.30	48.80	51.70	47.93	杏（汉）	20.00	22.00	21.70	21.23
鳄梨（英）	63.30	68.30	73.30	68.30	鳄梨（汉）	13.30	14.60	25.00	17.63
香蕉（英）	30.00	26.80	23.30	26.70	香蕉（汉）	0.00	0.00	1.70	0.57
椰子（英）	50.00	46.30	51.70	49.33	椰子（汉）	20.00	19.50	20.00	19.83
樱桃（英）	20.00	22.00	23.30	21.77	樱桃（汉）	26.70	22.00	16.70	21.80
枣（英）	66.70	73.20	71.70	70.53	枣（汉）	20.00	22.00	20.00	20.67
无花果（英）	70.00	75.60	76.70	74.10	无花果（汉）	36.70	36.60	38.30	37.20
柚子（英）	46.70	51.20	46.70	48.20	柚子（汉）	43.30	41.50	33.30	39.37
葡萄（英）	0.00	0.00	1.70	0.57	葡萄（汉）	0.00	0.00	1.70	0.57
猕猴桃（英）	23.30	24.40	28.30	25.33	猕猴桃（汉）	10.00	14.60	10.00	11.53
酸橙（英）	23.30	36.60	43.30	34.40	酸橙（汉）	13.30	19.50	21.70	18.17
柠檬（英）	20.00	31.70	35.00	28.90	柠檬（汉）	23.30	29.30	35.00	29.20
荔枝（英）	70.00	68.30	75.00	71.10	荔枝（汉）	6.70	14.60	18.30	13.20
甜瓜（英）	33.30	29.30	33.30	31.97	甜瓜（汉）	20.00	22.00	15.00	19.00
芒果（英）	40.00	39.00	45.00	41.33	芒果（汉）	33.30	31.70	33.30	32.77
梨子（英）	26.70	26.80	26.70	26.73	梨子（汉）	3.30	2.40	3.30	3.00

	第一次	第二次	第三次	中位数		第一次	第二次	第三次	中位数
菠萝（英）	36.70	31.70	31.70	33.37	菠萝（汉）	3.30	4.90	3.30	3.83
桃子（英）	23.30	17.10	20.00	20.13	桃子（汉）	3.30	2.40	1.70	2.47
柑桔（英）	3.30	7.30	8.30	6.30	柑桔（汉）	16.70	17.10	11.70	15.17
黑莓（英）	13.30	14.60	21.70	16.53	黑莓（汉）	23.30	22.00	25.00	23.43
草莓（英）	3.30	2.40	3.30	3.00	草莓（汉）	0.00	0.00	0.00	0.00
无核小桔（英）	33.30	31.70	33.30	32.77	无核小桔（汉）	16.70	19.50	15.00	17.07
西瓜（英）	30.00	31.70	40.00	33.90	西瓜（汉）	0.00	0.00	0.00	0.00
西葫芦（英）	53.30	56.10	61.70	57.03	西葫芦（汉）	46.70	46.30	40.00	44.33
大蒜（英）	26.70	24.40	18.30	23.13	大蒜（汉）	46.70	51.20	40.00	45.97
土豆（英）	10.00	7.30	6.70	8.00	土豆（汉）	6.70	4.90	3.30	4.97
卷心菜（英）	30.00	26.80	30.00	28.93	卷心菜（汉）	6.70	7.30	8.30	7.43
姜（英）	33.30	43.90	53.30	43.50	姜（汉）	70.00	70.70	51.70	64.13
羊角豆（英）	66.70	73.20	78.30	72.73	羊角豆（汉）	36.70	39.00	36.70	37.47
豆芽（英）	53.30	43.90	46.70	47.97	豆芽（汉）	16.70	19.50	20.00	18.73
洋葱（英）	23.30	22.00	26.30	24.00	洋葱（汉）	43.30	43.90	36.70	41.30
甜菜根（英）	46.70	43.90	43.30	44.63	甜菜根（汉）	53.30	53.70	56.70	54.57
茄子（英）	70.00	65.90	70.00	68.63	茄子（汉）	26.70	24.40	16.70	22.60
朝鲜蓟（英）	76.70	78.00	80.00	78.23	朝鲜蓟（汉）	63.30	63.40	61.70	62.80
葫芦（英）	60.00	68.30	78.30	68.87	葫芦（汉）	66.70	61.00	58.30	62.00
豆荚（英）	70.00	68.30	65.00	67.77	豆荚（汉）	23.30	26.80	25.00	25.03
豌豆（英）	40.00	36.60	35.00	37.20	豌豆（汉）	16.70	22.00	18.30	19.00
花菜（英）	36.70	29.30	38.30	34.77	花菜（汉）	20.00	22.00	18.30	20.10

续表

	第一次	第二次	第三次	中位数		第一次	第二次	第三次	中位数
抱子甘蓝（英）	53.30	46.30	51.70	50.43	抱子甘蓝（汉）	53.30	51.20	53.30	52.60
欧洲萝卜（英）	36.70	39.00	51.70	42.47	欧洲萝卜（汉）	46.70	48.80	53.30	49.60
蕉青甘蓝（英）	60.00	53.70	60.00	57.90	蕉青甘蓝（汉）	56.70	56.10	58.30	57.03
块根芹（英）	63.30	68.30	70.00	67.20	块根芹（汉）	60.00	58.50	55.00	57.83
韭菜（英）	46.70	51.20	50.00	49.30	韭菜（汉）	13.30	14.60	11.70	13.20
芦笋（英）	53.30	58.50	65.00	58.93	芦笋（汉）	40.00	34.10	26.70	33.60
南瓜（英）	63.30	68.30	73.30	68.30	南瓜（汉）	26.70	29.30	20.00	25.33
蘑菇（英）	16.70	39.00	26.70	27.47	蘑菇（汉）	6.70	7.30	6.70	6.90
山药（英）	66.70	73.20	78.30	72.73	山药（汉）	36.70	39.00	28.30	34.67
红薯（英）	43.30	41.50	50.00	44.93	红薯（汉）	6.70	7.30	6.70	6.90
胡萝卜（英）	13.30	9.80	16.70	13.27	胡萝卜（汉）	23.30	26.80	21.30	23.80
四季豆（英）	40.00	41.50	43.30	41.60	四季豆（汉）	20.00	26.80	23.30	23.37
菜椒（英）	26.70	29.30	30.00	28.67	菜椒（汉）	23.30	26.80	21.70	23.93
芹菜（英）	46.70	48.80	53.30	49.60	芹菜（汉）	23.30	22.00	15.00	20.10
玉米（英）	30.00	26.80	36.70	31.17	玉米（汉）	10.00	9.80	10.00	9.93
莴苣（英）	23.30	19.50	23.30	22.03	莴苣（汉）	20.00	19.50	15.00	18.17
茴香（英）	70.00	73.20	76.70	73.30	茴香（汉）	53.30	56.10	45.00	51.47
大葱（英）	33.30	34.10	33.30	33.57	大葱（汉）	53.30	53.70	40.00	49.00
红皮萝卜（英）	66.70	68.30	63.30	66.10	红皮萝卜（汉）	26.70	31.70	23.30	27.23
西红柿（英）	16.70	22.00	25.00	21.23	西红柿（汉）	6.70	7.30	5.00	6.33

	第一次	第二次	第三次	中位数		第一次	第二次	第三次	中位数
三色紫罗兰（英）	26.70	22.00	28.30	25.67	三色紫罗兰（汉）	26.70	14.60	10.00	17.10
苜蓿（英）	63.30	51.20	50.00	54.83	苜蓿（汉）	40.00	46.30	43.30	43.20
蒲公英（英）	70.00	65.90	66.70	67.53	蒲公英（汉）	30.00	36.60	36.70	34.43
荨麻（英）	90.00	87.80	90.00	89.27	荨麻（汉）	46.70	53.70	51.70	50.70
毛茛（英）	46.70	39.00	45.00	43.57	毛茛（汉）	56.70	58.50	56.70	57.30
兰花（英）	23.30	19.50	21.70	21.50	兰花（汉）	13.30	17.10	15.00	15.13
风信子（英）	50.00	41.50	38.30	43.27	风信子（汉）	26.70	34.10	30.00	30.27
灯笼海棠（英）	33.30	24.40	28.30	28.67	灯笼海棠（汉）	3.30	14.60	15.00	10.97
菊花（英）	40.00	31.70	33.30	35.00	菊花（汉）	6.70	9.80	10.00	8.83
雏菊（英）	33.30	26.80	30.00	30.03	雏菊（汉）	13.30	17.10	15.00	15.13
郁金香（英）	13.30	12.20	18.30	14.60	郁金香（汉）	3.30	14.60	10.00	9.30
金银花（英）	36.70	29.30	31.70	32.57	金银花（汉）	3.30	14.60	13.30	10.40
冬青（英）	36.70	36.60	48.30	40.53	冬青（汉）	13.30	19.50	15.00	15.93
雪莲花（英）	16.70	14.60	23.30	18.20	雪莲花（汉）	3.30	7.30	5.00	5.20
百合花（英）	20.00	14.60	21.70	18.77	百合花（汉）	6.70	12.20	8.30	9.07
康乃馨（英）	30.00	22.00	21.70	24.57	康乃馨（汉）	3.30	9.80	6.70	6.60
水仙（英）	26.70	22.00	23.30	24.00	水仙（汉）	0.00	7.30	5.00	4.10
毛地黄（英）	26.70	26.80	33.30	28.93	毛地黄（汉）	40.00	46.30	46.70	44.33
罂粟花（英）	13.30	9.80	16.70	13.27	罂粟花（汉）	40.00	43.90	41.70	41.87
蜀葵花（英）	33.30	31.70	41.70	35.57	蜀葵花（汉）	40.00	43.90	40.00	41.30
兰铃花（英）	26.70	24.40	25.00	25.37	兰铃花（汉）	26.70	34.10	33.30	31.37
玫瑰（英）	23.30	22.00	20.00	21.77	玫瑰（汉）	0.00	7.30	5.00	4.10

续表

	第一次	第二次	第三次	中位数		第一次	第二次	第三次	中位数
羽扇豆（英）	30.00	26.80	38.30	31.70	羽扇豆（汉）	40.00	46.30	45.00	43.77
骆驼（英）	40.00	36.60	38.30	38.30	骆驼（汉）	16.70	17.10	15.00	16.27
河马（英）	40.00	34.10	33.30	35.80	河马（汉）	23.30	29.30	28.30	26.97
大象（英）	16.70	14.60	15.00	15.43	大象（汉）	16.70	19.50	16.70	17.63
狮子（英）	16.70	14.60	13.30	14.87	狮子（汉）	10.00	14.60	11.70	12.10
长颈鹿（英）	20.00	14.60	18.30	17.63	长颈鹿（汉）	13.30	17.10	13.30	14.57
鳄鱼（英）	53.30	46.30	50.00	49.87	鳄鱼（汉）	43.30	48.80	48.30	46.80
大猩猩（英）	26.70	24.40	26.70	25.93	大猩猩（汉）	33.30	41.50	41.70	38.83
老虎（英）	20.00	19.50	18.30	19.27	老虎（汉）	3.30	7.30	6.70	5.77
水牛（英）	33.30	34.10	43.30	36.90	水牛（汉）	23.30	24.40	20.00	22.57
孔雀（英）	30.00	26.80	25.00	27.27	孔雀（汉）	13.30	19.50	16.70	16.50
海鸥（英）	60.00	61.00	61.70	60.90	海鸥（汉）	6.70	14.60	11.70	11.00
鸽子（英）	70.00	65.90	63.30	66.40	鸽子（汉）	6.70	7.30	6.70	6.90
麻雀（英）	43.30	39.00	40.00	40.77	麻雀（汉）	40.00	34.10	31.70	35.27
燕子（英）	33.30	31.70	33.30	32.77	燕子（汉）	10.00	12.20	10.00	10.73
犀牛（英）	33.30	34.10	38.30	35.23	犀牛（汉）	26.70	36.60	41.70	35.00
鹰（英）	20.00	17.10	21.70	19.60	鹰（汉）	6.70	12.20	13.30	10.73
猫头鹰（英）	13.30	12.20	16.70	14.07	猫头鹰（汉）	30.00	34.10	35.00	33.03
鸡（英）	16.70	12.20	20.00	16.30	鸡（汉）	13.30	17.10	13.30	14.57
狗（英）	10.00	7.30	11.70	9.67	狗（汉）	10.00	7.30	8.30	8.53
知更鸟（英）	20.00	17.10	18.30	18.47	知更鸟（汉）	20.00	24.40	25.00	23.13
鸭子（英）	23.30	17.10	13.30	17.90	鸭子（汉）	33.30	36.60	30.00	33.30
马（英）	13.30	9.80	13.30	12.13	马（汉）	6.70	9.80	10.00	8.83
驴（英）	16.70	17.10	15.00	16.27	驴（汉）	30.00	36.60	33.30	33.30

	第一次	第二次	第三次	中位数		第一次	第二次	第三次	中位数
松鼠（英）	36.70	29.30	26.70	30.90	松鼠（汉）	6.70	14.60	15.00	12.10
鹅（英）	40.00	39.00	45.00	41.33	鹅（汉）	16.70	22.00	16.70	18.47
牛（英）	50.00	48.80	51.70	50.17	牛（汉）	20.00	24.40	28.30	24.23
山羊（英）	30.00	29.30	31.70	30.33	山羊（汉）	16.70	22.00	20.00	19.57
绵羊（英）	36.70	29.30	30.00	32.00	绵羊（汉）	13.30	22.00	21.70	19.00
山鸟（英）	43.30	39.00	40.00	40.77	山鸟（汉）	16.70	24.40	23.30	21.47
袋鼠（英）	16.70	17.10	18.30	17.37	袋鼠（汉）	6.70	14.60	16.70	12.67
猫（英）	36.70	39.00	43.30	39.67	猫（汉）	16.70	19.50	18.30	18.17
老鼠（英）	50.00	51.20	51.70	50.97	老鼠（汉）	86.70	85.40	81.70	84.60
猪（英）	43.30	43.90	46.70	44.63	猪（汉）	43.30	46.30	45.00	44.87
乌龟（英）	26.70	24.40	23.30	24.80	乌龟（汉）	26.70	26.80	26.70	26.73
足球（英）	30.00	29.30	38.30	32.53	足球（汉）	10.00	12.20	15.00	12.40
美式橄榄球（英）	73.30	78.00	80.00	77.10	美式橄榄球（汉）	40.00	46.30	46.70	44.33
网球（英）	40.00	39.00	45.00	41.33	网球（汉）	30.00	29.30	28.30	29.20
摔跤（英）	70.00	70.70	68.30	69.67	摔跤（汉）	46.70	53.70	55.00	51.80
篮球（英）	46.70	46.30	53.30	48.77	篮球（汉）	3.30	4.90	6.70	4.97
曲棍球（英）	50.00	56.10	63.30	56.47	曲棍球（汉）	43.30	43.90	41.70	42.97
乒乓球（英）	60.00	56.10	58.30	58.13	乒乓球（汉）	13.30	14.60	16.70	14.87
棒球（英）	63.30	63.40	65.00	63.90	棒球（汉）	26.70	31.70	36.70	31.70
冰球（英）	60.00	63.40	60.00	61.13	冰球（汉）	36.70	36.60	45.00	39.43
跨栏（英）	53.30	53.70	60.00	55.67	跨栏（汉）	33.30	36.60	40.00	36.63
蹦极（英）	43.30	46.30	56.70	48.77	蹦极（汉）	23.30	29.30	31.70	28.10
橄榄球（英）	33.30	41.50	50.00	41.60	橄榄球（汉）	40.00	41.50	45.00	42.17

续表

	第一次	第二次	第三次	中位数		第一次	第二次	第三次	中位数
健身术（英）	36.70	34.10	36.70	35.83	健身术（汉）	26.70	29.30	30.00	28.67
射箭（英）	50.00	56.10	55.00	53.70	射箭（汉）	16.70	19.50	23.30	19.83
高尔夫（英）	56.70	58.50	61.70	58.97	高尔夫（汉）	10.00	14.60	18.30	14.30
柔道（英）	53.30	51.20	55.00	53.17	柔道（汉）	36.70	34.10	33.30	34.70
空手道（英）	46.70	43.90	50.00	46.87	空手道（汉）	26.70	26.80	28.30	27.27
体操（英）	43.30	39.00	48.30	43.53	体操（汉）	13.30	19.50	23.30	18.70
赛马（英）	63.30	61.00	65.00	63.10	赛马（汉）	33.30	31.70	33.30	32.77
冲浪（英）	56.70	58.50	63.30	59.50	冲浪（汉）	20.00	24.40	23.30	22.57
溜旱冰（英）	46.70	48.80	53.30	49.60	溜旱冰（汉）	20.00	19.50	21.70	20.40
攀岩（英）	30.00	39.00	45.00	38.00	攀岩（汉）	20.00	17.10	18.30	18.47
铁饼（英）	60.00	61.00	70.00	63.67	铁饼（汉）	56.70	53.70	55.00	55.13
春季（英）	23.30	22.00	18.30	21.20	春季（汉）	0.00	0.00	0.00	0.00
夏季（英）	6.70	4.90	5.00	5.53	夏季（汉）	16.70	19.50	18.30	18.17
秋季（英）	20.00	14.60	13.30	15.97	秋季（汉）	0.00	0.00	0.00	0.00
冬季（英）	26.70	24.40	25.00	25.37	冬季（汉）	13.30	14.60	13.30	13.73
红色（英）	26.70	19.50	16.70	20.97	红色（汉）	6.70	9.80	8.30	8.27
黄色（英）	33.30	29.30	28.30	30.30	黄色（汉）	13.30	14.60	13.30	13.73
绿色（英）	20.00	19.50	23.30	20.93	绿色（汉）	6.70	7.30	10.00	8.00
蓝色（英）	6.70	9.80	6.70	7.73	蓝色（汉）	6.70	9.80	10.00	8.83
紫色（英）	26.70	22.00	23.30	24.00	紫色（汉）	10.00	14.60	13.30	12.63
棕色（英）	56.70	56.10	60.00	57.60	棕色（汉）	26.70	29.30	28.30	28.10
白色（英）	40.00	34.10	36.70	36.93	白色（汉）	10.00	14.60	15.00	13.20
黑色（英）	40.00	29.30	33.30	34.20	黑色（汉）	16.70	14.60	13.30	14.87
粉红色（英）	50.00	36.60	40.00	42.20	粉红色（汉）	10.00	22.00	25.00	19.00
深红色（英）	60.00	51.20	51.70	54.30	深红色（汉）	13.30	22.00	23.30	19.53

表 C2　英语动物熟语分类表格

	不喜欢 百分比	熟语数量	贬义熟 语数量	贬义熟语 百分比	中性熟 语数量	中性熟语 百分比
骆驼（英）	38.30%	4	2	50.00%	2	50.00%
河马（英）	35.80%	0	0	0.00%	0	0.00%
大象（英）	15.43%	5	2	40.00%	0	0.00%
狮子（英）	14.87%	14	4	28.57%	2	14.29%
长颈鹿（英）	17.63%	0	0	0.00%	0	0.00%
鳄鱼（英）	49.87%	2	1	50.00%	1	50.00%
大猩猩（英）	25.93%	0	0	0.00%	0	0.00%
老虎（英）	19.27%	5	1	20.00%	0	0.00%
水牛（英）	36.90%	0	0	0.00%	0	0.00%
孔雀（英）	27.27%	4	1	25.00%	0	0.00%
海鸥（英）	60.90%	0	0	0.00%	0	0.00%
鸽子（英）	66.40%	8	2	25.00%	5	62.50%
麻雀（英）	40.77%	0	0	0.00%	0	0.00%
燕子（英）	32.77%	1	0	0.00%	1	100.00%
犀牛（英）	35.23%	1	1	100.00%	0	0.00%
鹰（英）	19.60%	1	0	0.00%	0	0.00%
猫头鹰（英）	14.07%	5	2	40.00%	1	20.00%
鸡（英）	16.30%	11	2	18.18%	4	36.36%
狗（英）	9.67%	101	13	12.87%	15	14.85%
知更鸟（英）	18.47%	3	1	33.33%	1	33.33%
鸭子（英）	17.90%	22	7	31.82%	9	40.91%
马（英）	12.13%	77	6	7.79%	10	12.99%
驴（英）	16.27%	22	22	100.00%	0	0.00%

续表

	不喜欢百分比	熟语数量	贬义熟语数量	贬义熟语百分比	中性熟语数量	中性熟语百分比
松鼠（英）	30.90%	1	0	0.00%	1	100.00%
鹅（英）	41.33%	25	22	88.00%	1	4.00%
牛（英）	50.17%	31	11	35.48%	5	16.13%
山羊（英）	30.33%	6	5	83.33%	1	16.67%
绵羊（英）	32.00%	18	8	44.44%	3	16.67%
山鸟（英）	40.77%	0	0	0.00%	0	0.00%
袋鼠（英）	17.37%	0	0	0.00%	0	0.00%
猫（英）	39.67%	24	14	58.33%	6	25.00%
老鼠（英）	50.97%	11	7	63.64%	2	18.18%
猪（英）	44.63%	8	7	87.50%	1	12.50%
乌龟（英）	24.80%	2	0	0.00%	2	100.00%

表 C3　汉语动物熟语分类表格

	不喜欢百分比	熟语数量	贬义熟语数量	贬义熟语百分比	中性熟语数量	中性熟语百分比
骆驼（汉）	16.27%	35	1	2.86%	31	88.57%
河马（汉）	26.97%	0	0	0.00%	0	0.00%
大象（汉）	17.63%	25	0	0.00%	22	88.00%
狮子（汉）	12.10%	11	1	9.09%	8	72.73%
长颈鹿（汉）	14.57%	1	0	0.00%	1	100.00%
鳄鱼（汉）	46.80%	5	5	100.00%	0	0.00%
大猩猩（汉）	38.83%	0	0	0.00%	0	0.00%
老虎（汉）	5.77%	369	48	13.01%	269	72.90%
水牛（汉）	22.57%	13	0	0.00%	13	100.00%

	不喜欢百分比	熟语数量	贬义熟语数量	贬义熟语百分比	中性熟语数量	中性熟语百分比
孔雀（汉）	16.50%	4	1	25.00%	3	75.00%
海鸥（汉）	11.00%	0	0	0.00%	0	0.00%
鸽子（汉）	6.90%	0	0	0.00%	0	0.00%
麻雀（汉）	35.27%	75	3	4.00%	69	92.00%
燕子（汉）	10.73%	40	5	12.50%	9	22.50%
犀牛（汉）	35.00%	0	0	0.00%	0	0.00%
鹰（汉）	10.73%	18	3	16.67%	12	66.67%
猫头鹰（汉）	33.03%	7	6	85.71%	1	14.29%
鸡（汉）	14.57%	262	28	10.69%	222	84.73%
狗（汉）	8.53%	382	230	60.21%	141	36.91%
知更鸟（汉）	23.13%	0	0	0.00%	0	0.00%
鸭子（汉）	33.30%	84	9	10.71%	71	84.52%
马（汉）	8.83%	407	15	3.69%	215	52.83%
驴（汉）	33.30%	104	22	21.15%	80	76.92%
松鼠（汉）	12.10%	0	0	0.00%	0	0.00%
鹅（汉）	18.47%	25	3	12.00%	21	84.00%
牛（汉）	24.23%	166	11	6.63%	61	36.75%
山羊（汉）	19.57%	9	0	0.00%	7	77.78%
绵羊（汉）	19.00%	4	0	0.00%	4	100.00%
山鸟（汉）	21.47%	0	0	0.00%	0	0.00%
袋鼠（汉）	12.67%	0	0	0.00%	0	0.00%
猫（汉）	18.17%	111	7	6.31%	100	90.09%
老鼠（汉）	84.60%	210	190	90.48%	20	9.52%
猪（汉）	44.87%	91	34	37.36%	57	62.64%
乌龟（汉）	26.73%	49	15	30.61%	26	53.06%

附录 D　不喜欢百分比统计表（英语第三次）

苹果

		Frequency	Percent	Valid Percent	Cumulative Percent
Valid	并不	3	5.0	5.0	5.0
	一般	11	18.3	18.3	23.3
	相当	27	45.0	45.0	68.3
	非常	19	31.7	31.7	100.0
	Total	60	100.0	100.0	

樱桃

		Frequency	Percent	Valid Percent	Cumulative Percent
Valid	根本不	5	8.3	8.3	8.3
	并不	9	15.0	15.0	23.3
	一般	15	25.0	25.0	48.3
	相当	11	18.3	18.3	66.7
	非常	20	33.3	33.3	100.0
	Total	60	100.0	100.0	

杏

		Frequency	Percent	Valid Percent	Cumulative Percent
Valid	根本不	16	26.7	26.7	26.7
	并不	15	25.0	25.0	51.7
	一般	12	20.0	20.0	71.7
	相当	10	16.7	16.7	88.3
	非常	7	11.7	11.7	100.0
	Total	60	100.0	100.0	

枣

		Frequency	Percent	Valid Percent	Cumulative Percent
Valid	根本不	34	56.7	56.7	56.7
	并不	9	15.0	15.0	71.7
	一般	8	13.3	13.3	85.0
	相当	6	10.0	10.0	95.0
	非常	3	5.0	5.0	100.0
	Total	60	100.0	100.0	

鳄梨

		Frequency	Percent	Valid Percent	Cumulative Percent
Valid	根本不	35	58.3	58.3	58.3
	并不	9	15.0	15.0	73.3
	一般	10	16.7	16.7	90.0
	相当	2	3.3	3.3	93.3
	非常	4	6.7	6.7	100.0
	Total	60	100.0	100.0	

无花果

		Frequency	Percent	Valid Percent	Cumulative Percent
Valid	根本不	38	63.3	63.3	63.3
	并不	8	13.3	13.3	76.7
	一般	9	15.0	15.0	91.7
	相当	4	6.7	6.7	98.3
	非常	1	1.7	1.7	100.0
	Total	60	100.0	100.0	

香蕉

		Frequency	Percent	Valid Percent	Cumulative Percent
Valid	根本不	7	11.7	11.7	11.7
	并不	7	11.7	11.7	23.3
	一般	8	13.3	13.3	36.7
	相当	19	31.7	31.7	68.3
	非常	19	31.7	31.7	100.0
	Total	60	100.0	100.0	

柚子

		Frequency	Percent	Valid Percent	Cumulative Percent
Valid	根本不	19	31.7	31.7	31.7
	并不	9	15.0	15.0	46.7
	一般	11	18.3	18.3	65.0
	相当	11	18.3	18.3	83.3
	非常	10	16.7	16.7	100.0
	Total	60	100.0	100.0	

椰子

		Frequency	Percent	Valid Percent	Cumulative Percent
Valid	根本不	24	40.0	40.0	40.0
	并不	7	11.7	11.7	51.7
	一般	15	25.0	25.0	76.7
	相当	11	18.3	18.3	95.0
	非常	3	5.0	5.0	100.0
	Total	60	100.0	100.0	

葡萄

		Frequency	Percent	Valid Percent	Cumulative Percent
Valid	根本不	1	1.7	1.7	1.7
	一般	4	6.7	6.7	8.3
	相当	19	31.7	31.7	40.0
	非常	36	60.0	60.0	100.0
	Total	60	100.0	100.0	

狒猴桃

		Frequency	Percent	Valid Percent	Cumulative Percent
Valid	根本不	9	15.0	15.0	15.0
	并不	8	13.3	13.3	28.3
	一般	13	21.7	21.7	50.0
	相当	13	21.7	21.7	71.7
	非常	17	28.3	28.3	100.0
	Total	60	100.0	100.0	

菠萝

		Frequency	Percent	Valid Percent	Cumulative Percent
Valid	根本不	10	16.7	16.7	16.7
	并不	9	15.0	15.0	31.7
	一般	12	20.0	20.0	51.7
	相当	11	18.3	18.3	70.0
	非常	18	30.0	30.0	100.0
	Total	60	100.0	100.0	

酸橙

		Frequency	Percent	Valid Percent	Cumulative Percent
Valid	根本不	15	25.0	25.0	25.0
	并不	11	18.3	18.3	43.3
	一般	19	31.7	31.7	75.0
	相当	10	16.7	16.7	91.7
	非常	5	8.3	8.3	100.0
	Total	60	100.0	100.0	

桃子

		Frequency	Percent	Valid Percent	Cumulative Percent
Valid	根本不	5	8.3	8.3	8.3
	并不	7	11.7	11.7	20.0
	一般	11	18.3	18.3	38.3
	相当	18	30.0	30.0	68.3
	非常	19	31.7	31.7	100.0
	Total	60	100.0	100.0	

柠檬

		Frequency	Percent	Valid Percent	Cumulative Percent
Valid	根本不	16	26.7	26.7	26.7
	并不	5	8.3	8.3	35.0
	一般	23	38.3	38.3	73.3
	相当	11	18.3	18.3	91.7
	非常	5	8.3	8.3	100.0
	Total	60	100.0	100.0	

柑桔

		Frequency	Percent	Valid Percent	Cumulative Percent
Valid	根本不	3	5.0	5.0	5.0
	并不	2	3.3	3.3	8.3
	一般	13	21.7	21.7	30.0
	相当	18	30.0	30.0	60.0
	非常	24	40.0	40.0	100.0
	Total	60	100.0	100.0	

荔枝

		Frequency	Percent	Valid Percent	Cumulative Percent
Valid	根本不	33	55.0	55.0	55.0
	并不	12	20.0	20.0	75.0
	一般	6	10.0	10.0	85.0
	相当	2	3.3	3.3	88.3
	非常	7	11.7	11.7	100.0
	Total	60	100.0	100.0	

黑莓

		Frequency	Percent	Valid Percent	Cumulative Percent
Valid	根本不	5	8.3	8.3	8.3
	并不	8	13.3	13.3	21.7
	一般	17	28.3	28.3	50.0
	相当	15	25.0	25.0	75.0
	非常	15	25.0	25.0	100.0
	Total	60	100.0	100.0	

甜瓜

		Frequency	Percent	Valid Percent	Cumulative Percent
Valid	根本不	12	20.0	20.0	20.0
	并不	8	13.3	13.3	33.3
	一般	7	11.7	11.7	45.0
	相当	16	26.7	26.7	71.7
	非常	17	28.3	28.3	100.0
	Total	60	100.0	100.0	

草莓

		Frequency	Percent	Valid Percent	Cumulative Percent
Valid	并不	2	3.3	3.3	3.3
	一般	10	16.7	16.7	20.0
	相当	15	25.0	25.0	45.0
	非常	33	55.0	55.0	100.0
	Total	60	100.0	100.0	

芒果

		Frequency	Percent	Valid Percent	Cumulative Percent
Valid	根本不	13	21.7	21.7	21.7
	并不	14	23.3	23.3	45.0
	一般	15	25.0	25.0	70.0
	相当	9	15.0	15.0	85.0
	非常	9	15.0	15.0	100.0
	Total	60	100.0	100.0	

无核小桔

		Frequency	Percent	Valid Percent	Cumulative Percent
Valid	根本不	13	21.7	21.7	21.7
	并不	7	11.7	11.7	33.3
	一般	13	21.7	21.7	55.0
	相当	8	13.3	13.3	68.3
	非常	19	31.7	31.7	100.0
	Total	60	100.0	100.0	

梨子

		Frequency	Percent	Valid Percent	Cumulative Percent
Valid	根本不	8	13.3	13.3	13.3
	并不	8	13.3	13.3	26.7
	一般	12	20.0	20.0	46.7
	相当	16	26.7	26.7	73.3
	非常	16	26.7	26.7	100.0
	Total	60	100.0	100.0	

西瓜

		Frequency	Percent	Valid Percent	Cumulative Percent
Valid	根本不	14	23.3	23.3	23.3
	并不	10	16.7	16.7	40.0
	一般	9	15.0	15.0	55.0
	相当	15	25.0	25.0	80.0
	非常	12	20.0	20.0	100.0
	Total	60	100.0	100.0	

西葫芦

		Frequency	Percent	Valid Percent	Cumulative Percent
Valid	根本不	32	53.3	53.3	53.3
	并不	5	8.3	8.3	61.7
	一般	7	11.7	11.7	73.3
	相当	11	18.3	18.3	91.7
	非常	5	8.3	8.3	100.0
	Total	60	100.0	100.0	

洋葱

		Frequency	Percent	Valid Percent	Cumulative Percent
Valid	根本不	12	20.0	20.0	20.0
	并不	4	6.7	6.7	26.7
	一般	7	11.7	11.7	38.3
	相当	21	35.0	35.0	73.3
	非常	16	26.7	26.7	100.0
	Total	60	100.0	100.0	

大蒜

		Frequency	Percent	Valid Percent	Cumulative Percent
Valid	根本不	9	15.0	15.0	15.0
	并不	2	3.3	3.3	18.3
	一般	16	26.7	26.7	45.0
	相当	21	35.0	35.0	80.0
	非常	12	20.0	20.0	100.0
	Total	60	100.0	100.0	

甜菜根

		Frequency	Percent	Valid Percent	Cumulative Percent
Valid	根本不	20	33.3	33.3	33.3
	并不	6	10.0	10.0	43.3
	一般	9	15.0	15.0	58.3
	相当	13	21.7	21.7	80.0
	非常	12	20.0	20.0	100.0
	Total	60	100.0	100.0	

土豆

		Frequency	Percent	Valid Percent	Cumulative Percent
Valid	根本不	4	6.7	6.7	6.7
	一般	6	10.0	10.0	16.7
	相当	21	35.0	35.0	51.7
	非常	29	48.3	48.3	100.0
	Total	60	100.0	100.0	

茄子

		Frequency	Percent	Valid Percent	Cumulative Percent
Valid	根本不	34	56.7	56.7	56.7
	并不	8	13.3	13.3	70.0
	一般	9	15.0	15.0	85.0
	相当	7	11.7	11.7	96.7
	非常	2	3.3	3.3	100.0
	Total	60	100.0	100.0	

卷心菜

		Frequency	Percent	Valid Percent	Cumulative Percent
Valid	根本不	8	13.3	13.3	13.3
	并不	10	16.7	16.7	30.0
	一般	16	26.7	26.7	56.7
	相当	15	25.0	25.0	81.7
	非常	11	18.3	18.3	100.0
	Total	60	100.0	100.0	

朝鲜蓟

		Frequency	Percent	Valid Percent	Cumulative Percent
Valid	根本不	37	61.7	61.7	61.7
	并不	11	18.3	18.3	80.0
	一般	9	15.0	15.0	95.0
	相当	2	3.3	3.3	98.3
	非常	1	1.7	1.7	100.0
	Total	60	100.0	100.0	

姜

		Frequency	Percent	Valid Percent	Cumulative Percent
Valid	根本不	26	43.3	43.3	43.3
	并不	6	10.0	10.0	53.3
	一般	16	26.7	26.7	80.0
	相当	7	11.7	11.7	91.7
	非常	5	8.3	8.3	100.0
	Total	60	100.0	100.0	

葫芦

		Frequency	Percent	Valid Percent	Cumulative Percent
Valid	根本不	34	56.7	56.7	56.7
	并不	13	21.7	21.7	78.3
	一般	10	16.7	16.7	95.0
	相当	2	3.3	3.3	98.3
	非常	1	1.7	1.7	100.0
	Total	60	100.0	100.0	

羊角豆

		Frequency	Percent	Valid Percent	Cumulative Percent
Valid	根本不	37	61.7	61.7	61.7
	并不	10	16.7	16.7	78.3
	一般	5	8.3	8.3	86.7
	相当	7	11.7	11.7	98.3
	非常	1	1.7	1.7	100.0
	Total	60	100.0	100.0	

豆荚

		Frequency	Percent	Valid Percent	Cumulative Percent
Valid	根本不	30	50.0	50.0	50.0
	并不	9	15.0	15.0	65.0
	一般	9	15.0	15.0	80.0
	相当	8	13.3	13.3	93.3
	非常	4	6.7	6.7	100.0
	Total	60	100.0	100.0	

豆芽

		Frequency	Percent	Valid Percent	Cumulative Percent
Valid	根本不	21	35.0	35.0	35.0
	并不	7	11.7	11.7	46.7
	一般	12	20.0	20.0	66.7
	相当	11	18.3	18.3	85.0
	非常	9	15.0	15.0	100.0
	Total	60	100.0	100.0	

豌豆

		Frequency	Percent	Valid Percent	Cumulative Percent
Valid	根本不	16	26.7	26.7	26.7
	并不	5	8.3	8.3	35.0
	一般	8	13.3	13.3	48.3
	相当	19	31.7	31.7	80.0
	非常	12	20.0	20.0	100.0
	Total	60	100.0	100.0	

花菜

		Frequency	Percent	Valid Percent	Cumulative Percent
Valid	根本不	19	31.7	31.7	31.7
	并不	4	6.7	6.7	38.3
	一般	9	15.0	15.0	53.3
	相当	19	31.7	31.7	85.0
	非常	9	15.0	15.0	100.0
	Total	60	100.0	100.0	

南瓜

		Frequency	Percent	Valid Percent	Cumulative Percent
Valid	根本不	34	56.7	56.7	56.7
	并不	10	16.7	16.7	73.3
	一般	9	15.0	15.0	88.3
	相当	5	8.3	8.3	96.7
	非常	2	3.3	3.3	100.0
	Total	60	100.0	100.0	

抱子甘蓝

		Frequency	Percent	Valid Percent	Cumulative Percent
Valid	根本不	28	46.7	46.7	46.7
	并不	3	5.0	5.0	51.7
	一般	6	10.0	10.0	61.7
	相当	16	26.7	26.7	88.3
	非常	7	11.7	11.7	100.0
	Total	60	100.0	100.0	

蘑菇

		Frequency	Percent	Valid Percent	Cumulative Percent
Valid	根本不	14	23.3	23.3	23.3
	并不	2	3.3	3.3	26.7
	一般	9	15.0	15.0	41.7
	相当	9	15.0	15.0	56.7
	非常	26	43.3	43.3	100.0
	Total	60	100.0	100.0	

欧洲萝卜

		Frequency	Percent	Valid Percent	Cumulative Percent
Valid	根本不	27	45.0	45.0	45.0
	并不	4	6.7	6.7	51.7
	一般	10	16.7	16.7	68.3
	相当	12	20.0	20.0	88.3
	非常	7	11.7	11.7	100.0
	Total	60	100.0	100.0	

山药

		Frequency	Percent	Valid Percent	Cumulative Percent
Valid	根本不	40	66.7	66.7	66.7
	并不	7	11.7	11.7	78.3
	一般	8	13.3	13.3	91.7
	相当	5	8.3	8.3	100.0
	Total	60	100.0	100.0	

蕉青甘蓝

		Frequency	Percent	Valid Percent	Cumulative Percent
Valid	根本不	27	45.0	45.0	45.0
	并不	9	15.0	15.0	60.0
	一般	5	8.3	8.3	68.3
	相当	11	18.3	18.3	86.7
	非常	8	13.3	13.3	100.0
	Total	60	100.0	100.0	

红薯

		Frequency	Percent	Valid Percent	Cumulative Percent
Valid	根本不	20	33.3	33.3	33.3
	并不	10	16.7	16.7	50.0
	一般	9	15.0	15.0	65.0
	相当	15	25.0	25.0	90.0
	非常	6	10.0	10.0	100.0
	Total	60	100.0	100.0	

块根芹

		Frequency	Percent	Valid Percent	Cumulative Percent
Valid	根本不	35	58.3	58.3	58.3
	并不	7	11.7	11.7	70.0
	一般	10	16.7	16.7	86.7
	相当	4	6.7	6.7	93.3
	非常	4	6.7	6.7	100.0
	Total	60	100.0	100.0	

胡萝卜

		Frequency	Percent	Valid Percent	Cumulative Percent
Valid	根本不	4	6.7	6.7	6.7
	并不	6	10.0	10.0	16.7
	一般	9	15.0	15.0	31.7
	相当	21	35.0	35.0	66.7
	非常	20	33.3	33.3	100.0
	Total	60	100.0	100.0	

韭菜

		Frequency	Percent	Valid Percent	Cumulative Percent
Valid	根本不	21	35.0	35.0	35.0
	并不	9	15.0	15.0	50.0
	一般	7	11.7	11.7	61.7
	相当	12	20.0	20.0	81.7
	非常	11	18.3	18.3	100.0
	Total	60	100.0	100.0	

四季豆

		Frequency	Percent	Valid Percent	Cumulative Percent
Valid	根本不	22	36.7	36.7	36.7
	并不	4	6.7	6.7	43.3
	一般	12	20.0	20.0	63.3
	相当	15	25.0	25.0	88.3
	非常	7	11.7	11.7	100.0
	Total	60	100.0	100.0	

芦笋

		Frequency	Percent	Valid Percent	Cumulative Percent
Valid	根本不	35	58.3	58.3	58.3
	并不	4	6.7	6.7	65.0
	一般	6	10.0	10.0	75.0
	相当	10	16.7	16.7	91.7
	非常	5	8.3	8.3	100.0
	Total	60	100.0	100.0	

菜椒

		Frequency	Percent	Valid Percent	Cumulative Percent
Valid	根本不	15	25.0	25.0	25.0
	并不	3	5.0	5.0	30.0
	一般	12	20.0	20.0	50.0
	相当	14	23.3	23.3	73.3
	非常	16	26.7	26.7	100.0
	Total	60	100.0	100.0	

芹菜

		Frequency	Percent	Valid Percent	Cumulative Percent
Valid	根本不	29	48.3	48.3	48.3
	并不	3	5.0	5.0	53.3
	一般	11	18.3	18.3	71.7
	相当	8	13.3	13.3	85.0
	非常	9	15.0	15.0	100.0
	Total	60	100.0	100.0	

三色紫罗兰

		Frequency	Percent	Valid Percent	Cumulative Percent
Valid	根本不	10	16.7	16.7	16.7
	并不	7	11.7	11.7	28.3
	一般	14	23.3	23.3	51.7
	相当	17	28.3	28.3	80.0
	非常	12	20.0	20.0	100.0
	Total	60	100.0	100.0	

玉米

		Frequency	Percent	Valid Percent	Cumulative Percent
Valid	根本不	17	28.3	28.3	28.3
	并不	5	8.3	8.3	36.7
	一般	8	13.3	13.3	50.0
	相当	16	26.7	26.7	76.7
	非常	14	23.3	23.3	100.0
	Total	60	100.0	100.0	

苜蓿

		Frequency	Percent	Valid Percent	Cumulative Percent
Valid	根本不	15	25.0	25.0	25.0
	并不	15	25.0	25.0	50.0
	一般	15	25.0	25.0	75.0
	相当	9	15.0	15.0	90.0
	非常	6	10.0	10.0	100.0
	Total	60	100.0	100.0	

莴苣

		Frequency	Percent	Valid Percent	Cumulative Percent
Valid	根本不	9	15.0	15.0	15.0
	并不	5	8.3	8.3	23.3
	一般	11	18.3	18.3	41.7
	相当	22	36.7	36.7	78.3
	非常	13	21.7	21.7	100.0
	Total	60	100.0	100.0	

蒲公英

		Frequency	Percent	Valid Percent	Cumulative Percent
Valid	根本不	31	51.7	51.7	51.7
	并不	9	15.0	15.0	66.7
	一般	12	20.0	20.0	86.7
	相当	2	3.3	3.3	90.0
	非常	6	10.0	10.0	100.0
	Total	60	100.0	100.0	

茴香

		Frequency	Percent	Valid Percent	Cumulative Percent
Valid	根本不	39	65.0	65.0	65.0
	并不	7	11.7	11.7	76.7
	一般	8	13.3	13.3	90.0
	相当	5	8.3	8.3	98.3
	非常	1	1.7	1.7	100.0
	Total	60	100.0	100.0	

荨麻

		Frequency	Percent	Valid Percent	Cumulative Percent
Valid	根本不	50	83.3	83.3	83.3
	并不	4	6.7	6.7	90.0
	一般	3	5.0	5.0	95.0
	相当	2	3.3	3.3	98.3
	非常	1	1.7	1.7	100.0
	Total	60	100.0	100.0	

大葱

		Frequency	Percent	Valid Percent	Cumulative Percent
Valid	根本不	16	26.7	26.7	26.7
	并不	4	6.7	6.7	33.3
	一般	8	13.3	13.3	46.7
	相当	19	31.7	31.7	78.3
	非常	13	21.7	21.7	100.0
	Total	60	100.0	100.0	

毛茛

		Frequency	Percent	Valid Percent	Cumulative Percent
Valid	根本不	13	21.7	21.7	21.7
	并不	14	23.3	23.3	45.0
	一般	12	20.0	20.0	65.0
	相当	9	15.0	15.0	80.0
	非常	12	20.0	20.0	100.0
	Total	60	100.0	100.0	

红皮萝卜

		Frequency	Percent	Valid Percent	Cumulative Percent
Valid	根本不	33	55.0	55.0	55.0
	并不	5	8.3	8.3	63.3
	一般	10	16.7	16.7	80.0
	相当	7	11.7	11.7	91.7
	非常	5	8.3	8.3	100.0
	Total	60	100.0	100.0	

兰花

		Frequency	Percent	Valid Percent	Cumulative Percent
Valid	根本不	11	18.3	18.3	18.3
	并不	2	3.3	3.3	21.7
	一般	11	18.3	18.3	40.0
	相当	17	28.3	28.3	68.3
	非常	19	31.7	31.7	100.0
	Total	60	100.0	100.0	

西红柿

		Frequency	Percent	Valid Percent	Cumulative Percent
Valid	根本不	15	25.0	25.0	25.0
	一般	13	21.7	21.7	46.7
	相当	18	30.0	30.0	76.7
	非常	14	23.3	23.3	100.0
	Total	60	100.0	100.0	

风信子

		Frequency	Percent	Valid Percent	Cumulative Percent
Valid	根本不	16	26.7	26.7	26.7
	并不	7	11.7	11.7	38.3
	一般	16	26.7	26.7	65.0
	相当	14	23.3	23.3	88.3
	非常	7	11.7	11.7	100.0
	Total	60	100.0	100.0	

灯笼海棠

		Frequency	Percent	Valid Percent	Cumulative Percent
Valid	根本不	12	20.0	20.0	20.0
	并不	5	8.3	8.3	28.3
	一般	13	21.7	21.7	50.0
	相当	16	26.7	26.7	76.7
	非常	14	23.3	23.3	100.0
	Total	60	100.0	100.0	

百合花

		Frequency	Percent	Valid Percent	Cumulative Percent
Valid	根本不	9	15.0	15.0	15.0
	并不	4	6.7	6.7	21.7
	一般	14	23.3	23.3	45.0
	相当	8	13.3	13.3	58.3
	非常	25	41.7	41.7	100.0
	Total	60	100.0	100.0	

菊花

		Frequency	Percent	Valid Percent	Cumulative Percent
Valid	根本不	14	23.3	23.3	23.3
	并不	6	10.0	10.0	33.3
	一般	10	16.7	16.7	50.0
	相当	16	26.7	26.7	76.7
	非常	14	23.3	23.3	100.0
	Total	60	100.0	100.0	

康乃馨

		Frequency	Percent	Valid Percent	Cumulative Percent
Valid	根本不	8	13.3	13.3	13.3
	并不	5	8.3	8.3	21.7
	一般	8	13.3	13.3	35.0
	相当	17	28.3	28.3	63.3
	非常	22	36.7	36.7	100.0
	Total	60	100.0	100.0	

雏菊

		Frequency	Percent	Valid Percent	Cumulative Percent
Valid	根本不	12	20.0	20.0	20.0
	并不	6	10.0	10.0	30.0
	一般	18	30.0	30.0	60.0
	相当	13	21.7	21.7	81.7
	非常	11	18.3	18.3	100.0
	Total	60	100.0	100.0	

水仙

		Frequency	Percent	Valid Percent	Cumulative Percent
Valid	根本不	7	11.7	11.7	11.7
	并不	7	11.7	11.7	23.3
	一般	11	18.3	18.3	41.7
	相当	14	23.3	23.3	65.0
	非常	21	35.0	35.0	100.0
	Total	60	100.0	100.0	

郁金香

		Frequency	Percent	Valid Percent	Cumulative Percent
Valid	根本不	7	11.7	11.7	11.7
	并不	4	6.7	6.7	18.3
	一般	12	20.0	20.0	38.3
	相当	20	33.3	33.3	71.7
	非常	17	28.3	28.3	100.0
	Total	60	100.0	100.0	

毛地黄

		Frequency	Percent	Valid Percent	Cumulative Percent
Valid	根本不	13	21.7	21.7	21.7
	并不	7	11.7	11.7	33.3
	一般	19	31.7	31.7	65.0
	相当	14	23.3	23.3	88.3
	非常	7	11.7	11.7	100.0
	Total	60	100.0	100.0	

金银花

		Frequency	Percent	Valid Percent	Cumulative Percent
Valid	根本不	13	21.7	21.7	21.7
	并不	6	10.0	10.0	31.7
	一般	15	25.0	25.0	56.7
	相当	14	23.3	23.3	80.0
	非常	12	20.0	20.0	100.0
	Total	60	100.0	100.0	

罂粟花

		Frequency	Percent	Valid Percent	Cumulative Percent
Valid	根本不	6	10.0	10.0	10.0
	并不	4	6.7	6.7	16.7
	一般	16	26.7	26.7	43.3
	相当	18	30.0	30.0	73.3
	非常	16	26.7	26.7	100.0
	Total	60	100.0	100.0	

冬青

		Frequency	Percent	Valid Percent	Cumulative Percent
Valid	根本不	20	33.3	33.3	33.3
	并不	9	15.0	15.0	48.3
	一般	15	25.0	25.0	73.3
	相当	9	15.0	15.0	88.3
	非常	7	11.7	11.7	100.0
	Total	60	100.0	100.0	

蜀葵花

		Frequency	Percent	Valid Percent	Cumulative Percent
Valid	根本不	17	28.3	28.3	28.3
	并不	8	13.3	13.3	41.7
	一般	18	30.0	30.0	71.7
	相当	10	16.7	16.7	88.3
	非常	7	11.7	11.7	100.0
	Total	60	100.0	100.0	

雪莲花

		Frequency	Percent	Valid Percent	Cumulative Percent
Valid	根本不	11	18.3	18.3	18.3
	并不	3	5.0	5.0	23.3
	一般	11	18.3	18.3	41.7
	相当	17	28.3	28.3	70.0
	非常	18	30.0	30.0	100.0
	Total	60	100.0	100.0	

兰铃花

		Frequency	Percent	Valid Percent	Cumulative Percent
Valid	根本不	11	18.3	18.3	18.3
	并不	4	6.7	6.7	25.0
	一般	13	21.7	21.7	46.7
	相当	21	35.0	35.0	81.7
	非常	11	18.3	18.3	100.0
	Total	60	100.0	100.0	

玫瑰

		Frequency	Percent	Valid Percent	Cumulative Percent
Valid	根本不	3	5.0	5.0	5.0
	并不	9	15.0	15.0	20.0
	一般	4	6.7	6.7	26.7
	相当	16	26.7	26.7	53.3
	非常	28	46.7	46.7	100.0
	Total	60	100.0	100.0	

鳄鱼

		Frequency	Percent	Valid Percent	Cumulative Percent
Valid	根本不	15	25.0	25.0	25.0
	并不	15	25.0	25.0	50.0
	一般	15	25.0	25.0	75.0
	相当	3	5.0	5.0	80.0
	非常	12	20.0	20.0	100.0
	Total	60	100.0	100.0	

羽扇豆

		Frequency	Percent	Valid Percent	Cumulative Percent
Valid	根本不	14	23.3	23.3	23.3
	并不	9	15.0	15.0	38.3
	一般	13	21.7	21.7	60.0
	相当	17	28.3	28.3	88.3
	非常	7	11.7	11.7	100.0
	Total	60	100.0	100.0	

大猩猩

		Frequency	Percent	Valid Percent	Cumulative Percent
Valid	根本不	9	15.0	15.0	15.0
	并不	7	11.7	11.7	26.7
	一般	16	26.7	26.7	53.3
	相当	11	18.3	18.3	71.7
	非常	17	28.3	28.3	100.0
	Total	60	100.0	100.0	

骆驼

		Frequency	Percent	Valid Percent	Cumulative Percent
Valid	根本不	14	23.3	23.3	23.3
	并不	9	15.0	15.0	38.3
	一般	23	38.3	38.3	76.7
	相当	10	16.7	16.7	93.3
	非常	4	6.7	6.7	100.0
	Total	60	100.0	100.0	

老虎

		Frequency	Percent	Valid Percent	Cumulative Percent
Valid	根本不	4	6.7	6.7	6.7
	并不	7	11.7	11.7	18.3
	一般	10	16.7	16.7	35.0
	相当	16	26.7	26.7	61.7
	非常	23	38.3	38.3	100.0
	Total	60	100.0	100.0	

河马

		Frequency	Percent	Valid Percent	Cumulative Percent
Valid	根本不	12	20.0	20.0	20.0
	并不	8	13.3	13.3	33.3
	一般	25	41.7	41.7	75.0
	相当	10	16.7	16.7	91.7
	非常	5	8.3	8.3	100.0
	Total	60	100.0	100.0	

水牛

		Frequency	Percent	Valid Percent	Cumulative Percent
Valid	根本不	17	28.3	28.3	28.3
	并不	9	15.0	15.0	43.3
	一般	19	31.7	31.7	75.0
	相当	7	11.7	11.7	86.7
	非常	8	13.3	13.3	100.0
	Total	60	100.0	100.0	

大象

		Frequency	Percent	Valid Percent	Cumulative Percent
Valid	根本不	4	6.7	6.7	6.7
	并不	5	8.3	8.3	15.0
	一般	17	28.3	28.3	43.3
	相当	16	26.7	26.7	70.0
	非常	18	30.0	30.0	100.0
	Total	60	100.0	100.0	

孔雀

		Frequency	Percent	Valid Percent	Cumulative Percent
Valid	根本不	11	18.3	18.3	18.3
	并不	4	6.7	6.7	25.0
	一般	18	30.0	30.0	55.0
	相当	12	20.0	20.0	75.0
	非常	15	25.0	25.0	100.0
	Total	60	100.0	100.0	

狮子

		Frequency	Percent	Valid Percent	Cumulative Percent
Valid	根本不	3	5.0	5.0	5.0
	并不	5	8.3	8.3	13.3
	一般	16	26.7	26.7	40.0
	相当	18	30.0	30.0	70.0
	非常	18	30.0	30.0	100.0
	Total	60	100.0	100.0	

海鸥

		Frequency	Percent	Valid Percent	Cumulative Percent
Valid	根本不	25	41.7	41.7	41.7
	并不	12	20.0	20.0	61.7
	一般	10	16.7	16.7	78.3
	相当	10	16.7	16.7	95.0
	非常	3	5.0	5.0	100.0
	Total	60	100.0	100.0	

长颈鹿

		Frequency	Percent	Valid Percent	Cumulative Percent
Valid	根本不	6	10.0	10.0	10.0
	并不	5	8.3	8.3	18.3
	一般	18	30.0	30.0	48.3
	相当	20	33.3	33.3	81.7
	非常	11	18.3	18.3	100.0
	Total	60	100.0	100.0	

鸽子

		Frequency	Percent	Valid Percent	Cumulative Percent
Valid	根本不	22	36.7	36.7	36.7
	并不	16	26.7	26.7	63.3
	一般	10	16.7	16.7	80.0
	相当	4	6.7	6.7	86.7
	非常	8	13.3	13.3	100.0
	Total	60	100.0	100.0	

麻雀

		Frequency	Percent	Valid Percent	Cumulative Percent
Valid	根本不	18	30.0	30.0	30.0
	并不	6	10.0	10.0	40.0
	一般	12	20.0	20.0	60.0
	相当	15	25.0	25.0	85.0
	非常	9	15.0	15.0	100.0
	Total	60	100.0	100.0	

知更鸟

		Frequency	Percent	Valid Percent	Cumulative Percent
Valid	根本不	8	13.3	13.3	13.3
	并不	3	5.0	5.0	18.3
	一般	14	23.3	23.3	41.7
	相当	17	28.3	28.3	70.0
	非常	18	30.0	30.0	100.0
	Total	60	100.0	100.0	

燕子

		Frequency	Percent	Valid Percent	Cumulative Percent
Valid	根本不	12	20.0	20.0	20.0
	并不	8	13.3	13.3	33.3
	一般	12	20.0	20.0	53.3
	相当	16	26.7	26.7	80.0
	非常	12	20.0	20.0	100.0
	Total	60	100.0	100.0	

鸭子

		Frequency	Percent	Valid Percent	Cumulative Percent
Valid	根本不	3	5.0	5.0	5.0
	并不	5	8.3	8.3	13.3
	一般	22	36.7	36.7	50.0
	相当	16	26.7	26.7	76.7
	非常	14	23.3	23.3	100.0
	Total	60	100.0	100.0	

犀牛

		Frequency	Percent	Valid Percent	Cumulative Percent
Valid	根本不	13	21.7	21.7	21.7
	并不	10	16.7	16.7	38.3
	一般	17	28.3	28.3	66.7
	相当	12	20.0	20.0	86.7
	非常	8	13.3	13.3	100.0
	Total	60	100.0	100.0	

马

		Frequency	Percent	Valid Percent	Cumulative Percent
Valid	根本不	5	8.3	8.3	8.3
	并不	3	5.0	5.0	13.3
	一般	19	31.7	31.7	45.0
	相当	13	21.7	21.7	66.7
	非常	20	33.3	33.3	100.0
	Total	60	100.0	100.0	

鹰

		Frequency	Percent	Valid Percent	Cumulative Percent
Valid	根本不	8	13.3	13.3	13.3
	并不	5	8.3	8.3	21.7
	一般	10	16.7	16.7	38.3
	相当	20	33.3	33.3	71.7
	非常	17	28.3	28.3	100.0
	Total	60	100.0	100.0	

驴

		Frequency	Percent	Valid Percent	Cumulative Percent
Valid	根本不	5	8.3	8.3	8.3
	并不	4	6.7	6.7	15.0
	一般	20	33.3	33.3	48.3
	相当	15	25.0	25.0	73.3
	非常	16	26.7	26.7	100.0
	Total	60	100.0	100.0	

猫头鹰

		Frequency	Percent	Valid Percent	Cumulative Percent
Valid	根本不	7	11.7	11.7	11.7
	并不	3	5.0	5.0	16.7
	一般	13	21.7	21.7	38.3
	相当	14	23.3	23.3	61.7
	非常	23	38.3	38.3	100.0
	Total	60	100.0	100.0	

松鼠

		Frequency	Percent	Valid Percent	Cumulative Percent
Valid	根本不	9	15.0	15.0	15.0
	并不	7	11.7	11.7	26.7
	一般	12	20.0	20.0	46.7
	相当	16	26.7	26.7	73.3
	非常	16	26.7	26.7	100.0
	Total	60	100.0	100.0	

鸡

		Frequency	Percent	Valid Percent	Cumulative Percent
Valid	根本不	11	18.3	18.3	18.3
	并不	1	1.7	1.7	20.0
	一般	15	25.0	25.0	45.0
	相当	12	20.0	20.0	65.0
	非常	21	35.0	35.0	100.0
	Total	60	100.0	100.0	

鹅

		Frequency	Percent	Valid Percent	Cumulative Percent
Valid	根本不	15	25.0	25.0	25.0
	并不	12	20.0	20.0	45.0
	一般	19	31.7	31.7	76.7
	相当	6	10.0	10.0	86.7
	非常	8	13.3	13.3	100.0
	Total	60	100.0	100.0	

狗

		Frequency	Percent	Valid Percent	Cumulative Percent
Valid	根本不	5	8.3	8.3	8.3
	并不	2	3.3	3.3	11.7
	一般	9	15.0	15.0	26.7
	相当	10	16.7	16.7	43.3
	非常	34	56.7	56.7	100.0
	Total	60	100.0	100.0	

牛

		Frequency	Percent	Valid Percent	Cumulative Percent
Valid	根本不	23	38.3	38.3	38.3
	并不	8	13.3	13.3	51.7
	一般	16	26.7	26.7	78.3
	相当	5	8.3	8.3	86.7
	非常	8	13.3	13.3	100.0
	Total	60	100.0	100.0	

山羊

		Frequency	Percent	Valid Percent	Cumulative Percent
Valid	根本不	11	18.3	18.3	18.3
	并不	8	13.3	13.3	31.7
	一般	26	43.3	43.3	75.0
	相当	9	15.0	15.0	90.0
	非常	6	10.0	10.0	100.0
	Total	60	100.0	100.0	

乌龟

		Frequency	Percent	Valid Percent	Cumulative Percent
Valid	根本不	8	13.3	13.3	13.3
	并不	6	10.0	10.0	23.3
	一般	22	36.7	36.7	60.0
	相当	12	20.0	20.0	80.0
	非常	12	20.0	20.0	100.0
	Total	60	100.0	100.0	

绵羊

		Frequency	Percent	Valid Percent	Cumulative Percent
Valid	根本不	12	20.0	20.0	20.0
	并不	6	10.0	10.0	30.0
	一般	19	31.7	31.7	61.7
	相当	15	25.0	25.0	86.7
	非常	8	13.3	13.3	100.0
	Total	60	100.0	100.0	

足球

		Frequency	Percent	Valid Percent	Cumulative Percent
Valid	根本不	18	30.0	30.0	30.0
	并不	5	8.3	8.3	38.3
	一般	12	20.0	20.0	58.3
	相当	12	20.0	20.0	78.3
	非常	13	21.7	21.7	100.0
	Total	60	100.0	100.0	

山鸟

		Frequency	Percent	Valid Percent	Cumulative Percent
Valid	根本不	18	30.0	30.0	30.0
	并不	6	10.0	10.0	40.0
	一般	14	23.3	23.3	63.3
	相当	11	18.3	18.3	81.7
	非常	11	18.3	18.3	100.0
	Total	60	100.0	100.0	

美式橄榄球

		Frequency	Percent	Valid Percent	Cumulative Percent
Valid	根本不	34	56.7	56.7	56.7
	并不	14	23.3	23.3	80.0
	一般	8	13.3	13.3	93.3
	相当	2	3.3	3.3	96.7
	非常	2	3.3	3.3	100.0
	Total	60	100.0	100.0	

袋鼠

		Frequency	Percent	Valid Percent	Cumulative Percent
Valid	根本不	5	8.3	8.3	8.3
	并不	6	10.0	10.0	18.3
	一般	16	26.7	26.7	45.0
	相当	11	18.3	18.3	63.3
	非常	22	36.7	36.7	100.0
	Total	60	100.0	100.0	

网球

		Frequency	Percent	Valid Percent	Cumulative Percent
Valid	根本不	17	28.3	28.3	28.3
	并不	10	16.7	16.7	45.0
	一般	17	28.3	28.3	73.3
	相当	7	11.7	11.7	85.0
	非常	9	15.0	15.0	100.0
	Total	60	100.0	100.0	

猫

		Frequency	Percent	Valid Percent	Cumulative Percent
Valid	根本不	17	28.3	28.3	28.3
	并不	9	15.0	15.0	43.3
	一般	7	11.7	11.7	55.0
	相当	9	15.0	15.0	70.0
	非常	18	30.0	30.0	100.0
	Total	60	100.0	100.0	

摔跤

		Frequency	Percent	Valid Percent	Cumulative Percent
Valid	根本不	35	58.3	58.3	58.3
	并不	6	10.0	10.0	68.3
	一般	14	23.3	23.3	91.7
	相当	1	1.7	1.7	93.3
	非常	4	6.7	6.7	100.0
	Total	60	100.0	100.0	

老鼠

		Frequency	Percent	Valid Percent	Cumulative Percent
Valid	根本不	23	38.3	38.3	38.3
	并不	8	13.3	13.3	51.7
	一般	14	23.3	23.3	75.0
	相当	5	8.3	8.3	83.3
	非常	10	16.7	16.7	100.0
	Total	60	100.0	100.0	

篮球

		Frequency	Percent	Valid Percent	Cumulative Percent
Valid	根本不	23	38.3	38.3	38.3
	并不	9	15.0	15.0	53.3
	一般	13	21.7	21.7	75.0
	相当	8	13.3	13.3	88.3
	非常	7	11.7	11.7	100.0
	Total	60	100.0	100.0	

猪

		Frequency	Percent	Valid Percent	Cumulative Percent
Valid	根本不	16	26.7	26.7	26.7
	并不	12	20.0	20.0	46.7
	一般	18	30.0	30.0	76.7
	相当	8	13.3	13.3	90.0
	非常	6	10.0	10.0	100.0
	Total	60	100.0	100.0	

曲棍球

		Frequency	Percent	Valid Percent	Cumulative Percent
Valid	根本不	24	40.0	40.0	40.0
	并不	14	23.3	23.3	63.3
	一般	12	20.0	20.0	83.3
	相当	6	10.0	10.0	93.3
	非常	4	6.7	6.7	100.0
	Total	60	100.0	100.0	

乒乓球

		Frequency	Percent	Valid Percent	Cumulative Percent
Valid	根本不	24	40.0	40.0	40.0
	并不	11	18.3	18.3	58.3
	一般	8	13.3	13.3	71.7
	相当	10	16.7	16.7	88.3
	非常	7	11.7	11.7	100.0
	Total	60	100.0	100.0	

射箭

		Frequency	Percent	Valid Percent	Cumulative Percent
Valid	根本不	22	36.7	36.7	36.7
	并不	11	18.3	18.3	55.0
	一般	13	21.7	21.7	76.7
	相当	9	15.0	15.0	91.7
	非常	5	8.3	8.3	100.0
	Total	60	100.0	100.0	

棒球

		Frequency	Percent	Valid Percent	Cumulative Percent
Valid	根本不	28	46.7	46.7	46.7
	并不	11	18.3	18.3	65.0
	一般	12	20.0	20.0	85.0
	相当	5	8.3	8.3	93.3
	非常	4	6.7	6.7	100.0
	Total	60	100.0	100.0	

高尔夫

		Frequency	Percent	Valid Percent	Cumulative Percent
Valid	根本不	31	51.7	51.7	51.7
	并不	6	10.0	10.0	61.7
	一般	14	23.3	23.3	85.0
	相当	4	6.7	6.7	91.7
	非常	5	8.3	8.3	100.0
	Total	60	100.0	100.0	

冰球

		Frequency	Percent	Valid Percent	Cumulative Percent
Valid	根本不	22	36.7	36.7	36.7
	并不	14	23.3	23.3	60.0
	一般	13	21.7	21.7	81.7
	相当	7	11.7	11.7	93.3
	非常	4	6.7	6.7	100.0
	Total	60	100.0	100.0	

柔道

		Frequency	Percent	Valid Percent	Cumulative Percent
Valid	根本不	23	38.3	38.3	38.3
	并不	10	16.7	16.7	55.0
	一般	15	25.0	25.0	80.0
	相当	5	8.3	8.3	88.3
	非常	7	11.7	11.7	100.0
	Total	60	100.0	100.0	

跨栏

		Frequency	Percent	Valid Percent	Cumulative Percent
Valid	根本不	25	41.7	41.7	41.7
	并不	11	18.3	18.3	60.0
	一般	13	21.7	21.7	81.7
	相当	7	11.7	11.7	93.3
	非常	4	6.7	6.7	100.0
	Total	60	100.0	100.0	

空手道

		Frequency	Percent	Valid Percent	Cumulative Percent
Valid	根本不	24	40.0	40.0	40.0
	并不	6	10.0	10.0	50.0
	一般	15	25.0	25.0	75.0
	相当	10	16.7	16.7	91.7
	非常	5	8.3	8.3	100.0
	Total	60	100.0	100.0	

蹦极

		Frequency	Percent	Valid Percent	Cumulative Percent
Valid	根本不	28	46.7	46.7	46.7
	并不	6	10.0	10.0	56.7
	一般	8	13.3	13.3	70.0
	相当	8	13.3	13.3	83.3
	非常	10	16.7	16.7	100.0
	Total	60	100.0	100.0	

体操

		Frequency	Percent	Valid Percent	Cumulative Percent
Valid	根本不	23	38.3	38.3	38.3
	并不	6	10.0	10.0	48.3
	一般	11	18.3	18.3	66.7
	相当	15	25.0	25.0	91.7
	非常	5	8.3	8.3	100.0
	Total	60	100.0	100.0	

橄榄球

		Frequency	Percent	Valid Percent	Cumulative Percent
Valid	根本不	20	33.3	33.3	33.3
	并不	10	16.7	16.7	50.0
	一般	12	20.0	20.0	70.0
	相当	8	13.3	13.3	83.3
	非常	10	16.7	16.7	100.0
	Total	60	100.0	100.0	

赛马

		Frequency	Percent	Valid Percent	Cumulative Percent
Valid	根本不	28	46.7	46.7	46.7
	并不	11	18.3	18.3	65.0
	一般	12	20.0	20.0	85.0
	相当	6	10.0	10.0	95.0
	非常	3	5.0	5.0	100.0
	Total	60	100.0	100.0	

健身术

		Frequency	Percent	Valid Percent	Cumulative Percent
Valid	根本不	17	28.3	28.3	28.3
	并不	5	8.3	8.3	36.7
	一般	8	13.3	13.3	50.0
	相当	17	28.3	28.3	78.3
	非常	13	21.7	21.7	100.0
	Total	60	100.0	100.0	

冲浪

		Frequency	Percent	Valid Percent	Cumulative Percent
Valid	根本不	28	46.7	46.7	46.7
	并不	10	16.7	16.7	63.3
	一般	10	16.7	16.7	80.0
	相当	11	18.3	18.3	98.3
	非常	1	1.7	1.7	100.0
	Total	60	100.0	100.0	

溜旱冰

		Frequency	Percent	Valid Percent	Cumulative Percent
Valid	根本不	23	38.3	38.3	38.3
	并不	9	15.0	15.0	53.3
	一般	12	20.0	20.0	73.3
	相当	14	23.3	23.3	96.7
	非常	2	3.3	3.3	100.0
	Total	60	100.0	100.0	

红色

		Frequency	Percent	Valid Percent	Cumulative Percent
Valid	根本不	6	10.0	10.0	10.0
	并不	4	6.7	6.7	16.7
	一般	12	20.0	20.0	36.7
	相当	16	26.7	26.7	63.3
	非常	22	36.7	36.7	100.0
	Total	60	100.0	100.0	

攀岩

		Frequency	Percent	Valid Percent	Cumulative Percent
Valid	根本不	17	28.3	28.3	28.3
	并不	10	16.7	16.7	45.0
	一般	18	30.0	30.0	75.0
	相当	9	15.0	15.0	90.0
	非常	6	10.0	10.0	100.0
	Total	60	100.0	100.0	

黄色

		Frequency	Percent	Valid Percent	Cumulative Percent
Valid	根本不	8	13.3	13.3	13.3
	并不	9	15.0	15.0	28.3
	一般	17	28.3	28.3	56.7
	相当	18	30.0	30.0	86.7
	非常	8	13.3	13.3	100.0
	Total	60	100.0	100.0	

铁饼

		Frequency	Percent	Valid Percent	Cumulative Percent
Valid	根本不	32	53.3	53.3	53.3
	并不	10	16.7	16.7	70.0
	一般	13	21.7	21.7	91.7
	相当	3	5.0	5.0	96.7
	非常	2	3.3	3.3	100.0
	Total	60	100.0	100.0	

绿色

		Frequency	Percent	Valid Percent	Cumulative Percent
Valid	根本不	4	6.7	6.7	6.7
	并不	10	16.7	16.7	23.3
	一般	21	35.0	35.0	58.3
	相当	16	26.7	26.7	85.0
	非常	9	15.0	15.0	100.0
	Total	60	100.0	100.0	

春季

		Frequency	Percent	Valid Percent	Cumulative Percent
Valid	根本不	5	8.3	8.3	8.3
	并不	6	10.0	10.0	18.3
	一般	9	15.0	15.0	33.3
	相当	25	41.7	41.7	75.0
	非常	15	25.0	25.0	100.0
	Total	60	100.0	100.0	

蓝色

		Frequency	Percent	Valid Percent	Cumulative Percent
Valid	根本不	1	1.7	1.7	1.7
	并不	3	5.0	5.0	6.7
	一般	9	15.0	15.0	21.7
	相当	16	26.7	26.7	48.3
	非常	31	51.7	51.7	100.0
	Total	60	100.0	100.0	

夏季

		Frequency	Percent	Valid Percent	Cumulative Percent
Valid	根本不	1	1.7	1.7	1.7
	并不	2	3.3	3.3	5.0
	一般	6	10.0	10.0	15.0
	相当	12	20.0	20.0	35.0
	非常	39	65.0	65.0	100.0
	Total	60	100.0	100.0	

紫色

		Frequency	Percent	Valid Percent	Cumulative Percent
Valid	根本不	7	11.7	11.7	11.7
	并不	7	11.7	11.7	23.3
	一般	20	33.3	33.3	56.7
	相当	13	21.7	21.7	78.3
	非常	13	21.7	21.7	100.0
	Total	60	100.0	100.0	

秋季

		Frequency	Percent	Valid Percent	Cumulative Percent
Valid	根本不	2	3.3	3.3	3.3
	并不	6	10.0	10.0	13.3
	一般	17	28.3	28.3	41.7
	相当	17	28.3	28.3	70.0
	非常	18	30.0	30.0	100.0
	Total	60	100.0	100.0	

棕色

		Frequency	Percent	Valid Percent	Cumulative Percent
Valid	根本不	21	35.0	35.0	35.0
	并不	15	25.0	25.0	60.0
	一般	14	23.3	23.3	83.3
	相当	6	10.0	10.0	93.3
	非常	4	6.7	6.7	100.0
	Total	60	100.0	100.0	

冬季

		Frequency	Percent	Valid Percent	Cumulative Percent
Valid	根本不	7	11.7	11.7	11.7
	并不	8	13.3	13.3	25.0
	一般	10	16.7	16.7	41.7
	相当	14	23.3	23.3	65.0
	非常	21	35.0	35.0	100.0
	Total	60	100.0	100.0	

白色

		Frequency	Percent	Valid Percent	Cumulative Percent
Valid	根本不	14	23.3	23.3	23.3
	并不	8	13.3	13.3	36.7
	一般	13	21.7	21.7	58.3
	相当	13	21.7	21.7	80.0
	非常	12	20.0	20.0	100.0
	Total	60	100.0	100.0	

黑色

		Frequency	Percent	Valid Percent	Cumulative Percent
Valid	根本不	15	25.0	25.0	25.0
	并不	5	8.3	8.3	33.3
	一般	12	20.0	20.0	53.3
	相当	10	16.7	16.7	70.0
	非常	18	30.0	30.0	100.0
	Total	60	100.0	100.0	

性别

		Frequency	Percent	Valid Percent	Cumulative Percent
Valid	男	29	48.3	48.3	48.3
	女	31	51.7	51.7	100.0
	Total	60	100.0	100.0	

粉红色

		Frequency	Percent	Valid Percent	Cumulative Percent
Valid	根本不	19	31.7	31.7	31.7
	并不	5	8.3	8.3	40.0
	一般	12	20.0	20.0	60.0
	相当	8	13.3	13.3	73.3
	非常	16	26.7	26.7	100.0
	Total	60	100.0	100.0	

年龄

		Frequency	Percent	Valid Percent	Cumulative Percent
Valid	18岁以下	25	41.7	41.7	41.7
	18-45岁	21	35.0	35.0	76.7
	45-65岁	11	18.3	18.3	95.0
	65岁以上	3	5.0	5.0	100.0
	Total	60	100.0	100.0	

深红色

		Frequency	Percent	Valid Percent	Cumulative Percent
Valid	根本不	16	26.7	26.7	26.7
	并不	15	25.0	25.0	51.7
	一般	16	26.7	26.7	78.3
	相当	10	16.7	16.7	95.0
	非常	3	5.0	5.0	100.0
	Total	60	100.0	100.0	

附录 E　不喜欢百分比统计表（汉语第三次）

苹果

		Frequency	Percent	Valid Percent	Cumulative Percent
Valid	根本不	2	3.3	3.3	3.3
	并不	1	1.7	1.7	5.0
	一般	13	21.7	21.7	26.7
	相当	19	31.7	31.7	58.3
	非常	25	41.7	41.7	100.0
	Total	60	100.0	100.0	

樱桃

		Frequency	Percent	Valid Percent	Cumulative Percent
Valid	根本不	2	3.3	3.3	3.3
	并不	8	13.3	13.3	16.7
	一般	24	40.0	40.0	56.7
	相当	19	31.7	31.7	88.3
	非常	7	11.7	11.7	100.0
	Total	60	100.0	100.0	

杏

		Frequency	Percent	Valid Percent	Cumulative Percent
Valid	根本不	1	1.7	1.7	1.7
	并不	12	20.0	20.0	21.7
	一般	29	48.3	48.3	70.0
	相当	14	23.3	23.3	93.3
	非常	4	6.7	6.7	100.0
	Total	60	100.0	100.0	

枣

		Frequency	Percent	Valid Percent	Cumulative Percent
Valid	根本不	4	6.7	6.7	6.7
	并不	8	13.3	13.3	20.0
	一般	31	51.7	51.7	71.7
	相当	12	20.0	20.0	91.7
	非常	5	8.3	8.3	100.0
	Total	60	100.0	100.0	

鳄梨

		Frequency	Percent	Valid Percent	Cumulative Percent
Valid	根本不	5	8.3	8.3	8.3
	并不	10	16.7	16.7	25.0
	一般	28	46.7	46.7	71.7
	相当	12	20.0	20.0	91.7
	非常	5	8.3	8.3	100.0
	Total	60	100.0	100.0	

无花果

		Frequency	Percent	Valid Percent	Cumulative Percent
Valid	根本不	12	20.0	20.0	20.0
	并不	11	18.3	18.3	38.3
	一般	25	41.7	41.7	80.0
	相当	8	13.3	13.3	93.3
	非常	4	6.7	6.7	100.0
	Total	60	100.0	100.0	

香蕉

		Frequency	Percent	Valid Percent	Cumulative Percent
Valid	根本不	1	1.7	1.7	1.7
	一般	10	16.7	16.7	18.3
	相当	19	31.7	31.7	50.0
	非常	30	50.0	50.0	100.0
	Total	60	100.0	100.0	

柚子

		Frequency	Percent	Valid Percent	Cumulative Percent
Valid	根本不	11	18.3	18.3	18.3
	并不	9	15.0	15.0	33.3
	一般	29	48.3	48.3	81.7
	相当	10	16.7	16.7	98.3
	非常	1	1.7	1.7	100.0
	Total	60	100.0	100.0	

椰子

		Frequency	Percent	Valid Percent	Cumulative Percent
Valid	根本不	4	6.7	6.7	6.7
	并不	8	13.3	13.3	20.0
	一般	25	41.7	41.7	61.7
	相当	13	21.7	21.7	83.3
	非常	10	16.7	16.7	100.0
	Total	60	100.0	100.0	

葡萄

		Frequency	Percent	Valid Percent	Cumulative Percent
Valid	并不	1	1.7	1.7	1.7
	一般	7	11.7	11.7	13.3
	相当	29	48.3	48.3	61.7
	非常	23	38.3	38.3	100.0
	Total	60	100.0	100.0	

猕猴桃

		Frequency	Percent	Valid Percent	Cumulative Percent
Valid	并不	6	10.0	10.0	10.0
	一般	20	33.3	33.3	43.3
	相当	18	30.0	30.0	73.3
	非常	16	26.7	26.7	100.0
	Total	60	100.0	100.0	

菠萝

		Frequency	Percent	Valid Percent	Cumulative Percent
Valid	根本不	1	1.7	1.7	1.7
	并不	1	1.7	1.7	1.7
	一般	19	31.7	31.7	35.0
	相当	20	33.3	33.3	68.3
	非常	19	31.7	31.7	100.0
	Total	60	100.0	100.0	

酸橙

		Frequency	Percent	Valid Percent	Cumulative Percent
Valid	根本不	3	5.0	5.0	5.0
	并不	10	16.7	16.7	21.7
	一般	24	40.0	40.0	61.7
	相当	13	21.7	21.7	83.3
	非常	10	16.7	16.7	100.0
	Total	60	100.0	100.0	

桃子

		Frequency	Percent	Valid Percent	Cumulative Percent
Valid	并不	1	1.7	1.7	1.7
	一般	17	28.3	28.3	30.0
	相当	22	36.7	36.7	66.7
	非常	20	33.3	33.3	100.0
	Total	60	100.0	100.0	

柠檬

		Frequency	Percent	Valid Percent	Cumulative Percent
Valid	根本不	7	11.7	11.7	11.7
	并不	14	23.3	23.3	35.0
	一般	16	26.7	26.7	61.7
	相当	13	21.7	21.7	83.3
	非常	10	16.7	16.7	100.0
	Total	60	100.0	100.0	

柑桔

		Frequency	Percent	Valid Percent	Cumulative Percent
Valid	根本不	2	3.3	3.3	3.3
	并不	5	8.3	8.3	11.7
	一般	25	41.7	41.7	53.3
	相当	17	28.3	28.3	81.7
	非常	11	18.3	18.3	100.0
	Total	60	100.0	100.0	

荔枝

		Frequency	Percent	Valid Percent	Cumulative Percent
Valid	根本不	5	8.3	8.3	8.3
	并不	6	10.0	10.0	18.3
	一般	21	35.0	35.0	53.3
	相当	8	13.3	13.3	66.7
	非常	20	33.3	33.3	100.0
	Total	60	100.0	100.0	

黑莓

		Frequency	Percent	Valid Percent	Cumulative Percent
Valid	根本不	9	15.0	15.0	15.0
	并不	6	10.0	10.0	25.0
	一般	32	53.3	53.3	78.3
	相当	6	10.0	10.0	88.3
	非常	7	11.7	11.7	100.0
	Total	60	100.0	100.0	

甜瓜

		Frequency	Percent	Valid Percent	Cumulative Percent
Valid	根本不	3	5.0	5.0	5.0
	并不	6	10.0	10.0	15.0
	一般	30	50.0	50.0	65.0
	相当	12	20.0	20.0	85.0
	非常	9	15.0	15.0	100.0
	Total	60	100.0	100.0	

草莓

		Frequency	Percent	Valid Percent	Cumulative Percent
Valid	一般	17	28.3	28.3	28.3
	相当	18	30.0	30.0	58.3
	非常	25	41.7	41.7	100.0
	Total	60	100.0	100.0	

芒果

		Frequency	Percent	Valid Percent	Cumulative Percent
Valid	根本不	5	8.3	8.3	8.3
	并不	15	25.0	25.0	33.3
	一般	23	38.3	38.3	71.7
	相当	9	15.0	15.0	86.7
	非常	8	13.3	13.3	100.0
	Total	60	100.0	100.0	

无核小桔

		Frequency	Percent	Valid Percent	Cumulative Percent
Valid	根本不	6	10.0	10.0	10.0
	并不	3	5.0	5.0	15.0
	一般	20	33.3	33.3	48.3
	相当	19	31.7	31.7	80.0
	非常	12	20.0	20.0	100.0
	Total	60	100.0	100.0	

西瓜

		Frequency	Percent	Valid Percent	Cumulative Percent
Valid	一般	17	28.3	28.3	28.3
	相当	20	33.3	33.3	61.7
	非常	23	38.3	38.3	100.0
	Total	60	100.0	100.0	

梨子

		Frequency	Percent	Valid Percent	Cumulative Percent
Valid	根本不	1	1.7	1.7	1.7
	并不	1	1.7	1.7	3.3
	一般	29	48.3	48.3	51.7
	相当	20	33.3	33.3	85.0
	非常	9	15.0	15.0	100.0
	Total	60	100.0	100.0	

西葫芦

		Frequency	Percent	Valid Percent	Cumulative Percent
Valid	根本不	9	15.0	15.0	15.0
	并不	15	25.0	25.0	40.0
	一般	27	45.0	45.0	85.0
	相当	6	10.0	10.0	95.0
	非常	3	5.0	5.0	100.0
	Total	60	100.0	100.0	

洋葱

		Frequency	Percent	Valid Percent	Cumulative Percent
Valid	根本不	9	15.0	15.0	15.0
	并不	13	21.7	21.7	36.7
	一般	25	41.7	41.7	78.3
	相当	9	15.0	15.0	93.3
	非常	4	6.7	6.7	100.0
	Total	60	100.0	100.0	

大蒜

		Frequency	Percent	Valid Percent	Cumulative Percent
Valid	根本不	13	21.7	21.7	21.7
	并不	11	18.3	18.3	40.0
	一般	23	38.3	38.3	78.3
	相当	8	13.3	13.3	91.7
	非常	5	8.3	8.3	100.0
	Total	60	100.0	100.0	

甜菜根

		Frequency	Percent	Valid Percent	Cumulative Percent
Valid	根本不	14	23.3	23.3	23.3
	并不	20	33.3	33.3	56.7
	一般	19	31.7	31.7	88.3
	相当	7	11.7	11.7	100.0
	Total	60	100.0	100.0	

土豆

		Frequency	Percent	Valid Percent	Cumulative Percent
Valid	并不	2	3.3	3.3	3.3
	一般	25	41.7	41.7	45.0
	相当	22	36.7	36.7	81.7
	非常	11	18.3	18.3	100.0
	Total	60	100.0	100.0	

茄子

		Frequency	Percent	Valid Percent	Cumulative Percent
Valid	根本不	5	8.3	8.3	8.3
	并不	5	8.3	8.3	16.7
	一般	27	45.0	45.0	61.7
	相当	14	23.3	23.3	85.0
	非常	9	15.0	15.0	100.0
	Total	60	100.0	100.0	

卷心菜

		Frequency	Percent	Valid Percent	Cumulative Percent
Valid	根本不	1	1.7	1.7	1.7
	并不	4	6.7	6.7	8.3
	一般	32	53.3	53.3	61.7
	相当	18	30.0	30.0	91.7
	非常	5	8.3	8.3	100.0
	Total	60	100.0	100.0	

朝鲜蓟

		Frequency	Percent	Valid Percent	Cumulative Percent
Valid	根本不	16	26.7	26.7	26.7
	并不	21	35.0	35.0	61.7
	一般	22	36.7	36.7	98.3
	相当	1	1.7	1.7	100.0
	Total	60	100.0	100.0	

姜

		Frequency	Percent	Valid Percent	Cumulative Percent
Valid	根本不	21	35.0	35.0	35.0
	并不	10	16.7	16.7	51.7
	一般	19	31.7	31.7	83.3
	相当	7	11.7	11.7	95.0
	非常	3	5.0	5.0	100.0
	Total	60	100.0	100.0	

葫芦

		Frequency	Percent	Valid Percent	Cumulative Percent
Valid	根本不	12	20.0	20.0	20.0
	并不	23	38.3	38.3	58.3
	一般	19	31.7	31.7	90.0
	相当	4	6.7	6.7	96.7
	非常	2	3.3	3.3	100.0
	Total	60	100.0	100.0	

羊角豆

		Frequency	Percent	Valid Percent	Cumulative Percent
Valid	根本不	7	11.7	11.7	11.7
	并不	15	25.0	25.0	36.7
	一般	27	45.0	45.0	81.7
	相当	9	15.0	15.0	96.7
	非常	2	3.3	3.3	100.0
	Total	60	100.0	100.0	

豆荚

		Frequency	Percent	Valid Percent	Cumulative Percent
Valid	根本不	7	11.7	11.7	11.7
	并不	8	13.3	13.3	25.0
	一般	30	50.0	50.0	75.0
	相当	10	16.7	16.7	91.7
	非常	5	8.3	8.3	100.0
	Total	60	100.0	100.0	

豆芽

		Frequency	Percent	Valid Percent	Cumulative Percent
Valid	根本不	5	8.3	8.3	8.3
	并不	7	11.7	11.7	20.0
	一般	31	51.7	51.7	71.7
	相当	8	13.3	13.3	85.0
	非常	9	15.0	15.0	100.0
	Total	60	100.0	100.0	

豌豆

		Frequency	Percent	Valid Percent	Cumulative Percent
Valid	根本不	5	8.3	8.3	8.3
	并不	6	10.0	10.0	18.3
	一般	32	53.3	53.3	71.7
	相当	11	18.3	18.3	90.0
	非常	6	10.0	10.0	100.0
	Total	60	100.0	100.0	

花菜

		Frequency	Percent	Valid Percent	Cumulative Percent
Valid	根本不	5	8.3	8.3	8.3
	并不	6	10.0	10.0	18.3
	一般	22	36.7	36.7	55.0
	相当	20	33.3	33.3	88.3
	非常	7	11.7	11.7	100.0
	Total	60	100.0	100.0	

南瓜

		Frequency	Percent	Valid Percent	Cumulative Percent
Valid	根本不	3	5.0	5.0	5.0
	并不	9	15.0	15.0	20.0
	一般	25	41.7	41.7	61.7
	相当	13	21.7	21.7	83.3
	非常	10	16.7	16.7	100.0
	Total	60	100.0	100.0	

抱子甘蓝

		Frequency	Percent	Valid Percent	Cumulative Percent
Valid	根本不	19	31.7	31.7	31.7
	并不	13	21.7	21.7	53.3
	一般	25	41.7	41.7	95.0
	相当	3	5.0	5.0	100.0
	Total	60	100.0	100.0	

蘑菇

		Frequency	Percent	Valid Percent	Cumulative Percent
Valid	根本不	1	1.7	1.7	1.7
	并不	3	5.0	5.0	6.7
	一般	13	21.7	21.7	28.3
	相当	14	23.3	23.3	51.7
	非常	29	48.3	48.3	100.0
	Total	60	100.0	100.0	

欧洲萝卜

		Frequency	Percent	Valid Percent	Cumulative Percent
Valid	根本不	13	21.7	21.7	21.7
	并不	19	31.7	31.7	53.3
	一般	23	38.3	38.3	91.7
	相当	2	3.3	3.3	95.0
	非常	3	5.0	5.0	100.0
	Total	60	100.0	100.0	

山药

		Frequency	Percent	Valid Percent	Cumulative Percent
Valid	根本不	11	18.3	18.3	18.3
	并不	6	10.0	10.0	28.3
	一般	26	43.3	43.3	71.7
	相当	11	18.3	18.3	90.0
	非常	6	10.0	10.0	100.0
	Total	60	100.0	100.0	

蕉青甘蓝

		Frequency	Percent	Valid Percent	Cumulative Percent
Valid	根本不	18	30.0	30.0	30.0
	并不	17	28.3	28.3	58.3
	一般	23	38.3	38.3	96.7
	相当	2	3.3	3.3	100.0
	Total	60	100.0	100.0	

红薯

		Frequency	Percent	Valid Percent	Cumulative Percent
Valid	根本不	2	3.3	3.3	3.3
	并不	2	3.3	3.3	6.7
	一般	17	28.3	28.3	35.0
	相当	16	26.7	26.7	61.7
	非常	23	38.3	38.3	100.0
	Total	60	100.0	100.0	

块根芹

		Frequency	Percent	Valid Percent	Cumulative Percent
Valid	根本不	17	28.3	28.3	28.3
	并不	16	26.7	26.7	55.0
	一般	18	30.0	30.0	85.0
	相当	9	15.0	15.0	100.0
	Total	60	100.0	100.0	

胡萝卜

		Frequency	Percent	Valid Percent	Cumulative Percent
Valid	根本不	4	6.7	6.7	6.7
	并不	9	15.0	15.0	21.7
	一般	21	35.0	35.0	56.7
	相当	19	31.7	31.7	88.3
	非常	7	11.7	11.7	100.0
	Total	60	100.0	100.0	

韭菜

		Frequency	Percent	Valid Percent	Cumulative Percent
Valid	根本不	3	5.0	5.0	5.0
	并不	4	6.7	6.7	11.7
	一般	26	43.3	43.3	55.0
	相当	17	28.3	28.3	83.3
	非常	10	16.7	16.7	100.0
	Total	60	100.0	100.0	

四季豆

		Frequency	Percent	Valid Percent	Cumulative Percent
Valid	根本不	5	8.3	8.3	8.3
	并不	9	15.0	15.0	23.3
	一般	20	33.3	33.3	56.7
	相当	18	30.0	30.0	86.7
	非常	8	13.3	13.3	100.0
	Total	60	100.0	100.0	

芦笋

		Frequency	Percent	Valid Percent	Cumulative Percent
Valid	根本不	6	10.0	10.0	10.0
	并不	10	16.7	16.7	26.7
	一般	19	31.7	31.7	58.3
	相当	16	26.7	26.7	85.0
	非常	9	15.0	15.0	100.0
	Total	60	100.0	100.0	

菜椒

		Frequency	Percent	Valid Percent	Cumulative Percent
Valid	根本不	6	10.0	10.0	10.0
	并不	7	11.7	11.7	21.7
	一般	27	45.0	45.0	66.7
	相当	11	18.3	18.3	85.0
	非常	9	15.0	15.0	100.0
	Total	60	100.0	100.0	

芹菜

		Frequency	Percent	Valid Percent	Cumulative Percent
Valid	根本不	5	8.3	8.3	8.3
	并不	4	6.7	6.7	15.0
	一般	19	31.7	31.7	46.7
	相当	19	31.7	31.7	78.3
	非常	13	21.7	21.7	100.0
	Total	60	100.0	100.0	

三色紫罗兰

		Frequency	Percent	Valid Percent	Cumulative Percent
Valid	根本不	4	6.7	6.7	6.7
	并不	2	3.3	3.3	10.0
	一般	23	38.3	38.3	48.3
	相当	13	21.7	21.7	70.0
	非常	18	30.0	30.0	100.0
	Total	60	100.0	100.0	

玉米

		Frequency	Percent	Valid Percent	Cumulative Percent
Valid	根本不	3	5.0	5.0	5.0
	并不	3	5.0	5.0	10.0
	一般	21	35.0	35.0	45.0
	相当	19	31.7	31.7	76.7
	非常	14	23.3	23.3	100.0
	Total	60	100.0	100.0	

苜蓿

		Frequency	Percent	Valid Percent	Cumulative Percent
Valid	根本不	9	15.0	15.0	15.0
	并不	17	28.3	28.3	43.3
	一般	26	43.3	43.3	86.7
	相当	8	13.3	13.3	100.0
	Total	60	100.0	100.0	

莴苣

		Frequency	Percent	Valid Percent	Cumulative Percent
Valid	根本不	4	6.7	6.7	6.7
	并不	5	8.3	8.3	15.0
	一般	22	36.7	36.7	51.7
	相当	23	38.3	38.3	90.0
	非常	6	10.0	10.0	100.0
	Total	60	100.0	100.0	

蒲公英

		Frequency	Percent	Valid Percent	Cumulative Percent
Valid	根本不	8	13.3	13.3	13.3
	并不	14	23.3	23.3	36.7
	一般	22	36.7	36.7	73.3
	相当	14	23.3	23.3	96.7
	非常	2	3.3	3.3	100.0
	Total	60	100.0	100.0	

茴香

		Frequency	Percent	Valid Percent	Cumulative Percent
Valid	根本不	13	21.7	21.7	21.7
	并不	14	23.3	23.3	45.0
	一般	25	41.7	41.7	86.7
	相当	7	11.7	11.7	98.3
	非常	1	1.7	1.7	100.0
	Total	60	100.0	100.0	

荨麻

		Frequency	Percent	Valid Percent	Cumulative Percent
Valid	根本不	15	25.0	25.0	25.0
	并不	16	26.7	26.7	51.7
	一般	22	36.7	36.7	88.3
	相当	7	11.7	11.7	100.0
	Total	60	100.0	100.0	

大葱

		Frequency	Percent	Valid Percent	Cumulative Percent
Valid	根本不	14	23.3	23.3	23.3
	并不	10	16.7	16.7	40.0
	一般	14	23.3	23.3	63.3
	相当	13	21.7	21.7	85.0
	非常	9	15.0	15.0	100.0
	Total	60	100.0	100.0	

毛茛

		Frequency	Percent	Valid Percent	Cumulative Percent
Valid	根本不	17	28.3	28.3	28.3
	并不	17	28.3	28.3	56.7
	一般	22	36.7	36.7	93.3
	相当	2	3.3	3.3	96.7
	非常	2	3.3	3.3	100.0
	Total	60	100.0	100.0	

红皮萝卜

		Frequency	Percent	Valid Percent	Cumulative Percent
Valid	根本不	6	10.0	10.0	10.0
	并不	8	13.3	13.3	23.3
	一般	30	50.0	50.0	73.3
	相当	12	20.0	20.0	93.3
	非常	4	6.7	6.7	100.0
	Total	60	100.0	100.0	

兰花

		Frequency	Percent	Valid Percent	Cumulative Percent
Valid	根本不	4	6.7	6.7	6.7
	并不	5	8.3	8.3	15.0
	一般	12	20.0	20.0	35.0
	相当	17	28.3	28.3	63.3
	非常	22	36.7	36.7	100.0
	Total	60	100.0	100.0	

西红柿

		Frequency	Percent	Valid Percent	Cumulative Percent
Valid	根本不	2	3.3	3.3	3.3
	并不	1	1.7	1.7	5.0
	一般	14	23.3	23.3	28.3
	相当	22	36.7	36.7	65.0
	非常	21	35.0	35.0	100.0
	Total	60	100.0	100.0	

风信子

		Frequency	Percent	Valid Percent	Cumulative Percent
Valid	根本不	8	13.3	13.3	13.3
	并不	10	16.7	16.7	30.0
	一般	26	43.3	43.3	73.3
	相当	7	11.7	11.7	85.0
	非常	9	15.0	15.0	100.0
	Total	60	100.0	100.0	

灯笼海棠

		Frequency	Percent	Valid Percent	Cumulative Percent
Valid	根本不	5	8.3	8.3	8.3
	并不	4	6.7	6.7	15.0
	一般	25	41.7	41.7	56.7
	相当	15	25.0	25.0	81.7
	非常	11	18.3	18.3	100.0
	Total	60	100.0	100.0	

百合花

		Frequency	Percent	Valid Percent	Cumulative Percent
Valid	根本不	3	5.0	5.0	5.0
	并不	2	3.3	3.3	8.3
	一般	7	11.7	11.7	20.0
	相当	15	25.0	25.0	45.0
	非常	33	55.0	55.0	100.0
	Total	60	100.0	100.0	

菊花

		Frequency	Percent	Valid Percent	Cumulative Percent
Valid	根本不	2	3.3	3.3	3.3
	并不	4	6.7	6.7	10.0
	一般	14	23.3	23.3	33.3
	相当	20	33.3	33.3	66.7
	非常	20	33.3	33.3	100.0
	Total	60	100.0	100.0	

康乃馨

		Frequency	Percent	Valid Percent	Cumulative Percent
Valid	根本不	2	3.3	3.3	3.3
	并不	2	3.3	3.3	6.7
	一般	6	10.0	10.0	16.7
	相当	13	21.7	21.7	38.3
	非常	37	61.7	61.7	100.0
	Total	60	100.0	100.0	

雏菊

		Frequency	Percent	Valid Percent	Cumulative Percent
Valid	根本不	4	6.7	6.7	6.7
	并不	5	8.3	8.3	15.0
	一般	24	40.0	40.0	55.0
	相当	23	38.3	38.3	93.3
	非常	4	6.7	6.7	100.0
	Total	60	100.0	100.0	

水仙

		Frequency	Percent	Valid Percent	Cumulative Percent
Valid	根本不	2	3.3	3.3	3.3
	并不	1	1.7	1.7	5.0
	一般	17	28.3	28.3	33.3
	相当	16	26.7	26.7	60.0
	非常	24	40.0	40.0	100.0
	Total	60	100.0	100.0	

郁金香

		Frequency	Percent	Valid Percent	Cumulative Percent
Valid	根本不	5	8.3	8.3	8.3
	并不	1	1.7	1.7	10.0
	一般	9	15.0	15.0	25.0
	相当	17	28.3	28.3	53.3
	非常	28	46.7	46.7	100.0
	Total	60	100.0	100.0	

毛地黄

		Frequency	Percent	Valid Percent	Cumulative Percent
Valid	根本不	11	18.3	18.3	18.3
	并不	17	28.3	28.3	46.7
	一般	22	36.7	36.7	83.3
	相当	9	15.0	15.0	98.3
	非常	1	1.7	1.7	100.0
	Total	60	100.0	100.0	

金银花

		Frequency	Percent	Valid Percent	Cumulative Percent
Valid	根本不	5	8.3	8.3	8.3
	并不	3	5.0	5.0	13.3
	一般	31	51.7	51.7	65.0
	相当	13	21.7	21.7	86.7
	非常	8	13.3	13.3	100.0
	Total	60	100.0	100.0	

罂粟花

		Frequency	Percent	Valid Percent	Cumulative Percent
Valid	根本不	19	31.7	31.7	31.7
	并不	6	10.0	10.0	41.7
	一般	22	36.7	36.7	78.3
	相当	9	15.0	15.0	93.3
	非常	4	6.7	6.7	100.0
	Total	60	100.0	100.0	

冬青

		Frequency	Percent	Valid Percent	Cumulative Percent
Valid	根本不	4	6.7	6.7	6.7
	并不	5	8.3	8.3	15.0
	一般	30	50.0	50.0	65.0
	相当	16	26.7	26.7	91.7
	非常	5	8.3	8.3	100.0
	Total	60	100.0	100.0	

蜀葵花

		Frequency	Percent	Valid Percent	Cumulative Percent
Valid	根本不	13	21.7	21.7	21.7
	并不	11	18.3	18.3	40.0
	一般	29	48.3	48.3	88.3
	相当	5	8.3	8.3	96.7
	非常	2	3.3	3.3	100.0
	Total	60	100.0	100.0	

雪莲花

		Frequency	Percent	Valid Percent	Cumulative Percent
Valid	根本不	3	5.0	5.0	5.0
	一般	10	16.7	16.7	21.7
	相当	17	28.3	28.3	50.0
	非常	30	50.0	50.0	100.0
	Total	60	100.0	100.0	

兰铃花

		Frequency	Percent	Valid Percent	Cumulative Percent
Valid	根本不	13	21.7	21.7	21.7
	并不	7	11.7	11.7	33.3
	一般	28	46.7	46.7	80.0
	相当	9	15.0	15.0	95.0
	非常	3	5.0	5.0	100.0
	Total	60	100.0	100.0	

玫瑰

		Frequency	Percent	Valid Percent	Cumulative Percent
Valid	根本不	2	3.3	3.3	3.3
	并不	1	1.7	1.7	5.0
	一般	13	21.7	21.7	26.7
	相当	19	31.7	31.7	58.3
	非常	25	41.7	41.7	100.0
	Total	60	100.0	100.0	

鳄鱼

		Frequency	Percent	Valid Percent	Cumulative Percent
Valid	根本不	18	30.0	30.0	30.0
	并不	11	18.3	18.3	48.3
	一般	19	31.7	31.7	80.0
	相当	8	13.3	13.3	93.3
	非常	4	6.7	6.7	100.0
	Total	60	100.0	100.0	

羽扇豆

		Frequency	Percent	Valid Percent	Cumulative Percent
Valid	根本不	16	26.7	26.7	26.7
	并不	11	18.3	18.3	45.0
	一般	25	41.7	41.7	86.7
	相当	6	10.0	10.0	96.7
	非常	2	3.3	3.3	100.0
	Total	60	100.0	100.0	

大猩猩

		Frequency	Percent	Valid Percent	Cumulative Percent
Valid	根本不	13	21.7	21.7	21.7
	并不	12	20.0	20.0	41.7
	一般	20	33.3	33.3	75.0
	相当	10	16.7	16.7	91.7
	非常	5	8.3	8.3	100.0
	Total	60	100.0	100.0	

骆驼

		Frequency	Percent	Valid Percent	Cumulative Percent
Valid	根本不	7	11.7	11.7	11.7
	并不	2	3.3	3.3	15.0
	一般	34	56.7	56.7	71.7
	相当	9	15.0	15.0	86.7
	非常	8	13.3	13.3	100.0
	Total	60	100.0	100.0	

老虎

		Frequency	Percent	Valid Percent	Cumulative Percent
Valid	根本不	3	5.0	5.0	5.0
	并不	1	1.7	1.7	6.7
	一般	22	36.7	36.7	43.3
	相当	10	16.7	16.7	60.0
	非常	24	40.0	40.0	100.0
	Total	60	100.0	100.0	

河马

		Frequency	Percent	Valid Percent	Cumulative Percent
Valid	根本不	9	15.0	15.0	15.0
	并不	8	13.3	13.3	28.3
	一般	33	55.0	55.0	83.3
	相当	4	6.7	6.7	90.0
	非常	6	10.0	10.0	100.0
	Total	60	100.0	100.0	

水牛

		Frequency	Percent	Valid Percent	Cumulative Percent
Valid	根本不	7	11.7	11.7	11.7
	并不	5	8.3	8.3	20.0
	一般	28	46.7	46.7	66.7
	相当	11	18.3	18.3	85.0
	非常	9	15.0	15.0	100.0
	Total	60	100.0	100.0	

大象

		Frequency	Percent	Valid Percent	Cumulative Percent
Valid	根本不	4	6.7	6.7	6.7
	并不	6	10.0	10.0	16.7
	一般	21	35.0	35.0	51.7
	相当	17	28.3	28.3	80.0
	非常	12	20.0	20.0	100.0
	Total	60	100.0	100.0	

孔雀

		Frequency	Percent	Valid Percent	Cumulative Percent
Valid	根本不	4	6.7	6.7	6.7
	并不	6	10.0	10.0	16.7
	一般	15	25.0	25.0	41.7
	相当	11	18.3	18.3	60.0
	非常	24	40.0	40.0	100.0
	Total	60	100.0	100.0	

狮子

		Frequency	Percent	Valid Percent	Cumulative Percent
Valid	根本不	4	6.7	6.7	6.7
	并不	3	5.0	5.0	11.7
	一般	21	35.0	35.0	46.7
	相当	11	18.3	18.3	65.0
	非常	21	35.0	35.0	100.0
	Total	60	100.0	100.0	

海鸥

		Frequency	Percent	Valid Percent	Cumulative Percent
Valid	根本不	4	6.7	6.7	6.7
	并不	3	5.0	5.0	11.7
	一般	14	23.3	23.3	35.0
	相当	15	25.0	25.0	60.0
	非常	24	40.0	40.0	100.0
	Total	60	100.0	100.0	

长颈鹿

		Frequency	Percent	Valid Percent	Cumulative Percent
Valid	根本不	6	10.0	10.0	10.0
	并不	2	3.3	3.3	13.3
	一般	31	51.7	51.7	65.0
	相当	8	13.3	13.3	78.3
	非常	13	21.7	21.7	100.0
	Total	60	100.0	100.0	

鸽子

		Frequency	Percent	Valid Percent	Cumulative Percent
Valid	根本不	1	1.7	1.7	1.7
	并不	3	5.0	5.0	6.7
	一般	11	18.3	18.3	25.0
	相当	22	36.7	36.7	61.7
	非常	23	38.3	38.3	100.0
	Total	60	100.0	100.0	

麻雀

		Frequency	Percent	Valid Percent	Cumulative Percent
Valid	根本不	8	13.3	13.3	13.3
	并不	11	18.3	18.3	31.7
	一般	30	50.0	50.0	81.7
	相当	5	8.3	8.3	90.0
	非常	6	10.0	10.0	100.0
	Total	60	100.0	100.0	

知更鸟

		Frequency	Percent	Valid Percent	Cumulative Percent
Valid	根本不	12	20.0	20.0	20.0
	并不	3	5.0	5.0	25.0
	一般	34	56.7	56.7	81.7
	相当	7	11.7	11.7	93.3
	非常	4	6.7	6.7	100.0
	Total	60	100.0	100.0	

燕子

		Frequency	Percent	Valid Percent	Cumulative Percent
Valid	根本不	3	5.0	5.0	5.0
	并不	3	5.0	5.0	10.0
	一般	25	41.7	41.7	51.7
	相当	17	28.3	28.3	80.0
	非常	12	20.0	20.0	100.0
	Total	60	100.0	100.0	

鸭子

		Frequency	Percent	Valid Percent	Cumulative Percent
Valid	根本不	6	10.0	10.0	10.0
	并不	12	20.0	20.0	30.0
	一般	33	55.0	55.0	85.0
	相当	5	8.3	8.3	93.3
	非常	4	6.7	6.7	100.0
	Total	60	100.0	100.0	

犀牛

		Frequency	Percent	Valid Percent	Cumulative Percent
Valid	根本不	14	23.3	23.3	23.3
	并不	11	18.3	18.3	41.7
	一般	23	38.3	38.3	80.0
	相当	7	11.7	11.7	91.7
	非常	5	8.3	8.3	100.0
	Total	60	100.0	100.0	

马

		Frequency	Percent	Valid Percent	Cumulative Percent
Valid	根本不	5	8.3	8.3	8.3
	并不	1	1.7	1.7	10.0
	一般	25	41.7	41.7	51.7
	相当	14	23.3	23.3	75.0
	非常	15	25.0	25.0	100.0
	Total	60	100.0	100.0	

鹰

		Frequency	Percent	Valid Percent	Cumulative Percent
Valid	根本不	5	8.3	8.3	8.3
	并不	3	5.0	5.0	13.3
	一般	16	26.7	26.7	40.0
	相当	11	18.3	18.3	58.3
	非常	25	41.7	41.7	100.0
	Total	60	100.0	100.0	

驴

		Frequency	Percent	Valid Percent	Cumulative Percent
Valid	根本不	10	16.7	16.7	16.7
	并不	10	16.7	16.7	33.3
	一般	31	51.7	51.7	85.0
	相当	8	13.3	13.3	98.3
	非常	1	1.7	1.7	100.0
	Total	60	100.0	100.0	

猫头鹰

		Frequency	Percent	Valid Percent	Cumulative Percent
Valid	根本不	9	15.0	15.0	15.0
	并不	12	20.0	20.0	35.0
	一般	27	45.0	45.0	80.0
	相当	6	10.0	10.0	90.0
	非常	6	10.0	10.0	100.0
	Total	60	100.0	100.0	

松鼠

		Frequency	Percent	Valid Percent	Cumulative Percent
Valid	根本不	6	10.0	10.0	10.0
	并不	3	5.0	5.0	15.0
	一般	16	26.7	26.7	41.7
	相当	21	35.0	35.0	76.7
	非常	14	23.3	23.3	100.0
	Total	60	100.0	100.0	

鸡

		Frequency	Percent	Valid Percent	Cumulative Percent
Valid	根本不	6	10.0	10.0	10.0
	并不	2	3.3	3.3	13.3
	一般	27	45.0	45.0	58.3
	相当	16	26.7	26.7	85.0
	非常	9	15.0	15.0	100.0
	Total	60	100.0	100.0	

鹅

		Frequency	Percent	Valid Percent	Cumulative Percent
Valid	根本不	6	10.0	10.0	10.0
	并不	4	6.7	6.7	16.7
	一般	32	53.3	53.3	70.0
	相当	14	23.3	23.3	93.3
	非常	4	6.7	6.7	100.0
	Total	60	100.0	100.0	

狗

		Frequency	Percent	Valid Percent	Cumulative Percent
Valid	根本不	2	3.3	3.3	3.3
	并不	3	5.0	5.0	8.3
	一般	10	16.7	16.7	25.0
	相当	17	28.3	28.3	53.3
	非常	28	46.7	46.7	100.0
	Total	60	100.0	100.0	

牛

		Frequency	Percent	Valid Percent	Cumulative Percent
Valid	根本不	10	16.7	16.7	16.7
	并不	7	11.7	11.7	28.3
	一般	26	43.3	43.3	71.7
	相当	10	16.7	16.7	88.3
	非常	7	11.7	11.7	100.0
	Total	60	100.0	100.0	

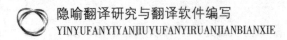

山羊

		Frequency	Percent	Valid Percent	Cumulative Percent
Valid	根本不	6	10.0	10.0	10.0
	并不	6	10.0	10.0	20.0
	一般	36	60.0	60.0	80.0
	相当	10	16.7	16.7	96.7
	非常	2	3.3	3.3	100.0
	Total	60	100.0	100.0	

乌龟

		Frequency	Percent	Valid Percent	Cumulative Percent
Valid	根本不	8	13.3	13.3	13.3
	并不	8	13.3	13.3	26.7
	一般	19	31.7	31.7	58.3
	相当	14	23.3	23.3	81.7
	非常	11	18.3	18.3	100.0
	Total	60	100.0	100.0	

绵羊

		Frequency	Percent	Valid Percent	Cumulative Percent
Valid	根本不	6	10.0	10.0	10.0
	并不	7	11.7	11.7	21.7
	一般	35	58.3	58.3	80.0
	相当	10	16.7	16.7	96.7
	非常	2	3.3	3.3	100.0
	Total	60	100.0	100.0	

足球

		Frequency	Percent	Valid Percent	Cumulative Percent
Valid	根本不	5	8.3	8.3	8.3
	并不	4	6.7	6.7	15.0
	一般	22	36.7	36.7	51.7
	相当	8	13.3	13.3	65.0
	非常	21	35.0	35.0	100.0
	Total	60	100.0	100.0	

山鸟

		Frequency	Percent	Valid Percent	Cumulative Percent
Valid	根本不	6	10.0	10.0	10.0
	并不	8	13.3	13.3	23.3
	一般	31	51.7	51.7	75.0
	相当	12	20.0	20.0	95.0
	非常	3	5.0	5.0	100.0
	Total	60	100.0	100.0	

美式橄榄球

		Frequency	Percent	Valid Percent	Cumulative Percent
Valid	根本不	12	20.0	20.0	20.0
	并不	16	26.7	26.7	46.7
	一般	22	36.7	36.7	83.3
	相当	7	11.7	11.7	95.0
	非常	3	5.0	5.0	100.0
	Total	60	100.0	100.0	

袋鼠

		Frequency	Percent	Valid Percent	Cumulative Percent
Valid	根本不	5	8.3	8.3	8.3
	并不	5	8.3	8.3	16.7
	一般	22	36.7	36.7	53.3
	相当	15	25.0	25.0	78.3
	非常	13	21.7	21.7	100.0
	Total	60	100.0	100.0	

网球

		Frequency	Percent	Valid Percent	Cumulative Percent
Valid	根本不	7	11.7	11.7	11.7
	并不	10	16.7	16.7	28.3
	一般	22	36.7	36.7	65.0
	相当	9	15.0	15.0	80.0
	非常	12	20.0	20.0	100.0
	Total	60	100.0	100.0	

猫

		Frequency	Percent	Valid Percent	Cumulative Percent
Valid	根本不	9	15.0	15.0	15.0
	并不	2	3.3	3.3	18.3
	一般	12	20.0	20.0	38.3
	相当	17	28.3	28.3	66.7
	非常	20	33.3	33.3	100.0
	Total	60	100.0	100.0	

摔跤

		Frequency	Percent	Valid Percent	Cumulative Percent
Valid	根本不	19	31.7	31.7	31.7
	并不	14	23.3	23.3	55.0
	一般	15	25.0	25.0	80.0
	相当	11	18.3	18.3	98.3
	非常	1	1.7	1.7	100.0
	Total	60	100.0	100.0	

老鼠

		Frequency	Percent	Valid Percent	Cumulative Percent
Valid	根本不	34	56.7	56.7	56.7
	并不	15	25.0	25.0	81.7
	一般	7	11.7	11.7	93.3
	相当	3	5.0	5.0	98.3
	非常	1	1.7	1.7	100.0
	Total	60	100.0	100.0	

篮球

		Frequency	Percent	Valid Percent	Cumulative Percent
Valid	根本不	2	3.3	3.3	3.3
	并不	2	3.3	3.3	6.7
	一般	19	31.7	31.7	38.3
	相当	16	26.7	26.7	65.0
	非常	21	35.0	35.0	100.0
	Total	60	100.0	100.0	

猪

		Frequency	Percent	Valid Percent	Cumulative Percent
Valid	根本不	17	28.3	28.3	28.3
	并不	10	16.7	16.7	45.0
	一般	24	40.0	40.0	85.0
	相当	5	8.3	8.3	93.3
	非常	4	6.7	6.7	100.0
	Total	60	100.0	100.0	

曲棍球

		Frequency	Percent	Valid Percent	Cumulative Percent
Valid	根本不	14	23.3	23.3	23.3
	并不	11	18.3	18.3	41.7
	一般	28	46.7	46.7	88.3
	相当	4	6.7	6.7	95.0
	非常	3	5.0	5.0	100.0
	Total	60	100.0	100.0	

乒乓球

		Frequency	Percent	Valid Percent	Cumulative Percent
Valid	根本不	3	5.0	5.0	5.0
	并不	7	11.7	11.7	16.7
	一般	15	25.0	25.0	41.7
	相当	17	28.3	28.3	70.0
	非常	18	30.0	30.0	100.0
	Total	60	100.0	100.0	

射箭

		Frequency	Percent	Valid Percent	Cumulative Percent
Valid	根本不	8	13.3	13.3	13.3
	并不	6	10.0	10.0	23.3
	一般	18	30.0	30.0	53.3
	相当	13	21.7	21.7	75.0
	非常	15	25.0	25.0	100.0
	Total	60	100.0	100.0	

棒球

		Frequency	Percent	Valid Percent	Cumulative Percent
Valid	根本不	10	16.7	16.7	16.7
	并不	12	20.0	20.0	36.7
	一般	24	40.0	40.0	76.7
	相当	9	15.0	15.0	91.7
	非常	5	8.3	8.3	100.0
	Total	60	100.0	100.0	

高尔夫

		Frequency	Percent	Valid Percent	Cumulative Percent
Valid	根本不	8	13.3	13.3	13.3
	并不	3	5.0	5.0	18.3
	一般	25	41.7	41.7	60.0
	相当	14	23.3	23.3	83.3
	非常	10	16.7	16.7	100.0
	Total	60	100.0	100.0	

冰球

		Frequency	Percent	Valid Percent	Cumulative Percent
Valid	根本不	11	18.3	18.3	18.3
	并不	16	26.7	26.7	45.0
	一般	22	36.7	36.7	81.7
	相当	5	8.3	8.3	90.0
	非常	6	10.0	10.0	100.0
	Total	60	100.0	100.0	

柔道

		Frequency	Percent	Valid Percent	Cumulative Percent
Valid	根本不	10	16.7	16.7	16.7
	并不	10	16.7	16.7	33.3
	一般	21	35.0	35.0	68.3
	相当	11	18.3	18.3	86.7
	非常	8	13.3	13.3	100.0
	Total	60	100.0	100.0	

跨栏

		Frequency	Percent	Valid Percent	Cumulative Percent
Valid	根本不	13	21.7	21.7	21.7
	并不	11	18.3	18.3	40.0
	一般	25	41.7	41.7	81.7
	相当	6	10.0	10.0	91.7
	非常	5	8.3	8.3	100.0
	Total	60	100.0	100.0	

空手道

		Frequency	Percent	Valid Percent	Cumulative Percent
Valid	根本不	9	15.0	15.0	15.0
	并不	8	13.3	13.3	28.3
	一般	21	35.0	35.0	63.3
	相当	10	16.7	16.7	80.0
	非常	12	20.0	20.0	100.0
	Total	60	100.0	100.0	

蹦极

		Frequency	Percent	Valid Percent	Cumulative Percent
Valid	根本不	12	20.0	20.0	20.0
	并不	7	11.7	11.7	31.7
	一般	17	28.3	28.3	60.0
	相当	8	13.3	13.3	73.3
	非常	16	26.7	26.7	100.0
	Total	60	100.0	100.0	

体操

		Frequency	Percent	Valid Percent	Cumulative Percent
Valid	根本不	7	11.7	11.7	11.7
	并不	7	11.7	11.7	23.3
	一般	20	33.3	33.3	56.7
	相当	11	18.3	18.3	75.0
	非常	15	25.0	25.0	100.0
	Total	60	100.0	100.0	

橄榄球

		Frequency	Percent	Valid Percent	Cumulative Percent
Valid	根本不	11	18.3	18.3	18.3
	并不	16	26.7	26.7	45.0
	一般	20	33.3	33.3	78.3
	相当	8	13.3	13.3	91.7
	非常	5	8.3	8.3	100.0
	Total	60	100.0	100.0	

赛马

		Frequency	Percent	Valid Percent	Cumulative Percent
Valid	根本不	12	20.0	20.0	20.0
	并不	8	13.3	13.3	33.3
	一般	14	23.3	23.3	56.7
	相当	14	23.3	23.3	80.0
	非常	12	20.0	20.0	100.0
	Total	60	100.0	100.0	

健身术

		Frequency	Percent	Valid Percent	Cumulative Percent
Valid	根本不	7	11.7	11.7	11.7
	并不	11	18.3	18.3	30.0
	一般	17	28.3	28.3	58.3
	相当	12	20.0	20.0	78.3
	非常	13	21.7	21.7	100.0
	Total	60	100.0	100.0	

冲浪

		Frequency	Percent	Valid Percent	Cumulative Percent
Valid	根本不	8	13.3	13.3	13.3
	并不	6	10.0	10.0	23.3
	一般	13	21.7	21.7	45.0
	相当	15	25.0	25.0	70.0
	非常	18	30.0	30.0	100.0
	Total	60	100.0	100.0	

溜旱冰

		Frequency	Percent	Valid Percent	Cumulative Percent
Valid	根本不	6	10.0	10.0	10.0
	并不	7	11.7	11.7	21.7
	一般	17	28.3	28.3	50.0
	相当	14	23.3	23.3	73.3
	非常	16	26.7	26.7	100.0
	Total	60	100.0	100.0	

红色

		Frequency	Percent	Valid Percent	Cumulative Percent
Valid	根本不	2	3.3	3.3	3.3
	并不	3	5.0	5.0	8.3
	一般	20	33.3	33.3	41.7
	相当	12	20.0	20.0	61.7
	非常	23	38.3	38.3	100.0
	Total	60	100.0	100.0	

攀岩

		Frequency	Percent	Valid Percent	Cumulative Percent
Valid	根本不	8	13.3	13.3	13.3
	并不	3	5.0	5.0	18.3
	一般	16	26.7	26.7	45.0
	相当	16	26.7	26.7	71.7
	非常	17	28.3	28.3	100.0
	Total	60	100.0	100.0	

黄色

		Frequency	Percent	Valid Percent	Cumulative Percent
Valid	根本不	2	3.3	3.3	3.3
	并不	6	10.0	10.0	13.3
	一般	25	41.7	41.7	55.0
	相当	13	21.7	21.7	76.7
	非常	14	23.3	23.3	100.0
	Total	60	100.0	100.0	

铁饼

		Frequency	Percent	Valid Percent	Cumulative Percent
Valid	根本不	18	30.0	30.0	30.0
	并不	15	25.0	25.0	55.0
	一般	18	30.0	30.0	85.0
	相当	7	11.7	11.7	96.7
	非常	2	3.3	3.3	100.0
	Total	60	100.0	100.0	

绿色

		Frequency	Percent	Valid Percent	Cumulative Percent
Valid	根本不	1	1.7	1.7	1.7
	并不	5	8.3	8.3	10.0
	一般	21	35.0	35.0	45.0
	相当	14	23.3	23.3	68.3
	非常	19	31.7	31.7	100.0
	Total	60	100.0	100.0	

春季

		Frequency	Percent	Valid Percent	Cumulative Percent
Valid	一般	8	13.3	13.3	13.3
	相当	18	30.0	30.0	43.3
	非常	34	56.7	56.7	100.0
	Total	60	100.0	100.0	

蓝色

		Frequency	Percent	Valid Percent	Cumulative Percent
Valid	根本不	3	5.0	5.0	5.0
	并不	3	5.0	5.0	10.0
	一般	18	30.0	30.0	40.0
	相当	12	20.0	20.0	60.0
	非常	24	40.0	40.0	100.0
	Total	60	100.0	100.0	

夏季

		Frequency	Percent	Valid Percent	Cumulative Percent
Valid	根本不	3	5.0	5.0	5.0
	并不	8	13.3	13.3	18.3
	一般	19	31.7	31.7	50.0
	相当	12	20.0	20.0	70.0
	非常	18	30.0	30.0	100.0
	Total	60	100.0	100.0	

紫色

		Frequency	Percent	Valid Percent	Cumulative Percent
Valid	根本不	5	8.3	8.3	8.3
	并不	3	5.0	5.0	13.3
	一般	21	35.0	35.0	48.3
	相当	13	21.7	21.7	70.0
	非常	18	30.0	30.0	100.0
	Total	60	100.0	100.0	

秋季

		Frequency	Percent	Valid Percent	Cumulative Percent
Valid	一般	7	11.7	11.7	11.7
	相当	17	28.3	28.3	40.0
	非常	36	60.0	60.0	100.0
	Total	60	100.0	100.0	

棕色

		Frequency	Percent	Valid Percent	Cumulative Percent
Valid	根本不	9	15.0	15.0	15.0
	并不	8	13.3	13.3	28.3
	一般	24	40.0	40.0	68.3
	相当	12	20.0	20.0	88.3
	非常	7	11.7	11.7	100.0
	Total	60	100.0	100.0	

冬季

		Frequency	Percent	Valid Percent	Cumulative Percent
Valid	根本不	4	6.7	6.7	6.7
	并不	4	6.7	6.7	13.3
	一般	24	40.0	40.0	53.3
	相当	7	11.7	11.7	65.0
	非常	21	35.0	35.0	100.0
	Total	60	100.0	100.0	

白色

		Frequency	Percent	Valid Percent	Cumulative Percent
Valid	根本不	4	6.7	6.7	6.7
	并不	5	8.3	8.3	15.0
	一般	18	30.0	30.0	45.0
	相当	17	28.3	28.3	73.3
	非常	16	26.7	26.7	100.0
	Total	60	100.0	100.0	

黑色

		Frequency	Percent	Valid Percent	Cumulative Percent
Valid	根本不	4	6.7	6.7	6.7
	并不	4	6.7	6.7	13.3
	一般	19	31.7	31.7	45.0
	相当	14	23.3	23.3	68.3
	非常	19	31.7	31.7	100.0
	Total	60	100.0	100.0	

性别

		Frequency	Percent	Valid Percent	Cumulative Percent
Valid	男	33	55.0	55.0	55.0
	女	27	45.0	45.0	100.0
	Total	60	100.0	100.0	

粉红色

		Frequency	Percent	Valid Percent	Cumulative Percent
Valid	根本不	7	11.7	11.7	11.7
	并不	8	13.3	13.3	25.0
	一般	13	21.7	21.7	46.7
	相当	15	25.0	25.0	71.7
	非常	17	28.3	28.3	100.0
	Total	60	100.0	100.0	

年龄

		Frequency	Percent	Valid Percent	Cumulative Percent
Valid	18岁以下	2	3.3	3.3	3.3
	18-45岁	53	88.3	88.3	91.7
	45-65岁	5	8.3	8.3	100.0
	Total	60	100.0	100.0	

深红色

		Frequency	Percent	Valid Percent	Cumulative Percent
Valid	根本不	5	8.3	8.3	8.3
	并不	9	15.0	15.0	23.3
	一般	25	41.7	41.7	65.0
	相当	14	23.3	23.3	88.3
	非常	7	11.7	11.7	100.0
	Total	60	100.0	100.0	

附录 F   34 种动物不喜欢百分比
散点图及相关系数表

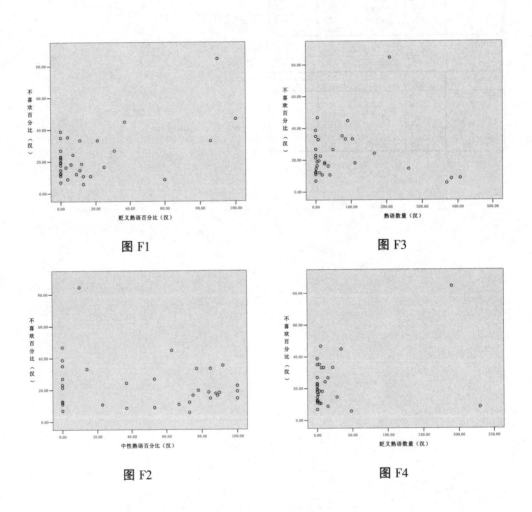

图 F1

图 F3

图 F2

图 F4

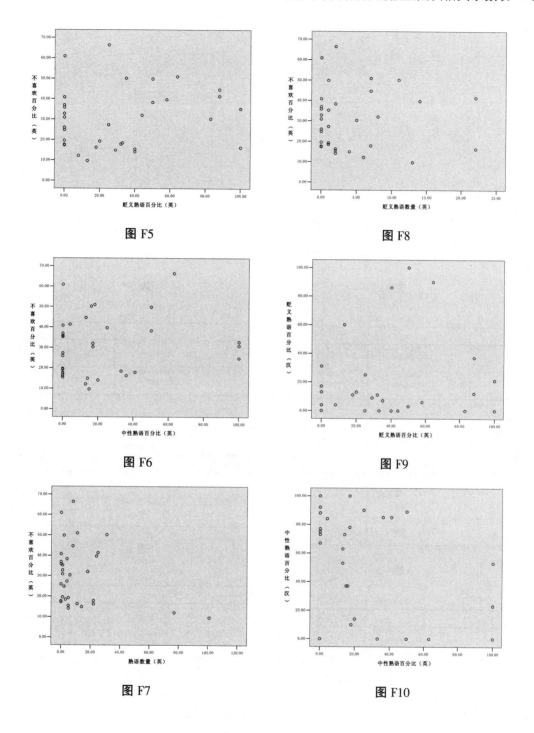

图 F5

图 F8

图 F6

图 F9

图 F7

图 F10

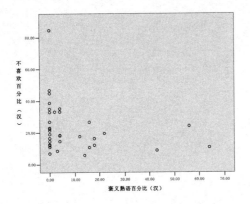

图 F11

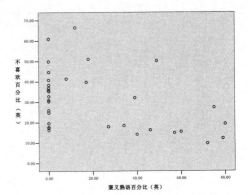

图 F12

表 F1

Correlations

		不喜欢百分比（汉）	贬义熟语百分比（汉）
不喜欢百分比（汉）	Pearson Correlation	1	.585**
	Sig. (2-tailed)		.000
	N	34	34
贬义熟语百分比（汉）	Pearson Correlation	.585**	1
	Sig. (2-tailed)	.000	
	N	34	34

**. Correlation is significant at the 0.01 level (2-tailed).

表 F2

Correlations

		不喜欢百分比（汉）	中性熟语百分比（汉）
不喜欢百分比（汉）	Pearson Correlation	1	-.203
	Sig. (2-tailed)		.249
	N	34	34
中性熟语百分比（汉）	Pearson Correlation	-.203	1
	Sig. (2-tailed)	.249	
	N	34	34

表 F3

Correlations

		不喜欢百分比（汉）	熟语数量（汉）
不喜欢百分比（汉）	Pearson Correlation	1	-.060
	Sig. (2-tailed)		.734
	N	34	34
熟语数量（汉）	Pearson Correlation	-.060	1
	Sig. (2-tailed)	.734	
	N	34	34

表 F4

Correlations

		不喜欢百分比（汉）	贬义熟语数量（汉）
不喜欢百分比（汉）	Pearson Correlation	1	.324
	Sig. (2-tailed)		.061
	N	34	34
贬义熟语数量（汉）	Pearson Correlation	.324	1
	Sig. (2-tailed)	.061	
	N	34	34

表 F5

Correlations

		不喜欢百分比（英）	中性熟语数量（英）
不喜欢百分比（英）	Pearson Correlation	1	-.191
	Sig. (2-tailed)		.280
	N	34	34
中性熟语数量（英）	Pearson Correlation	-.191	1
	Sig. (2-tailed)	.280	
	N	34	34

表 F6

Correlations

		不喜欢百分比（英）	贬义熟语百分比（英）
不喜欢百分比（英）	Pearson Correlation	1	.152
	Sig. (2-tailed)		.392
	N	34	34
贬义熟语百分比（英）	Pearson Correlation	.152	1
	Sig. (2-tailed)	.392	
	N	34	34

表 F7

Correlations

		不喜欢百分比（英）	中性熟语百分比（英）
不喜欢百分比（英）	Pearson Correlation	1	.124
	Sig. (2-tailed)		.486
	N	34	34
中性熟语百分比（英）	Pearson Correlation	.124	1
	Sig. (2-tailed)	.486	
	N	34	34

表 F8

Correlations

		不喜欢百分比（英）	贬义熟语数量（英）
不喜欢百分比（英）	Pearson Correlation	1	-.016
	Sig. (2-tailed)		.928
	N	34	34
贬义熟语数量（英）	Pearson Correlation	-.016	1
	Sig. (2-tailed)	.928	
	N	34	34

表 F9

Correlations

		贬义熟语百分比（汉）	贬义熟语百分比（英）
贬义熟语百分比（汉）	Pearson Correlation	1	.230
	Sig. (2-tailed)		.190
	N	34	34
贬义熟语百分比（英）	Pearson Correlation	.230	1
	Sig. (2-tailed)	.190	
	N	34	34

表 F11

Correlations

		不喜欢百分比（汉）	褒义熟语百分比（汉）
不喜欢百分比（汉）	Pearson Correlation	1	-.269
	Sig. (2-tailed)		.124
	N	34	34
褒义熟语百分比（汉）	Pearson Correlation	-.269	1
	Sig. (2-tailed)	.124	
	N	34	34

表 F10

Correlations

		中性熟语百分比（汉）	中性熟语百分比（英）
中性熟语百分比（汉）	Pearson Correlation	1	-.201
	Sig. (2-tailed)		.255
	N	34	34
中性熟语百分比（英）	Pearson Correlation	-.201	1
	Sig. (2-tailed)	.255	
	N	34	34

表 F12

Correlations

		不喜欢百分比（英）	褒义熟语百分比（英）
不喜欢百分比（英）	Pearson Correlation	1	-.450**
	Sig. (2-tailed)		.008
	N	34	34
褒义熟语百分比（英）	Pearson Correlation	-.450**	1
	Sig. (2-tailed)	.008	
	N	34	34

**. Correlation is significant at the 0.01 level (2-tailed).

附录 G　22 种动物不喜欢百分比
散点图及相关系数表

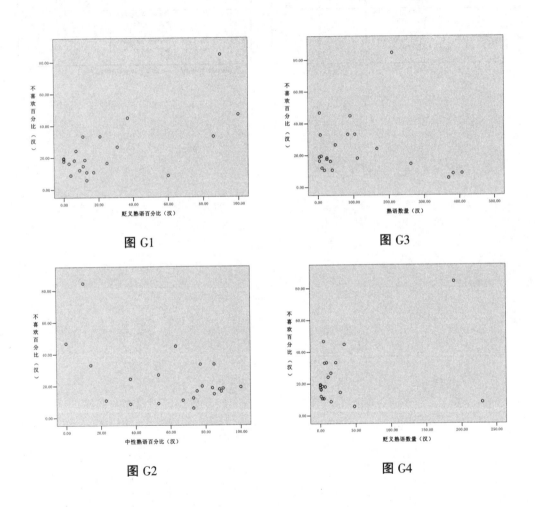

图 G1

图 G3

图 G2

图 G4

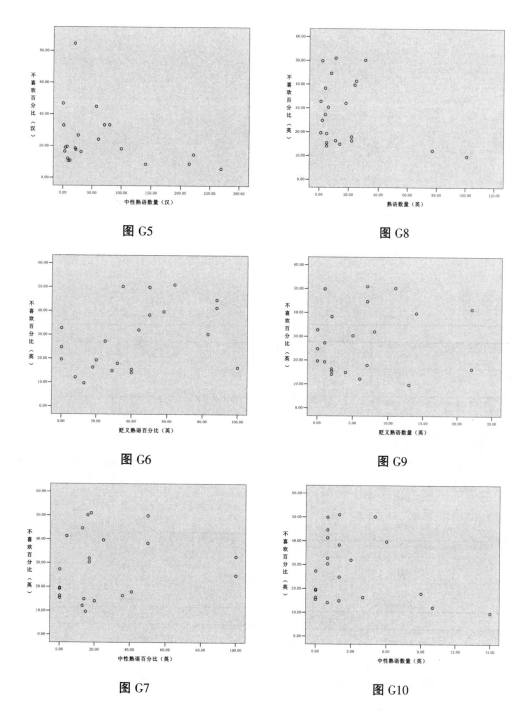

图 G5

图 G8

图 G6

图 G9

图 G7

图 G10

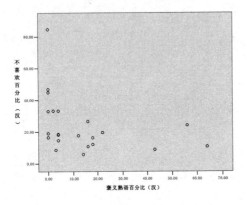

图 G11

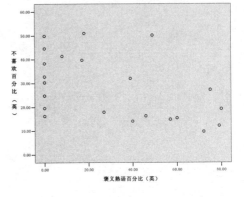

图 G12

表 G1

Correlations

		不喜欢百分比（汉）	贬义熟语百分比（汉）
不喜欢百分比（汉）	Pearson Correlation	1	.673**
	Sig. (2-tailed)		.001
	N	22	22
贬义熟语百分比（汉）	Pearson Correlation	.673**	1
	Sig. (2-tailed)	.001	
	N	22	22

**. Correlation is significant at the 0.01 level (2-tailed).

表 G2

Correlations

		不喜欢百分比（汉）	中性熟语百分比（汉）
不喜欢百分比（汉）	Pearson Correlation	1	-.485*
	Sig. (2-tailed)		.022
	N	22	22
中性熟语百分比（汉）	Pearson Correlation	-.485*	1
	Sig. (2-tailed)	.022	
	N	22	22

*. Correlation is significant at the 0.05 level (2-tailed).

表 G3

Correlations

		不喜欢百分比（汉）	熟语数量（汉）
不喜欢百分比（汉）	Pearson Correlation	1	-.128
	Sig. (2-tailed)		.569
	N	22	22
熟语数量（汉）	Pearson Correlation	-.128	1
	Sig. (2-tailed)	.569	
	N	22	22

表 G4

Correlations

		不喜欢百分比（汉）	贬义熟语数量（汉）
不喜欢百分比（汉）	Pearson Correlation	1	.346
	Sig. (2-tailed)		.115
	N	22	22
贬义熟语数量（汉）	Pearson Correlation	.346	1
	Sig. (2-tailed)	.115	
	N	22	22

表 G5

Correlations

		不喜欢百分比（汉）	中性熟语数量（汉）
不喜欢百分比（汉）	Pearson Correlation	1	-.332
	Sig. (2-tailed)		.131
	N	22	22
中性熟语数量（汉）	Pearson Correlation	-.332	1
	Sig. (2-tailed)	.131	
	N	22	22

表 G6

Correlations

		不喜欢百分比（英）	贬义熟语百分比（英）
不喜欢百分比（英）	Pearson Correlation	1	.438*
	Sig. (2-tailed)		.042
	N	22	22
贬义熟语百分比（英）	Pearson Correlation	.438*	1
	Sig. (2-tailed)	.042	
	N	22	22

*. Correlation is significant at the 0.05 level (2-tailed).

表 G7

Correlations

		不喜欢百分比（英）	中性熟语百分比（英）
不喜欢百分比（英）	Pearson Correlation	1	.169
	Sig. (2-tailed)		.452
	N	22	22
中性熟语百分比（英）	Pearson Correlation	.169	1
	Sig. (2-tailed)	.452	
	N	22	22

表 G8

Correlations

		不喜欢百分比（英）	熟语数量（英）
不喜欢百分比（英）	Pearson Correlation	1	-.313
	Sig. (2-tailed)		.156
	N	22	22
熟语数量（英）	Pearson Correlation	-.313	1
	Sig. (2-tailed)	.156	
	N	22	22

表 G9

Correlations

		不喜欢百分比（英）	贬义熟语数量（英）
不喜欢百分比（英）	Pearson Correlation	1	.135
	Sig. (2-tailed)		.550
	N	22	22
贬义熟语数量（英）	Pearson Correlation	.135	1
	Sig. (2-tailed)	.550	
	N	22	22

表 G10

Correlations

		不喜欢百分比（英）	中性熟语数量（英）
不喜欢百分比（英）	Pearson Correlation	1	-.275
	Sig. (2-tailed)		.216
	N	22	22
中性熟语数量（英）	Pearson Correlation	-.275	1
	Sig. (2-tailed)	.216	
	N	22	22

表 G11

Correlations

		不喜欢百分比（汉）	褒义熟语百分比（汉）
不喜欢百分比（汉）	Pearson Correlation	1	-.362
	Sig. (2-tailed)		.098
	N	22	22
褒义熟语百分比（汉）	Pearson Correlation	-.362	1
	Sig. (2-tailed)	.098	
	N	22	22

表 G12

Correlations

		不喜欢百分比（英）	褒义熟语百分比（英）
不喜欢百分比（英）	Pearson Correlation	1	-.497*
	Sig. (2-tailed)		.019
	N	22	22
褒义熟语百分比（英）	Pearson Correlation	-.497*	1
	Sig. (2-tailed)	.019	
	N	22	22

*. Correlation is significant at the 0.05 level (2-tailed).

表 G13

Correlations

		不喜欢百分比（汉）	不喜欢百分比（英）
不喜欢百分比（汉）	Pearson Correlation	1	.284
	Sig. (2-tailed)		.104
	N	34	34
不喜欢百分比（英）	Pearson Correlation	.284	1
	Sig. (2-tailed)	.104	
	N	34	34

表 G14

Correlations

		不喜欢百分比（汉）	不喜欢百分比（英）
不喜欢百分比（汉）	Pearson Correlation	1	.543**
	Sig. (2-tailed)		.009
	N	22	22
不喜欢百分比（英）	Pearson Correlation	.543**	1
	Sig. (2-tailed)	.009	
	N	22	22

**. Correlation is significant at the 0.01 level (2-tailed).

附录 H 英汉不喜欢事物百分比
散点图及相关系数表

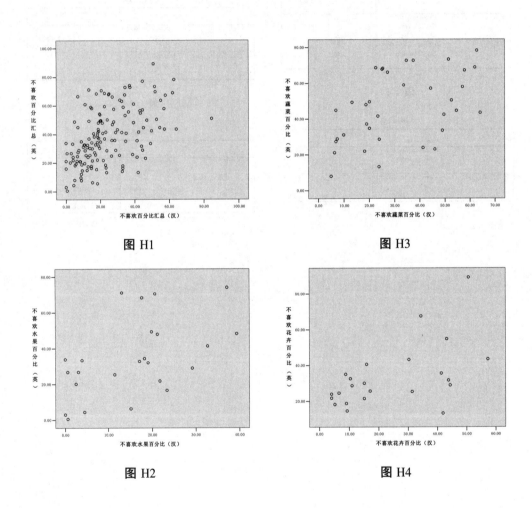

图 H1

图 H3

图 H2

图 H4

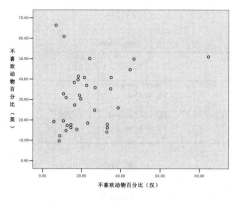

图 H5

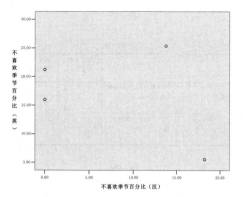

图 H7

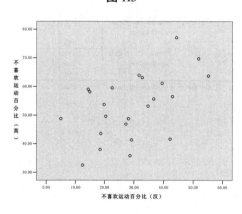

图 H6

表 L1

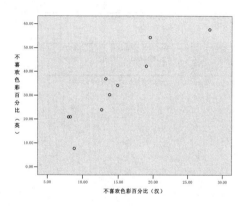

图 H8

表 H3

Correlations

		不喜欢百分比汇总（英）	不喜欢百分比汇总（汉）
不喜欢百分比汇总（英）	Pearson Correlation	1	.511**
	Sig. (2-tailed)		.000
	N	153	153
不喜欢百分比汇总（汉）	Pearson Correlation	.511**	1
	Sig. (2-tailed)	.000	
	N	153	153

**. Correlation is significant at the 0.01 level (2-tailed).

表 H2

Correlations

		不喜欢蔬菜百分比（英）	不喜欢蔬菜百分比（汉）
不喜欢蔬菜百分比（英）	Pearson Correlation	1	.470**
	Sig. (2-tailed)		.004
	N	35	35
不喜欢蔬菜百分比（汉）	Pearson Correlation	.470**	1
	Sig. (2-tailed)	.004	
	N	35	35

**. Correlation is significant at the 0.01 level (2-tailed).

表 H4

Correlations

		不喜欢水果百分比（英）	不喜欢水果百分比（汉）
不喜欢水果百分比（英）	Pearson Correlation	1	.524**
	Sig. (2-tailed)		.009
	N	24	24
不喜欢水果百分比（汉）	Pearson Correlation	.524**	1
	Sig. (2-tailed)	.009	
	N	24	24

**. Correlation is significant at the 0.01 level (2-tailed).

Correlations

		不喜欢花卉百分比（英）	不喜欢花卉百分比（汉）
不喜欢花卉百分比（英）	Pearson Correlation	1	.551**
	Sig. (2-tailed)		.006
	N	23	23
不喜欢花卉百分比（汉）	Pearson Correlation	.551**	1
	Sig. (2-tailed)	.006	
	N	23	23

**. Correlation is significant at the 0.01 level (2-tailed).

表 H5

Correlations

		不喜欢动物百分比（英）	不喜欢动物百分比（汉）
不喜欢动物百分比（英）	Pearson Correlation	1	.284
	Sig. (2-tailed)		.104
	N	34	34
不喜欢动物百分比（汉）	Pearson Correlation	.284	1
	Sig. (2-tailed)	.104	
	N	34	34

表 H6

Correlations

		不喜欢运动百分比（英）	不喜欢运动百分比（汉）
不喜欢运动百分比（英）	Pearson Correlation	1	.510*
	Sig. (2-tailed)		.013
	N	23	23
不喜欢运动百分比（汉）	Pearson Correlation	.510*	1
	Sig. (2-tailed)	.013	
	N	23	23

*. Correlation is significant at the 0.05 level (2-tailed).

表 H7

Correlations

		不喜欢季节百分比（英）	不喜欢季节百分比（汉）
不喜欢季节百分比（英）	Pearson Correlation	1	-.390
	Sig. (2-tailed)		.610
	N	4	4
不喜欢季节百分比（汉）	Pearson Correlation	-.390	1
	Sig. (2-tailed)	.610	
	N	4	4

表 H8

Correlations

		不喜欢色彩百分比（英）	不喜欢色彩百分比（汉）
不喜欢色彩百分比（英）	Pearson Correlation	1	.910**
	Sig. (2-tailed)		.000
	N	10	10
不喜欢色彩百分比（汉）	Pearson Correlation	.910**	1
	Sig. (2-tailed)	.000	
	N	10	10

**. Correlation is significant at the 0.01 level (2-tailed).

附录 I　英语小说隐喻汇总统计表

	出现总次数	隐喻总数	概念隐喻	常规隐喻	诗性隐喻	概念隐喻百分比	常规隐喻百分比	诗性隐喻百分比
苹果	142	45	5	35	5	11.11%	77.78%	11.11%
杏	8	1	0	1	0	0.00%	100.00%	0.00%
鳄梨	0	0	0	0	0	0.00%	0.00%	0.00%
香蕉	7	0	0	0	0	0.00%	0.00%	0.00%
椰子	1	0	0	0	0	0.00%	0.00%	0.00%
樱桃	46	18	0	18	0	0.00%	100.00%	0.00%
枣	120	0	0	0	0	0.00%	0.00%	0.00%
无花果	39	2	0	2	0	0.00%	100.00%	0.00%
柚子	0	0	0	0	0	0.00%	0.00%	0.00%
葡萄	56	7	1	6	0	14.29%	85.71%	0.00%
猕猴桃	0	0	0	0	0	0.00%	0.00%	0.00%
酸橙	66	4	0	2	2	0.00%	50.00%	50.00%
柠檬	23	1	0	1	0	0.00%	100.00%	0.00%
荔枝	0	0	0	0	0	0.00%	0.00%	0.00%
甜瓜	10	1	0	1	0	0.00%	100.00%	0.00%
芒果	1	1	0	1	0	0.00%	100.00%	0.00%
梨子	42	9	0	8	1	0.00%	88.89%	11.11%
菠萝	8	0	0	0	0	0.00%	0.00%	0.00%

续表

	出现总次数	隐喻总数	概念隐喻	常规隐喻	诗性隐喻	概念隐喻百分比	常规隐喻百分比	诗性隐喻百分比
桃子	41	9	1	8	0	11.11%	88.89%	0.00%
柑桔	108	14	1	12	1	7.14%	85.71%	7.14%
黑莓	0	0	0	0	0	0.00%	0.00%	0.00%
草莓	21	1	0	1	0	0.00%	100.00%	0.00%
无核蜜桔	0	0	0	0	0	0.00%	0.00%	0.00%
西瓜	5	0	0	0	0	0.00%	0.00%	0.00%
西葫芦	0	0	0	0	0	0.00%	0.00%	0.00%
大蒜	6	0	0	0	0	0.00%	0.00%	0.00%
土豆	20	3	0	2	1	0.00%	66.67%	33.33%
卷心菜	35	8	1	6	1	12.50%	75.00%	12.50%
姜	30	4	0	3	1	0.00%	75.00%	25.00%
羊角豆	0	0	0	0	0	0.00%	0.00%	0.00%
豆芽	0	0	0	0	0	0.00%	0.00%	0.00%
洋葱	17	0	0	0	0	0.00%	0.00%	0.00%
甜菜根	0	0	0	0	0	0.00%	0.00%	0.00%
茄子	0	0	0	0	0	0.00%	0.00%	0.00%
朝鲜蓟	0	0	0	0	0	0.00%	0.00%	0.00%
葫芦	24	0	0	0	0	0.00%	0.00%	0.00%
豆荚	6	1	0	1	0	0.00%	100.00%	0.00%
豌豆	31	8	7	1	0	87.50%	12.50%	0.00%
花菜	0	0	0	0	0	0.00%	0.00%	0.00%
抱子橄榄	0	0	0	0	0	0.00%	0.00%	0.00%
欧洲萝卜	0	0	0	0	0	0.00%	0.00%	0.00%

	出现总次数	隐喻总数	概念隐喻	常规隐喻	诗性隐喻	概念隐喻百分比	常规隐喻百分比	诗性隐喻百分比
蕉青橄榄	0	0	0	0	0	0.00%	0.00%	0.00%
块根芹	0	0	0	0	0	0.00%	0.00%	0.00%
韭菜	0	0	0	0	0	0.00%	0.00%	0.00%
芦笋	15	1	0	0	1	0.00%	0.00%	100.00%
南瓜	9	1	0	1	0	0.00%	100.00%	0.00%
蘑菇	27	5	0	5	0	0.00%	100.00%	0.00%
山药	0	0	0	0	0	0.00%	0.00%	0.00%
红薯	0	0	0	0	0	0.00%	0.00%	0.00%
胡萝卜	9	3	0	3	0	0.00%	100.00%	0.00%
四季豆	0	0	0	0	0	0.00%	0.00%	0.00%
菜椒	34	4	0	3	1	0.00%	75.00%	25.00%
芹菜	2	0	0	0	0	0.00%	0.00%	0.00%
玉米	0	0	0	0	0	0.00%	0.00%	0.00%
莴苣	0	0	0	0	0	0.00%	0.00%	0.00%
茴香	1	0	0	0	0	0.00%	0.00%	0.00%
大葱	0	0	0	0	0	0.00%	0.00%	0.00%
红皮萝卜	0	0	0	0	0	0.00%	0.00%	0.00%
西红柿	6	1	0	0	1	0.00%	0.00%	100.00%
三色紫罗兰	15	3	0	3	0	0.00%	100.00%	0.00%
苜蓿	6	2	0	1	1	0.00%	50.00%	50.00%
蒲公英	5	1	0	1	0	0.00%	100.00%	0.00%
荨麻	0	0	0	0	0	0.00%	0.00%	0.00%
毛茛	0	0	0	0	0	0.00%	0.00%	0.00%

续表

	出现总次数	隐喻总数	概念隐喻	常规隐喻	诗性隐喻	概念隐喻百分比	常规隐喻百分比	诗性隐喻百分比
兰花	7	1	0	1	0	0.00%	100.00%	0.00%
风信子	0	0	0	0	0	0.00%	0.00%	0.00%
灯笼海棠	0	0	0	0	0	0.00%	0.00%	0.00%
菊花	12	0	0	0	0	0.00%	0.00%	0.00%
雏菊	0	0	0	0	0	0.00%	0.00%	0.00%
郁金香	13	2	0	2	0	0.00%	100.00%	0.00%
金银花	0	0	0	0	0	0.00%	0.00%	0.00%
冬青	0	0	0	0	0	0.00%	0.00%	0.00%
雪莲花	0	0	0	0	0	0.00%	0.00%	0.00%
百合花	35	18	1	17	0	5.56%	94.44%	0.00%
康乃馨	10	3	0	3	0	0.00%	100.00%	0.00%
水仙	10	0	0	0	0	0.00%	0.00%	0.00%
毛地黄	0	0	0	0	0	0.00%	0.00%	0.00%
罂粟花	0	0	0	0	0	0.00%	0.00%	0.00%
蜀葵花	0	0	0	0	0	0.00%	0.00%	0.00%
兰铃花	15	4	0	4	0	0.00%	100.00%	0.00%
玫瑰	672	120	7	106	7	5.83%	88.33%	5.83%
羽扇豆	0	0	0	0	0	0.00%	0.00%	0.00%
骆驼	34	6	2	4	0	33.33%	66.67%	0.00%
河马	1	0	0	0	0	0.00%	0.00%	0.00%
大象	112	20	4	16	0	20.00%	80.00%	0.00%
狮子	174	80	9	70	1	11.25%	87.50%	1.25%
长颈鹿	3	3	0	3	0	0.00%	100.00%	0.00%

续表

	出现总次数	隐喻总数	概念隐喻	常规隐喻	诗性隐喻	概念隐喻百分比	常规隐喻百分比	诗性隐喻百分比
鳄鱼	21	3	0	3	0	0.00%	100.00%	0.00%
大猩猩	0	0	0	0	0	0.00%	0.00%	0.00%
老虎	105	45	3	42	0	6.67%	93.33%	0.00%
水牛	37	3	0	3	0	0.00%	100.00%	0.00%
孔雀	31	9	0	9	0	0.00%	100.00%	0.00%
海鸥	4	4	0	4	0	0.00%	100.00%	0.00%
鸽子	115	22	5	17	0	22.73%	77.27%	0.00%
麻雀	29	9	1	8	0	11.11%	88.89%	0.00%
燕子	62	13	4	9	0	30.77%	69.23%	0.00%
犀牛	4	1	0	1	0	0.00%	100.00%	0.00%
鹰	66	18	0	18	0	0.00%	100.00%	0.00%
猫头鹰	39	13	1	12	0	7.69%	92.31%	0.00%
小鸡	0	0	0	0	0	0.00%	0.00%	0.00%
狗	1126	270	50	213	7	18.52%	78.89%	2.59%
知更鸟	0	0	0	0	0	0.00%	0.00%	0.00%
鸭子	81	13	2	11	0	15.38%	84.62%	0.00%
马	1582	89	21	67	1	23.60%	75.28%	1.12%
驴	81	13	9	4	0	69.23%	30.77%	0.00%
松鼠	31	5	0	5	0	0.00%	100.00%	0.00%
鹅	77	36	3	33	0	8.33%	91.67%	0.00%
牛	45	12	1	11	0	8.33%	91.67%	0.00%
山羊	125	9	1	8	0	11.11%	88.89%	0.00%
绵羊	146	55	7	47	1	12.73%	85.45%	1.82%

续表

	出现总次数	隐喻总数	概念隐喻	常规隐喻	诗性隐喻	概念隐喻百分比	常规隐喻百分比	诗性隐喻百分比
山鸟	0	0	0	0	0	0.00%	0.00%	0.00%
袋鼠	0	0	0	0	0	0.00%	0.00%	0.00%
猫	442	121	11	108	2	9.09%	89.26%	1.65%
老鼠	127	41	1	40	0	2.44%	97.56%	0.00%
猪	144	30	4	25	1	13.33%	83.33%	3.33%
乌龟	23	6	0	3	3	0.00%	50.00%	50.00%
足球	14	1	0	1	0	0.00%	100.00%	0.00%
美式橄榄球	0	0	0	0	0	0.00%	0.00%	0.00%
网球	10	0	0	0	0	0.00%	0.00%	0.00%
摔跤	0	0	0	0	0	0.00%	0.00%	0.00%
篮球	0	0	0	0	0	0.00%	0.00%	0.00%
曲棍球	0	0	0	0	0	0.00%	0.00%	0.00%
乒乓球	0	0	0	0	0	0.00%	0.00%	0.00%
棒球	1	0	0	0	0	0.00%	0.00%	0.00%
冰球	0	0	0	0	0	0.00%	0.00%	0.00%
跨栏	0	0	0	0	0	0.00%	0.00%	0.00%
蹦极	0	0	0	0	0	0.00%	0.00%	0.00%
橄榄球	0	0	0	0	0	0.00%	0.00%	0.00%
健身术	0	0	0	0	0	0.00%	0.00%	0.00%
射箭	16	0	0	0	0	0.00%	0.00%	0.00%
高尔夫	0	0	0	0	0	0.00%	0.00%	0.00%
柔道	0	0	0	0	0	0.00%	0.00%	0.00%
空手道	0	0	0	0	0	0.00%	0.00%	0.00%

续表

	出现总次数	隐喻总数	概念隐喻	常规隐喻	诗性隐喻	概念隐喻百分比	常规隐喻百分比	诗性隐喻百分比
体操	8	2	0	1	1	0.00%	50.00%	50.00%
赛马	0	0	0	0	0	0.00%	0.00%	0.00%
冲浪	0	0	0	0	0	0.00%	0.00%	0.00%
溜旱冰	0	0	0	0	0	0.00%	0.00%	0.00%
攀岩	0	0	0	0	0	0.00%	0.00%	0.00%
铁饼	0	0	0	0	0	0.00%	0.00%	0.00%
春季	540	69	20	44	5	28.99%	63.77%	7.25%
夏季	521	70	28	37	5	40.00%	52.86%	7.14%
秋季	122	28	15	13	0	53.57%	46.43%	0.00%
冬季	489	51	28	21	2	54.90%	41.18%	3.92%
红色	1533	190	82	104	4	43.16%	54.74%	2.11%
黄色	582	64	25	37	2	39.06%	57.81%	3.13%
绿色	912	124	57	61	6	45.97%	49.19%	4.84%
蓝色	1042	125	38	79	8	30.40%	63.20%	6.40%
紫色	153	16	6	6	4	37.50%	37.50%	25.00%
棕色	786	36	11	24	1	30.56%	66.67%	2.78%
白色	2645	332	101	203	28	30.42%	61.14%	8.43%
黑色	2127	230	46	149	35	20.00%	64.78%	15.22%
粉红色	222	34	14	18	2	41.18%	52.94%	5.88%
深红色	0	0	0	0	0	0.00%	0.00%	0.00%
总计	18406	2627	634	1851	142	24.13%	70.46%	5.41%

隐喻所占总的百分比：14.27%

附录 J 汉语小说隐喻汇总统计表

	出现总次数	隐喻总数	概念隐喻	常规隐喻	诗性隐喻	概念隐喻百分比	常规隐喻百分比	诗性隐喻百分比
苹果	174	14	1	13	0	7.14%	92.86%	0.00%
杏	73	18	5	13	0	27.78%	72.22%	0.00%
鳄梨	0	0	0	0	0	0.00%	0.00%	0.00%
香蕉	17	5	0	4	1	0.00%	80.00%	20.00%
椰子	7	0	0	0	0	0.00%	0.00%	0.00%
樱桃	48	8	3	5	0	37.50%	62.50%	0.00%
枣	85	4	1	3	0	25.00%	75.00%	0.00%
无花果	0	0	0	0	0	0.00%	0.00%	0.00%
柚子	0	0	0	0	0	0.00%	0.00%	0.00%
葡萄	49	15	6	9	0	40.00%	60.00%	0.00%
猕猴桃	1	0	0	0	0	0.00%	0.00%	0.00%
酸橙	0	0	0	0	0	0.00%	0.00%	0.00%
柠檬	11	1	0	1	0	0.00%	100.00%	0.00%
荔枝	24	1	0	1	0	0.00%	100.00%	0.00%
甜瓜	14	0	0	0	0	0.00%	0.00%	0.00%
芒果	5	0	0	0	0	0.00%	0.00%	0.00%
梨子	63	12	1	11	0	8.33%	91.67%	0.00%
菠萝	3	1	0	1	0	0.00%	100.00%	0.00%

	出现总次数	隐喻总数	概念隐喻	常规隐喻	诗性隐喻	概念隐喻百分比	常规隐喻百分比	诗性隐喻百分比
桃子	30	9	0	9	0	0.00%	100.00%	0.00%
柑桔	0	0	0	0	0	0.00%	0.00%	0.00%
黑莓	0	0	0	0	0	0.00%	0.00%	0.00%
草莓	12	3	0	3	0	0.00%	100.00%	0.00%
无核蜜桔	0	0	0	0	0	0.00%	0.00%	0.00%
西瓜	73	7	0	7	0	0.00%	100.00%	0.00%
西葫芦	3	1	0	1	0	0.00%	100.00%	0.00%
大蒜	16	0	0	0	0	0.00%	0.00%	0.00%
土豆	43	2	0	2	0	0.00%	100.00%	0.00%
卷心菜	2	1	0	1	0	0.00%	100.00%	0.00%
姜	307	4	4	0	0	100.00%	0.00%	0.00%
羊角豆	0	0	0	0	0	0.00%	0.00%	0.00%
豆芽	5	0	0	0	0	0.00%	0.00%	0.00%
洋葱	17	0	0	0	0	0.00%	0.00%	0.00%
甜菜根	0	0	0	0	0	0.00%	0.00%	0.00%
茄子	27	10	0	10	0	0.00%	100.00%	0.00%
朝鲜蓟	0	0	0	0	0	0.00%	0.00%	0.00%
葫芦	0	0	0	0	0	0.00%	0.00%	0.00%
豆荚	7	0	0	0	0	0.00%	0.00%	0.00%
豌豆	30	1	0	1	0	0.00%	100.00%	0.00%
花菜	8	0	0	0	0	0.00%	0.00%	0.00%
抱子橄榄	0	0	0	0	0	0.00%	0.00%	0.00%
欧洲萝卜	0	0	0	0	0	0.00%	0.00%	0.00%

	出现总次数	隐喻总数	概念隐喻	常规隐喻	诗性隐喻	概念隐喻百分比	常规隐喻百分比	诗性隐喻百分比
蕉青橄榄	0	0	0	0	0	0.00%	0.00%	0.00%
块根芹	0	0	0	0	0	0.00%	0.00%	0.00%
韭菜	13	0	0	0	0	0.00%	0.00%	0.00%
芦笋	0	0	0	0	0	0.00%	0.00%	0.00%
南瓜	29	2	0	2	0	0.00%	100.00%	0.00%
蘑菇	25	11	5	6	0	45.45%	54.55%	0.00%
山药	12	0	0	0	0	0.00%	0.00%	0.00%
红薯	6	1	1	0	0	100.00%	0.00%	0.00%
胡萝卜	17	2	0	2	0	0.00%	100.00%	0.00%
四季豆	6	0	0	0	0	0.00%	0.00%	0.00%
菜椒	0	0	0	0	0	0.00%	0.00%	0.00%
芹菜	0	0	0	0	0	0.00%	0.00%	0.00%
玉米	68	0	0	0	0	0.00%	0.00%	0.00%
莴苣	0	0	0	0	0	0.00%	0.00%	0.00%
茴香	1	1	0	1	0	0.00%	100.00%	0.00%
大葱	58	4	2	2	0	50.00%	50.00%	0.00%
红皮萝卜	0	0	0	0	0	0.00%	0.00%	0.00%
西红柿	34	1	0	1	0	0.00%	100.00%	0.00%
三色紫罗兰	0	0	0	0	0	0.00%	0.00%	0.00%
苜蓿	13	1	0	0	1	0.00%	0.00%	100.00%
蒲公英	7	5	0	5	0	0.00%	100.00%	0.00%
荨麻	0	0	0	0	0	0.00%	0.00%	0.00%
毛茛	0	0	0	0	0	0.00%	0.00%	0.00%

续表

	出现总次数	隐喻总数	概念隐喻	常规隐喻	诗性隐喻	概念隐喻百分比	常规隐喻百分比	诗性隐喻百分比
兰花	133	3	3	0	0	100.00%	0.00%	0.00%
风信子	0	0	0	0	0	0.00%	0.00%	0.00%
灯笼海棠	0	0	0	0	0	0.00%	0.00%	0.00%
菊花	43	2	0	2	0	0.00%	100.00%	0.00%
雏菊	0	0	0	0	0	0.00%	0.00%	0.00%
郁金香	4	0	0	0	0	0.00%	0.00%	0.00%
金银花	0	0	0	0	0	0.00%	0.00%	0.00%
冬青	4	0	0	0	0	0.00%	0.00%	0.00%
雪莲花	13	0	0	0	0	0.00%	0.00%	0.00%
百合花	0	0	0	0	0	0.00%	0.00%	0.00%
康乃馨	24	9	0	7	2	0.00%	77.78%	22.22%
水仙	12	8	3	5	0	37.50%	62.50%	0.00%
毛地黄	0	0	0	0	0	0.00%	0.00%	0.00%
罂粟花	0	0	0	0	0	0.00%	0.00%	0.00%
蜀葵花	0	0	0	0	0	0.00%	0.00%	0.00%
兰铃花	0	0	0	0	0	0.00%	0.00%	0.00%
玫瑰	104	4	1	2	1	25.00%	50.00%	25.00%
羽扇豆	0	0	0	0	0	0.00%	0.00%	0.00%
骆驼	153	45	0	45	0	0.00%	100.00%	0.00%
河马	32	3	0	3	0	0.00%	100.00%	0.00%
大象	16	1	0	1	0	0.00%	100.00%	0.00%
狮子	121	21	8	13	0	38.10%	61.90%	0.00%
长颈鹿	1	0	0	0	0	0.00%	0.00%	0.00%

续表

	出现总次数	隐喻总数	概念隐喻	常规隐喻	诗性隐喻	概念隐喻百分比	常规隐喻百分比	诗性隐喻百分比
鳄鱼	9	7	7	0	0	100.00%	0.00%	0.00%
大猩猩	0	0	0	0	0	0.00%	0.00%	0.00%
老虎	100	27	16	11	0	59.26%	40.74%	0.00%
水牛	8	7	0	7	0	0.00%	100.00%	0.00%
孔雀	25	9	1	8	0	11.11%	88.89%	0.00%
海鸥	10	0	0	0	0	0.00%	0.00%	0.00%
鸽子	194	22	9	13	0	40.91%	59.09%	0.00%
麻雀	81	19	3	16	0	15.79%	84.21%	0.00%
燕子	35	5	0	5	0	0.00%	100.00%	0.00%
犀牛	1	0	0	0	0	0.00%	0.00%	0.00%
鹰	115	30	2	28	0	6.67%	93.33%	0.00%
猫头鹰	11	4	1	3	0	25.00%	75.00%	0.00%
小鸡	0	0	0	0	0	0.00%	0.00%	0.00%
狗	28	7	6	1	0	85.71%	14.29%	0.00%
知更鸟	0	0	0	0	0	0.00%	0.00%	0.00%
鸭子	110	49	40	9	0	81.63%	18.37%	0.00%
马	80	0	0	0	0	0.00%	0.00%	0.00%
驴	187	26	8	18	0	30.77%	69.23%	0.00%
松鼠	11	0	0	0	0	0.00%	0.00%	0.00%
鹅	23	11	4	7	0	36.36%	63.64%	0.00%
牛	80	13	5	8	0	38.46%	61.54%	0.00%
山羊	10	2	0	2	0	0.00%	100.00%	0.00%
绵羊	21	10	1	9	0	10.00%	90.00%	0.00%

	出现总次数	隐喻总数	概念隐喻	常规隐喻	诗性隐喻	概念隐喻百分比	常规隐喻百分比	诗性隐喻百分比
山鸟	0	0	0	0	0	0.00%	0.00%	0.00%
袋鼠	0	0	0	0	0	0.00%	0.00%	0.00%
猫	483	119	17	102	0	14.29%	85.71%	0.00%
老鼠	166	27	4	23	0	14.81%	85.19%	0.00%
猪	79	5	0	5	0	0.00%	100.00%	0.00%
乌龟	30	21	10	11	0	47.62%	52.38%	0.00%
足球	39	6	0	5	1	0.00%	83.33%	16.67%
美式橄榄球	0	0	0	0	0	0.00%	0.00%	0.00%
网球	30	1	0	1	0	0.00%	100.00%	0.00%
摔跤	0	0	0	0	0	0.00%	0.00%	0.00%
篮球	52	0	0	0	0	0.00%	0.00%	0.00%
曲棍球	0	0	0	0	0	0.00%	0.00%	0.00%
乒乓球	12	1	0	1	0	0.00%	100.00%	0.00%
棒球	2	1	1	0	0	100.00%	0.00%	0.00%
冰球	10	1	0	1	0	0.00%	100.00%	0.00%
跨栏	0	0	0	0	0	0.00%	0.00%	0.00%
蹦极	0	0	0	0	0	0.00%	0.00%	0.00%
橄榄球	0	0	0	0	0	0.00%	0.00%	0.00%
健身术	0	0	0	0	0	0.00%	0.00%	0.00%
射箭	0	0	0	0	0	0.00%	0.00%	0.00%
高尔夫	4	2	2	0	0	100.00%	0.00%	0.00%
柔道	1	0	0	0	0	0.00%	0.00%	0.00%
空手道	0	0	0	0	0	0.00%	0.00%	0.00%

续表

	出现总次数	隐喻总数	概念隐喻	常规隐喻	诗性隐喻	概念隐喻百分比	常规隐喻百分比	诗性隐喻百分比
体操	14	0	0	0	0	0.00%	0.00%	0.00%
赛马	5	1	1	0	0	100.00%	0.00%	0.00%
冲浪	2	0	0	0	0	0.00%	0.00%	0.00%
溜旱冰	0	0	0	0	0	0.00%	0.00%	0.00%
攀岩	0	0	0	0	0	0.00%	0.00%	0.00%
铁饼	0	0	0	0	0	0.00%	0.00%	0.00%
春季	13	2	0	2	0	0.00%	100.00%	0.00%
夏季	37	5	4	1	0	80.00%	20.00%	0.00%
秋季	180	20	8	12	0	40.00%	60.00%	0.00%
冬季	24	7	6	1	0	85.71%	14.29%	0.00%
红色	345	18	11	6	1	61.11%	33.33%	5.56%
黄色	215	32	28	4	0	87.50%	12.50%	0.00%
绿色	176	8	2	5	1	25.00%	62.50%	12.50%
蓝色	232	17	4	9	4	23.53%	52.94%	23.53%
紫色	107	4	0	4	0	0.00%	100.00%	0.00%
棕色	104	2	0	0	2	0.00%	0.00%	100.00%
白色	474	75	54	11	10	72.00%	14.67%	13.33%
黑色	464	18	6	9	3	33.33%	50.00%	16.67%
粉红色	80	7	2	3	2	28.57%	42.86%	28.57%
深红色	0	0	0	0	0	0.00%	0.00%	0.00%
总计	6622	889	307	553	29	34.53%	62.20%	3.26%

隐喻所占总的百分比：13.42%

附录 K 英汉隐喻百分比相关系数表和散点图

Correlations

		概念隐喻百分比（英总）	概念隐喻百分比（汉总）
概念隐喻百分比（英总）	Pearson Correlation	1	.284**
	Sig. (2-tailed)		.000
	N	153	153
概念隐喻百分比（汉总）	Pearson Correlation	.284**	1
	Sig. (2-tailed)	.000	
	N	153	153

**. Correlation is significant at the 0.01 level (2-tailed).

Correlations

		常规隐喻百分比（英总）	常规隐喻百分比（汉总）
常规隐喻百分比（英总）	Pearson Correlation	1	.354**
	Sig. (2-tailed)		.000
	N	153	153
常规隐喻百分比（汉总）	Pearson Correlation	.354**	1
	Sig. (2-tailed)	.000	
	N	153	153

**. Correlation is significant at the 0.01 level (2-tailed).

Correlations

		诗性隐喻百分比（英总）	诗性隐喻百分比（汉总）
诗性隐喻百分比（英总）	Pearson Correlation	1	.171*
	Sig. (2-tailed)		.034
	N	153	153
诗性隐喻百分比（汉总）	Pearson Correlation	.171*	1
	Sig. (2-tailed)	.034	
	N	153	153

*. Correlation is significant at the 0.05 level (2-tailed).

Correlations

		水果概念隐喻百分比（英）	水果概念隐喻百分比（汉）
水果概念隐喻百分比（英）	Pearson Correlation	1	.311
	Sig. (2-tailed)		.139
	N	24	24
水果概念隐喻百分比（汉）	Pearson Correlation	.311	1
	Sig. (2-tailed)	.139	
	N	24	24

Correlations

		水果常规隐喻百分比（英）	水果常规隐喻百分比（汉）
水果常规隐喻百分比（英）	Pearson Correlation	1	.146
	Sig. (2-tailed)		.497
	N	24	24
水果常规隐喻百分比（汉）	Pearson Correlation	.146	1
	Sig. (2-tailed)	.497	
	N	24	24

Correlations

		水果诗性隐喻百分比（英）	水果诗性隐喻百分比（汉）
水果诗性隐喻百分比（英）	Pearson Correlation	1	-.067
	Sig. (2-tailed)		.755
	N	24	24
水果诗性隐喻百分比（汉）	Pearson Correlation	-.067	1
	Sig. (2-tailed)	.755	
	N	24	24

Correlations

		蔬菜概念隐喻百分比（英）	蔬菜概念隐喻百分比（汉）
蔬菜概念隐喻百分比（英）	Pearson Correlation	1	-.065
	Sig. (2-tailed)		.709
	N	35	35
蔬菜概念隐喻百分比（汉）	Pearson Correlation	-.065	1
	Sig. (2-tailed)	.709	
	N	35	35

Correlations

		蔬菜常规隐喻百分比（英）	蔬菜常规隐喻百分比（汉）
蔬菜常规隐喻百分比（英）	Pearson Correlation	1	.368*
	Sig. (2-tailed)		.030
	N	35	35
蔬菜常规隐喻百分比（汉）	Pearson Correlation	.368*	1
	Sig. (2-tailed)	.030	
	N	35	35

*. Correlation is significant at the 0.05 level (2-tailed).

Correlations

		蔬菜诗性隐喻百分比（英）	蔬菜诗性隐喻百分比（汉）
蔬菜诗性隐喻百分比（英）	Pearson Correlation	1	.ᵃ
	Sig. (2-tailed)		.
	N	35	35
蔬菜诗性隐喻百分比（汉）	Pearson Correlation	.ᵃ	.ᵃ
	Sig. (2-tailed)	.	.
	N	35	35

a. Cannot be computed because at least one of the variables is constant.

Correlations

		动物诗性隐喻百分比（英）	动物诗性隐喻百分比（汉）
动物诗性隐喻百分比（英）	Pearson Correlation	1	.ᵃ
	Sig. (2-tailed)		.
	N	34	34
动物诗性隐喻百分比（汉）	Pearson Correlation	.ᵃ	.ᵃ
	Sig. (2-tailed)	.	.
	N	34	34

a. Cannot be computed because at least one of the variables is constant.

Correlations

		花卉概念隐喻百分比（英）	花卉常规隐喻百分比（英）
花卉概念隐喻百分比（英）	Pearson Correlation	1	.368
	Sig. (2-tailed)		.084
	N	23	23
花卉常规隐喻百分比（英）	Pearson Correlation	.368	1
	Sig. (2-tailed)	.084	
	N	23	23

Correlations

		运动概念隐喻百分比（英）	运动概念隐喻百分比（汉）
运动概念隐喻百分比（英）	Pearson Correlation	.ᵃ	.ᵃ
	Sig. (2-tailed)		.
	N	23	23
运动概念隐喻百分比（汉）	Pearson Correlation	.ᵃ	1
	Sig. (2-tailed)	.	
	N	23	23

a. Cannot be computed because at least one of the variables is constant.

Correlations

		花卉常规隐喻百分比（英）	花卉常规隐喻百分比（汉）
花卉常规隐喻百分比（英）	Pearson Correlation	1	.226
	Sig. (2-tailed)		.299
	N	23	23
花卉常规隐喻百分比（汉）	Pearson Correlation	.226	1
	Sig. (2-tailed)	.299	
	N	23	23

Correlations

		运动常规隐喻百分比（英）	运动常规隐喻百分比（汉）
运动常规隐喻百分比（英）	Pearson Correlation	1	.311
	Sig. (2-tailed)		.149
	N	23	23
运动常规隐喻百分比（汉）	Pearson Correlation	.311	1
	Sig. (2-tailed)	.149	
	N	23	23

Correlations

		花卉诗性隐喻百分比（英）	花卉诗性隐喻百分比（汉）
花卉诗性隐喻百分比（英）	Pearson Correlation	1	.969**
	Sig. (2-tailed)		.000
	N	23	23
花卉诗性隐喻百分比（汉）	Pearson Correlation	.969**	1
	Sig. (2-tailed)	.000	
	N	23	23

**. Correlation is significant at the 0.01 level (2-tailed).

Correlations

		运动诗性隐喻百分比（英）	运动诗性隐喻百分比（汉）
运动诗性隐喻百分比（英）	Pearson Correlation	1	-.045
	Sig. (2-tailed)		.837
	N	23	23
运动诗性隐喻百分比（汉）	Pearson Correlation	-.045	1
	Sig. (2-tailed)	.837	
	N	23	23

Correlations

		动物概念隐喻百分比（英）	动物概念隐喻百分比（汉）
动物概念隐喻百分比（英）	Pearson Correlation	1	.118
	Sig. (2-tailed)		.508
	N	34	34
动物概念隐喻百分比（汉）	Pearson Correlation	.118	1
	Sig. (2-tailed)	.508	
	N	34	34

Correlations

		季节概念隐喻百分比（英）	季节概念隐喻百分比（汉）
季节概念隐喻百分比（英）	Pearson Correlation	1	.629
	Sig. (2-tailed)		.371
	N	4	4
季节概念隐喻百分比（汉）	Pearson Correlation	.629	1
	Sig. (2-tailed)	.371	
	N	4	4

Correlations

		动物常规隐喻百分比（英）	动物常规隐喻百分比（汉）
动物常规隐喻百分比（英）	Pearson Correlation	1	.291
	Sig. (2-tailed)		.095
	N	34	34
动物常规隐喻百分比（汉）	Pearson Correlation	.291	1
	Sig. (2-tailed)	.095	
	N	34	34

Correlations

		季节常规隐喻百分比（英）	季节常规隐喻百分比（汉）
季节常规隐喻百分比（英）	Pearson Correlation	1	.763
	Sig. (2-tailed)		.237
	N	4	4
季节常规隐喻百分比（汉）	Pearson Correlation	.763	1
	Sig. (2-tailed)	.237	
	N	4	4

Correlations

		季节诗性隐喻百分比（英）	季节诗性隐喻百分比（汉）
季节诗性隐喻百分比（英）	Pearson Correlation	1	a
	Sig. (2-tailed)		.
	N	4	4
季节诗性隐喻百分比（汉）	Pearson Correlation	a	a
	Sig. (2-tailed)	.	.
	N	4	4

a. Cannot be computed because at least one of the variables is constant.

Correlations

		色彩概念隐喻百分比（英）	色彩概念隐喻百分比（汉）
色彩概念隐喻百分比（英）	Pearson Correlation	1	.373
	Sig. (2-tailed)		.289
	N	10	10
色彩概念隐喻百分比（汉）	Pearson Correlation	.373	1
	Sig. (2-tailed)	.289	
	N	10	10

Correlations

		色彩常规隐喻百分比（英）	色彩常规隐喻百分比（汉）
色彩常规隐喻百分比（英）	Pearson Correlation	1	.069
	Sig. (2-tailed)		.850
	N	10	10
色彩常规隐喻百分比（汉）	Pearson Correlation	.069	1
	Sig. (2-tailed)	.850	
	N	10	10

Correlations

		色彩诗性隐喻百分比（英）	色彩诗性隐喻百分比（汉）
色彩诗性隐喻百分比（英）	Pearson Correlation	1	-.220
	Sig. (2-tailed)		.541
	N	10	10
色彩诗性隐喻百分比（汉）	Pearson Correlation	-.220	1
	Sig. (2-tailed)	.541	
	N	10	10

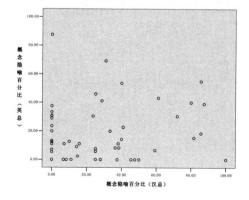

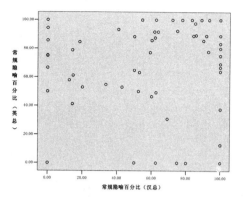

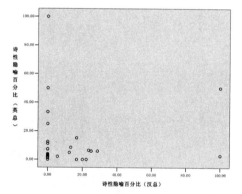

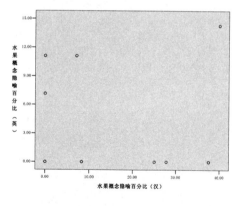

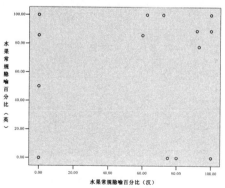

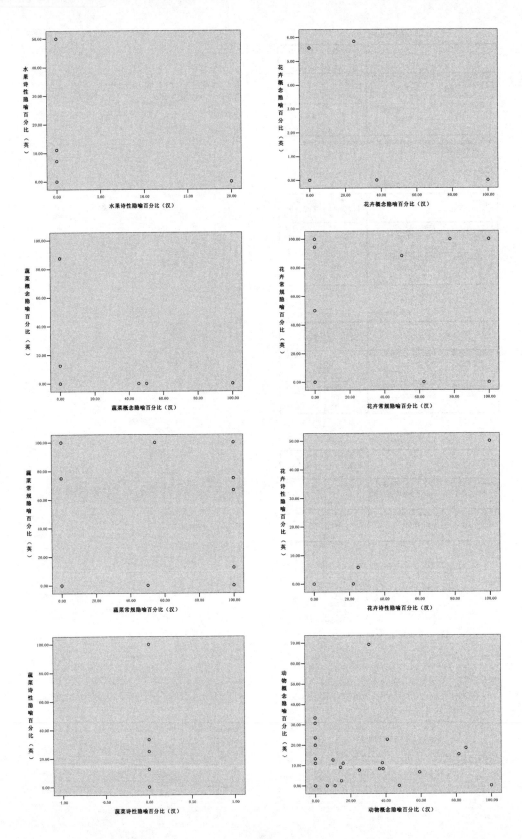

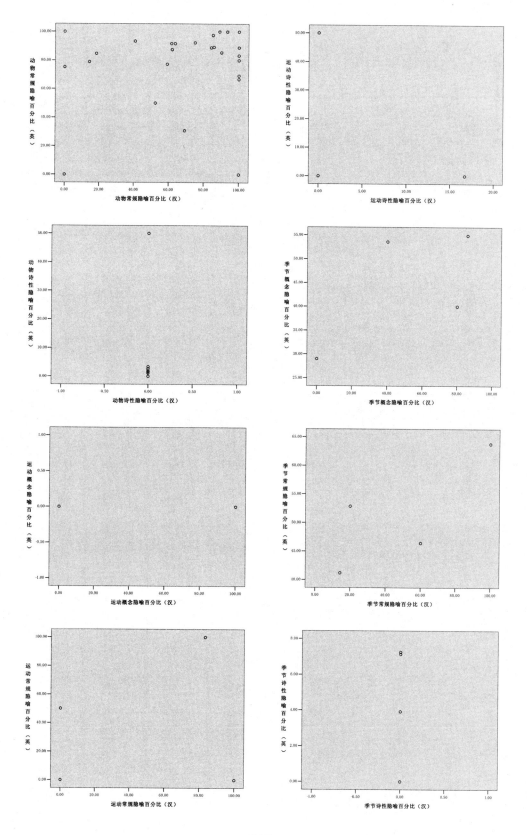

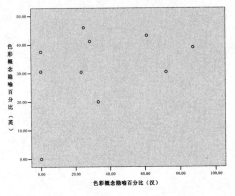

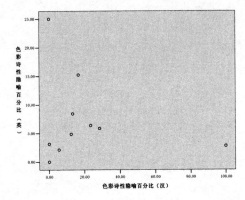

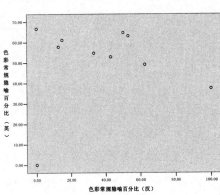

附录 L　英语小说隐喻变译统计表

	隐喻总数	变译总数	概念隐喻	常规隐喻	诗性隐喻	概念隐喻百分比	常规隐喻百分比	诗性隐喻百分比
苹果	45	11	3	7	1	27.27%	63.64%	9.09%
杏	1	0	0	0	0	0.00%	0.00%	0.00%
鳄梨	0	0	0	0	0	0.00%	0.00%	0.00%
香蕉	0	0	0	0	0	0.00%	0.00%	0.00%
椰子	0	0	0	0	0	0.00%	0.00%	0.00%
樱桃	18	3	0	3	0	0.00%	100.00%	0.00%
枣	0	0	0	0	0	0.00%	0.00%	0.00%
无花果	2	1	0	1	0	0.00%	100.00%	0.00%
柚子	0	0	0	0	0	0.00%	0.00%	0.00%
葡萄	7	1	0	1	0	0.00%	100.00%	0.00%
猕猴桃	0	0	0	0	0	0.00%	0.00%	0.00%
酸橙	4	2	0	1	1	0.00%	50.00%	50.00%
柠檬	1	1	0	1	0	0.00%	100.00%	0.00%
荔枝	0	0	0	0	0	0.00%	0.00%	0.00%
甜瓜	1	1	0	1	0	0.00%	100.00%	0.00%
芒果	1	1	0	1	0	0.00%	100.00%	0.00%
梨子	9	0	0	0	0	0.00%	0.00%	0.00%
菠萝	0	0	0	0	0	0.00%	0.00%	0.00%

隐喻翻译研究与翻译软件编写
YINYUFANYIYANJIUYUFANYIRUANJIANBIANXIE

续表

	出现总次数	隐喻总数	概念隐喻	常规隐喻	诗性隐喻	概念隐喻百分比	常规隐喻百分比	诗性隐喻百分比
桃子	9	2	0	2	0	0.00%	100.00%	0.00%
柑桔	14	2	1	1	0	50.00%	50.00%	0.00%
黑莓	0	0	0	0	0	0.00%	0.00%	0.00%
草莓	1	0	0	0	0	0.00%	0.00%	0.00%
无核蜜桔	0	0	0	0	0	0.00%	0.00%	0.00%
西瓜	0	0	0	0	0	0.00%	0.00%	0.00%
西葫芦	0	0	0	0	0	0.00%	0.00%	0.00%
大蒜	0	0	0	0	0	0.00%	0.00%	0.00%
土豆	3	1	0	1	0	0.00%	100.00%	0.00%
卷心菜	8	5	0	5	0	0.00%	100.00%	0.00%
姜	4	2	0	1	1	0.00%	50.00%	50.00%
羊角豆	0	0	0	0	0	0.00%	0.00%	0.00%
豆芽	0	0	0	0	0	0.00%	0.00%	0.00%
洋葱	0	0	0	0	0	0.00%	0.00%	0.00%
甜菜根	0	0	0	0	0	0.00%	0.00%	0.00%
茄子	0	0	0	0	0	0.00%	0.00%	0.00%
朝鲜蓟	0	0	0	0	0	0.00%	0.00%	0.00%
葫芦	0	0	0	0	0	0.00%	0.00%	0.00%
豆荚	1	0	0	0	0	0.00%	0.00%	0.00%
豌豆	8	2	2	0	0	100.00%	0.00%	0.00%
花菜	0	0	0	0	0	0.00%	0.00%	0.00%
抱子橄榄	0	0	0	0	0	0.00%	0.00%	0.00%
欧洲萝卜	0	0	0	0	0	0.00%	0.00%	0.00%

	出现总次数	隐喻总数	概念隐喻	常规隐喻	诗性隐喻	概念隐喻百分比	常规隐喻百分比	诗性隐喻百分比
蕉青橄榄	0	0	0	0	0	0.00%	0.00%	0.00%
块根芹	0	0	0	0	0	0.00%	0.00%	0.00%
韭菜	0	0	0	0	0	0.00%	0.00%	0.00%
芦笋	1	1	0	0	1	0.00%	0.00%	100.00%
南瓜	1	1	0	1	0	0.00%	100.00%	0.00%
蘑菇	5	2	0	2	0	0.00%	100.00%	0.00%
山药	0	0	0	0	0	0.00%	0.00%	0.00%
红薯	0	0	0	0	0	0.00%	0.00%	0.00%
胡萝卜	3	1	0	1	0	0.00%	100.00%	0.00%
四季豆	0	0	0	0	0	0.00%	0.00%	0.00%
菜椒	4	1	0	1	0	0.00%	100.00%	0.00%
芹菜	0	0	0	0	0	0.00%	0.00%	0.00%
玉米	0	0	0	0	0	0.00%	0.00%	0.00%
莴苣	0	0	0	0	0	0.00%	0.00%	0.00%
茴香	0	0	0	0	0	0.00%	0.00%	0.00%
大葱	0	0	0	0	0	0.00%	0.00%	0.00%
红皮萝卜	0	0	0	0	0	0.00%	0.00%	0.00%
西红柿	1	0	0	0	0	0.00%	0.00%	0.00%
三色紫罗兰	3	0	0	0	0	0.00%	0.00%	0.00%
苜蓿	2	0	0	0	0	0.00%	0.00%	0.00%
蒲公英	1	0	0	0	0	0.00%	0.00%	0.00%
荨麻	0	0	0	0	0	0.00%	0.00%	0.00%
毛茛	0	0	0	0	0	0.00%	0.00%	0.00%

续表

	出现总次数	隐喻总数	概念隐喻	常规隐喻	诗性隐喻	概念隐喻百分比	常规隐喻百分比	诗性隐喻百分比
兰花	1	0	0	0	0	0.00%	0.00%	0.00%
风信子	0	0	0	0	0	0.00%	0.00%	0.00%
灯笼海棠	0	0	0	0	0	0.00%	0.00%	0.00%
菊花	0	0	0	0	0	0.00%	0.00%	0.00%
雏菊	0	4	0	3	1	0.00%	75.00%	25.00%
郁金香	2	0	0	0	0	0.00%	0.00%	0.00%
金银花	0	0	0	0	0	0.00%	0.00%	0.00%
冬青	0	0	0	0	0	0.00%	0.00%	0.00%
雪莲花	0	0	0	0	0	0.00%	0.00%	0.00%
百合花	18	4	1	3	0	25.00%	75.00%	0.00%
康乃馨	3	3	0	3	0	0.00%	100.00%	0.00%
水仙	0	0	0	0	0	0.00%	0.00%	0.00%
毛地黄	0	0	0	0	0	0.00%	0.00%	0.00%
罂粟花	0	0	0	0	0	0.00%	0.00%	0.00%
蜀葵花	0	0	0	0	0	0.00%	0.00%	0.00%
兰铃花	4	1	0	1	0	0.00%	100.00%	0.00%
玫瑰	120	10	0	10	0	0.00%	100.00%	0.00%
羽扇豆	0	0	0	0	0	0.00%	0.00%	0.00%
骆驼	6	4	3	1	0	75.00%	25.00%	0.00%
河马	0	0	0	0	0	0.00%	0.00%	0.00%
大象	20	8	3	5	0	37.50%	62.50%	0.00%
狮子	80	5	0	5	0	0.00%	100.00%	0.00%
长颈鹿	3	1	0	1	0	0.00%	100.00%	0.00%

	出现总次数	隐喻总数	概念隐喻	常规隐喻	诗性隐喻	概念隐喻百分比	常规隐喻百分比	诗性隐喻百分比
鳄鱼	3	1	0	1	0	0.00%	100.00%	0.00%
大猩猩	0	1	0	1	0	0.00%	100.00%	0.00%
老虎	45	10	1	9	0	10.00%	90.00%	0.00%
水牛	3	2	0	2	0	0.00%	100.00%	0.00%
孔雀	9	1	0	1	0	0.00%	100.00%	0.00%
海鸥	4	0	0	0	0	0.00%	0.00%	0.00%
鸽子	22	7	4	3	0	57.14%	42.86%	0.00%
麻雀	9	2	1	1	0	50.00%	50.00%	0.00%
燕子	13	1	1	0	0	100.00%	0.00%	0.00%
犀牛	1	0	0	0	0	0.00%	0.00%	0.00%
鹰	18	3	0	3	0	0.00%	100.00%	0.00%
猫头鹰	13	2	0	2	0	0.00%	100.00%	0.00%
小鸡	0	6	1	5	0	16.67%	83.33%	0.00%
狗	270	37	19	16	2	51.35%	43.24%	5.41%
知更鸟	0	1	0	1	0	0.00%	100.00%	0.00%
鸭子	13	12	4	8	0	33.33%	66.67%	0.00%
马	89	9	4	4	1	44.44%	44.44%	11.11%
驴	13	2	1	1	0	50.00%	50.00%	0.00%
松鼠	5	1	0	1	0	0.00%	100.00%	0.00%
鹅	36	13	2	11	0	15.38%	84.62%	0.00%
牛	12	1	0	1	0	0.00%	100.00%	0.00%
山羊	9	0	0	0	0	0.00%	0.00%	0.00%
绵羊	55	14	6	8	0	42.86%	57.14%	0.00%

续表

	出现总次数	隐喻总数	概念隐喻	常规隐喻	诗性隐喻	概念隐喻百分比	常规隐喻百分比	诗性隐喻百分比
山鸟	0	1	0	1	0	0.00%	100.00%	0.00%
袋鼠	0	0	0	0	0	0.00%	0.00%	0.00%
猫	121	24	8	16	0	33.33%	66.67%	0.00%
老鼠	41	5	0	5	0	0.00%	100.00%	0.00%
猪	30	8	0	8	0	0.00%	100.00%	0.00%
乌龟	6	2	0	1	1	0.00%	50.00%	50.00%
足球	1	0	0	0	0	0.00%	0.00%	0.00%
美式橄榄球	0	0	0	0	0	0.00%	0.00%	0.00%
网球	0	0	0	0	0	0.00%	0.00%	0.00%
摔跤	0	0	0	0	0	0.00%	0.00%	0.00%
篮球	0	0	0	0	0	0.00%	0.00%	0.00%
曲棍球	0	0	0	0	0	0.00%	0.00%	0.00%
乒乓球	0	0	0	0	0	0.00%	0.00%	0.00%
棒球	0	0	0	0	0	0.00%	0.00%	0.00%
冰球	0	0	0	0	0	0.00%	0.00%	0.00%
跨栏	0	0	0	0	0	0.00%	0.00%	0.00%
蹦极	0	0	0	0	0	0.00%	0.00%	0.00%
橄榄球	0	0	0	0	0	0.00%	0.00%	0.00%
健身术	0	0	0	0	0	0.00%	0.00%	0.00%
射箭	0	0	0	0	0	0.00%	0.00%	0.00%
高尔夫	0	0	0	0	0	0.00%	0.00%	0.00%
柔道	0	0	0	0	0	0.00%	0.00%	0.00%
空手道	0	0	0	0	0	0.00%	0.00%	0.00%

	出现总次数	隐喻总数	概念隐喻	常规隐喻	诗性隐喻	概念隐喻百分比	常规隐喻百分比	诗性隐喻百分比
体操	2	1	0	1	0	0.00%	100.00%	0.00%
赛马	0	0	0	0	0	0.00%	0.00%	0.00%
冲浪	0	0	0	0	0	0.00%	0.00%	0.00%
溜旱冰	0	0	0	0	0	0.00%	0.00%	0.00%
攀岩	0	0	0	0	0	0.00%	0.00%	0.00%
铁饼	0	0	0	0	0	0.00%	0.00%	0.00%
春季	69	4	1	3	0	25.00%	75.00%	0.00%
夏季	70	11	0	11	0	0.00%	100.00%	0.00%
秋季	28	2	0	2	0	0.00%	100.00%	0.00%
冬季	51	2	0	2	0	0.00%	100.00%	0.00%
红色	190	30	10	18	2	33.33%	60.00%	6.67%
黄色	64	8	1	7	0	12.50%	87.50%	0.00%
绿色	124	27	17	6	4	62.96%	22.22%	14.81%
蓝色	125	28	7	17	4	25.00%	60.71%	14.29%
紫色	16	3	2	0	1	66.67%	0.00%	33.33%
棕色	36	10	5	5	0	50.00%	50.00%	0.00%
白色	332	52	21	23	8	40.38%	44.23%	15.38%
黑色	230	49	15	20	14	30.61%	40.82%	28.57%
粉红色	34	3	1	1	1	33.33%	33.33%	33.33%
深红色	0	0	0	0	0	0.00%	0.00%	0.00%
总计	2627	477	145	289	43	30.40%	60.59%	9.01%

隐喻变译所占总的百分比：18.16%

附录 M　语料库收录小说名目

语料库收录的 45 部英文小说及汉译名目

作　品　名　称	作　　者	译　　者
Alice's Adventures in Wonderland /《爱丽丝漫游奇境记》	Lewis Carroll	邹仁民、陈静
Emma /《爱玛》	Jane Austen	刘重德
Pride and Prejudice/《傲慢与偏见》	Jane Austen	王科一
The Hound of the Baskervilles /《巴斯克维尔的猎犬》	Sir Arthur Conan Doyle	倏　莹
Moby Dick /《白鲸》	Herman Melville	姬旭升
Tropic of Cancer /《北回归线》	Henry Miller	袁洪庚
Lady Chatterley's Lover /《查特莱夫人的情人》	D. H. Lawrence	饶述一
The Age of Innocence /《纯真年代》	Edith Wharton	赵兴国、赵玲
David Copperfield /《大卫·科波菲尔德》	Charles Dickens	石定乐
The Kangaroo /《袋鼠》	D. H. Lawrence	黑　马
Tess of the D'Urbervilles /《德伯家的苔丝》	Thomas Hardy	王忠祥、聂珍钊
Dombey and Son /《董贝父子》	Charles Dickens	吴　辉
Son and Lovers /《儿子与情人》	D. H. Lawrence	刘一之、张雁洪、张金玲
TheAmbassadors /《奉使记》	Henry James	赵　铭
Gulliver's Travels /《格列佛游记》	Jonathan Swift	杨昊成

续表

作 品 名 称	作 者	译 者
The Adventures of Huckleberry Finn /《赫克尔贝里·芬历险记》	Mark Twain	许汝祉
The Scarlet Letter /《红字》	Nathaniel Hawthorne	胡允桓
A Studyin Scarlet /《红字研究》	Arthur Conan Doyle	丁锺华、袁棣华
Wuthering Heights /《呼啸山庄》	Emily Bronte	杨 苡
The Return of the Native /《还乡》	Thomas Hardy	张谷若
Sister Carrie /《嘉莉妹妹》	Theodore Dreiser	江 河
Jane Eyre /《简·爱》	Charlotte Bronte	黄源深
Treasure Island /《金银岛》	Robert Louis Stevenson	路旦俊
The Valley of Fear /《恐怖谷》	Sir Arthur Conan Doyle	李家云
Roughing It /《苦行记》	Mark Twain	刘文哲、张明林
Sense and Sensibility /《理智与情感》	Jane Austen	孙致礼
Women in Love /《恋爱中的女人》	D. H. Lawrence	黑 马
Robinson Crusoe /《鲁滨孙飘流记》	Daniel Defoe	郭建中
Martin Eden /《马丁·伊甸》	Jack London	孙法理
Vanity Fair /《名利场》	William M. Thackeray	杨 必
The Lost World /《失去的世界》	Arthur Conan Doyle	孟 乡
A Tale of Two Cities /《双城记》	Charles Dickens	徐人望
The Sign of Four /《四签名》	Sir Arthur Conan Doyle	严仁曾
The Sun Also Rises /《太阳照常升起》	ErnestHemingway	赵静男
Uncle Tom's Cabin /《汤姆大伯的小屋》	Harriet Beecher Stowe	黄继忠
The Adventures of Tom Sawyer /《汤姆·索亚历险记》	Mark Twain	曹晓红、于晓光

续表

作 品 名 称	作 者	译 者
Collection of Wilde's Fairy Tales /《王尔德童话选》	Oscar Wilde	王　林
Jude the Obscure /《无名的裘德》	Thomas Hardy	冼　凡
Oliver Twist /《雾都孤儿》	Charles Dickens	何文安
Little Women /《小妇人》	Louise May Alcott	刘春英、陈玉立
The Invisible Man /《隐身人》	H. G. Wells	谢忱、开泰
Ivanhoe /《英雄艾文荷》	Sir Walter Scott	项星耀
Man of Property /《有产业的人》	John Galsworthy	周熙良
Great Expectations /《远大前程》	Charles Dickens	罗志野
The Last of the Mohicans /《最后的莫希干人》	James Fenimore Cooper	宋兆霖

语料库收录的 63 部中文小说名目

作 品 名 称	作 者	作 品 名 称	作 者
《暗示》	方　方	《白鹿原》	陈忠实
《白银时代》	王小波	《北方的河》	张承志
《北京人在纽约》	曹桂林	《边城》	沈从文
《长恨歌》	王安忆	《尘埃落定》	阿　来
《废都》	贾平凹	《歌仙》	王小波
《革命时期的爱情》	王小波	《鬼丈夫》	琼　瑶
《过程》	方　方	《黑骏马》	张承志
《红顶商人胡雪岩》	高　阳	《红树林》	莫　言
《花季雨季》	郁　秀	《怀念狼》	贾平凹
《桔子红了》	琦　君	《抉择》	张　平
《空中小姐》	王　朔	《朗园》	赵　玫
《灵山》	高行健	《骆驼祥子》	老　舍

作 品 名 称	作 者	作 品 名 称	作 者
《埋伏》	方 方	《曼哈顿的中国女人》	周 励
《梅花烙》	琼 瑶	《美丽新世界》	南南、北北
《妹头》	王安忆	《米》	苏 童
《穆斯林的葬礼》	霍 达	《男生贾里》	秦文君
《女生贾梅》	秦文君	《平凡的世界（一）》	路 遥
《平凡的世界（二）》	路 遥	《平凡的世界（三）》	路 遥
《萍踪侠影录》	梁羽生	《七剑下天山》	梁羽生
《妻妾成群》	苏 童	《牵手》	王海鸰
《秦俑》	李碧华	《人啊人》	戴厚英
《人生》	路 遥	《三里湾》	赵树理
《三重门》	韩 寒	《上海宝贝》	卫 慧
《水云间》	琼 瑶	《岁月如歌》	赵 玫
《桃花灿烂》	方 方	《突出重围》	柳建伟
《玩的就是心跳》	王 朔	《围城》	钱钟书
《未来世界》	王小波	《我爱比尔》	王安忆
《我是你爸爸》	王 朔	《洗澡》	杨 绛
《刑警本色》	张成功、杨海波	《烟雨蒙蒙》	琼 瑶
《一半是火焰一半是海水》	王 朔	《阴阳两界》	王小波
《永不瞑目》	海 岩	《缘》	林燕妮
《紫藤花园》	王晓玉		

后　记

经过五年的艰苦努力，我们终于完成了 2007 年度国家社科基金项目"基于语料库的英文小说隐喻翻译模式的研究及相关应用软件的开发"（项目编号：07CYY004）。作为项目主持人，我一直打算将文字略做修改尽快出版，对关心、帮助我的师友来说也是一个回复和交代。可是，从 2007 年项目立项到现在，九年过去了，繁琐的行政事务消耗了我大部分精力，从外国语学院副院长到美国孔子学院中方院长，再回到外国语学院，再到国际合作交流处工作，除了教书，我一天到晚总有忙不完的事情。每逢碰到学界好友相问，我都不好意思作答，自己在这几年里学术有何进步，内心里有的是惶恐和惭愧。终于，我在 2015 年 11 月下定决心，尽快把书稿整理出版，虽然心里也明白书中有诸多疏漏和缺陷。可我转念一想，若这本小书对于我国机器翻译研究有一丁点儿贡献，也可以心安了。

在研究的过程中，除了自建语料库不断验证种种假设之外，我们还参考了国内外大量论文、专著、译著等资料，书中援引了国内外语言学家、机器翻译研究专家的许多理论观点，特别是把汉语语言学领域的研究成果纳入我们提出的理论框架，并尝试编制了一款软件（名为《英汉平行语料库句子自动对齐软件》）。目标远不止这些，但目前我们的能力只能做到这一步，剩下的路，我们还要步步为营、稳扎稳打向前推进。诸多学者在语料库语言学、机器翻译、汉语句法等研究领域的新理论、新观点，给我们带来了启发，为我们提出翻译软件编写理论框架奠定了基础。可以说，没有前人的扎实研究，就不能可有读者面前这本书。因此，我们要向本书援引过的专家、学者致以我们最崇高的敬意和最诚挚的谢意！

在研究过程中，我们得到了许多师友和部门的支持与帮助。首先，我要感谢国家社科基金项目通讯评审和会议评审的专家们，感谢他们把这个项目列入国家社科基金委资助的范围。我至今都不知道这些专家的姓名，只能默默地用潜心向学的诚心和艰苦踏实的工作向他们致敬。其次，我要感谢我的导师崔永禄教授和南开大学的刘士聪教授、王宏印教授，以及清华大学的罗选民教授。每当我出差到天津或者在翻译研究学术会议上遇到四位授业恩师，他们总是耐心倾听我汇报研究进展，即便我的想法有点"离经叛道"，他们也会鼓励我独辟蹊径、勇往直前；针对我研究中遇到的困难，他们也会从不同视角提出启发性、建设性意见。我要特别感谢同济大学外国语学院院长、博士生导师马秋武教授和南京大学英语系主任、博士生导师陈新仁教授，感谢他们为本课题研究提出的种种建议，特别是在项目结题过程中提出的忠告。与他们的接触，我领略到了我国中青年语言学家的锐意进取、睿智敏行的风采。我还要感谢江苏师范大学社科处处长张文德教授，感谢他从一个历史学者的角度为本研究奉献的智慧，从用户需求的角度给我提出的各种问题。我要感谢的好友还有中国矿业大学的徐剑教授、中国人民公安大学的栗长江教授、天津外国语大学的李晶教授、华中科技大学的王树槐教授、美国中阿肯色大学的庄国欧教授，感谢他们给予我的人文关怀和学术支持。我又怎能忘记在南开大学一同奋战十余昼夜的鲁勇老师？在《英汉平行语料库句子自动对齐软件》的攻坚阶段，鲁勇老师忘我工作、不计得失的精神令人钦佩。我还要感谢美国3E软件公司的总经理肖锋先生，感谢他从软件编程角度对本研究所提的各种建议。我还要感谢美国迈阿密达德学院孔子学院余学钧院长和杨文胜、范建华、郭晶萍、张婧、黄亚娟等老师，以及志愿者袁润成对孔子学院工作的支持和在生活上对我的关照，使我在万里之外异国他乡也能生活在一个温暖的大家庭里。我还要感谢大学读书期间的两位恩师崔万胜老师和段汉武老师。虽然，现在崔老师身为管理咨询公司的董事长兼总经理，段老师也身兼宁波大学外国语学院党委书记重任，他们还在百忙之中过问我在学术上有何进步和工作生活上有何困难。他们简直是开了一家"无限责任公司"呀！我还要感谢北京师范大学图书馆的王琼副馆长和馆际互借部的仝卫敏老师。她们为了给我找到乌克兰学者米兰所著的《翻译算法》，不惜翻箱倒柜，最后在提供图书电子化服务的公司找到了国家图书馆馆藏的图书，并为我复印和邮寄了此书。他们这种爱岗敬业、乐于助人的精神始终鼓励着我。另外，我的硕士生许静、解雨薇和现在北京师范大学攻读博士学位的张继光等同学为本研究作出不少默默无闻的贡献。最后，我要感谢母亲田爱月、妻子沈晓红、女儿张皎瑶，感谢他们的理解、宽容和支持。在家人需要陪伴的时候，我除了处理公务就是研究课题，把大部分时间花在了工作和科研上，与他们在一起交流和陪伴的时间少之又少。每当想起这些，我总觉得亏欠她们的太多，可老母亲却总以"忠孝不能两全"的话来宽慰我。家人的默默支持

是我果敢前行的力量，让我在科研道路上感觉并不孤单。

现在，我要补充说明一点，本书前 120 页的内容系本人所著《认知视阈下英汉小说汉译中隐喻翻译的模式及评估》（由中国文联出版社出版）一书的精简版。由于先前出版的这本书发行量较少，坊间难以觅得，为了让各位师友能够全面了解本研究的总体框架和研究成果，这次出版时，我们把先前出版过的文字也压缩进来了。

翻译软件软件编写涉及的语言学理论和学科知识比较庞杂，有的我们比较熟悉，有的比较陌生，还有的需要突击"恶补"，比如 Visual C++、算法、数据结构、软件工程等。因此，我们只能将一点肤浅的想法奉献给读者，为机器翻译研究甘做铺路石。限于时间和水平，书中肯定存在诸多疏漏和谬误之处，期盼读者、同行专家雅正。

张蓊荟

2016 年 9 月于徐州